Historia de la filosofía occidental
Tomo II

Contemporánea
Humanidades

BERTRAND
RUSSELL

HISTORIA DE LA FILOSOFÍA OCCIDENTAL

TOMO II

LA FILOSOFÍA MODERNA

Traducción de Julio Gómez de la Serna
y Antonio Dorta

AUSTRAL

ESPASA

El papel utilizado para la impresión de este libro es cien por cien libre de cloro y está calificado como **papel ecológico**.

Título original: *History of Western Philosophy,* 1946, 1961

Avinguda Diagonal, 662, 6.ª planta. 08034 Barcelona (España)
www.espasa.com
www.planetadelibros.com

Diseño de la colección: Compañía
Diseño de la cubierta: Austral / Área Editorial Grupo Planeta
Ilustración de la cubierta: © Shutterstock
Primera edición: 30-X-1947
Décima cuarta edición:
Primera en esta presentación: diciembre de 2010
Segunda impresión: marzo de 2014
Tercera impresión: septiembre de 2016

Depósito legal: B. 46.283-2010
ISBN: 978-84-670-3600-8
Impresión y encuadernación: CPI (Barcelona)
Printed in Spain - Impreso en España

Biografía

Bertrand Russell (Gales, 1872 - 1970) fue un filósofo, matemático y escritor británico, galardonado con el premio Nobel de Literatura en 1950, cuyo énfasis en el análisis lógico repercutió sobre el curso de la filosofía del siglo XX. En el plano político, se distinguió por sus tendencias pacifistas, que en más de una ocasión le costaron la cárcel, y sus ideas contrarias a la religión. Entre 1910 y 1913 escribió *Principia mathematica*, su obra más importante. Otras obras destacadas de Russell son: *El ABC de la relatividad* (1925), *Educación y orden social* (1932), *Historia de la filosofía occidental* (1945), *Mi desarrollo filosófico* (1959), *Crímenes de guerra en Vietnam* y *La autobiografía de Bertrand Russell* en tres volúmenes (1967-1969).

INDICE

HISTORIA DE LA FILOSOFÍA OCCIDENTAL
(II)

LIBRO SEGUNDO. LA FILOSOFÍA CATÓLICA
(Continuación)

LIBRO TERCERO. LA FILOSOFÍA MODERNA

LIBRO SEGUNDO
LA FILOSOFÍA CATÓLICA

PARTE SEGUNDA
LOS ESCOLÁSTICOS

CAPÍTULO VII

EL PAPADO EN LA EDAD DE HIERRO

Durante los cuatro siglos desde Gregorio el Grande a Silvestre II, el Papado pasó por tremendas vicisitudes. A veces estaba sometido al emperador griego, otras al emperador occidental, o también a la aristocracia local romana. Sin embargo, los papas fuertes de los siglos VIII y IX, aprovechando momentos propicios, elaboraron la tradición del Poder papal. El período desde 600 a 1000 d. C. es de importancia vital para la comprensión de la Iglesia medieval y de su relación con el Estado.

Los papas lograron independencia de los emperadores griegos, no tanto por sus propios esfuerzos como por las armas de los lombardos, hacia los que, sin embargo, no sintieron ninguna gratitud. La Iglesia griega permaneció siempre, en gran medida, sujeta al emperador, quien se consideró competente para decidir en cuestiones de fe y nombrar y destituir obispos, incluso patriarcas. Los monjes lucharon por la independencia del emperador, y por esto se pusieron a veces del lado del Papa. Pero los patriarcas de Constantinopla, aunque dispuestos a someterse al emperador, rehusaron considerarse en modo alguno sujetos a la autoridad papal. A veces, cuando el emperador necesitaba ayuda del Papa contra los bárbaros de Italia, era más amable con él que con el patriarca de Constantinopla. La causa principal de la última separación definitiva de las Iglesias de Occidente y Oriente fue la negación de la segunda a someterse a la jurisdicción papal.

Después de la derrota de los bizantinos por los lombardos, los papas tenían razón para temer que también serían conquistados por estos bárbaros vigorosos. Se salvaron por una alianza con los francos que, bajo Carlomagno, conquistaron Italia y Alemania. Esta alianza formó el Sacro Imperio Romano, que tenía una constitución que suponía la armonía entre el Papa y el emperador. El Poder de la dinastía de los carolingios, sin embargo, decayó rápidamente. Primero, el Papa cosechó el fruto de esta decadencia, y en la última parte del siglo IX Nicolás I elevó el Poder papal a cumbres hasta entonces inigualables. La anarquía general, condujo, prácticamente, a la independencia de la aristocracia romana, que en el siglo X dominó al Papado, con desastrosas consecuencias. La forma en que, con un gran movimiento de reforma, el Papado y la Iglesia, en general, se salvaron de la aristocracia feudal, será el tema de un capítulo posterior.

En el siglo VII, Roma estuvo aún sometida al Poder militar de los emperadores, y los papas tenían que obedecer o sufrir. Alguno, por ejemplo Honorio, obedeció hasta llegar incluso a la herejía; otros, como Martín I, resistieron y fueron encarcelados por el emperador. Desde 685 a 792, la mayoría de los papas fueron sirios o griegos. Poco a poco, sin embargo, los lombardos se apoderaron de la mayor parte de Italia, y declinó el Poder bizantino. El emperador León Isáurico, en 726, publicó su decreto iconoclasta, considerado como herético, no solamente en todo el Occidente, sino también por una gran parte del Oriente. Los papas se opusieron fuertemente y con éxito a este decreto; por fin, en 787, bajo la emperatriz Irene (primero como regente), el Oriente abandonó la herejía iconoclasta. Mientras tanto los acontecimientos del Occidente habían terminado para siempre con el dominio de Bizancio sobre el Papado.

Aproximadamente en 751, los lombardos conquistaron Rávena, la capital de la Italia bizantina. Este acontecimiento, mientras expuso a los papas a gran peligro por parte de los lombardos, los liberó de toda dependencia de los emperadores griegos. Los papas habían preferido los griegos a los lombardos por varias razones. Primero, la autoridad de los emperadores era legítima, mientras que los reyes bárbaros, si no eran reconocidos por los emperadores, eran considerados como usurpadores. En segundo lugar, los griegos eran civilizados. Tercero, los lombardos eran nacionalistas, mientras que la Iglesia conservaba el internacionalismo romano. Cuarto, los lombardos habían sido arrianos, y les quedó algún odio después de su conversión.

Los lombardos, bajo el rey Liutprando, intentaron conquistar Roma en 739, encontrando violenta oposición por parte del papa Gregorio III, que se dirigió a los francos pidiendo ayuda. Los reyes merovingios, descendientes de Clodoveo, habían perdido todo su Poder real en el reino de los francos, que fue gobernado por *Los mayordomos de palacio.* En esta época, el mayordomo de palacio era un hombre extraordinariamente fuerte y capaz: Carlos Martel; como Guillermo el Conquistador, era bastardo. En 732 había ganado la batalla decisiva de Tours contra los moros, salvando así a Francia para la cristiandad. Esto debiera haberle granjeado la gratitud de la Iglesia, pero la necesidad económica le indujo a apoderarse de tierras de ésta, lo cual disminuyó mucho la apreciación de sus méritos por parte de la misma. Sin embargo, él y Gregorio III murieron en 741, y su sucesor, Pipino, fue muy idóneo para los fines de la Iglesia. El papa Esteban III, en 754, para escapar de los lombardos cruzó los Alpes y visitó a Pipino, y se hizo un convenio muy ventajoso para ambas partes. El Papa necesitaba la protección militar, pero Pipino quería algo que sólo el Papa pudo darle: la legitimación de su título de rey en el puesto de los últimos merovingios. En cambio, Pipino dio Rávena al Papa, y todo el territorio del anterior Exarcado de Italia. Puesto que no se podía esperar que Constantinopla reconociera esta donación, se produjo la separación política del Imperio de Oriente.

Si los papas hubiesen quedado sometidos a los emperadores griegos, el desarrollo de la Iglesia católica hubiera sido muy diferente. En la Iglesia oriental, el patriarca de Constantinopla nunca adquirió la independencia de la autoridad seglar ni la superioridad respecto a los otros eclesiásticos que logró el Papa. Originalmente, todos los obispos fueron considerados como iguales, y esta opinión perduró en el Oriente. Además, había otros patriarcas orientales, en Alejandría, Antioquía y Jerusalén, mientras que el Papa era el único patriarca en Occidente. (Este hecho, sin embargo, perdió su importancia después de la conquista mahometana). En el Occidente, pero no en el Oriente, los laicos fueron, en su mayor parte, analfabetos durante muchos siglos, y esto dio a la Iglesia una ventaja en el Oeste que no tenía en el Este. El prestigio de Roma sobrepasaba el de cualquier ciudad de Oriente, porque unía la tradición imperial con leyendas del martirio de Pedro y Pablo, y de Pedro como primer Papa. El prestigio del emperador podía haber bastado para combatir con el del Papa, pero ningún Papa occidental pudo hacerlo. Los emperadores del Sacro Imperio carecían muchas veces de Poder real. Además, sólo fueron emperadores cuando los coronó el Papa. Por todas estas razones, la emancipación del Papa del dominio bizantino era esencial tanto a la independencia de la Iglesia en la relación con los monarcas seglares, como al definitivo establecimiento de la monarquía papal en el gobierno de la Iglesia occidental.

Ciertos documentos de gran importancia, la «Donación de Constantino» y las Falsas Decretales pertenecen a esta época. Estas últimas no nos interesan, pero de la donación de Constantino hay que decir algo. Para dar un aspecto de antigua legalidad a la donación de Pipino, los sacerdotes falsificaron un documento, fingiendo que era un decreto emitido por el emperador Constantino, quien, cuando fundó la Nueva Roma, donó al Papa la Roma Vieja y todos sus territorios del Oeste. Esta donación, que fue la base del Poder temporal del Papa, fue aceptada como auténtica durante toda la Edad Media. Por primera vez fue refutada como falsificación en tiempos del Renacimiento, por Lorenzo Valla en 1439. Éste había escrito un libro *Sobre la elegancia de la lengua latina* que, naturalmente, se hallaba ausente en una producción del siglo VIII. Es extraño que después de haber publicado su libro contra la donación de Constantino y un tratado de alabanza de Epicuro, fuera nombrado secretario apostólico por el papa Nicolás V, quien tenía más interés por el latín que por la Iglesia. Este Papa no quiso, sin embargo, ceder los Estados de la Iglesia, aunque el derecho del Papa se había basado sobre una donación falsa.

El contenido de este notable documento lo resume C. Delisle Burns como sigue[1]:

---

[1] *La primera Europa.*

Después de un resumen del credo Niceno, la caída de Adán y el nacimiento de Cristo, Constantino dice que sufre de lepra, que los doctores no sirvieron para curarle, y que por eso se acercó a «los sacerdotes del Capitolio». Le propusieron matar varios niños y lavarse en su sangre, pero por el llanto de las madres desistió. En esa noche se le aparecieron Pedro y Pablo, y le dijeron que el papa Silvestre estaba oculto en una cueva en el monte Soracte o Soratte y le curaría. Fue allí donde el *Papa universal* le dijo que Pedro y Pablo eran Apóstoles, no dioses. Le enseñaron sus retratos en los que reconoció las figuras de su visión, y las reconoció delante de todos sus *sátrapas.* El papa Silvestre le asignó después un período de castigo, llevando una camisa tosca. Después le bautizó cuando vio que una mano desde el Cielo le estaba tocando. Se curó de la lepra, y ya no adoró a los ídolos. «Después, con todos sus sátrapas, el senado, sus nobles y todo el pueblo romano consideró bueno conceder el Poder supremo a la Sede de Pedro y la superioridad sobre Antioquía, Alejandría, Jerusalén y Constantinopla. Después construyó una iglesia en su palacio de Letrán. Vistió al Papa con su corona, tiara y vestidos imperiales. Colocó una tiara sobre la cabeza del Papa y cogió los frenos de su caballo. Dejó a "Silvestre y a sus sucesores Roma y todas las provincias, distritos y ciudades de Italia y el Occidente para que estuviesen siempre sometidos a la Iglesia romana"; después se marchó al Oriente, porque "donde el principado de los obispos y la cabeza de la religión cristiana ha sido establecido por el celeste Emperador, no es justo que un emperador terrenal tenga Poder"».

Los lombardos no se sometieron pacíficamente a Pipino y al Papa, sino que en repetidas guerras con los francos fueron vencidos. Por fin, en 774 el hijo de Pipino, Carlomagno, marchó a Italia, donde derrotó completamente a los lombardos, se hizo coronar rey, y después ocupó Roma, donde confirmó la donación de Pipino. Los papas de su época, Adriano y León III hallaron ventajoso fomentar sus planes en todas las formas. Conquistó la mayor parte de Alemania, convirtió a los sajones mediante una terrible persecución y, finalmente, en su propia persona hizo revivir el Imperio occidental, siendo coronado emperador por el Papa, en Roma, el día de Navidad del 800.

La fundación del Sacro Imperio Romano marca una época en la teoría medieval, aunque menos en la práctica. La Edad Media era muy aficionada a las ficciones legales, y hasta entonces había persistido la fantasía de que las provincias occidentales del anterior Imperio Romano estaban aún sujetas, *de jure,* al emperador de Constantinopla, que fue considerado como la única fuente de autoridad *legal.* Carlomagno, adicto a ficciones legales, sostuvo que el trono del Imperio estaba vacante, porque Irene, la reina del Imperio oriental, era usurpadora (ella se llamó emperador, no emperatriz), puesto que ninguna mujer podía ser emperador. Carlos obtuvo del Papa su derecho a la legitimidad. Hubo así, desde el principio, una curiosa dependencia mutua entre el Papa y el emperador. Nadie podía ser emperador hasta ser coronado por el papa en Roma; por otro lado, durante algunos siglos, todos los emperadores fuertes exigieron el derecho de nombrar o destituir a los papas. La teoría medieval del Poder legítimo dependía tanto del emperador como del Papa; su dependencia mutua les molestó a ambos, pero durante siglos fue inevitable. Había un constante roce, la ventaja variaba. Por fin, en el siglo XIII, el conflicto se hizo irreconciliable. El Papa, victorioso, poco después perdió la autoridad moral. El Papa y el Sacro Imperio Romano sobrevivieron; el Papa hasta hoy día; el emperador, hasta los tiempos de Napoleón. Mas la teoría medieval que se elaboró sobre los dos Poderes cesó realmente durante el siglo XV. La unidad de la cristiandad que se mantenía fue destruida por el Poder de las monarquías francesa, española e inglesa en la esfera seglar, y por la Reforma en la religiosa.

El carácter de Carlomagno y su corte los resume así el doctor Gerhard Seeliger[2]: Una vida activa se desarrolló en la corte de Carlos. Vemos aquí magnificencia y genio, pero también inmoralidad. Porque Carlos no fue exigente con los que le rodeaban. Él mismo no fue modelo, y permitió el mayor desenfreno en las personas que amó y halló útiles. *Sacro Emperador* se le tituló, aunque su vida reveló poca santidad. También le llama así Alcuino,

---

[2] *Historia medieval de Cambridge,* II, 663.

que alaba a su hermosa hija Rotrudis, excelente por sus virtudes, a pesar de haber tenido un hijo con el conde Roderico de Maine, no siendo su esposa. Carlos no quiso separarse de sus hijas, y tuvo que admitir las consecuencias. Otra hija, Berta, también tuvo dos hijos con el piadoso abad Angilberto de S. Riquier. De hecho la corte de Carlos era un centro de vida licenciosa.

Carlomagno era un bárbaro fuerte, políticamente en alianza con la Iglesia, pero personalmente no tenía mucha piedad. No sabía leer ni escribir, pero fomentó el renacimiento literario. En su vida era licencioso, no amaba rectamente a sus hijas, pero hizo todo lo que pudo para fomentar la vida santa entre sus súbditos. Él, como su padre Pipino, se aprovechó del celo de los misioneros para fomentar su influencia en Alemania, procurando, sin embargo, que los papas obedeciesen sus órdenes. Esto lo hacían tanto más dispuestos cuanto que Roma se había transformado en la ciudad de los bárbaros, en la cual la persona del Papa no estaba segura sin protección externa, y las elecciones pontificias habían degenerado en luchas desordenadas de partido. En el año 799, los enemigos locales cogieron al Papa, le metieron en prisión y amenazaron con dejarle ciego. En vida de Carlos parecía como si se iniciara un nuevo orden, pero después de su muerte poco quedó, excepto en teoría.

Los éxitos de la Iglesia y, más especialmente, del Papado eran más sólidos que los del Imperio occidental. Inglaterra había sido convertida por una misión monástica bajo las órdenes de Gregorio el Grande, y permaneció más sometida a Roma que los países con obispos acostumbrados a la autonomía local. La conversión de Alemania fue, en gran parte, obra de San Bonifacio (680-754), un misionero inglés amigo de Carlos Martel y de Pipino, y muy fiel al Papa. Bonifacio fundó muchos monasterios en Alemania; su amigo San Galo fundó el monasterio suizo que lleva su nombre. Según algunas autoridades, Bonifacio ungió a Pipino como rey con un rito tomado del Libro primero de los Reyes.

San Bonifacio era natural de Devonshire, educado en Exeter y Winchester. Fue a Frisia en 716, pero pronto tuvo que volver. En 717 marchó a Roma, y en 719 el papa Gregorio II le mandó a Alemania para convertir a los germanos y combatir la influencia de los misioneros irlandeses (quienes, como se recordará, se equivocaron respecto a la fecha de Pascuas y la forma de la tonsura). Después de muchos éxitos, volvió a Roma en 722, donde fue consagrado obispo por Gregorio II, el cual le tomó juramento de obediencia. El Papa le dio una carta para Carlos Martel, y le encargó que acabase con la herejía y que convirtiese a los paganos. En 732 fue arzobispo; en 738 visitó Roma por tercera vez. En 741 el papa Zacarías le hizo legado y le confió la reforma de la Iglesia de los francos. Fundó la abadía de Fulda, a la cual dio una regla más rigurosa que la benedictina. Después tuvo una controversia con un irlandés, obispo de Salzburgo, llamado Virgilio, quien decía que existen otros mundos además de los nuestros, pero se le canonizó. En 754, después de volver a Frisia, Bonifacio y sus compañeros fueron asesinados por los paganos. A él se debe que la cristiandad de Alemania fuera papal y no irlandesa.

Los monasterios ingleses, especialmente los de Yorkshire, fueron muy importantes en ese tiempo. La civilización que había existido en la Britania romana había desaparecido, y la nueva civilización introducida por los misioneros cristianos se centró enteramente alrededor de las abadías benedictinas que lo debían todo directamente a Roma. El venerable Beda era un monje de Jarrow. Su discípulo Ecgberto, primer arzobispo de York, fundó una escuela catedralicia, donde fue educado Alcuino.

Alcuino es una importante personalidad en la cultura de su tiempo. Fue a Roma en 780, y en el curso de su viaje encontró a Carlomagno en Parma. El emperador le dedicó a enseñar latín a los francos y a educar a la familia real. Pasó gran parte de su vida en la corte de Carlomagno, ocupado en enseñar y en la fundación de escuelas. Al final de su vida era abad en el convento de San Martín, en Tours. Escribió muchos libros, incluyendo una historia en verso de la Iglesia de York. El emperador, aunque iletrado, creía en el valor de la cultura, y durante un breve período disminuyó la oscuridad de la Edad Tenebrosa. Pero su obra en este aspecto fue efímera. La cultura de Yorkshire, durante un tiempo la destruyeron los daneses, la de Francia la perjudicaron los normandos. Los sarracenos saquearon el sur de Italia, conquistaron Sicilia, y en el año 846 atacaron incluso Roma. En resumen, el siglo X en la cristiandad occidental fue aproximadamente la época más oscura; el siglo IX lo redimen los eclesiásticos ingleses y la asombrosa figura de Juan Escoto, del cual he de hablar más en el próximo capítulo.

La decadencia del Poder carolingio después de la muerte de Carlomagno, y la división de su Imperio, redundó al principio en beneficio del Papado. El papa Nicolás I (858-867) elevó el Poder pontificio a una altura considerable que nunca había alcanzado antes. Luchó contra los emperadores del Este y del Oeste, con el rey Carlos el Calvo de Francia y el rey Lotario II, de Lorena, y con el episcopado de casi todos los países cristianos, pero venció en casi todas las querellas. El clero, en muchas regiones, se había hecho dependiente de los príncipes locales, y se puso a remediar tal estado de cosas. Sus dos mayores controversias trataron del divorcio de Lotario II y de la deposición anticanónica de Ignacio, patriarca de Constantinopla. El Poder de la Iglesia en toda la Edad Media tuvo mucho que ver con el divorcio real. Los reyes eran hombres muy apasionados que creían que la indisolubilidad del matrimonio era sólo una doctrina para súbditos. Únicamente la Iglesia podía consagrar el matrimonio, y si la Iglesia declaraba inválido un matrimonio, era muy probable una sucesión discutida y una guerra de dinastías. La Iglesia, por lo tanto, estaba en posición fuerte al oponerse al divorcio real y a los matrimonios irregulares. En Inglaterra perdió su posición bajo Enrique VIII, pero la recuperó bajo Eduardo VIII.

Cuando Lotario II pidió el divorcio, el clero de su reino estaba de acuerdo con él. El papa Nicolás. sin embargo, destituyó a los obispos que lo habían aprobado y se negó totalmente a admitir el pleito de divorcio del rey. El hermano de Lotario, el emperador Luis II, marchó después a Roma con la intención de atemorizar al Papa, si bien le invadieron temores supersticiosos y se retiró. Al fin, venció la voluntad del Papa.

El asunto del patriarca Ignacio fue interesante, pues mostró que el Papa aún podía mantenerse en el Oriente. Ignacio, que era hostil al regente Bardas, fue destituido, y Focio, hasta entonces lego, elevado a su puesto. El Gobierno de Bizancio rogó al Papa que sancionara tal proceder. Éste mandó dos legados para investigar el asunto; cuando llegaron a Constantinopla, estaban aterrorizados y dieron su consentimiento. Durante algún tiempo se ocultaron los hechos al Papa, pero cuando los supo, les dio mucha importancia. Convocó un concilio en Roma para considerar la cuestión; destituyó a uno de los enviados de su obispado y también al arzobispo de Siracusa, que había consagrado a Focio. Lanzó el anatema sobre Focio, destituyó a todos los que le habían ordenado y repuso a quienes habían sido destituidos por oponerse a él. El emperador Miguel III montó en cólera, y escribió al Papa una carta encolerizada, pero el Papa replicó: «El día de los sacerdotes-reyes y pontífices-emperadores ha terminado; la cristiandad ha separado las dos funciones, y los emperadores cristianos necesitan al Papa si piensan en la vida eterna, mientras que los papas no necesitan al emperador, excepto en los asuntos temporales». Focio y el emperador respondieron con la convocatoria de otro concilio que excomulgó al Papa y declaró herética a la Iglesia romana. Poco después, sin embargo, Miguel III fue asesinado, y su sucesor, Basilio, repuso a Ignacio, reconociendo explícitamente la jurisdicción papal en el asunto. Este triunfo ocurrió poco después de la muerte de Nicolás, y se atribuía casi enteramente a los incidentes de las revoluciones de palacio. Después de la muerte de Ignacio, Focio llegó a ser de nuevo patriarca, y aumentaron las diferencias entre las Iglesias occidentales y orientales. Así que no se puede decir que la política de Nicolás, en este asunto, fuese victoriosa a la larga.

Nicolás encontró casi más dificultad en imponer su voluntad en el episcopado que sobre los reyes. Los arzobispos se habían considerado, con el tiempo, muy importantes, y no quisieron someterse buenamente a un monarca eclesiástico. Él mantuvo, sin embargo, que los obispos debían su existencia al Papa, y mientras vivió logró, en general, hacer prevalecer dicha idea. Durante estos siglos reinaban profundas dudas respecto al modo de nombrar los obispos. Originariamente fueron elegidos por la aclamación de los fieles en su ciudad catedralicia; luego, frecuentemente, por un sínodo de obispos vecinos; después, algunas veces, por el rey y otras por el Papa. Los obispos podían ser destituidos por causas graves, pero no estaba claro si debían ser acusados por el Papa o por un sínodo provincial. Todas estas incertidumbres eran la causa de que el Poder dependiera de la energía y astucia de los que estaban en él. Nicolás extendió el Poder papal al límite extremo entonces posible. Bajo sus sucesores se hundió de nuevo.

Durante el siglo X, el Papado se hallaba completamente bajo el dominio de la aristocracia romana. Aún no había una regla fija respecto a la elección de los papas; algunas veces debieron su elección al deseo del pueblo, otras al de los emperadores y reyes, y en algunas ocasiones, como en el siglo X, a los que poseían el Poder local de la ciudad de Roma. Roma entonces no era una ciudad civilizada, como en tiempos de Gregorio el Grande. A veces hubo luchas rivales, y otras alguna familia rica conquistó el Poder combinando violencia y corrupción. El desorden y la debilidad de la Europa occidental eran tan grandes en este período, que el cristianismo corrió el peligro de ser destruido por completo. El emperador y el rey de Francia no tenían Poder para ahogar la anarquía provocada en sus imperios por los potentados feudales, nominalmente sus vasallos. Los húngaros hicieron incursiones en Italia del Norte. Los normandos invadieron la costa francesa, hasta que en 911 se les dio la Normandía, y se convirtieron al cristianismo. Pero el mayor peligro en Italia y en el sur de Francia venía de los sarracenos, que no podían ser convertidos y no tenían respeto por la Iglesia. Terminaron la conquista de Sicilia hacia el fin del siglo IX; se establecieron junto al río Garellano, cerca de Nápoles; destruyeron Monte Casino y otros grandes monasterios; tenían una colonia en la costa de Provenza, desde donde hicieron incursiones a Italia y a los valles alpinos, interrumpiendo el tráfico entre Roma y el Norte.

La conquista de Italia por los sarracenos la evitó el Imperio oriental, que los derrotó en el Garellano en 915. Pero no fue bastante fuerte para gobernar Roma, como lo había hecho después de la conquista de Justiniano, y el Papado, durante aproximadamente cien años, se convirtió en un juguete de la aristocracia de Roma o de los condes de Tusculum. Los romanos más poderosos, al principio del siglo X, eran el *senador* Teofilacto y su hija Marozia, en cuya familia se hizo casi hereditario el Papado. Marozia tuvo varios maridos y una cantidad desconocida de amantes. Uno de éstos fue elevado al Papado bajo el título de Sergio II (904-911). El hijo de ellos dos fue el papa Juan XI (931-936); su nieto era Juan XII (955-964), Papa a los dieciséis años y «remató la decadencia del Papado por su vida licenciosa y las orgías que se celebraron en el Palacio de Letrán» [3].

Marozia es, probablemente, el motivo de la leyenda de la *papisa Juana.*

Los papas de este período perdieron, naturalmente, la influencia que sus predecesores habían tenido en el Oriente. También perdieron el Poder que Nicolás I había ejercido con éxito sobre los obispos al norte de los Alpes. Los concilios provinciales confirmaron su completa independencia del Papa, pero no pudieron mantener la independencia de los soberanos y de los señores feudales. Los obispos se parecían cada vez más a los magnates laicos feudales. «La propia Iglesia aparece así como la víctima de la misma anarquía en que la sociedad mundana se encontró. Todos los malos instintos reinaron desenfrenadamente, y más que nunca; el clero que aún conservaba el interés por la religión y la salvación de las almas, se lamentaba de la decadencia universal, y dirigía los ojos de los fieles hacia el espectro del fin del mundo y del Juicio Final» [4]. Sin embargo, es un error suponer que predominase un temor especial por el final del mundo en el año 1000, como suele creerse. Los cristianos, empezando por San Pablo, creían que el fin estaba cerca, pero seguían, sin embargo, con el mismo modo de vivir.

El año 1000 se puede tomar, con razón, como límite de la mayor decadencia a que la civilización de Europa occidental había llegado. Desde este instante comenzó el movimiento ascendente y ha durado hasta 1914. Al comienzo, el progreso se debió, principalmente, a la reforma monástica. Fuera de las órdenes monásticas, el clero en su mayor parte era violento, inmoral y mundano, corrompido por la riqueza y el Poder que, en realidad, tenía que agradecer a la caridad de los piadosos. Lo mismo ocurrió, una vez

---

[3] *Historia medieval de Cambridge,* III, 455.
[4] *Ibídem.*

y otra, incluso en las órdenes monásticas; pero los reformadores, con nuevo celo, reanimaron su fuerza moral cuando decayó.

Otra razón por la que el año 1000 es un momento crucial, estriba en el cese, aproximadamente en este tiempo, de la conquista de los mahometanos por un lado y de los bárbaros del Norte por otro, por lo menos en cuanto a la Europa occidental. Los godos, lombardos, húngaros y normandos llegaron en oleadas sucesivas; cada horda, a su vez, se convirtió al cristianismo, pero también debilitó la tradición de la civilización. El Imperio occidental se dividió en muchos reinos bárbaros; los reyes perdieron su autoridad sobre los vasallos; reinó la anarquía universal, con perpetua violencia en lo grande y en lo pequeño. Por fin, todas las razas de los fuertes conquistadores del Norte fueron convertidas al cristianismo y adquirieron morada fija. Los normandos, los últimos invasores, resultaron especialmente capaces de civilización. Reconquistaron Sicilia a los sarracenos y liberaron Italia de los mahometanos. Devolvieron Inglaterra al mundo romano, del que los daneses la habían aislado durante largas épocas. Una vez asentados en Normandía, Francia pudo revivir, y ellos contribuyeron materialmente a este proceso.

Al usar la frase *La Edad Oscura* para abarcar el período de 600 a 1000, queremos indicar que nos situamos indebidamente en la Europa occidental. En China, este período comprende la época de la dinastía Tang, la época más grande de la poesía china, y en muchos aspectos fue un período muy notable. Desde la India hasta España floreció la brillante civilización del Islam. Lo que la cristiandad perdió en aquel tiempo no fue, sin embargo, pérdida para la civilización, sino todo lo contrario. Nadie podría haber adivinado que la Europa occidental dominaría más tarde, tanto en Poder como en cultura. A nosotros nos parece que la civilización europea del Occidente es la civilización, pero esto es un punto de vista muy estrecho. La mayor parte del contenido cultural de nuestra civilización nos viene del Mediterráneo, de los griegos y judíos. En cuanto al Poder, la Europa occidental dominó desde las guerras púnicas hasta la caída de Roma, o sea aproximadamente, durante seis siglos, desde 200 antes del cristianismo hasta 400 d. C. Luego, ningún Estado de Europa occidental se podría comparar, en Poder, con China, Japón o el Califato.

Nuestra superioridad desde el Renacimiento se debe, en parte, a la ciencia y a la técnica científica, en parte también a las instituciones políticas que se formaron poco a poco durante la Edad Media. No hay razón, en la naturaleza de las cosas, para que esta superioridad deba continuar. En la Segunda Guerra Mundial, la gran fuerza militar, lo han demostrado Rusia, China y el Japón. Todos estos países reúnen la técnica del Occidente con la ideología del Oriente: bizantina, confuciana o sintoísta. La India, si se libera, contribuirá con otro elemento oriental. Parece probable que durante los próximos siglos, la civilización —si sobrevive— será más diversa de lo que ha sido desde el Renacimiento. Hay un imperialismo de la cultura que es más difícil de vencer que el del Poder. Mucho después de la caída del Imperio occidental —en realidad, hasta la Reforma— toda la cultura europea conserva un tinte de imperialismo romano. Ahora tiene para nosotros un sabor imperialista europeo-occidental. Creo que si queremos sentirnos a gusto en el mundo después de la Segunda Guerra Mundial, tendremos que admitir a Asia en un plano de igualdad en nuestros pensamientos, no solamente en el sentido político, sino también en el cultural. Qué cambios traerá consigo, no lo sé, pero estoy convencido de que serán profundos y de la mayor trascendencia.

CAPÍTULO VIII

JUAN ESCOTO

Juan Escoto, o Johannes Scotus, al que se le asocia a veces Eriúgena o Erígena[5], es el personaje más impresionante del siglo IX; hubiera sido menos sorprendente si hubiera vivido en el siglo V o XV. Era irlandés, neoplatónico, conocedor perfecto del griego, pelagiano, panteísta. Pasó gran parte de su vida bajo la protección de Carlos el Calvo, rey de Francia, y aunque estaba ciertamente lejos de ser ortodoxo, se libró, sin embargo —en cuanto sabemos—, de la persecución. Puso la razón por encima de la fe, y no se preocupó en absoluto de la autoridad de los eclesiásticos; sin embargo, se apeló a su juicio para decidir las controversias.

Para comprender esta figura debemos dirigir nuestra atención, por de pronto, hacia la cultura irlandesa en los siglos que siguen a San Patricio. Aparte del lamentable hecho de que San Patricio era inglés, hay otras dos circunstancias no menos sensibles: primero, que hubo cristianos en Irlanda antes que marchara allí; segundo, que, haya hecho lo que fuere por el cristianismo irlandés, no se debe a él la cultura irlandesa. En la época de la invasión de Galia (dice un autor galo) primeramente por Atila, después por los godos, vándalos y Alarico, «todos los hombres cultos que estaban allende el mar huyeron más allá; es decir, a Irlanda. Y dondequiera que fueron, llevaron a los habitantes de esas regiones un enorme progreso en la cultura»[6].

---

[5] Esta adición sobra, pues significaría «John irlandés de Irlanda». En el siglo IX, *Scotus* significaba *Irlandés*.

[6] *Historia medieval de Cambridge*. III, 501.

Si alguno de estos hombres buscó refugio en Inglaterra, los anglos, sajones y jutlandios los deben haber barrido, pero los que fueron a Irlanda lograron, junto con los misioneros, trasplantar gran parte del conocimiento y de la civilización que desapareció del continente. Se puede creer con buenas razones que en los siglos VI, VII y VIII sobrevivió el conocimiento del griego y de los clásicos latinos entre los irlandeses [7]. El griego se conoció en Inglaterra desde el tiempo de Teodoro, arzobispo de Canterbury (669-690), griego, educado en Atenas; también puede haberse extendido en el Norte por misioneros irlandeses. «Durante la segunda parte del siglo VII —dice Montague James—, en Irlanda, la sed de saber era muy intensa y se trabajó mucho en la enseñanza. La lengua latina (y en menor grado el griego) se estudió desde el punto de vista del erudito. Entonces, obligados en primer lugar por el celo de los misioneros y después por las difíciles circunstancias del país, se pasaron en gran número al continente, y lograron encontrar fragmentos de la literatura que ya habían aprendido a estimar» [8]. Enrique de Auxerre, hacia 876, describe esta influencia de los eruditos irlandeses: «Irlanda, despreciando los peligros del mar, está emigrando casi en masa con su multitud de filósofos a nuestras costas, y los más cultos se condenan al exilio voluntariamente para cumplir el ruego de Salomón el Sabio», esto es, el rey Carlos el Calvo [9].

En muchas épocas, las vidas de los eruditos han sido forzosamente nómadas. En los comienzos de la filosofía griega, muchos de los filósofos habían huido de los persas; al final, en el período de Justiniano, se refugiaron entre los persas. En el siglo V, como acabamos de ver, los hombres cultos huyeron de Galia a las islas occidentales para librarse de los germanos; en el siglo IX salieron de Inglaterra e Irlanda para huir de los escandinavos. En nuestros días, los filósofos alemanes tuvieron que huir aún más al Occi-

---

[7] Esta cuestión se discute cuidadosamente en la *Historia medieval de Cambridge,* 14, cap. XIX, y la conclusión es favorable al conocimiento del griego por parte de los irlandeses.

[8] *Loc. cit.* (págs. 507-508).

[9] *Ibíd.* (pág. 524).

dente para salvarse de sus compatriotas. Quisiera saber si pasará mucho tiempo hasta que se realice el reflujo.

Se sabe demasiado poco de los irlandeses en aquellos días en que conservaban para Europa la tradición de la cultura clásica. Esta erudición estaba relacionada con los monasterios y llena de piedad, como muestran sus libros penitenciales; pero no parece haber tenido mucho que ver con las sutilezas teológicas. Siendo un cuerpo monástico más que episcopal, no tenía la finalidad administrativa que caracterizó al clero del continente, empezando con Gregorio el Grande. Y estando en general desconectado de Roma, consideró al Papa como se le consideró en los tiempos de San Ambrosio, no después. Pelagio, aunque probablemente bretón, es tratado por algunos como irlandés. Es probable que su herejía perdurara en Irlanda, donde la autoridad no la pudo extirpar como hizo en Galia. Estas circunstancias explican la libertad extraordinaria y la novedad de las especulaciones de Juan Escoto.

El comienzo y fin de la vida de Juan Escoto son desconocidos; conocemos solamente el período medio, cuando le dio ocupación el rey de Francia. Se supone que nació alrededor del 800 y que murió en el 877, pero ambas fechas son inciertas. Estuvo en Francia durante el Papado de Nicolás I, y volvemos a encontrar en su vida las figuras que aparecen relacionadas con este Papa: Carlos el Calvo, el emperador Miguel y el mismo Papa.

Juan fue invitado por Carlos el Calvo en el año 843 y colocado por él a la cabeza de la escuela de la corte. Una disputa respecto a la predestinación y el libre albedrío surgió entre Gottschalk, un monje, y el importante clérigo Hincmar, arzobispo de Reims. El fraile era partidario de la predestinación; el arzobispo, de la libre voluntad. Juan apoyó al arzobispo en un tratado *Sobre la divina predestinación,* pero era demasiado poco prudente. El tema era espinoso; Agustín lo había tratado en sus escritos contra Pelagio, pero era peligroso estar de acuerdo con Agustín, y aún más ponerse en franco desacuerdo con él. Juan apoyó el libre albedrío, y esto podía haber pasado sin crítica, pero lo que provocó la indignación fue el carácter puramente filosófico de su argumento. No es que se opusiera a lo que en teología era aceptado, pero sostuvo la autoridad igual o incluso superior de una filosofía independiente de la revelación. Defendió que la razón y la revelación son igualmente fuentes de la verdad y, por lo tanto, no pueden estar opuestas; pero si lo fueran, siempre tendría preferencia la razón. La verdadera religión, dijo, es filosofía verdadera; pero, viceversa, la filosofía verdadera es religión verdadera. Su obra fue condenada por dos concilios, en 835 y 859; en el primero fue calificada de «gachas escocesas».

Se libró del castigo, sin embargo, merced al apoyo del rey, con el cual se debe de haber llevado bien. Si Guillermo de Malmesbury es fidedigno, el rey, cuando Juan estaba comiendo con él, le preguntó: «¿Qué separa a un Escoto de un tonto?». Y Juan replicó: «Sólo la mesa de comer». El rey murió en 877, y después de esta fecha no se sabe nada respecto a Juan. Algunos suponen que también murió en ese mismo año. Hay leyendas que cuentan que fue invitado a Inglaterra por Alfredo el Grande, y siendo abad de Malmesbury o Athelney fue asesinado por los monjes. Esta desgracia, sin embargo, parece haberle ocurrido a otro Juan.

La siguiente obra de Juan fue una traducción del griego del pseudo Dionisio. Esta obra tuvo mucha fama en la primera Edad Media. Cuando San Pablo predicó en Atenas «ciertos hombres se convirtieron y creyeron: entre ellos estaba Dionisio el Areopagita» (Hechos, XVII, 34). Nada se sabe hoy sobre este hombre, pero en la Edad Media se sabía mucho más. Había ido a Francia y fundado la abadía de Saint-Denis; por lo menos, así dijo Hilduino, abad justamente antes de la llegada de Juan a Francia. Además, era el famoso autor de una obra importante que reconciliaba el neoplatonismo con el cristianismo. La fecha de esta obra es desconocida; fue seguramente antes de 500 y después de Plotino. Era muy conocida y admirada en el Oriente, pero en el Occidente no se la conoció de modo general hasta que el emperador Miguel, en 827, mandó una copia a Luis el Pío, que la entregó al mencionado abad Hilduino. Éste, creyendo que lo había escrito un alumno de San Pablo, el famoso fundador de su abadía, quería conocer su contenido; pero nadie supo traducir el griego hasta que vino Juan. Hizo la traducción con gusto, puesto que sus propias ideas se parecían mucho a las del pseudo Dionisio, que desde entonces tuvo gran influencia sobre la filosofía católica en el Occidente.

La traducción de Juan fue enviada al papa Nicolás en 860. El Papa se ofendió porque no le había pedido permiso antes de publicar la obra, y ordenó a Carlos que mandase a Juan a Roma, pero este mandato se echó en olvido. En cuanto a la sustancia, y más especialmente a la erudición demostrada por esta traducción, no tuvo nada que objetar. A su bibliotecario Anastasio, que conocía bien el griego, se le pidió parecer; estaba asombrado de que un hombre de un país remoto y bárbaro pudiera haber poseído tan profundo conocimiento de este idioma.

La obra más grande de Juan (en griego) se llama *Sobre la división de la Naturaleza.* Este libro era lo que en tiempos escolásticos hubiera sido denominado *realista;* es decir, sostuvo, como Platón, que los universales son anteriores a los particulares. Incluye en *Naturaleza* no solamente lo que existe, sino también lo que no es. La naturaleza entera se divide en cuatro clases: 1) lo que crea y no es creado; 2) lo que crea y es creado; 3) lo que es creado, pero no crea; 4) lo que no crea ni es creado. El primero, evidentemente, es Dios. El segundo, son las ideas (platónicas) que subsisten en Dios. El tercero, son las cosas en el espacio y en el tiempo. El cuarto, sorprendentemente, es de nuevo Dios, no como Creador, sino como fin y propósito de todas las cosas. Todo lo que emana de Dios tiende a volver a él; así el final de todas estas cosas es el mismo que el principio. El puente entre el Uno y los muchos es el Logos.

En el reino del no-existir incluye varias cosas, por ejemplo, objetos físicos que no pertenecen al mundo inteligible, y el pecado, porque significa pérdida del modelo divino. Lo que crea y no es creado solamente tiene una subsistencia esencial; es la esencia de todas las cosas. Dios es el principio, medio y fin de las cosas. La esencia de Dios es incognoscible al hombre e incluso a los ángeles. Incluso a sí mismo, Él es, en cierto modo, incognoscible: «Dios no se conoce a sí mismo porque no es un *Qué;* en cierto aspecto, es incomprensible a sí mismo y a todo intelecto» [10].

---

[10] Cfr. Bradley sobre lo inadecuado de todo conocimiento. Cree que ninguna verdad es completamente cierta, pero que la mejor que se encuentra no se puede corregir *intelectualmente.*

En el ser de las cosas se puede ver el ser de Dios; en el orden de ellas, Su sabiduría; en su movimiento, Su vida. Su ser es el Padre; Su sabiduría, el Hijo; Su vida, el Espíritu Santo. Pero Dionisio tiene razón cuando dice que ningún nombre puede afirmarse de Dios verdaderamente. Existe una teología positiva en la que se dice que Él es la verdad, bondad, esencia, etc., pero tales afirmaciones son sólo verdad simbólicamente, porque todos estos predicados tienen una antítesis; pero Dios no tiene antítesis.

La clase de cosas que crean y al mismo tiempo son creadas abarca el total de las causas primeras, prototipos o ideas platónicas. La totalidad de estas primeras causas es el Logos. El mundo de las ideas es eterno y, sin embargo, creado. Bajo la influencia del Espíritu Santo, estas primeras causas originan el mundo de cosas especiales, cuya materialidad es ilusoria. Cuando se dice que Dios «creó las cosas de la nada», esta *nada* se ha de entender como Dios mismo, en el sentido en que Él trasciende todo conocimiento.

La creación es un proceso eterno: la sustancia de todas las cosas finitas es Dios. La criatura no es un ser distinto de Dios. La criatura subsiste en Dios, y Dios se manifiesta en la criatura de una manera inefable. «La Santísima Trinidad se ama en sí misma y en nosotros [11]; se ve y mueve por sí misma».

El pecado tiene su fuente en la libertad: surgió porque el hombre se volvió a sí mismo en vez de hacia Dios. El mal no tiene su causa en Dios, porque en Dios no hay idea del mal. El mal es no-ser y no tiene causa, porque si la tuviese sería necesario. El mal es privación del bien.

El Logos es el principio que devuelve los muchos al Uno, y el hombre a Dios; así es el Salvador del mundo. Por la unión con Dios, la parte del hombre que efectúa la unión se hace divina.

Juan está en desacuerdo con los aristotélicos al rechazar sustancialmente las cosas particulares. Llama a Platón el cenit de los filósofos. Pero sus tres primeras clases de ser se derivan indirectamente de la idea de Aristóteles del motor inmóvil, inmóvil y

---

[11] Cfr. Spinoza.

movido, movido pero inmóvil. La cuarta clase del ser del sistema de Juan que ni crea ni es creado, se deriva de la doctrina de Dionisio de que todas las cosas vuelven a Dios.

La falta de ortodoxia de Juan se evidencia en este resumen. Su panteísmo, que rechaza la realidad sustancial de las criaturas, es contrario a la doctrina cristiana. Su interpretación de la creación de la *nada* es tal que un teólogo prudente no podía aceptarla. Su trinidad, que se parece mucho a la de Plotino, no mantiene la igualdad de las Tres Personas, aunque intenta defenderse en este punto. Su independencia de espíritu se revela en estas herejías, y sorprende en el siglo IX. Su punto de vista neoplatónico puede quizá haber sido corriente en Irlanda, como lo fue entre los Padres Griegos de los siglos IV y V. Puede ser que, si supiéramos más sobre el cristianismo irlandés desde el siglo V al IX, nos sorprendería menos. Por otro lado, quizá la mayoría de sus herejías se hayan de atribuir a la influencia del pseudo Dionisio, quien por la supuesta relación suya con San Pablo fue considerado, erróneamente, como ortodoxo.

Su idea de que la creación era eterna es naturalmente herética y le obliga a decir que el relato del Génesis es alegórico. El paraíso y la caída de Adán no se deben tomar literalmente. Como todos los panteístas, la dificultad reside para él en el pecado. Sostiene que el hombre no tuvo originalmente pecado, ni distinción de sexo. Lo cual, sin duda, contradice a la afirmación de que «Los creó macho y hembra». Según Juan, fue solamente consecuencia del pecado el que los seres humanos se dividieran en hombre y mujer. La mujer encarna la naturaleza sensual y depravada del hombre. Al final, otra vez desaparecerá la diferencia entre los sexos y tendremos un cuerpo completamente espíritu [12]. El pecado consiste en la voluntad mal guiada, en la suposición falsa de que es bueno algo que no lo es. Su castigo es natural; consiste en descubrir la vanidad de los deseos pecaminosos. Pero el castigo no es eterno. Como Orígenes, Juan sostiene que incluso los diablos se salvarán al final, aunque más tarde que los demás seres.

---

[12] Véase la diferencia con San Agustín.

La traducción de Juan del pseudo Dionisio tuvo una gran influencia sobre el pensamiento medieval, pero su *magnum opus* sobre la división de la naturaleza tuvo poca. Fue repetidamente condenada como herética y, por fin, en 1225, el papa Honorio III ordenó que todos los ejemplares fuesen quemados. Afortunadamente, esta orden no fue cumplida.

CAPÍTULO IX

LA REFORMA ECLESIÁSTICA EN EL SIGLO XI

Por primera vez desde la caída del Imperio occidental, Europa, en el siglo XI, hizo rápidos progresos que no se perdieron después. Hubo un avance en el renacimiento carolingio, pero no se afianzó. En el siglo XI, la mejora fue duradera y polifacética. Comenzó con la reforma monástica; después se extendió al Papado y al gobierno de la Iglesia; hacia el fin del siglo surgieron los primeros filósofos escolásticos. Los sarracenos fueron expulsados de Sicilia por los normandos; los húngaros, convertidos al cristianismo, cesaron en sus piraterías. Las conquistas de los normandos en Francia e Inglaterra salvaron a estos países de futuras incursiones escandinavas. La arquitectura, que hasta entonces había sido bárbara, excepto donde predominaba la influencia bizantina, alcanzó un rápido apogeo. El nivel de la enseñanza subió mucho entre el clero, y considerablemente en la aristocracia laica.

El movimiento de reforma, en sus primeras fases, se efectuó en la mente de sus promotores exclusivamente por motivos morales. El clero, tanto regular como secular, había contraído malas costumbres, y los hombres serios querían que vivieran más conforme a sus principios. Pero detrás de este motivo puramente moral había otro, al principio quizá inconsciente, pero poco a poco más manifiesto. Este motivo era realizar la separación entre el clero y los laicos, y al mismo tiempo aumentar el Poder del primero. Por tanto, era natural que la victoria de la reforma en la Iglesia debía terminar directamente en un conflicto violento entre el emperador y el Papa.

Los sacerdotes habían formado una casta aparte, poderosa en Egipto, Babilonia y Persia, pero no en Grecia o en Roma. En la primitiva Iglesia cristiana, la diferencia entre el clero y los laicos surgió paulatinamente; cuando oímos hablar de los *obispos* en el Nuevo Testamento, esta palabra no significa lo que hoy. La separación del clero del resto de la población tenía dos aspectos, uno doctrinal y otro político. El político dependía del doctrinal. El clero poseía ciertos poderes sobrenaturales, especialmente en relación con los sacramentos —excepto el bautismo, que podían administrarlo los laicos—. Sin la ayuda del clero era imposible el matrimonio, la absolución y la extremaunción. Aún más importante en la Edad Media era la transubstanciación: solamente un sacerdote podía hacer el milagro de la misa. Solamente, en el siglo XI, la doctrina de la transubstanciación se convirtió en artículo de fe, aunque mucho tiempo antes se había creído ya así.

Por sus poderes sobrenaturales, los clérigos podían determinar si un hombre pasaría la eternidad en el Cielo o en el infierno. Si moría excomulgado, iba al infierno; si moría después de que el sacerdote había realizado las adecuadas ceremonias, iría al fin al Cielo si se había arrepentido debidamente y confesado. Antes de ir al Cielo, sin embargo, tendría que sufrir cierto tiempo —quizá mucho— las penas del purgatorio. Los sacerdotes podían abreviar este tiempo diciendo misas por su alma, lo cual hacían mediante una remuneración conveniente.

Todo esto, bien entendido, lo creían sincera y firmemente los sacerdotes y los laicos; no sólo era una creencia oficialmente profesada. Una y otra vez, el poder sobrenatural del clero le dio la victoria sobre los poderosos príncipes a la cabeza de sus ejércitos. Este poder, sin embargo, estuvo limitado de dos maneras: por las inexorables pasiones de los laicos, y por división entre el clero. Los habitantes de Roma, hasta la época de Gregorio VII, mostraron poco respeto por la persona del Papa. Querían asaltarle, encarcelarle, envenenarle o luchar contra él, siempre que sus luchas turbulentas y rivales los indujeron a tales acciones. ¿Cómo era esto compatible con sus creencias? En parte, indudablemente, la explicación está en la mera carencia de freno; en parte, en la idea de que uno puede arrepentirse en el lecho de muerte. Otra razón, que influía menos en Roma que en otra parte, era que los reyes podían doblegar la voluntad de los obispos en sus reinos y asegurarse así bastante magia sacerdotal para salvarse de la condenación. La disciplina de la Iglesia y un gobierno unificado eclesiástico eran, por lo tanto, esenciales para el Poder del clero. Estas finalidades estaban aseguradas durante el siglo XI como parte de la reforma moral del clero.

El Poder del clero como conjunto solamente podía asegurarse con sacrificios muy considerables por parte del eclesiástico individualmente. Los dos grandes males contra los que todos los reformadores clericales dirigían sus esfuerzos eran la simonía y el concubinato. Diremos algo sobre estos puntos.

Gracias a las dádivas de los piadosos, la Iglesia se había hecho rica. Muchos obispos tenían enormes fincas, e incluso los párrocos llevaban en general una vida relativamente holgada para aquellos tiempos. El nombramiento de los obispos estaba prácticamente en manos del rey, pero algunas veces también lo efectuaron algunos nobles feudales subordinados. El rey tenía la costumbre de vender los obispados; esto constituyó, en efecto, una parte esencial de sus ingresos. El obispo, a su vez, vendía los cargos eclesiásticos de que podía disponer. Esto era público. Gerberto (Silvestre II) habló de los obispos de la manera siguiente, poniendo en su boca: «Di oro y he recibido el obispado; pero no temo perderlo si me comporto como debo. Ordeno a un sacerdote y recibo oro; hago un diácono y obtengo un montón de plata. Teniendo en cuenta el oro que di, tengo aún más ahora en mi bolsillo»[13]. Pedro Damián, en Milán, en 1059, descubrió que todo clérigo en su ciudad, empezando por el arzobispo, había sido culpable de simonía. Y este estado de cosas no era, ni mucho menos, excepcional.

La simonía, naturalmente, era un pecado. Pero ésta no era la única objeción contra ella. Resultó que los ascensos eclesiásticos se consiguieron mediante dinero y no por mérito; afianzó más la autoridad laica en el nombramiento de los obispos, y la subordi-

---

[13] *Historia medieval de Cambridge*, V, cap. X.

nación de los obispos a los gobernantes seglares. Y tendía a hacer del episcopado una parte del sistema feudal. Además, cuando un hombre había comprado el cargo deseaba, naturalmente, recuperar su dinero, de modo que le preocupaban los intereses terrenales más que los espirituales. Por estas razones la campaña contra la simonía constituía una parte necesaria en la lucha del clero por el Poder.

Consideraciones muy parecidas son aplicables al celibato clerical. Los reformadores del siglo XI hablaron frecuentemente del *concubinato,* cuando más correcto hubiera sido hablar de *matrimonio.* Los monjes, desde luego, no podían casarse a causa del voto de castidad, pero no había una manifiesta prohibición del matrimonio para el clero secular. En la Iglesia oriental, hasta hoy, los párrocos pueden casarse. En el Occidente, en el siglo XI, la mayoría de los párrocos estaban casados. Los obispos, por su parte, se referían a la sentencia de San Pablo: «Un obispo debe ser intachable, marido de una sola esposa» [14]. No había la misma manifiesta profesión moral en el asunto de la simonía, pero en la insistencia sobre el celibato clerical hubo motivos políticos muy parecidos a los de la campaña contra la simonía [15].

Cuando los sacerdotes estaban casados, querían, naturalmente, transmitir la propiedad de la iglesia a sus hijos. Lo podían hacer legalmente si sus hijos eran también sacerdotes; por lo tanto, uno de los primeros pasos de la reforma, cuando se hizo fuerte, fue prohibir la ordenación de los hijos de sacerdotes [16].

Pero en la confusión de aquellos tiempos existía el peligro de que si los sacerdotes tenían hijos encontrarían medios de enajenar ilegalmente porciones de las tierras de la Iglesia. Además de esta consideración económica, también existía el hecho de que si un sacerdote era hombre con familia como sus vecinos, les parecería menos singular. Desde el siglo V en adelante, por lo menos, existió una gran admiración por el celibato, y si el clero tenía que exi-

---

[14] I Timoteo, III, 2.

[15] Véase Hercoy C. Lea, *La historia del celibato sacerdotal.*

[16] En 1046 fue decretado que el hijo de sacerdote no podía ser obispo. Más tarde, que no podía recibir órdenes sagradas.

gir respeto, del cual dependía su Poder, era sumamente conveniente que estuviesen claramente separados de los demás por la privación del matrimonio. Los reformadores mismos, sin duda, creían sinceramente que el estado del matrimonio, aunque no realmente pecaminoso, era inferior al celibato, y sólo se permitía a la debilidad de la carne. San Pablo dice «si no pueden contenerse, que se casen» [17], pero un hombre verdaderamente santo debía ser capaz de *contenerse.* Por tanto, el celibato clerical era esencial para la autoridad moral de la Iglesia.

Después de estos preliminares generales, llegamos a la verdadera historia del movimiento de reforma, en la Iglesia del siglo XI.

El comienzo se remonta a la fundación de la abadía de Cluny en 910 por Guillermo el Pío, duque de Aquitania. Esta abadía fue desde el principio independiente de toda autoridad externa, excepto de la del Papa; además, su abad poseía autoridad sobre otros monasterios que le debían su origen. La mayoría de los monasterios eran ricos y de moral relajada; Cluny, aunque evitando el ascetismo extremo, procuraba conservar la decencia y el decoro. El segundo abad, Odón, se marchó a Italia y se encargó de la vigilancia de varios monasterios romanos. No siempre tuvo éxito. «Farfa, dividido por un cisma entre dos abades rivales que habían asesinado a su predecesor, oponía resistencia a la intromisión de los monjes de Cluny por Odón y se desembarazaron por medio del veneno del abad que Alberico instituyó por la fuerza armada» [18]. (Alberico era el gobernante de Roma que había invitado a Odón). En el siglo XII, el celo reformador de Cluny se enfrió. San Bernardo le reprochaba su pomposa arquitectura; como todos los hombres serios de su época consideró los edificios eclesiásticos espléndidos como una señal de orgullo pecaminoso.

Durante el siglo XI, otras varias órdenes fueron fundadas por los reformadores. Romualdo, ermitaño asceta, fundó la Orden camaldulense en 1012; Pedro Damián, sobre el cual hablaremos brevemente, fue su sucesor. Los cartujos, que nunca habían ce-

---

[17] I Corintios, VII, 9.

[18] *Historia medieval de Cambridge,* V, 662.

sado en su austeridad, fueron fundados por Bruno de Colonia en 1084. En 1098 se fundó la Orden cisterciense, y en 1113 San Bernardo se unió a ella. Se atenía estrictamente a la Orden benedictina. Prohibió las ventanas de cristal de color. Para las labores del campo se valía de *conversos,* o hermanos legos. Estos hombres hacían los votos, pero les estaba prohibido aprender a leer y escribir; se los utilizó principalmente en la agricultura, pero también en otros trabajos como la arquitectura. La abadía de Fountains, en Yorkshire, es cisterciense y una obra notable, teniendo en cuenta que eran hombres persuadidos de que toda belleza provenía del diablo.

Como se deducirá del caso de Farfa, que no era ni mucho menos único, los reformadores monásticos necesitaban mucho valor y energía. Donde tuvieron éxito fueron apoyados por las autoridades seglares. Fueron estos hombres y sus seguidores los que hicieron posible la reforma del Papado, primero, y luego de la Iglesia en general.

La reforma del Papado, sin embargo, fue al principio sobre todo obra del emperador. El último Papa dinástico fue Benedicto IX, elegido en 1032; se dice que solamente tenía doce años entonces. Era hijo de Alberico de Túsculo, a quien ya encontramos al hablar del abad Odón. Cuando fue mayor, se hizo cada vez más desenfrenado, chocando incluso con los romanos. Por fin, su maldad alcanzó tal límite, que decidió dejar el Papado para poder casarse. Lo vendió a su padrino, después Gregorio VI. Éste, aunque había adquirido el Papado por medio de simonía, fue un reformador; era amigo de Hildebrando (Gregorio VII). Sin embargo, la forma en que obtuvo el Papado fue demasiado escandalosa para pasarla por alto. El joven emperador Enrique III (1039-1056) era un reformador piadoso, que había renunciado a la simonía a costa de sus ingresos, reservándose solamente el derecho de nombrar obispos. Llegó a Italia en 1046, a la edad de veintidós años y destituyó a Gregorio VI, acusándole de simonía.

Enrique III conservó durante todo su reinado el Poder de hacer y deshacer papas que, sin embargo, ejerció sabiamente en interés de la reforma. Tras desembarazarse de Gregorio VI, nombró a un obispo alemán, Suiggero de Bamberg; los romanos renunciaron a los derechos de elección que habían exigido y muchas veces practicado, casi siempre inmoralmente. El nuevo Papa murió al año siguiente, y su sucesor también murió de modo inmediato —envenenado, según se dijo—. Enrique III eligió después a uno de sus parientes, Bruno de Toul, más tarde León IX (1049-1054). Fue un reformador serio, que viajó mucho y celebró muchos concilios; quiso combatir a los normandos en el sur de Italia, pero no logró vencerlos. Hildebrando era amigo suyo y casi podría llamarse su discípulo. A su muerte, el emperador nombró otro Papa más, Gebhardo de Eichstadt, después Víctor II, en el año 1055. Pero el emperador murió un año después y el Papa al año siguiente. Desde entonces, las relaciones del emperador con el Papa fueron menos cordiales. El Papa, habiendo adquirido una autoridad moral con ayuda de Enrique III, exigió primero independencia del emperador, y luego la superioridad sobre él. Así comenzó el gran conflicto que duró doscientos años y terminó con la derrota del emperador. A la larga, por consiguiente, la política de Enrique III respecto a la reforma del Papado fue acaso de corta visión.

El emperador siguiente, Enrique IV, reinó durante cincuenta años (1056-1106). Al principio era menor de edad y la regencia la ejerció su madre, la emperatriz Inés. Esteban IX fue Papa durante un año, y a su muerte los cardenales eligieron uno, mientras que los romanos, reafirmando los derechos que habían cedido antes, eligieron otro. La emperatriz ayudó a los cardenales, cuyo pretendiente tomó el nombre de Nicolás II. Aunque su pontificado solamente duró tres años, fue importante. Hizo la paz con los normandos, independizando así al Papado del emperador. En su tiempo, el modo en que eran elegidos los papas se determinaba por un decreto, según el cual la elección se hizo primero por los obispos cardenales, después por los otros cardenales, y por último por el clero y el pueblo de Roma, cuya participación, se deduce, había de ser puramente formal. En realidad, los obispos cardenales tenían que elegir al Papa. La elección debía celebrarse en Roma, si era posible, pero podía efectuarse en cualquier otra parte, si las circunstancias hacían difícil la elección en Roma, o incluso indeseable. El emperador no tenía ningún derecho a intervenir. Este decreto, aceptado después de muchas luchas, representa un paso esencial en la emancipación del Papado de la intervención de los laicos.

Nicolás II decretó que en el futuro las ordenaciones de hombres culpables de simonía no eran válidas. El decreto no tuvo validez retroactiva, porque habría invalidado entonces la gran mayoría de las ordenaciones de los sacerdotes existentes.

Durante el pontificado de Nicolás II, empezó una lucha interesante en Milán. El arzobispo, siguiendo la tradición ambrosiana, pidió cierta independencia del Papa. Él y su clero estaban aliados a la aristocracia y se oponían fuertemente a la reforma. Las clases mercantiles y bajas, por otro lado, deseaban que el clero fuese piadoso; hubo rebeliones en favor del celibato clerical, y un movimiento de reforma poderoso llamado *Patarine,* contra el arzobispo y sus partidarios. En 1059, el Papa, para apoyar la reforma, mandó a Milán como legado al eminente San Pedro Damián. Damián era el autor de un tratado *Sobre la divina omnipotencia* que mantenía que Dios puede hacer cosas opuestas a la ley de la contradicción, y puede aniquilar el pasado. (Esta idea fue rechazada por Santo Tomás y desde entonces ha sido heterodoxa). Era enemigo de la dialéctica y consideraba la filosofía como sierva de la teología. Como hemos visto, fue un seguidor del ermitaño Romualdo, y se ocupó contra su propio deseo de los asuntos. Su santidad era tan grande que hizo falta mucha persuasión para que accediese a ayudar a la campaña de la reforma; cedió a los ruegos del Papa. En Milán, en 1059, pronunció un discurso contra la simonía a los clérigos reunidos. Al principio estaban tan furiosos que su vida corrió peligro, pero por fin su elocuencia los ganó, y con lágrimas se confesaron culpables. Además prometieron obediencia a Roma. Bajo el siguiente Papa hubo una disputa con el emperador sobre la sede de Milán, en la que con ayuda de los *Patarines* el Papa quedó finalmente victorioso.

A la muerte de Nicolás II, en 1061, siendo Enrique IV mayor de edad, hubo una disputa entre él y los cardenales respecto a la sucesión al Papado. El emperador no había aceptado el decreto de elección, y no estaba dispuesto a renunciar a sus derechos en la elección del Papa. La discusión duró tres años, mas al final prevaleció la elección de los cardenales, sin prueba definitiva de fuerza entre el emperador y la curia. Lo decisivo fue el mérito evidente del Papa propuesto por los cardenales, quien era hombre de virtud y experiencia, y había sido discípulo de Lanfranco (después arzobispo de Canterbury). La muerte de este Papa, Alejandro II, en 1073, fue seguida de la elección de Hildebrando (Gregorio VII).

Gregorio VII (1073-1085) es uno de los papas más eminentes. Mucho tiempo había sido preeminente y ejercido gran influencia sobre la política pontificia. A él se debe que el papa Alejandro II bendijera la empresa inglesa de Guillermo el Conquistador; favoreció a los normandos tanto en Italia como en el Norte. Fue protegido de Gregorio VI, quien compró el Papado para combatir la simonía; después de la destitución de este Papa, Hildebrando pasó dos años en el exilio. La mayor parte del final de su vida transcurrió en Roma. No era hombre culto, pero estaba muy inspirado por San Agustín, cuyas doctrinas aprendió de segunda mano de su héroe Gregorio el Grande. Siendo Papa se creyó el representante de San Pedro. Esto le dio mucha confianza en sí mismo, no justificada desde el punto de vista mundano. Admitió que la autoridad del emperador era también de origen divino: primeramente, comparó al Papa y al emperador a los dos ojos; después, al reñir con el emperador, con el Sol y la Luna: el Papa, naturalmente, representaba al Sol. El Papa debía ser supremo en moral, y, por lo tanto, tener derecho a destituir al emperador si éste era inmoral. Y nada podía ser más inmoral que hacer resistencia al Papa. Todo esto lo creyó sincera y profundamente.

Gregorio VII hizo más que cualquier Papa anterior para reforzar el celibato clerical. En Alemania el clero opuso resistencia, y por ésta, como por otras razones, apoyaron al emperador. Los laicos, sin embargo, prefirieron en todas partes el celibato de sus sacerdotes. Gregorio promovió rebeliones de los laicos contra los sacerdotes casados y sus esposas, en las que ambos sufrieron brutales ataques. Exigió de los laicos que no asistiesen a misa cuando la celebrase un clérigo recalcitrante. Decretó que los sacramentos del clero casado eran inválidos y que éstos no debían entrar en la Iglesia. Todo ello provocó la oposición del clero y el apoyo de los laicos; incluso en Roma, donde la vida de los papas corría peligro habitualmente, era popular.

En la época de Gregorio comenzó la gran disputa respecto a las *investiduras*. Cuando era consagrado un obispo, se le investía con un anillo y un báculo como símbolos de su cargo. Los entregaba el emperador o el rey (según el lugar), como señor supremo del obispo. Gregorio insistió en que debía entregarlos el Papa. La disputa formó parte de la obra de separación de lo eclesiástico de la jerarquía feudal. Duró mucho tiempo, pero al final el Papado resultó completamente victorioso.

La lucha que llevó al acto de Canosa empezó con la discusión sobre el arzobispado de Milán. En 1075, el emperador, con ayuda de los sufragáneos, nombró un arzobispo; el Papa tomó esto como atentado contra sus prerrogativas y amenazó al emperador con la excomunión y la destitución. El emperador se vengó, convocando un concilio de obispos en Worms, donde los obispos negaron la obediencia al Papa. Le escribieron una carta acusándole de adulterio y perjurio y (aún peor) de malos tratos a los obispos. El emperador también le escribió una carta en la que protestaba de que estaba por encima de todo juicio terrenal. El emperador y sus obispos declararon destituido a Gregorio; Gregorio excomulgó al emperador y a sus obispos y los declaró —a su vez— destituidos. Así empezó la cosa.

Primeramente, la victoria fue ganada por el Papa. Los sajones, que antes se habían rebelado contra Enrique IV y después hecho la paz con él, de nuevo se levantaron; los obispos alemanes hicieron la paz con Gregorio. El mundo estaba asombrado por el trato que el Papa dio al emperador. De aquí que, al año siguiente (1077), Enrique decidiese pedir la absolución al Papa. En el rigor del invierno, con su esposa y su hijo pequeño y unos cuantos criados cruzó el paso del monte Cenis y se presentó suplicante ante el castillo de Canosa, donde se hallaba el Papa. Durante tres días el Papa le hizo esperar, descalzo y vestido de penitente. Por fin fue admitido. Habiendo cumplido la penitencia y jurado obedecer en el futuro las directrices del Papa al tratar con sus enemigos alemanes, fue perdonado y volvió a recibir la comunión.

La victoria del Papa, sin embargo, fue ilusoria. Había sido cogido entre las redes de su propia teología, una de las cuales ordenaba la absolución de los penitentes. Por extraño que parezca, lo venció Enrique, y creyó que el arrepentimiento de éste era sincero. Pronto descubrió su equivocación. No pudo seguir apoyando ya a los enemigos de Enrique, que vieron cómo los había traicionado. Desde este momento las cosas se volvieron contra él.

Los enemigos alemanes de Enrique eligieron un emperador rival llamado Rodolfo. El Papa, al principio, sosteniendo que era él quien debía decidir entre Enrique y Rodolfo, rehusó llegar a una solución. Por fin, en 1080, habiéndose dado cuenta de la falsedad del arrepentimiento de Enrique, se declaró por Rodolfo. En esta época, sin embargo, Enrique había vencido a la mayoría de sus adversarios en Alemania. Tenía un antipapa elegido por sus partidarios del clero, y entró con él en Roma, en 1084. Su antipapa le coronó en debida forma, pero tuvo que retirarse rápidamente ante los normandos, que se acercaron para salvar a Gregorio. Los normandos saquearon brutalmente Roma y se llevaron a Gregorio. Permaneció virtualmente su prisionero hasta su muerte al año siguiente.

Así parece que su política terminó con un desastre. Pero en realidad fue continuada, aunque más moderadamente, por sus sucesores. Se efectuó por el momento un compromiso favorable para el Papado, pero el conflicto era irreconciliable en el fondo. Sus fases sucesivas se tratarán en los capítulos siguientes.

Queda por decir algo del renacimiento intelectual en el siglo XI. El siglo X careció de filósofos, excepto Gerberto (el papa Silvestre II, 999-1003), e incluso éste era más bien matemático que filósofo. Pero en la última parte del siglo XI aparecieron poco a poco verdaderas lumbreras de la filosofía. Las más importantes fueron Anselmo y Roscelino, aunque algunos otros merecen mención. Sin excepción eran monjes partidarios del movimiento de reforma.

Pedro Damián, el más viejo de todos, ha sido mencionado ya. Berengario de Tours (muerto en 1088) es interesante en su calidad de racionalista. Creía que la razón es superior a la autoridad, y apeló a Juan Escoto para apoyar su idea, por lo cual fue condenado en última instancia. Berengario negó la transubstanciación y fue obligado dos veces a retractarse. Sus herejías fueron combatidas por Lanfranco en su libro *De corpore et sanguine Domini.* Lanfranco nació en Pavía, estudió Derecho en Bolonia y fue excelente dialéctico. Pero abandonó la dialéctica en favor de la teología y entró en el monasterio de Bec, en Normandía, donde dirigió una escuela. Guillermo el Conquistador le hizo arzobispo de Canterbury en 1070.

San Anselmo era, como Lanfranco, italiano, monje en Bec y arzobispo de Canterbury (1093-1109), en cuyo cargo obedeció los principios de Gregorio VII y disputó con el rey. Su principal fama reside en la invención del «argumento ontológico» en favor de la existencia de Dios. Su argumento es el siguiente: definimos a *Dios* como el mayor objeto posible del pensamiento. Pero si un objeto del pensamiento no existe, otro exactamente igual a él, pero existente, es mayor.

Por lo tanto, el más grande de todos los objetos del pensamiento debe existir, porque si no otro, aún mayor, sería posible. Por lo tanto, Dios existe.

Este argumento no ha sido nunca aceptado por los teólogos. Fue entonces criticado de modo adverso; después fue olvidado hasta la segunda mitad del siglo XIII. Tomás de Aquino lo rechazó y entre los teólogos su opinión ha prevalecido desde entonces. Pero entre los filósofos ha tenido mejor suerte. Descartes lo resucitó en forma corregida; Leibniz creyó que podía ser válido, añadiendo una prueba de que Dios es *posible.* Kant consideró que lo había abolido de una vez para siempre. Sin embargo, en cierto modo, es la base del sistema de Hegel y los sucesores suyos, y vuelve a aparecer en el principio de Bradley: «Lo que puede y debe ser, es».

Evidentemente, un argumento que tiene una historia tan importante se debe tratar con respeto, valga o no. La cuestión verdadera es: ¿existe algo de lo que podamos pensar que por el mero hecho de que podamos pensar en ello existe, fuera de nuestro pensamiento? A todos los filósofos les gustaría decir que sí, porque es misión del filósofo sondear las cosas relativas al mundo más por el pensamiento que por la observación. Si la afirmación es la contestación correcta, existe un puente del pensamiento puro a las cosas; si no, no. En esta forma generalizada, Platón emplea una especie de argumento ontológico para probar la realidad objetiva de las ideas. Pero nadie antes de Anselmo había expuesto el argumento en su desnuda pureza lógica. Al ganar en pureza pierde en aceptación; pero también hay que atribuirlo a Anselmo.

Por lo demás, la filosofía de Anselmo se deriva principalmente de San Agustín, del que toma muchos elementos platónicos. Cree en las ideas platónicas, de las cuales deduce otra prueba de la existencia de Dios. Por los argumentos neoplatónicos cree que se prueba no solamente Dios, sino también la Trinidad. (Se recordará que Plotino tiene una Trinidad, aunque un cristiano no podría aceptarla como ortodoxa). Anselmo considera la razón inferior a la fe. «Creo para comprender», dice. Siguiendo las huellas de Agustín, afirma que sin fe es imposible comprender. Dios, según él, no es *justo,* sino la *justicia.* Se recordará que Juan Escoto dice cosas parecidas. El origen común está en Platón.

San Anselmo, como sus predecesores en la filosofía cristiana, representa más la tradición platónica que la aristotélica. Por esta razón no posee las claras características de la filosofía llamada *escolástica,* que llegó a su culminación en Tomás de Aquino. Esta clase de filosofía comienza con Roscelino, contemporáneo de Anselmo, diecisiete años más joven que éste. Roscelino marca un nuevo comienzo y de él hablaremos en el capítulo próximo.

Al decir que la filosofía medieval fue hasta el siglo XIII principalmente platónica, hay que tener en cuenta que Platón, excepto en un fragmento del *Timeo,* se conocía solamente de segunda o tercera mano. Juan Escoto, por ejemplo, no pudo tener las ideas que tuvo si no por Platón, pero lo platónico en él procede del pseudo Dionisio. La fecha de este autor es incierta, mas parece probable que era discípulo de Proclo, el neoplatónico. También es probable que Juan Escoto no hubiera nunca oído hablar de Proclo, ni leído una línea de Plotino. Aparte del pseudo Dionisio, la otra fuente del platonismo en la Edad Media fue Boecio. Este platonismo fue, en muchos aspectos, distinto del que un estudiante moderno saca de los escritos originales de Platón. Omitió casi todo lo que no tenía relación evidente con la religión, y en la filosofía religiosa amplió y destacó determinados aspectos a expensas de otros. Este cambio en el concepto respecto a Platón ya lo había hecho Plotino. El conocimiento de Aristóteles era también fragmentario, pero en dirección contraria; todo lo que de él se conoció hasta el siglo XII fue la traducción de las *Categorías* y *De Emendatione.* Así se conceptuó a Aristóteles como mero dialéctico y a Platón solamente como filósofo religioso y autor de la teoría de las ideas. Durante el curso de la Edad Media estas dos concepciones parciales se corrigieron poco a poco, especialmente respecto a Aristóteles. Pero en lo que concierne a Platón este proceso no concluyó hasta el Renacimiento.

CAPÍTULO X

LA CULTURA Y LA FILOSOFÍA MAHOMETANAS

Los asaltos al Imperio de Oriente, África y España fueron distintos de los ataques de los bárbaros del Norte al Occidente, en dos aspectos: primero, el Imperio de Oriente perduró hasta 1453, cerca de mil años más que el de Occidente; segundo, los principales ataques al Imperio oriental se hicieron por los mahometanos, que no se convirtieron al cristianismo después de la conquista, sino que desarrollaron una importante civilización propia.

La hégira [19] con la que comienza la era de Mahoma, ocurre el 15 de julio de 622 d. C. Mahoma murió diez años después. Inmediatamente después de su muerte comenzaron las conquistas árabes, que se extendieron con extraordinaria rapidez. En el Este, Siria fue invadida en 634 y completamente sometida en el transcurso de dos años. En 637, Persia fue invadida; en el año 650 su conquista se puede dar por terminada. La India fue invadida en 664; Constantinopla, asediada en 669 (y nuevamente en 716-717). El movimiento hacia Occidente no se produjo tan de repente. Egipto fue conquistado alrededor de 642; Cartago no lo fue hasta 697. España, excepto un pequeño rincón del Noroeste, fue conquistada en 711-712. La expansión hacia el Oeste (excepto Sicilia y el sur de Italia) fue detenida por la derrota de los mahometanos en la batalla de Tours, en 732, justamente cien años después de la muerte del profeta. (Los turcos otomanos, que finalmente habían

[19] La hégira fue la huida de Mahoma de La Meca a Medina.

conquistado Constantinopla, pertenecen a un período posterior al que ahora tratamos).

Varias circunstancias facilitaban esta expansión. Persia y el Imperio oriental estaban agotadas por largas guerras. Los sirios, en gran parte nestorianos, sufrieron la persecución de los católicos, mientras que los mahometanos toleraron todas las sectas de los cristianos a cambio del pago de tributos. Análogamente, en Egipto, los monofisitas, que eran la mayoría de la población, recibieron bien a los invasores. En África los árabes se unieron a los bereberes, a los que los romanos nunca habían subyugado completamente. Árabes y bereberes invadieron juntos España, donde los judíos, perseguidos por los visigodos, los apoyaron.

La religión del Profeta era un simple monoteísmo, sin complicaciones con la intrincada teología de la Trinidad y de la Encarnación. El Profeta no alegó ser divino, ni sus partidarios se lo atribuyeron. Resucitó la prohibición de los judíos respecto a hacer imágenes, y prohibió el vino. El deber de los fieles era conquistar la más grande porción del mundo posible para el Islam, pero sin perseguir a los cristianos, judíos o zoroastrianos —el «pueblo del Libro», como los llama el Corán—, esto es, aquellos que obedecieron las enseñanzas de una Escritura.

Arabia era, en su mayor parte, desierto, y cada vez menos capaz de alimentar su población. Las primeras conquistas de los árabes empezaron como meras incursiones de saqueo, que sólo se convirtieron en ocupaciones permanentes cuando la experiencia les hizo ver la debilidad del enemigo. De repente, en el transcurso de veinte años, los hombres acostumbrados a la dureza de una mísera existencia al borde del desierto se hicieron los amos de una de las más ricas regiones del mundo, capaces de disfrutar de todo lujo y de adquirir todos los refinamientos de una antigua civilización. Resistieron las tentaciones de su transformación mejor que la mayor parte de los bárbaros del Norte. Como habían conquistado su imperio sin graves luchas, había pocas cosas destruidas, y la administración civil apenas fue alterada. Tanto en Persia como en el Imperio bizantino el Gobierno civil había estado bien organizado. Las tribus árabes, al principio, no entendían nada de sus complicaciones, y a la fuerza aceptaron los servicios de los hombres que estaban ocupando tales puestos. Éstos, en su mayor parte, no se oponían a servir bajo sus nuevos amos. En efecto, el cambio facilitó su obra, puesto que los impuestos eran menores. La población, sin embargo, para eludir el tributo, cambió el cristianismo por el Islam.

El Imperio árabe era una monarquía absoluta bajo el califa, sucesor del Profeta, y heredó gran parte de su carácter sagrado. El califato era nominalmente electivo, pero pronto se hizo hereditario. La primera dinastía, la de los omeyas, que duró hasta 750, fue fundada por hombres que habían aceptado el mahometismo por conveniencia política, y siempre se opuso a los fieles fanáticos. Los árabes, aunque conquistaron gran parte del mundo en nombre de una nueva religión, no eran una raza muy religiosa; el motivo de sus conquistas era el saqueo y el deseo de riquezas más que la religión. Sólo por su falta de fanatismo le fue posible a un puñado de guerreros gobernar sin grandes dificultades gran cantidad de pueblos de civilización más elevada y de distinta religión.

Los persas, por el contrario, habían sido, desde tiempos muy anteriores, profundamente religiosos y altamente especulativos. Después de su conversión, hicieron del Islam algo mucho más interesante, religioso y filosófico de lo que había sido ideado por el Profeta y sus amigos mismos. Desde la muerte del yerno de Mahoma, Alí, en 661, los mahometanos se habían dividido en dos sectas, los sunni y los shiah. La primera es la más grande, la segunda es partidaria de Alí y considera a la dinastía omeya como usurpadora. Los persas siempre han pertenecido a la secta de shiah. En gran parte debido a la influencia de los persas, la dinastía omeya fue por fin arrojada, reemplazada por los abasidas que representaron los intereses persas. El cambio se hizo manifiesto por el traslado de la capital de Damasco a Bagdad.

Los abasidas eran políticamente más favorables a los fanáticos que los omeyas. Sin embargo, no tuvieron todo el Imperio. Un miembro de la familia omeya se salvó de la matanza general, huyó a España y fue reconocido allí como soberano legítimo. Desdc esta época España fue independiente del resto del mundo mahometano.

Bajo los primeros abasidas, el califato alcanzó su mayor esplendor. El más conocido es Harun al Raschid (muerto en 809), que era contemporáneo de Carlomagno y de la emperatriz Irene, y todo el mundo le conoce por las leyendas de *Las mil y una noches*. Su corte fue un brillante centro de lujo, poesía y sabiduría; sus ingresos eran enormes, su imperio se extendió desde el estrecho de Gibraltar hasta el Indo. Su voluntad era absoluta; generalmente salía acompañado por el verdugo, que cumplía con su oficio a un signo del califa. Este esplendor, sin embargo, tuvo corta duración. Su sucesor cometió el error de componer su ejército principalmente de turcos, que eran desobedientes, y pronto redujeron a los califas a la nada, cegándolos o asesinándolos cuando la soldadesca se cansaba de ellos. Sin embargo, el califato siguió existiendo; el último califa de los abasidas fue muerto por los mongoles en 1256, junto con 800.000 habitantes de Bagdad.

El sistema político y social de los árabes tenía defectos parecidos a los del Imperio romano, y otros más. La monarquía absoluta y la poligamia condujeron, como de costumbre, a guerras dinásticas cada vez que moría un soberano, terminando con la victoria de uno de los hijos del soberano y con la muerte de los demás; a veces hubo insurrecciones peligrosas. El comercio florecía tanto más cuanto que el califato ocupaba una posición central entre el Este y el Oeste. «No solamente la posesión de enormes riquezas creó la demanda de artículos costosos, como las sedas de China y las pieles del norte de Europa, sino que también el comercio lo fomentaron debido a ciertas condiciones especiales como, por ejemplo, la vasta extensión del Imperio musulmán, la expansión del árabe como idioma mundial y la posición predominante asignada al comerciante en el sistema ético musulmán; se recordaba que el mismo Profeta había sido comerciante y había recomendado el comercio en la peregrinación a la Meca» [20]. Este comercio, como la cohesión militar, dependía de las grandes carreteras que los árabes heredaron de romanos y persas, y que, a diferencia de los conquistadores nórdicos, no dejaron en mal es-

---

20 *Historia medieval de Cambridge*, IV, 286.

tado. Poco a poco, sin embargo, el Imperio se dividió en fracciones; España, Persia, África del Norte y Egipto, sucesivamente, se separaron y adquirieron la independencia completa o casi total.

Una de las características mejores de la economía árabe era la agricultura, particularmente el hábil empleo del regadío, que aprendieron debido a la carencia de agua en los lugares donde antes habían vivido. Hasta hoy, la agricultura española se aprovecha de las obras de regadío de los árabes.

La gran cultura del mundo muslime, aunque empezó en Siria, pronto floreció más en el Este y Oeste, en Persia y España. Los sirios, en la época de la conquista, eran admiradores de Aristóteles, al que los nestorianos preferían a Platón, el filósofo favorito de los católicos. Los árabes adquirieron su primer conocimiento de la filosofía griega de los sirios, y así, desde el comienzo consideraron a Aristóteles más importante que Platón. Sin embargo, su Aristóteles llevaba un traje neoplatónico. Kindi (muerto aproximadamente en 873), el primero que escribió filosofía en árabe y el único filósofo notable, era árabe; tradujo partes de las *Eneadas* de Plotino, y publicó su traducción con el título *La teología de Aristóteles.* Esto sembró gran confusión entre las ideas árabes sobre Aristóteles, confusión que duró algunos siglos.

Mientras tanto, en Persia, los muslimes entraron en contacto con la India. Por los escritos sánscritos, durante el siglo VIII, adquirieron su primer conocimiento de la astronomía. Aproximadamente en 830, Mohamed ben Musa al-Jwãrizmí, traductor de libros matemáticos y astronómicos del sánscrito, publicó un libro que se tradujo al latín en el siglo XII con el título de *Algoritmi de numero Indorum.* De esta obra aprendió el Occidente lo que llamamos números *arábigos* que, en realidad, se debían denominar *indios.* El mismo autor escribió un libro sobre álgebra que fue empleado en Occidente como libro de texto hasta el siglo XVI.

La civilización persa era intelectual y artísticamente admirable hasta la invasión de los mongoles en el siglo XIII, de la cual nunca se recobró. Omar Kheyyam, el único, al mismo tiempo, matemático y poeta, reformó el calendario en 1079. Su mejor amigo, aunque parezca extraño, fue el fundador de la secta de los Asesinos, el «Hombre viejo de la montaña», de fama legendaria. Los persas eran grandes poetas: Firdusi (hacia el 941), autor de *Shahnama,* debe de haber sido tan grande como Homero, en opinión de sus lectores. También eran notables místicos, mientras los otros mahometanos carecían de ese don. La secta sufí, que aún existe, tenía gran amplitud en la interpretación mística y alegórica del dogma ortodoxo; era más o menos neoplatónica.

Los nestorianos, por los cuales primeramente llegaron las influencias griegas al mundo muslime, no eran, de ningún modo, puramente griegos en sus ideas. Su escuela de Edesa había sido cerrada por el emperador Zenón en 481; sus eruditos emigraron después a Persia, donde continuaron su labor, pero no sin sufrir la influencia de ésta. Los nestorianos apreciaron a Aristóteles solamente por su lógica, y fue, sobre todo, por su lógica por lo que los filósofos árabes comprendieron su importancia. Más tarde, sin embargo, estudiaron también su *Metafísica* y su *De Anima.* Los filósofos árabes, en general, eran enciclopédicos: se interesaron por la alquimia, la astrología, la astronomía y la zoología tanto como por lo que llamamos filosofía. El pueblo los miró con cierta suspicacia, pues era fanático y beato; debieron su seguridad a la protección de los príncipes relativamente librepensadores.

Dos filósofos mahometanos, uno de Persia y otro de España, merecen mención especial: Avicena y Averroes. De éstos, el primero es más famoso entre los mahometanos, el segundo entre los cristianos.

Avicena (Ibn Sina) (980-1037) vivía en lugares que parecen existir solamente en la poesía. Nació en la provincia de Bokhara; a la edad de veinticuatro años se marchó a Khiva —«solitaria Khiva en el desierto»—, después a Khorassan —«la solitaria costa corasmiana»—. Durante una temporada enseñó medicina y filosofía en Ispahán; después se fue a vivir a Teherán. Era aún más famoso en medicina que en filosofía, aunque añadió poco a Galeno. Desde el siglo XII al XVII, estuvo actuando en Europa como guía en la medicina. No tenía carácter de santo, sino que amaba el vino y las mujeres. Se sospechaba que no era ortodoxo, pero lo protegieron los príncipes por su ciencia médica. A veces sufría molestias de parte de los turcos mercenarios que le eran hostiles; unas veces se ocultó, otras fue encarcelado. Fue el autor de una enciclopedia, casi desconocida en el Oriente por la hostilidad de los teólogos, pero influyó en el Occidente a través de traducciones latinas. Su psicología tiene tendencia empírica.

Su filosofía se aproxima más a Aristóteles y menos al neoplatonismo que la de sus predecesores muslimes. Como los escolásticos cristianos, más tarde se ocupa del problema de los universales. Platón había dicho que eran anteriores a las cosas. Aristóteles tiene dos ideas: una cuando piensa, otra cuando combate a Platón. Esto le hace materia ideal para un comentarista.

Avicena inventó una frase que fue repetida por Averroes y Alberto Magno: «El pensamiento da la generalidad en formas». De ahí hay que deducir que no creía en los universales fuera del pensamiento. Sin embargo, esto sería un concepto extremadamente simple. Los géneros —esto es: los universales— están, dice, a la vez antes, dentro y después de las cosas.

Lo explica de la manera siguiente: están *antes* de las cosas en el entendimiento de Dios. (Dios decide, por ejemplo, crear gatos. Esto requiere que tenga la idea *gato* que, por lo tanto, es anterior a los gatos particulares). Los géneros están *en* las cosas en objetos naturales. (Cuando los gatos han sido creados, todos poseen calidad de felino). Los géneros están *después* de las cosas en nuestro pensamiento. (Cuando hemos visto muchos gatos notamos su parecido entre sí, y llegamos a la idea general *gato).* Esta idea se propone, evidentemente, reconciliar las distintas teorías.

Averroes (Ibn Rushd) (1126-1198) vivió en el extremo opuesto del mundo muslime de Avicena. Nació en Córdoba, donde su padre y su abuelo habían sido cadíes. Él mismo lo fué, primero en Sevilla, después en Córdoba. Primeramente estudió teología y jurisprudencia, después medicina, matemáticas y filosofía. Fue recomendado al *califa* Abu Yakub Yusuf como hombre capaz de hacer el análisis de las obras de Aristóteles. (Parece, sin embargo, que no sabía griego). Este soberano le favoreció; en 1184 le nombró médico de cabecera, pero, desgraciadamente, el paciente se murió dos años después. Su sucesor, Almanzor, continuó durante once años la protección iniciada por su padre; después, alarmado por la oposición que los ortodoxos hicieron al filósofo, le quitó su puesto, le desterró primero a un lugar pequeño cerca de Córdoba, y después a Marruecos. Se le acusó de cultivar la filosofía de los antiguos a expensas de la fe verdadera. Almanzor publicó un edicto en el sentido de que Dios había decretado el fuego del infierno para quienes pensaban que la verdad se pudiese hallar por la sola razón. Todos los libros que pudo hallar sobre lógica y metafísica fueron entregados a las llamas [21].

Poco después, el territorio moro en España fue considerablemente reducido por las conquistas cristianas. La filosofía musulmana en España terminó con Averroes; y en el resto del mundo mahometano una rígida ortodoxia puso fin a la especulación.

Ueberweg emprende —con bastante ingenio— la defensa de Averroes contra la acusación de la heterodoxia; algo que debían resolver los muslimes. Ueberweg señala que, según los místicos, todos los textos del Corán tenían siete, setenta o setecientas maneras de interpretación; la significación literal sólo era para el hombre ignorante y vulgar. Parece inferirse de ello que la enseñanza de un filósofo no podía estar en desacuerdo con el Corán; porque entre setecientas interpretaciones había al menos una que vendría bien a la idea del filósofo. En el mundo mahometano, sin embargo, los ignorantes parecen haberse opuesto a todo saber que fuera más allá del conocimiento del Libro Sagrado; era peligroso, incluso cuando no se podía señalar una determinada herejía. La idea de los místicos de que el pueblo debía comprender literalmente el Corán, pero que la gente culta no, no conquistaría probablemente la aprobación popular en general.

Averroes se afanó en corregir la interpretación árabe de Aristóteles, que había sido influida equivocadamente por el neoplatonismo. Dedicó a Aristóteles la veneración que se da a un fundador de religión, mucho más que la prestada por Avicena. Creía que la existencia de Dios podía ser probada por la razón, independientemente de la revelación, y también Tomás de Aquino sostuvo este punto de vista. En cuanto a la inmortalidad, parece que se unió estrechamente a Aristóteles, sosteniendo que el alma no es inmortal, pero sí el intelecto *(nous)*. Sin embargo, esto no

---

[21] Se dice que Averroes volvió a ganar el favor poco antes de su muerte.

afirma la inmortalidad *personal,* puesto que el intelecto es uno y el mismo cuando se manifiesta en distintas personas. Naturalmente, esta opinión fue combatida por los filósofos cristianos.

Averroes, como la mayoría de los filósofos ulteriores mahometanos, aunque creyente, no era rígidamente ortodoxo. Hubo una secta de teólogos muy ortodoxos que se oponían a toda la filosofía como perniciosa para la fe. Uno de ellos, llamado Algazel, escribió un libro: *Destrucción de los filósofos,* donde manifiesta que, pues toda la verdad necesaria está en el Corán, no hay necesidad de especulación independiente de la revelación. Averroes replicó con un libro que se llamaba *Destrucción de la destrucción.* Los dogmas religiosos que Algazel sostuvo, especialmente contra los filósofos, eran la creación del mundo de la nada en el tiempo, la realidad de los atributos divinos y la resurrección del cuerpo. Averroes cree que la religión contiene la verdad filosófica en forma alegórica. En especial lo aplica a la creación, que él, como filósofo, interpreta de un modo aristotélico.

Averroes es más importante en la filosofía cristiana que en la mahometana. En esta última era un punto muerto: en la primera, en cambio, marcó un comienzo. Fue traducido al latín en la primera parte del siglo XIII por Miguel Escoto; como sus obras pertenecen a la segunda parte del siglo XII, es sorprendente. Su influencia en Europa fue muy grande, no solamente entre los escolásticos, sino también en muchos librepensadores no profesionales que negaron la inmortalidad y fueron llamados averroístas. Entre los filósofos profesionales, sus admiradores se contaron primero y particularmente entre los franciscanos y en la Universidad de París. Pero sobre este tema hablaremos en un capítulo posterior.

La filosofía árabe no es importante como pensamiento original. Hombres como Avicena y Averroes son esencialmente comentaristas. Hablando en términos generales, la ideología de los filósofos más científicos procede de Aristóteles y los neoplatónicos en lógica y metafísica, de Galeno en medicina, de fuentes indias y griegas en matemática y astronomía, y entre los místicos la filosofía religiosa era también una mezcla de antiguas creencias persas. Los escritores árabes mostraron cierta originalidad en matemáticas y química, y en esta última, como resultado casual de las investigaciones alquimistas. La civilización mahometana en sus días cumbre fue admirable en el arte y en ciertas clases de técnica, pero no manifestó capacidad para la especulación independiente en asuntos teóricos. Su importancia, que no se debe menospreciar, reside en su cualidad de transmisora. Entre la civilización antigua y moderna de Europa se halla la Edad Oscura. Los mahometanos y bizantinos, aunque carecían de la energía intelectual necesaria para crear algo nuevo, conservaron la civilización, la educación, los libros y la manera culta del ocio. Estimularon al Occidente cuando resurgió de la barbarie; los mahometanos, sobre todo, en el siglo XII; los bizantinos, en el siglo XV. En ambos casos, el estímulo produjo nuevas ideas que eran mejores que las de los transmisores; en un caso, la escolástica; en otro, el Renacimiento. (Éste, sin embargo. también obedeció a otras causas).

Entre los moros españoles y los cristianos, los judíos formaron una unión útil. Había en España muchos judíos que permanecieron allí cuando el país fue reconquistado por los cristianos. Como sabían el árabe, y a la fuerza aprendieron el idioma de los cristianos, podían hacer traducciones. Otro medio de transfusión se debió a la persecución mahometana de los aristotélicos en el siglo XIII, que fue causa de que los filósofos moros buscaran refugio entre los judíos, especialmente en la Provenza.

Los judíos españoles tuvieron un filósofo de importancia: Maimónides. Nació en Córdoba en 1135, pero se fue a El Cairo cuando tenía treinta años, y permaneció allí durante toda su vida. Escribió en árabe, pero se le tradujo pronto al hebreo. Unas cuantas décadas después de su muerte fue traducido al latín, probablemente a petición del emperador Federico II. Escribió un libro llamado *Guía de los indecisos* dirigido a los filósofos que habían perdido su fe. Su finalidad era reconciliar a Aristóteles con la teología judaica. Aristóteles es la autoridad en el mundo sublunar; la revelación en el celeste.

Pero la filosofía y la revelación se unen en el conocimiento de Dios. Perseguir la verdad es un deber religioso. La astrología es rechazada. El Pentateuco no se debe tomar siempre al pie de la letra; cuando el sentido literal no concuerda con la razón debemos buscar una interpretación alegórica. Contra Aristóteles, sostiene que Dios creó de la nada, no solamente la forma, sino también la materia. Da un sumario del *Timeo* (que conocía en árabe), prefiriéndole en algunos puntos a Aristóteles. La esencia de Dios no se puede conocer, por estar por encima de todas las perfecciones predicadas. Los judíos le consideraron como hereje, y hasta invocaron las autoridades cristianas eclesiásticas en contra de él. Algunos creen que tuvo influencia sobre Spinoza, pero esto es problemático.

CAPÍTULO XI

EL SIGLO XII

Cuatro aspectos del siglo XII son especialmente interesantes para nosotros:

1) El constante conflicto entre el Imperio y el Papado;
2) El levantamiento de las ciudades de Lombardía;
3) Las cruzadas, y
4) El desarrollo de la escolástica.

Estos cuatro aspectos continuaron existiendo en el siglo siguiente. Las cruzadas alcanzaron, poco a poco, un fin nada glorioso; pero respecto a los otros tres movimientos, el siglo XIII marca el punto culminante de lo que en el XII se halla en transición. En el siglo XIII el Papa triunfó definitivamente sobre el emperador, las ciudades lombardas adquirieron una independencia segura, y la escolástica alcanzó su cumbre. Sin embargo, todo esto fue el resultado de lo que el siglo XII había preparado.

No sólo el primero de estos cuatro movimientos, sino los otros tres también, están íntimamente ligados al aumento del Poder papal y eclesiástico. El Papa estaba aliado con las ciudades lombardas contra el emperador; el papa Urbano II inició la Primera Cruzada, y los papas siguientes fueron los principales promotores de las posteriores; los filósofos escolásticos eran todos clérigos, y los concilios de la Iglesia procuraban mantenerlos en los límites de la ortodoxia y someterlos a disciplina si se evadían. Sin duda, el sentimiento del triunfo político de la Iglesia, del que se consideraron partícipes, estimuló su iniciativa intelectual.

Lo curioso de la Edad Media es que fue original y creadora sin saberlo. Todos los partidos justificaron su política con argumentos anticuados y arcaicos. El emperador de Alemania apeló a los principios feudales del tiempo de Carlomagno; Italia, al Derecho romano y al Poder de los antiguos emperadores. Las ciudades lombardas aún se remontaron más, hasta las instituciones de la Roma republicana. El partido del Papa basaba sus exigencias, en parte, en la falsa Donación de Constantino, en parte, en las relaciones de Saúl y Samuel, según las cuenta el Antiguo Testamento. Los escolásticos se referían a las Escrituras o a Platón, y después a Aristóteles. Cuando eran originales preferían ocultarlo. Las cruzadas representaron el esfuerzo de restaurar el estado de cosas que había existido antes de la venida del Islam.

Este arcaísmo literario no nos debe engañar. Solamente en el caso del emperador correspondía a los hechos. El feudalismo estaba en decadencia, especialmente en Italia; el Imperio romano era un mero recuerdo. Por lo tanto, el emperador fue derrotado. Las ciudades de la Italia del Norte, al mostrar en su ulterior desarrollo mucho parecido con las ciudades de la antigua Grecia, se ajustaron a este patrón, no por imitación, sino por circunstancias análogas: a saber, comunidades pequeñas, ricas, muy civilizadas, republicanas y comerciales rodeadas por monarquías de un nivel cultural más bajo. Los escolásticos, por mucho que venerasen a Aristóteles, mostraron más originalidad que cualquier árabe, y más, ciertamente, que nadie desde Plotino o, en todo caso, desde Agustín. En la política, como en el pensamiento, hubo la misma noble originalidad.

CONFLICTO ENTRE EL IMPERIO Y EL PAPADO

Desde Gregorio VII hasta la mitad del siglo XIII la historia europea se centra en torno a la lucha por el Poder entre la Iglesia y los monarcas laicos, en primer lugar el emperador, pero también, a veces, los reyes de Francia e Inglaterra. El pontificado de Gregorio había terminado, aparentemente, con un desastre, pero su política fue reanudada, aunque moderadamente, por Urbano II

(1088-1099), quien repitió los decretos contra la investidura laica y deseaba que las elecciones episcopales se hicieran libremente por el clero y el pueblo. (La participación del pueblo iba a ser, sin duda, meramente formal). En la práctica, sin embargo, no desaprobaba los nombramientos laicos si eran acertados.

Al principio, Urbano sólo estuvo seguro en el territorio normando. Pero en 1093, el hijo de Enrique IV, Conrado, se rebeló contra su padre y, en alianza con el Papa, conquistó Italia del Norte, donde la Liga lombarda, alianza de ciudades con Milán a la cabeza, favorecía al Papa. En 1094, Urbano hizo una procesión triunfal por Italia del Norte y Francia. Venció a Felipe, rey de Francia, que quería divorciarse, y fue por esto excomulgado por el Papa; pero se sometió. En el Concilio de Clermont, en 1095, Urbano proclamó la Primera Cruzada, que produjo una ola de entusiasmo religioso y aumentó el Poder pontificio, y también provocó atroces matanzas contra los judíos. Urbano pasó el último año de su vida seguro en Roma, donde los papas raras veces se sentían seguros.

El siguiente Papa, Pascual II, procedía, como Urbano, de Cluny. Continuó la lucha contra las investiduras, y tuvo éxito en Francia e Inglaterra. Pero después de la muerte de Enrique IV, en 1106, el emperador siguiente, Enrique V, venció al Papa, que era hombre poco mundano y cuya santidad era mayor que su sentido político. El Papa propuso que el emperador renunciara a las investiduras, pero en recompensa los obispos y abades debían renunciar a las posesiones temporales. El emperador estaba de acuerdo, pero cuando el compromiso se hizo público, los eclesiásticos se rebelaron con furia contra el Papa. El emperador, que estaba en Roma, aprovechó la ocasión para capturar al Papa, que cedió a las amenazas, permitió las investiduras y coronó a Enrique V. Once años después, sin embargo, por el Concordato de Worms de 1122, el papa Calixto II obligó a Enrique V a ceder en las investiduras y a entregar el dominio sobre las elecciones episcopales en Borgoña e Italia.

Hasta aquí, el verdadero resultado de la lucha fue que el Papa, que había estado sometido a Enrique III, se convirtió en igual del emperador. Al mismo tiempo era soberano perfecto de la Iglesia, gobernándola por medio de legados. Este aumento del Poder pontificio había reducido la importancia relativa de los obispos. Las elecciones pontificias estaban ahora libres del control laico, y los eclesiásticos eran, generalmente, más virtuosos que antes del movimiento de reforma.

LEVANTAMIENTO DE LAS CIUDADES LOMBARDAS

La siguiente etapa está relacionada con el emperador Federico Barbarroja (1152-1190), hombre capaz y enérgico que hubiera triunfado en cualquier empresa donde el éxito fuera posible. Era hombre culto, leía el latín con facilidad, aunque lo hablaba mal. Su cultura clásica era considerable, y era admirador del Derecho romano. Se consideró como heredero de los emperadores romanos y esperaba conseguir un Poder análogo. Pero como era alemán no logró tener popularidad en Italia. Las ciudades lombardas, mientras estaban dispuestas a reconocer su señorío formal, se opusieron a que interviniera en sus asuntos, excepto las que temían a Milán, contra la cual algunas ciudades invocaron su protección. El movimiento patarino en Milán proseguía y estaba asociado a tendencias más o menos democráticas; la mayoría, aunque desde luego no todas las ciudades del norte de Italia, simpatizaron con Milán, e hicieron causa común contra el emperador.

Adriano IV, inglés vigoroso, que había sido misionero en Noruega, fue Papa dos años después de la subida al trono de Barbarroja, y estuvo, al principio, en buenas relaciones con él. Se unieron por una enemistad común. La ciudad de Roma exigía la independencia de ambos, y como ayuda en la lucha habían invitado a un *santo* hereje, Arnaldo de Brescia[22]. Su herejía era muy grave: creía que «los sacerdotes que tienen propiedades, los obispos que tienen feudos y los frailes que tienen bienes no se pueden salvar». Sostuvo esta opinión porque pensaba que el clero debía dedicarse enteramente a los problemas espirituales. Nadie puso

---

[22] Se dice que era discípulo de Abelardo, lo que es dudoso.

en duda su sincera austeridad, aunque se consideraba malo a causa de su herejía. San Bernardo, que le hacía violenta oposición, dijo: «Ni come ni bebe, sino solamente, como el diablo, tiene hambre y sed de almas». El predecesor de Adriano en el Papado había escrito a Barbarroja, quejándose de que Arnaldo apoyaba la rebelión popular que quería elegir cien senadores y dos cónsules y tener un emperador propio. Federico, que estaba camino de Italia, naturalmente, se escandalizó. La demanda romana de la libertad comunal, alentada por Arnaldo, condujo a un motín, en el cual resultó muerto un cardenal. El papa Adriano, recién elegido, puso a Roma en entredicho. Era Semana Santa, y la superstición venció a los romanos; se sometieron y prometieron desterrar a Arnaldo. Éste se ocultó, pero fue apresado por las tropas del emperador, quemado y sus cenizas arrojadas al Tíber por temor a que se las conservara como santa reliquia. Después de una demora originada por la negativa de Federico a sostener las bridas y el estribo del Papa, mientras montaba el caballo, éste coronó al emperador en 1155, a pesar de la resistencia del populacho, aplastado con una gran matanza.

Una vez que desapareció el hombre honrado, los políticos prácticos pudieron libremente reanudar sus querellas.

El Papa, habiendo hecho la paz con los normandos, se atrevió, en 1157, a romper con el emperador. Durante veinte años hubo guerra casi ininterrumpida entre el emperador por un lado y el Papa con las ciudades lombardas por el otro. Los normandos apoyaron en su mayoría al Papa. La parte principal de la lucha contra el emperador estuvo a cargo de la Liga lombarda, que hablaba de la *libertad* y estaba inspirada por el intenso sentimiento del pueblo. El emperador asedió varias ciudades, y en 1162 conquistó Milán, arrasándola completamente y obligando a sus habitantes a irse a vivir a otra parte. Cinco años después la Liga reconstruyó Milán y volvieron los habitantes. En este mismo año, el emperador, provisto de un antipapa[23], se dirigió a Roma con un gran ejér-

[23] Hubo un antipapa durante casi todo este tiempo. A la muerte de Adriano IV, los dos pretendientes, Alejandro III y Víctor IV, sostuvieron una lucha por el Papado. Víctor IV (que era antipapa), no pudiendo tomar la capa, consiguió de sus partidarios otra que había preparado, si bien con la prisa se la puso del revés.

cito. El Papa huyó, y su causa parecía desesperada, pero la peste destruyó el ejército de Federico y éste volvió a Alemania fugitivo y solitario.

Aunque no solamente Sicilia, sino también el emperador griego apoyaron ahora la Liga lombarda, Barbarroja hizo otro intento, terminando con su derrota en la batalla de Legnano en 1176. Después se vio obligado a firmar la paz, dando la libertad a las ciudades. En el conflicto entre el Imperio y el Papado, sin embargo, las condiciones de paz no dieron la victoria absoluta a ninguno de los dos partidos.

El fin de Barbarroja fue honroso. En 1189 participó en la Tercera Cruzada y murió al año siguiente.

El levantamiento de las ciudades libres fue la prueba de su máxima importancia en esta larga lucha. El Poder del emperador estaba ligado al sistema feudal, ya decadente; el Poder del Papa, aunque todavía creciente, dependía, en gran escala, de la necesidad que sentía el mundo de tener un antagonista del emperador y, por lo tanto, decayó en cuanto el imperio dejó de ser una amenaza, pero el Poder de las ciudades era nuevo, resultado del progreso económico y fuente de nuevas formas políticas. Aunque esto no se manifiesta en el siglo XII, las ciudades italianas desarrollaron, en épocas anteriores, una cultura no clerical que alcanzó un nivel muy alto en literatura, arte y ciencia. Todo esto fue posible por su triunfal resistencia frente a Barbarroja.

Todas las grandes ciudades del norte de Italia vivían del comercio, y en el siglo XII las circunstancias, más estables, dieron prosperidad a los mercaderes. Las ciudades marítimas —Venecia, Génova y Pisa— nunca tuvieron que luchar por su libertad, y fueron, por ende, menos hostiles al emperador que las ciudades de la falda de los Alpes, importantes para él como puertas de Italia. Por esta razón es Milán la ciudad más interesante e importante de la época.

Hasta el tiempo de Enrique III los milaneses habían estado satisfechos, generalmente, de seguir a su arzobispo. Pero el movimiento patarino, mencionado en un capítulo anterior, cambió la situación: el arzobispo se situó al lado de la nobleza mientras un movimiento popular poderoso se opuso a ambos. De ello resultaron unos principios de democracia y una constitución, conforme a la cual los gobernadores de la ciudad eran elegidos por los ciudadanos. En varias ciudades norteñas, pero especialmente en Bolonia, había una clase culta de juristas laicos, muy versados en el Derecho romano; además, la clase laica rica, desde el siglo XII en adelante, era más ilustrada que la nobleza feudal del norte de los Alpes. Aunque apoyaron al Papa contra el emperador, las ricas ciudades comerciales no eran eclesiásticas en sus puntos de vista; muchas adoptaron herejías al estilo puritano, como los comerciantes de Inglaterra y Holanda después de la Reforma. Más tarde tendieron al librepensamiento, siguiendo a la Iglesia de modo formulista, pero sin verdadera piedad. Dante es el último representante de la clase antigua, Boccaccio el primero de la nueva.

LAS CRUZADAS

Las cruzadas no nos interesan como guerras, pero tienen cierta importancia en relación con la cultura. Era natural que el Papado acaudillara la iniciación de una cruzada, puesto que la finalidad era (al menos exteriormente) religiosa; así el Poder de los papas aumentó por la propaganda de guerra y el celo religioso que excitó. Otro efecto importante fue la matanza de gran cantidad de judíos; los que no fueron muertos, fueron despojados frecuentemente de sus bienes y bautizados a la fuerza. Hubo matanzas de judíos en gran escala en Alemania durante el período de la Primera Cruzada, y en Inglaterra cuando la Tercera, en el advenimiento al trono de Ricardo Corazón de León. York, donde el primer emperador cristiano había comenzado su reinado, fue el escenario de una de las más terribles atrocidades, en masa, contra los judíos. Éstos, antes de las cruzadas, tenían casi el monopolio del comercio en las mercancías orientales por toda Europa; después de las cruzadas, como resultado de la persecución, este comercio estuvo principalmente en manos de cristianos.

Otro efecto de las cruzadas fue estimular el intercambio literario con Constantinopla. Durante el siglo XII y la primera parte del XIII muchas traducciones del griego al latín se hicieron como resultado de tal intercambio. Siempre había habido frecuente comercio con Constantinopla, en especial por parte de los venecianos. Pero los mercaderes italianos no se preocuparon de los clásicos griegos, del mismo modo que los comerciantes ingleses y americanos de Shanghai tampoco se interesan por los clásicos de China. (El conocimiento europeo de los clásicos chinos se debe, principalmente, a los misioneros).

El desarrollo de la escolástica

La escolástica, en su sentido más estricto, comienza a principios del siglo XII. Como escuela filosófica tiene ciertos rasgos determinados. Primero, está confinada dentro de los límites de lo que al autor le parece ortodoxo; si sus opiniones son condenadas por un concilio, generalmente está dispuesta a retractarse. Esto no se puede atribuir sólo a cobardía; es análogo a la sumisión de un juez a la decisión de un Tribunal de Apelación. Segundo, dentro de los límites de la ortodoxia, Aristóteles, que paulatinamente fue cada vez más conocido durante los siglos XII y XIII, es aceptado en mayor medida como suprema autoridad; Platón ya no ocupa el primer lugar. Tercero, se cree mucho en la *dialéctica* y en el razonamiento silogístico; el tono general de los escolásticos es minucioso y polémico, más que místico. Cuarto, la cuestión de los universales se llevó a primer término por el descubrimiento de que Aristóteles y Platón no estaban de acuerdo sobre ellos; sería erróneo suponer, sin embargo, que los universales son la mayor preocupación de los filósofos de este período.

El siglo XII, en esta y otras materias, prepara el camino para el XIII, al que pertenecen los nombres más ilustres. Las anteriores personalidades tienen, sin embargo, el interés de ser precursores. Hay una nueva confianza intelectual, y a pesar del respeto por Aristóteles, libre y fuerte ejercicio de la razón donde el dogma no convierte la especulación en demasiado peligrosa. Los defectos del método escolástico son los que resultan inevitablemente cuando se da gran importancia a la *dialéctica*. Estos defectos son: indiferencia por los hechos y la ciencia, fe en el razonamiento en cuestiones que sólo la observación puede decidir, énfasis indebido sobre diferencias y sutilezas verbales. Hemos tenido oportunidad de mencionar estos defectos en relación con Platón, pero en los escolásticos los hay mucho más exagerados.

El primer filósofo que puede considerarse como estrictamente escolástico es Roscelino. Se sabe poco de él. Nació en Compiègne, hacia el 1050, y enseñó en Loches, en Britania, donde Abelardo fue alumno suyo. Acusado de herejía en un concilio de Reims, en 1092, se retractó por miedo a ser lapidado por los eclesiásticos, que querían lincharle. Huyó a Inglaterra, pero allí tuvo la suficiente energía para atacar a San Anselmo. Entonces huyó a Roma, donde se reconcilió con la Iglesia. Desaparece de la Historia hacia 1120; la fecha de su muerte se basa en puras conjeturas.

Nada queda de los escritos de Roscelino, excepto una carta a Abelardo sobre la Trinidad. En ella rebaja a Abelardo y se burla de su castración. Ueberweg, que raras veces muestra emoción, observa que no debió de ser una persona muy aguda. Aparte de esta carta, las opiniones de Roscelino se conocen principalmente por los escritos de controversia entre Anselmo y Abelardo. Según Anselmo, dijo que los universales son meros *flatus vocis,* sonidos de la voz. «Si esto se toma literalmente, significa que un universal es algo físico, a saber, lo que se realiza cuando pronunciamos una palabra». Sin embargo, apenas se puede suponer que Roscelino sostuviera algo tan tonto. Anselmo dice que, según Roscelino, el hombre no es una unidad, sino solamente un nombre común; esta idea la atribuye Anselmo, como buen platónico, a la concesión única que hace Roscelino de la realidad de lo sensible. Parece haber mantenido, principalmente, que un todo, que tiene partes, no tiene realidad propia, sino que es una mera palabra; la realidad está en las partes. Este concepto le debía haber conducido —y quizá fue así— a un atomismo extremo. En todo caso, le indujo a la preocupación sobre la Trinidad. Consideró que las tres Personas son tres sustancias distintas, y que solamente el uso impide que digamos que hay tres Dioses. La alternativa que no acepta es —según él— afirmar que no solamente el Hijo, sino también el Padre y el Espíritu Santo eran encarnaciones. De toda esta especulación, en lo que era herética, se retractó en Reims, en 1092. Es imposible saber exactamente lo que pensaba sobre los universales, pero de todos modos está claro que era una especie de nominalista.

Su alumno Abelardo (o Abailardo) era mucho más capaz y distinguido. Nació cerca de Nantes, en 1079, fue alumno de Guillermo de Champeaux (un realista) en París, y después profesor en la escuela catedralicia de París, donde combatió las ideas de Guillermo y le obligó a rectificarlas. Después de un período dedicado al estudio de la teología bajo Anselmo de Laon (no el arzobispo), volvió a París en 1113. Adquirió extraordinaria popularidad como maestro. En esta época fue el amante de Eloísa, sobrina del canónigo Fulbert. Éste le mandó castrar, y él y Eloísa tuvieron que retirarse del mundo; él a un convento de Saint-Denis, ella a un convento de Argenteuil. Su famosa correspondencia —según dice el erudito alemán Schmeidler— está construida enteramente como ficción literaria por Abelardo. No soy llamado a juzgar si es cierta esta teoría, pero nada en el carácter de Abelardo lo hace imposible. Siempre fue dado a la vanidad, le gustaba discutir y era desdeñoso. Después de su desgracia estaba furioso y humillado permanentemente. Las cartas de Eloísa son mucho más suaves que las suyas, y se puede imaginar que las compuso como bálsamo para su orgullo herido.

Incluso en su retiro tuvo aún gran éxito como maestro; los jóvenes apreciaban su inteligencia, su destreza dialéctica y su irreverencia respecto a sus antiguos maestros. Éstos sintieron la consiguiente antipatía por él, y en 1121 fue condenado en Soissons a causa de un libro no ortodoxo sobre la Trinidad. Habiéndose sometido convenientemente después, fue abad de San Gildas, en Bretaña, donde descubrió que los monjes eran salvajes patanes. Después de cuatro años miserables en este exilio, volvió a una civilización relativa. Su historia posterior es oscura, excepto que siguió enseñando con gran éxito, según el testimonio de Juan de Salisbury. En 1141, a ruegos de San Bernardo, fue condenado de nuevo, esta vez en Sens. Se retiró a Cluny y murió al año siguiente.

El libro más famoso de Abelardo, compuesto en 1121-1122, es *Sic et Non, Sí y no;* en él presenta argumentos dialécticos en pro y en contra de una gran variedad de tesis, frecuentemente sin intentar llegar a una conclusión. Evidentemente, le gusta la disputa en sí, y la considera útil, pues agudiza el ingenio. El libro obtuvo considerable efecto, despertando a la gente de sus sueños dogmáticos.

El punto de vista de Abelardo de que (excepto la Sagrada Escritura) la dialéctica es el único camino hacia la verdad, mientras que el empirista no puede aceptarlo, tuvo entonces un valioso efecto como disolvente de prejuicios y estímulo para la osadía en el uso de la inteligencia. Nada, excepto la Escritura, es infalible, dijo; incluso los Apóstoles y los Padres pueden equivocarse.

Su estimación de la lógica era —desde el punto de vista moderno— excesiva. La consideraba preeminentemente *la* ciencia cristiana, e hizo un juego de palabras con su derivación de *Logos.* «En el principio existía el Logos», dice el Evangelio de San Juan, y esto, pensó él, demuestra la dignidad de la lógica.

Su mayor importancia reside en la lógica y en la teoría del conocimiento. Su filosofía es un análisis crítico, preponderantemente lingüístico. En cuanto a los universales, o sea lo que puede predicarse de muchas cosas distintas, sostiene que no predicamos una *cosa,* sino una *palabra.* En este sentido es nominalista. Pero, contra Roscelino, señala que un *flatus vocis* es una cosa. No es la palabra como ocurrencia física lo que predicamos, sino la palabra como *significado.* Aquí apela a Aristóteles. Las cosas, dice, se parecen, y estas semejanzas crean universales. Pero el punto de semejanza entre dos cosas similares no es una cosa en sí misma; éste es el error del realismo. Dice algunas cosas que son, incluso, más hostiles al realismo; por ejemplo, que los conceptos generales no se basan en la naturaleza de las cosas, sino que son imágenes confusas de muchas cosas. Sin embargo, no niega totalmente un lugar para las ideas platónicas: existen en la divina mente como modelos para la creación; son, en efecto, conceptos de Dios.

Todo esto, certero o equivocado, es ciertamente muy hábil. La mayoría de las discusiones modernas sobre el problema de los universales no han ido mucho más allá.

San Bernardo, cuya santidad no bastaba para hacerle inteligente[24], no comprendió a Abelardo, y presentó acusaciones injustas contra él.

Aseveró que Abelardo trata la Trinidad como un arriano, la gracia como un pelagiano y la Persona de Cristo como un nestoriano; que se manifiesta como pagano al esforzarse en presentar a Platón como cristiano; y, además, que destruye el mérito de la fe cristiana, manteniendo que Dios puede ser completamente comprendido por la razón humana. De hecho, Abelardo nunca mantuvo esto último, y siempre dejó mucho espacio a la fe, aunque, como San Anselmo, creía que la Trinidad podría demostrarse racionalmente, sin intervención de la revelación. Es cierto que una vez identificó el Espíritu Santo con el alma platónica del Mundo, pero abandonó esta opinión en cuanto su carácter herético le fue señalado. Probablemente, más por su deseo combativo que por sus doctrinas fue acusado de herejía, porque esta costumbre de criticar a los sabios establecidos le hizo violentamente impopular entre todas las personas de influencia.

La mayoría de los eruditos de la época eran menos devotos de la dialéctica que Abelardo. Había, especialmente en la escuela de Chartres, un movimiento humanístico que admiraba la Antigüedad y veneraba a Platón y a Boecio. Renació el interés por las matemáticas: Abelardo de Bath fue a España en la primera parte del siglo XII, y tradujo después a Euclides.

En contraste con el árido método escolástico se desarrolló un fuerte movimiento místico, del cual San Bernardo fue la cabeza. Su padre había sido un caballero que murió en la Primera Cruzada. Él mismo era monje cisterciense, y en el año 1115 llegó a abad de la abadía recién fundada de Claraval. Tenía mucha influencia en la política eclesiástica, pesando en la opinión contra los antipapas, combatiendo la herejía en el norte de Italia y sur de Francia, cargando el peso de la ortodoxia sobre los filósofos osados y predicando la Segunda Cruzada. En general, tuvo éxito

---

[24] «La grandeza de San Bernardo no estriba en las cualidades de su inteligencia, sino de su carácter» *(Encyclopedia Britannica).*

cuando atacó a los filósofos; pero después del fracaso de su cruzada no pudo lograr convencer a Gilberto Porretano, que estaba de acuerdo con Boecio más de lo que le parecía conveniente al santo cazador de herejías.

Aunque era político y mojigato, era hombre de genuino temperamento religioso, y sus himnos latinos tienen gran belleza[25].

Entre las personas influidas por él, el misticismo se hizo cada vez más dominante, hasta que se convirtió en algo parecido a herejía en Joaquín de Flora (muerto en 1202). La influencia de este hombre, sin embargo, pertenece a una época posterior. San Bernardo y sus partidarios buscaron la verdad religiosa, no en el razonamiento, sino en la experiencia subjetiva y en la contemplación. Abelardo y Bernardo son, acaso, igualmente unilaterales.

Bernardo, como místico religioso, deploraba que el Papado estuviese absorbido por los negocios mundanos y desaprobaba el Poder temporal. Aunque predicaba la cruzada, no parecía comprender que una guerra requiere organización y no se puede llevar a cabo sólo con el entusiasmo religioso. Se lamenta de «que el derecho de Justiniano, no el del Señor» absorba la atención de los hombres. Se muestra disgustado cuando el Papa defiende su dominio por la fuerza militar. La función del Papa es espiritual, y no debería buscar el gobierno material. Este punto de vista, sin embargo, está unido a una veneración ilimitada por el Papa, al que llama «príncipe de los obispos, heredero de los Apóstoles de la primacía de Abel, el gobierno de Noé, el patriarca de Abraham, la Orden de Melquisedec, la dignidad de Aarón, la autoridad de Moisés, en el juicio Samuel; en Poder, Pedro; en unción, Cristo». El resultado definitivo de las actividades de San Bernardo fue, naturalmente, un gran incremento del Poder del Papa en los asuntos seculares.

Juan de Salisbury, aunque no fue un pensador importante, es valioso para nuestro conocimiento de su época, de la que escribió un relato anecdótico. Secretario de tres arzobispos de Canterbury,

---

[25] Himnos latinos medievales, rimados y acentuados, que expresan algunas veces de modo sublime, otras de forma noble y patética, el mejor aspecto del sentimiento religioso de la época.

uno de los cuales fue Beckett, era amigo de Adriano IV; al final de su vida fue obispo de Chartres, donde murió en 1180. En materias que no eran de la fe era hombre escéptico; se llamó académico (en el sentido en que San Agustín usa este término). Su respeto para con los reyes era limitado: «un rey inculto es un burro coronado». Veneraba a San Bernardo, pero se dio cuenta de que su intento de reconciliar a Platón con Aristóteles tenía que fracasar. Admiraba a Abelardo, pero se reía de su teoría de los universales, e igualmente de la de Roscelino. Creía que la lógica era una buena introducción al estudio, mas en sí exangüe y estéril. Aristóteles, dice, puede ser corregido, incluso en lógica; el respeto a los autores antiguos no debe entorpecer el ejercicio crítico de la razón. Platón es aún para él el «príncipe de todos los filósofos». Conoce personalmente a la mayoría de los hombres instruidos de su tiempo y participa amistosamente en las discusiones escolásticas. Al volver a visitar una escuela de filosofía al cabo de treinta años, sonríe al hallarlos aún discutiendo los mismos problemas. El ambiente de la sociedad que él frecuenta es parecido al de Las Habitaciones Comunes de Oxford hace treinta años. Hacia el fin de su vida, las escuelas catedralicias cedieron el paso a las universidades, y las universidades, al menos en Inglaterra, han tenido una notable continuidad desde entonces hasta hoy.

Durante el siglo XII, los traductores incrementaron, poco a poco, el número de los libros griegos disponibles para estudiantes en el Occidente. Había tres principales fuentes de estas traducciones: Constantinopla, Palermo y Toledo. De éstas, Toledo era la más importante, pero las traducciones que de allí procedían eran frecuentemente del árabe, no directamente del griego. En el segundo cuarto del siglo XII, el arzobispo Raimundo de Toledo fundó una escuela de traductores, cuyo trabajo fue muy fecundo. En 1128, Jaime de Venecia tradujo de Aristóteles los *Analíticos, Tópicos* y *Elenchi Sophistici;* los *Analíticos posteriores* que consideraron difíciles los filósofos occidentales. Enrique Aristipo de Catania (muerto en 1162) tradujo el *Fedón* y el *Menón,* pero sus traducciones no produjeron efecto inmediato, a pesar de ser parcial el conocimiento de la filosofía griega en el siglo XII. Los eruditos se dieron cuenta de que mucho quedaba por descubrir en el

Occidente, y hubo cierto anhelo por adquirir un conocimiento más completo de la Antigüedad. El yugo de la ortodoxia no era tan severo como a veces se supone; un hombre podía siempre escribir su libro, y después, si era necesario, retirar las partes heréticas tras una gran discusión pública. La mayoría de los filósofos de la época eran franceses, y Francia era importante para la Iglesia como contrapeso del Imperio. Cualesquiera que fuesen las herejías que pudieran aparecer entre ellos, los clérigos eruditos eran casi todos políticamente ortodoxos; esto constituyó la peculiar maldad de Arnoldo de Brescia, excepción a la regla. La totalidad de los primeros tiempos en la escolástica puede considerarse políticamente como resultado de la lucha de la Iglesia por el Poder.

CAPÍTULO XII

EL SIGLO XIII

En el siglo XIII la Edad Media alcanzó su punto culminante. La síntesis que se había formado, poco a poco, desde la caída de Roma llegó a ser tan completa como era posible. El siglo XIV trajo consigo una disolución de instituciones y filosofías; el siglo XV, el principio de las que aún consideramos modernas. Los grandes hombres del siglo XIII fueron muy grandes: Inocencio III, San Francisco, Federico II y Tomás de Aquino resultaron, en distintos modos, supremos representantes de sus respectivos tipos. Hubo también grandes obras, no tan claramente asociadas con grandes nombres: las catedrales góticas de Francia, la literatura románica de Carlomagno, Arturo y los Nibelungos, el principio del Gobierno constitucional en la Carta Magna y la Cámara de los Comunes. Lo que nos interesa a nosotros más directamente es la filosofía escolástica, especialmente como la expuso el Aquinate. Pero esto lo dejaré para el capítulo siguiente e intentaré por de pronto dar un esbozo de todos los acontecimientos que formaron principalmente la atmósfera mental de la época.

La figura central en los comienzos del siglo es el papa Inocencio III (1198-1216), político astuto, hombre de extraordinaria energía, firme representante de las más extremadas exigencias del Papado, pero sin humildad cristiana. En su consagración predicó sobre el texto: Ved, en este día os he puesto encima de las naciones y sobre los reinos para arrancar y destruir, edificar y plantar. «Se llamó a sí mismo rey de los reyes, señor de los señores, sacerdote eterno, según el orden de Melquisedec». Haciendo valer esta opinión de sí mismo, aprovechó toda circunstancia favorable. En Sicilia, que había sido conquistada por el emperador Enrique VI (muerto en 1197), casado con Constanza, heredera de los reyes normandos, el nuevo rey era Federico, que sólo tenía tres años cuando Inocencio llegó a ser Papa. El reinado fue turbulento, y Constanza necesitaba la ayuda del Papa. Aquélla le hizo tutor del infante Federico y aseguró el reconocimiento de los derechos de su hijo en Sicilia, reconociendo la superioridad pontificia. Portugal y Aragón hicieron reconocimientos parecidos. En Inglaterra, el rey Juan, después de violenta resistencia, fue obligado a ceder su reino a Inocencio y volver a recibirlo como feudo papal.

Hasta cierto punto, los venecianos le vencieron en el asunto de la Cuarta Cruzada. Los soldados de la Cruz tenían que embarcar en Venecia, pero había dificultades en procurarles bastantes barcos. Nadie, excepto los venecianos, tenían suficientes, y ellos sostuvieron (por razones puramente comerciales) que sería mucho mejor conquistar Constantinopla que Jerusalén; en todo caso sería útil como escalón, y el Imperio oriental no había nunca favorecido a los cruzados. Hubo necesariamente que ceder ante Venecia; Constantinopla fue conquistada y se estableció un emperador latino. Al principio Inocencio se incomodó, pero pidió que ahora se volviesen a unir la Iglesia oriental con la occidental. (Esta esperanza quedó frustrada). Excepto este caso, no conozco a nadie que jamás venciera a Inocencio III. Mandó una gran cruzada contra los albigenses que extirpó la herejía, la dicha, la prosperidad y la cultura del sur de Francia. Destituyó a Raimundo, conde de Tolosa, por su tibieza respecto a la cruzada, y aseguró la mayor parte de la región de los albigenses para su jefe, Simón de Montfort, padre del padre del Parlamento. Riñó con el emperador Otto y visitó a los alemanes para destituirle. Así lo hicieron, y después eligieron, en su lugar, a Federico II, entonces precisamente mayor de edad. Mas para que apoyasen a Federico exigió un precio terrible en promesas que, sin embargo, Federico estaba decidido a romper en cuanto pudiera.

Inocencio III fue el primer *gran* Papa en quien no había ningún elemento de santidad. La reforma de la Iglesia era la causa por la que la jerarquía estaba segura respecto a su prestigio moral, y, por tanto, lo que le convenció de que ya no necesitaba preocuparse de ser santo. El motivo del Poder dominó desde este tiempo cada vez más al Papado, y provocó oposición por parte de algunos religiosos en su época. Codificó el Derecho canónico, de modo que aumentase el Poder de la curia; Walther von der Vogelweide llamó a este código «el libro más negro que jamás había producido el infierno». Aunque el Papado aún tenía que ganar sonadas victorias, ya se podía prever su posterior decadencia.

Federico II, que había sido el protegido de Inocencio III, fue a Alemania en 1212, y con ayuda del Papa se le eligió para sustituir a Otto. Inocencio no llegó a comprender al formidable antagonista que se había erigido contra el Papado.

Federico, uno de los más notables soberanos que conoce la Historia, había pasado su infancia y juventud en difíciles y adversas circunstancias. Su padre, Enrique VI (hijo de Barbarroja), había derrotado a los normandos de Sicilia y se había casado con Constanza, heredera del reino. Estableció una guarnición alemana que los sicilianos odiaron; murió en 1197, cuando Federico tenía tres años. Constanza se volvió después contra los alemanes e intentó gobernar sin ellos, con ayuda del Papa. Los alemanes sentían rencor, y Otto quería conquistar Sicilia. Esto fue la causa de su disputa con el Papa. Palermo, donde Federico pasó su infancia, sufría muchas agitaciones. Había revueltas de musulmanes; los pisanos y genoveses lucharon entre sí y con todo el mundo por la posesión de la isla. La importante población de Sicilia cambiaba continuamente de partido, según que uno u otro ofreciese el precio más alto por la traición. Culturalmente, sin embargo, Sicilia tenía grandes ventajas. Las culturas musulmana, bizantina, italiana y alemana se encontraron y se mezclaron allí como en ninguna otra parte. El griego y el árabe eran aún lenguas vivas en Sicilia. Federico aprendió a hablar seis idiomas y en todos ellos era competente. La filosofía árabe le era familiar, y sostuvo relaciones amistosas con los mahometanos, que escandalizaron a los piadosos cristianos. Era un Hohenstaufen, y en Alemania podía ser considerado como alemán. Pero en cultura y sentimiento era italiano, con matices bizantinos y árabes. Sus contemporáneos le contemplaron con un asombro que, paulatinamente, se convirtió en horror; le llamaron «milagro del mundo e innovador maravilloso». Incluso mientras vivió era tema de mitos. Se dice que fue el autor de un libro, *De Tribus Impostoribus:* los tres impostores eran Moisés, Cristo y Mahoma. Este libro, que jamás ha existido, fue atribuido sucesivamente a muchos enemigos de la Iglesia, el último de ellos Spinoza.

Las palabras *güelfos* y *gibelinos* empezaron a usarse en la época de la contienda de Federico con el emperador Otto. Son corrupciones de las palabras *Welfo* y *Waiblingen,* nombres de familia de los dos contrincantes. (El sobrino de Otto era antepasado de la familia real británica).

Inocencio III murió en 1216; Otto, a quien Federico derrotó, murió en 1218. El nuevo Papa, Honorio III, vivió en un principio en concordia con Federico, pero pronto surgieron dificultades. Primero, Federico rehusó participar en la cruzada, después tuvo luchas con las ciudades lombardas, que en 1226 hicieron una alianza ofensiva y defensiva por veinticinco años. Odiaron a los alemanes; uno de sus poetas escribió violentos versos contra ellos. «No ames al pueblo de Alemania; que estén lejos de ti esos perros locos». Esto parece que expresaba el sentimiento general de Lombardía. Federico quería permanecer en Italia para tratar con las ciudades, pero en 1227, Honorio murió y le sucedió Gregorio IX, asceta violento que amaba a San Francisco y fue amado por él. (Canonizó a San Francisco dos años después de su muerte). Gregorio consideraba lo más importante la cruzada, y excomulgó a Federico porque no la emprendió. Federico, que se había casado con la hija y heredera del rey de Jerusalén, estaba dispuesto a ir cuando pudiera, y se llamó a sí mismo rey de Jerusalén. En el año 1228, aún excomulgado, marchó allá; esto incomodó a Gregorio todavía más que la anterior negativa de ir a Jerusalén. Porque ¿cómo podía la hueste de los cruzados ser guiada por un hombre al que el Papa había excomulgado? Llegado a Palestina, Federico trabó amistad con los mahometanos, les explicó que los cristianos tenían interés en Jerusalén, aunque tenía poco valor estratégico, y logró que ellos, pacíficamente, le entregaran la ciudad. El Papa se enfureció aún más con esto: se debía luchar contra los infieles, no negociar con ellos. Sin embargo, Federico fue oportunamente coronado en Jerusalén, y nadie podía negar que había sido un éxito. La paz entre el Papa y el emperador se estableció en 1230.

En los pocos años de paz que siguieron, el emperador se dedicó a los asuntos del reino de Sicilia. Con ayuda de su primer ministro, Pietro della Vigna, promulgó un nuevo código, derivado del Derecho romano, que mostraba un alto nivel de civilización en su dominio del Sur; el código fue traducido inmediatamente al griego en beneficio de los habitantes que hablaban este idioma. Fundó una importante universidad en Nápoles. Acuñó monedas de oro, llamadas *augustales,* las primeras monedas de oro en el Occidente durante muchos siglos. Estableció el comercio libre, aboliendo todas las aduanas internas. Incluso convocó representantes elegidos en las ciudades para su consejo, los cuales, sin embargo, tenían sólo poderes consultivos.

Este período de paz terminó cuando Federico tuvo nuevamente conflictos con la Liga lombarda en 1237. El Papa se puso al lado de ellos y excomulgó de nuevo al emperador. Desde esta época hasta la muerte de Federico en 1250, la guerra continuó prácticamente, haciéndose en ambos lados cada vez más enconada, cruel y traicionera. Había grandes fluctuaciones de fortuna, y el resultado era aún indeciso cuando murió el emperador. Pero los que intentaron ser sus sucesores no alcanzaron su Poder, y fueron, poco a poco, derrotados, dejando a Italia dividida y al Papa victorioso.

Las muertes de los papas no cambiaron el rumbo de la lucha; cada nuevo Papa continuaba la política de su predecesor sin variarla. Gregorio IX murió en 1241, y en 1243 fue elegido Inocencio, enconado enemigo de Federico. Luis IX, a pesar de su impecable ortodoxia, quiso moderar la furia de Gregorio e Inocencio IV, pero en vano. Inocencio, particularmente, rechazó todos los ofrecimientos del emperador y puso en juego contra él todos sus medios sin escrúpulos. Le destituyó, inició una cruzada contra él y excomulgó a cuantos le apoyaron. Los frailes predicaron contra Federico, los musulmanes se levantaron, había conspiraciones entre sus partidarios nominales más preeminentes. Todo esto hizo que Federico fuera cada vez más cruel. Los conspiradores fueron ferozmente castigados y los prisioneros privados del ojo derecho y de la mano derecha.

En cierto momento, durante esta titánica lucha, Federico pensaba en fundar una nueva religión en la cual él mismo sería el Mesías, y su ministro Pietro della Vigna ocuparía el lugar de San Pedro[26].

No llegó a manifestar públicamente este proyecto, pero escribió sobre ello a Della Vigna. De repente, sin embargo, se convenció —con razón o sin ella— de que Pietro estaba conspirando en contra suya; mandó le dejasen ciego y le exhibiesen en público en una jaula; Pietro, sin embargo, se ahorró más sufrimientos y se suicidó.

Federico, a pesar de su capacidad, no podía tener éxito, porque las fuerzas antipapales que existían en su época eran piadosas y democráticas, mientras que su objetivo era algo como una restauración del Imperio romano pagano. Culturalmente era eminente, pero en política era retrógrado. Su corte era oriental; tenía un harén con eunucos. Pero en esta corte se inició la poesía italiana. Él mismo tenía cierto mérito como poeta. En su conflicto con el Papado, dio a conocer afirmaciones respecto a los peligros del absolutismo eclesiástico que podían haber sido aplaudidas en el siglo XVI, pero fracasó en su época. Los herejes que debían haber sido partidarios suyos, le parecían simplemente rebeldes, y los persiguió para agradar al Papa. Las ciudades libres, si no fuera por el emperador, se hubieran opuesto al Papa; pero mientras Federico exigía su obediencia saludaron al Papa como aliado. Así pues, aunque estaba libre de las supersticiones de su tiempo, y en cultura muy por encima de otros soberanos contemporáneos, su posición como emperador le obligó a oponerse a todo lo que políticamente era liberal. Inevitablemente, tuvo que fracasar, pero de todos los fracasos de la Historia, los suyos son de los más interesantes.

Los herejes contra los cuales Inocencio III emprendió la cruzada y a los que persiguieron todos los gobernantes (también Federico), merecen un estudio por sí mismos y también como ín-

---

26 Véase la vida de Federico II, por Hermann Kantorowicz.

dice del sentimiento popular, del cual, por lo demás, apenas aparece una alusión en los escritos de esta época.

La más interesante y, por tanto, la más grande de las sectas heréticas era la de los cátaros, en el sur de Francia, más conocidos como albigenses. Sus doctrinas provenían de Asia, a través de los Balcanes; fueron defendidas en el norte de Italia, y en el sur de Francia las profesó la mayoría, incluso los nobles, que aprovecharon el pretexto para adueñarse de tierras de la Iglesia. La causa de esta gran difusión de la herejía fue, en parte, la decepción por el fracaso de las cruzadas, pero principalmente el malestar moral a causa de la riqueza y depravación del clero. Había un sentimiento muy extendido, análogo al puritanismo, en favor de la santidad personal. Esto se asoció con el culto de la pobreza. La Iglesia era rica y muy mundana; muchísimos sacerdotes vivían en la mayor inmoralidad. Los frailes presentaron acusaciones contra las órdenes más antiguas, y los párrocos afirmaron que se abusaba de la confesión para seducir. Y los enemigos de los frailes rechazaron esta acusación. No puede caber duda de que tales acusaciones eran muy justificadas. Cuanto más exigía la Iglesia la supremacía religiosa, tanto más se indignaba la gente sencilla por el contraste entre la profesión y el modo de cumplirla. Los mismos motivos que finalmente condujeron a la Reforma, ya operaban en el siglo XIII. La principal diferencia residía en que los soberanos seglares no estaban dispuestos a ponerse del lado de los herejes; y esto porque no existía ninguna filosofía que pudiera unir la herejía con las aspiraciones de los reyes respecto a su dominio.

Los dogmas de los cátaros no se conocen con certeza, puesto que dependemos enteramente del testimonio de sus enemigos. Además, los eclesiásticos, muy versados en la historia de la herejía, tenían la tendencia a aplicar una etiqueta que les era familiar y atribuir a las sectas existentes todos los dogmas de las anteriores, a veces fundándose en una semejanza no muy grande. Sin embargo, hay bastantes cosas ciertas. Parece que los cátaros eran dualistas y que, como los gnósticos, consideraron al Jehová del Antiguo Testamento como un ser malo; el Dios verdadero sólo se daba en la revelación del Nuevo Testamento. La materia era para ellos esencialmente mala, y creían que para los virtuosos no habría resurrección del cuerpo. Los malos, al contrario, tendrían que sufrir la transmigración en los cuerpos de animales. Por esto se hicieron vegetarianos, absteniéndose, incluso, de los huevos, el queso y la leche. Comían pescado porque creían que los peces no procreaban sexualmente. Aborrecieron el sexo; algunos dijeron que el matrimonio era aún peor que el adulterio, porque es continuo y complaciente. Por otro lado, no veían objeción al suicidio. Aceptaban el Nuevo Testamento más literalmente que los ortodoxos; se abstenían de juramentos y ofrecían la otra mejilla. Los perseguidores relatan el caso de un hombre acusado de herejía que se defendió diciendo que él comía carne, mentía y perjuraba, y era buen católico.

Los preceptos más estrictos de la secta sólo debían observarlos algunos hombres excepcionalmente santos, llamados los *perfectos;* los otros podían comer carne y casarse.

Es interesante exponer la genealogía de estas doctrinas. Llegaron a Italia y Francia a través de los cruzados, de una secta llamada los bogomiles en Bulgaria; en 1167, cuando los cátaros tuvieron un concilio cerca de Tolosa, asistieron los delegados búlgaros. Los bogomiles, a su vez, eran el resultado de una fusión de maniqueos y paulicianos. Los paulicianos constituían una secta armenia que rechazaba el bautismo de los niños, el purgatorio, la invocación de los Santos y la Trinidad; se extendieron, poco a poco, en Tracia y de allí a Bulgaria. Los paulicianos eran partidarios de Marción (hacia el año 150 d. C.), que se consideraba seguidor de San Pablo, al rechazar los elementos judaicos en el cristianismo, y tenían cierta afinidad con los gnósticos, sin pertenecer a ellos.

Sólo trataré ahora de otra herejía popular: la de los waldenses. Eran los partidarios de Pedro Waldo, un hombre entusiasta quien, en 1170, inició una *cruzada* para observar la ley de Cristo. Dio todos sus bienes a los pobres y fundó una sociedad llamada «los Hombres Pobres de Lyón», que practicaban la pobreza y una vida rigurosamente virtuosa. Al principio, tenían la aprobación del Papa, pero arremetieron un tanto violentamente contra la inmoralidad del clero y fueron condenados por el Concilio de Verona en 1184. Después decidieron que todo hombre bueno puede predicar y explicar la Escritura. Nombraron sus propios ministros de Dios y prescindieron de los servicios del clero católico. Se extendieron a la Lombardía y a Bohemia, donde prepararon el camino a los husitas. En la persecución albigense, que los afectó también, muchos huyeron al Piamonte. Su persecución, en el tiempo de Milton, dio motivo a su soneto «¡Venga, Dios mío, a tus santos asesinados!». Aún sobreviven algunos hoy día en remotos valles de los Alpes y en Estados Unidos.

Todas estas herejías alarmaron a la Iglesia tomándose fuertes medidas para eliminarlas. Inocencio III creía que los herejes merecían la muerte, siendo culpables de traición contra Cristo. Instigó al rey de Francia para que emprendiera una cruzada contra los albigenses, que se efectuó en el año 1209. Fue llevada a cabo con extraordinaria crueldad; después de tomar Carcasona, especialmente, hubo una matanza horripilante. La aniquilación de la herejía había sido cosa de los obispos, pero llegó a ser demasiado molesta para realizarla hombres que tenían otros deberes, y en 1233 Gregorio IX fundó la Inquisición para que se encargase de esta parte de la labor del obispado. Después de 1254, las personas acusadas por la Inquisición no tenían siquiera derecho a juicio. Si eran condenadas, sus bienes eran confiscados; en Francia pasaban a la Corona. Cuando una persona acusada era hallada culpable, se la entregaba al brazo secular con el ruego de que se le salvase la vida; pero si las autoridades seculares no la quemaban, corrían peligro de ser entregadas ellas mismas a la Inquisición. No se ocupaba solamente de herejía en el sentido corriente, sino de brujería y magia. En España se dirigió principalmente contra los criptojudíos. La obra de la Inquisición la llevaron a cabo principalmente dominicos y franciscanos. Nunca penetró en Escandinavia o Inglaterra, pero los ingleses se sirvieron con gusto de la Inquisición contra Juana de Arco. En general, logró lo que quería; al final eliminó completamente la herejía albigense.

La Iglesia, en la primera parte del siglo XIII, tuvo un peligro de rebelión, casi tan formidable como la del siglo XVI. Se salvó principalmente por la aparición de las órdenes mendicantes; San Francisco y Santo Domingo hicieron más en favor de la ortodoxia que ninguno de los más enérgicos papas.

San Francisco de Asís (1181 o 1182-1226) fue uno de los hombres más amables de la Historia. Procedía de una familia hacendada y en su juventud le gustaron las diversiones corrientes. Pero un día, cuando pasó cabalgando al lado de un leproso, un repentino impulso de compasión le hizo bajar y besar al hombre. Poco después decidió desprenderse de todos los bienes del mundo y dedicar su vida a la predicación y a las buenas obras. Su padre, un respetable comerciante, se enfureció, pero no pudo detenerle. Pronto tuvo grupos de partidarios, los cuales se entregaron a la pobreza completa. Al principio la Iglesia miró el movimiento con cierta suspicacia; se parecía demasiado a «los Hombres Pobres de Lyón». Los primeros misioneros que San Francisco envió a remotos lugares fueron considerados como herejes, porque practicaron la pobreza en vez de (como los frailes) sólo hacer los votos, que nadie tomaba en serio. Pero Inocencio III era lo suficientemente astuto para reconocer el valor del movimiento si se le podía detener en los límites de la ortodoxia, y en 1209 o 1210 dio su aprobación a la nueva orden. Gregorio IX, amigo personal de San Francisco, continuó favoreciéndole, imponiéndole ciertas reglas fastidiosas para el impulso entusiasta y anárquico del Santo. Francisco deseaba interpretar el voto de la pobreza del modo más riguroso. Se opuso a que sus seguidores tuvieran casas e iglesias. Tenían que mendigar su pan, y no tenían más alojamiento que la hospitalidad que las circunstancias les deparaban. En el año 1219 viajó al Oriente y predicó ante el sultán, que le recibió cortésmente, pero siguió siendo mahometano. A su vuelta observó que los franciscanos se habían construido una casa; quedó profundamente apenado, pero el Papa le indujo o le obligó a ceder. Después de su muerte, Gregorio le canonizó, pero suavizó su regla respecto al artículo de la pobreza.

En cuanto a santidad, Francisco ha tenido iguales; lo que le destaca como único entre los Santos es su felicidad espontánea, su amor universal y sus dones como poeta. Su bondad se revela siempre sin esfuerzo, como si no tuviera que vencer nada. Amaba todas las cosas vivientes, no sólo como cristiano u hombre benévolo, sino como poeta. Su himno al Sol, escrito poco antes de su muerte, casi podía haber sido escrito por Akhnaton, el adorador del Sol, aunque no del todo; pues el cristianismo en él influye aunque no muy claramente. Se sintió obligado hacia los leprosos, por ellos, no por él. Distinto a los demás Santos cristianos, se interesó más por la dicha de los demás que por su propia salvación. Jamás mostró ningún sentimiento de superioridad, ni siquiera a los más humildes o peores. Tomás de Celano dijo de él que era más que un Santo entre los Santos; lo era entre los pecadores.

Si existe Satanás, el porvenir de la orden fundada por San Francisco le habrá proporcionado la más exquisita satisfacción. El sucesor inmediato del Santo como cabeza de la orden, el hermano Elías, vivió en pleno lujo, y permitió abandonar completamente la pobreza. La obra principal de los franciscanos en los años inmediatamente posteriores a la muerte de su fundador fue reclutar soldados en las violentas y sangrientas guerras entre los güelfos y gibelinos. La Inquisición, fundada siete años después de su muerte, tenía en varios países a los franciscanos a la cabeza. Una pequeña minoría, llamada los *Espirituales,* permaneció fiel a su enseñanza; muchos de ellos fueron quemados por la Inquisición por herejía. Estos hombres sostenían que Cristo y los Apóstoles no poseían bienes, y ni siquiera la ropa que llevaban era suya; esta opinión fue condenada como herética en 1323 por Juan XXII. El resultado final de la vida de San Francisco fue crear una orden aún más rica y corrompida, reforzar la jerarquía y facilitar la persecución de todos los que se destacaban por seriedad moral o libertad de pensamiento. Teniendo en cuenta sus propios fines y carácter, es imposible imaginar un resultado de ironía más hiriente.

Santo Domingo (1170-1221) es mucho menos interesante que San Francisco. Era castellano y tenía, como Loyola, una devoción fanática por la ortodoxia. Su principal finalidad era combatir la herejía, y adoptó la pobreza como un medio para este fin. Tomó parte en toda la guerra albigense, aunque se dice que lamentaba las más extremas atrocidades. La Orden dominicana fue establecida en 1215 por Inocencio III, y obtuvo un rápido éxito. El único rasgo humano que se conoce de Santo Domingo es su confesión a Jordán de Sajonia de que prefería charlar con las jóvenes y no con las viejas. En 1242, la orden decretó solemnemente que este pasaje debía ser eliminado de la vida del fundador escrita por Jordán.

Los dominicos fueron aún más activos que los franciscanos en la labor de la Inquisición. Sin embargo, cumplieron un servicio valioso para la humanidad por su amor al estudio. Esto no formaba parte de la intención de Santo Domingo, quien había decretado que sus frailes «no aprendieran las ciencias seculares o artes liberales excepto con dispensa». Esta regla fue abolida en 1259; después de esta fecha se hizo todo lo posible para que los dominicos pudiesen estudiar con facilidad. El trabajo manual no formaba parte de sus deberes, y las horas de devoción fueron abreviadas para dejarles más tiempo para el estudio. Se dedicaron a reconciliar a Aristóteles con Cristo; Alberto Magno y Tomás de Aquino, ambos dominicos, realizaron su obra lo mejor posible. La autoridad de Tomás de Aquino fue tan pasmosa, que los dominicos siguientes no hicieron mucha labor en filosofía; aunque Francisco, incluso más que Domingo, había despreciado el estudio, los nombres más grandes del período siguiente son franciscanos: Roger Bacon, Duns Escoto y Guillermo de Occam eran franciscanos. Lo que los frailes hicieron en filosofía será el tema de los capítulos siguientes.

CAPÍTULO XIII

SANTO TOMÁS DE AQUINO

A Tomás de Aquino (nacido en 1225 o 1226, muerto en 1274) se le considera el más grande de los filósofos escolásticos. En todas las instituciones pedagógicas católicas que enseñan filosofía, su sistema se enseña como el único verdadero; ha sido la norma desde un rescripto de León XIII dado en el año 1879. Santo Tomás, pues, no tiene solamente interés histórico, sino que representa una influencia viva como Platón, Aristóteles, Kant y Hegel. Mayor, en efecto, que estos dos últimos. En muchos aspectos, sigue tan estrechamente a Aristóteles que el Estagirita tiene entre los católicos casi la autoridad de uno de los Padres; criticarle en materia de pura filosofía se ha llegado a considerar casi como impiedad[27].

Esto no fue así siempre. En el tiempo de Aquino, aún tenía que librarse la batalla en favor de Aristóteles contra Platón. La influencia de Aquino aseguró la victoria hasta el Renacimiento; después, Platón, al que se conocía ya mejor que en la Edad Media, adquirió de nuevo la supremacía en la opinión de la mayoría de los filósofos. En el siglo XVII era posible ser ortodoxo y cartesiano; Malebranche, aunque sacerdote, no fue nunca censurado. Pero hoy día tales libertades pertenecen al pasado. Los eclesiásticos católicos deben aceptar a Santo Tomás si se ocupan de filosofía.

---

27 Cuando yo lo hice por la radio, llovieron muchas protestas por parte de católicos.

Santo Tomás era hijo del conde de Aquino, cuyo castillo en el reino de Nápoles estaba cerca del monte Casino, donde empezó la educación del *Doctor Angélico.* Estuvo seis años en la Universidad de Nápoles de Federico II. Después se hizo dominico y fue a Colonia para estudiar con Alberto Magno, el aristotélico más eminente entre los filósofos de su época. Después de un período en Colonia y París volvió a Italia en 1259, donde pasó el resto de su vida, excepto los tres años de 1269-1272. Durante estos tres años estuvo en París, donde los dominicos, por su aristotelismo, estaban en lucha con las autoridades de la universidad, y eran sospechosos de simpatía herética con los partidarios de Averroes, que representaron un partido poderoso en la universidad. Los averroístas sostenían, basándose en su interpretación de Aristóteles, que el alma en cuanto individual, no es inmortal; la inmortalidad pertenece solamente al intelecto, que es impersonal e idéntico en distintos seres intelectuales. Cuando a la fuerza tuvieron que darse cuenta de que su doctrina era contraria a la fe católica, se aferraron al subterfugio de la «doble verdad»; una, basada en la razón, en la filosofía, y otra basada en la revelación, en la teología. Todo esto dio a Aristóteles mala fama, y Santo Tomás, en París, se preocupó en reparar este mal causado por una adhesión demasiado estrecha a las doctrinas árabes. En esto tuvo un éxito singular.

Aquino, a diferencia de sus predecesores, poseía un conocimiento realmente competente de Aristóteles. Su amigo Guillermo de Moerbeke le procuró traducciones del griego y él mismo escribió comentarios. Hasta su época, las nociones de los hombres respecto a Aristóteles habían ido quedando oscurecidas con las adherencias neoplatónicas. Sin embargo, él se adhirió al auténtico Aristóteles y rechazó el platonismo, incluso como aparece en San Agustín. Logró persuadir a la Iglesia de que el sistema de Aristóteles era preferible al de Platón como base de la filosofía cristiana, y que los mahometanos y averroístas cristianos habían interpretado mal a Aristóteles. Por mi parte, diría que *De anima* conduce mucho más naturalmente a la idea de Averroes que a la de Aquino; sin embargo, la Iglesia, desde Santo Tomás pensó de otro modo. Diría, además, que las ideas de Aristóteles sobre la mayoría de las cuestiones de lógica y filosofía no eran definitivas, y desde entonces han sido muy erróneas; esta opinión tampoco puede sostenerla ningún filósofo o maestro de filosofía católico.

La obra más importante de Santo Tomás, la *Summa contra gentiles,* fue escrita durante los años 1259-1264. Trata de establecer la verdad de la religión cristiana con argumentos dirigidos a un lector imaginario que aún no es cristiano; se deduce que el supuesto lector es considerado como persona versada en la filosofía de los árabes. Escribió otro libro, *Summa Theologiae,* de casi igual importancia, pero de menor interés para nosotros, porque resulta menos adecuada para emplear argumentos que no supongan de antemano la verdad del cristianismo.

Lo que sigue es un extracto de la *Summa contra gentiles.*

Consideremos primeramente lo que se entiende por *sabiduría.* Una persona puede ser sabia en algún aspecto particular, como construir casas, por ejemplo; esto implica que conoce los medios para un fin determinado. Pero todos los fines particulares están subordinados al fin del universo, y la sabiduría *per se* se preocupa de la finalidad del universo. Ahora bien, el fin del universo es el bien del intelecto, esto es, la *Verdad.* Buscar la sabiduría en este sentido es lo más perfecto, sublime, provechoso y valioso. Todo esto se prueba apelando a la autoridad del filósofo: Aristóteles.

Mi intención (así dice) es declarar la verdad que profesa la fe católica. Pero aquí debo recurrir a la razón natural, puesto que los gentiles no aceptan la autoridad de la Sagrada Escritura. La razón natural, sin embargo, es deficiente en las cosas de Dios. Puede probar algunas partes de la fe, pero otras no. Puede probar la existencia de Dios y la inmortalidad del alma, pero no la Trinidad, la Encarnación o el Juicio Final. Todo lo que sea demostrable está de acuerdo con la fe cristiana, y en la revelación no hay nada que sea *contrario* a la razón. Pero es importante separar las partes de la fe que se pueden probar por la razón de las que no. Por lo tanto, de los cuatro libros en los que la *Summa* está dividida, los tres primeros no apelan a la revelación, excepto al señalar que están de acuerdo con las conclusiones obtenidas por la razón; sólo en el libro cuarto se tratan temas que únicamente por la revelación pueden ser conocidos.

El primer paso consiste en probar la existencia de Dios. Algunos creen que esto no es necesario, puesto que la existencia de Dios (dicen) es evidente por sí misma. Si conociésemos la esencia de Dios, esto sería cierto, puesto que (como más tarde se prueba), en Dios, la esencia y la existencia son todo uno. Pero no conocemos su esencia sino muy imperfectamente. Los hombres sabios saben más de su esencia que los ignorantes, y los ángeles conocen más que ambos, pero ninguna criatura sabe lo suficiente para ser capaz de deducir la existencia de Dios de Su esencia. Sobre esta base se rechaza el argumento ontológico.

Es importante recordar que las verdades religiosas capaces de ser demostradas pueden conocerse también por la fe. Las pruebas son difíciles, y sólo los cultos las pueden comprender, pero la fe es necesaria también a los ignorantes, a los jóvenes y a los que a causa de las preocupaciones prácticas no tienen tiempo para estudiar filosofía. Para ellos basta la revelación.

Algunos dicen que Dios es *solamente* cognoscible por la fe. Arguyen que, si los principios de la demostración nos fueran conocidos a través de la experiencia derivada de los sentidos, tal como se dice en los *Analíticos posteriores,* todo lo que va más allá de los sentidos no puede ser demostrado. Esto, sin embargo, es falso, e incluso, si fuese cierto, Dios sería conocido por sus efectos sensibles.

La existencia de Dios se demuestra, como en Aristóteles, por el argumento del motor inmóvil[28].

Hay cosas que sólo son movidas y otras que mueven y son movidas. Todo lo que es movido lo es por algo, y puesto que es imposible un progreso hasta el infinito, debemos llegar en alguna parte a algo que mueve las otras cosas sin ser movido. Este motor inmóvil es Dios. Se puede objetar que este argumento incluye la eternidad del movimiento, que rechazan los católicos. Sería un error: es válido sobre la hipótesis de la eternidad del movimiento,

---

[28] Mas en Aristóteles el argumento conduce a 47 o 55 dioses.

pero la hipótesis opuesta sólo lo refuerza, pues comprende un principio y, en consecuencia, una Primera Causa.

En la *Summa Theologiae* se dan cinco pruebas de la existencia de Dios. Primero, el argumento del motor inmóvil, que hemos mencionado. Segundo, el argumento de la Primera Causa que, a su vez, depende de la imposibilidad de un progreso infinito. Tercero, debe haber una última fuente de toda necesidad; esto es, lo mismo casi que el segundo argumento. Cuarto, encontramos varias perfecciones en el mundo, y éstas deben tener su fuente en algo completamente perfecto. Quinto, hallamos incluso cosas inanimadas que tienden a un fin, que debe ser de alguien que esté fuera de ellas, puesto que solamente las cosas vivientes pueden tener una finalidad interna.

Volviendo a la *Summa contra gentiles,* habiendo demostrado la existencia de Dios, podemos decir ahora muchas cosas sobre Él; pero todas son, en cierto sentido, negativas; la naturaleza de Dios nos es solamente conocida por lo que no es. Dios es eterno, puesto que es inmóvil; es invariable, puesto que no contiene ninguna potencialidad pasiva. David de Dinant (un panteísta materialista del principio del siglo XIII) *devanea* que Dios es lo mismo que la materia prima; esto es absurdo, puesto que la materia prima es pura pasividad y Dios es pura actividad. En Dios no hay composición, por consiguiente no es un cuerpo, porque los cuerpos tienen partes.

Dios es su propia esencia, puesto que de otro modo no sería simple, sino compuesto de esencia y existencia. (Este punto es importante). En Dios, la esencia y la existencia son idénticas. No hay accidentes en Dios: no puede ser especificado por ninguna diferencia sustancial; no está en ningún género; no puede ser definido, pero no carece de la excelencia de cualquier género. Las cosas son en cierta manera como Dios, en otra no. Es más adecuado decir que las cosas son como Dios, que decir que Dios es como las cosas.

Dios es bueno, y es su propia bondad; es el bien de todo lo bueno. Es inteligente, y su acto de inteligencia es su esencia. Comprende por su esencia y se comprende a Sí mismo perfectamente (Juan Escoto, como se recordará, pensaba de manera distinta).

Aunque no hay composición en el intelecto divino. Dios comprende muchas cosas. Esto podía parecer una dificultad, pero las cosas que Él comprende no tienen distinto ser en El. Tampoco existe *per se,* como creyó Platón, porque las formas de las cosas naturales no pueden existir ni ser comprendidas, prescindiendo de la materia. Sin embargo, Dios debe comprender las formas antes de crear. La solución de esta dificultad es la siguiente: «El concepto del intelecto divino, según como Él se entiende a Sí Mismo, cuyo concepto es Su Palabra, es la semejanza no solamente de Dios como Él mismo se comprendió, sino también de todas las cosas de las cuales la divina esencia es la semejanza. Por lo tanto, muchas cosas pueden ser comprendidas por Dios, por medio de una especie inteligible que es la divina esencia, y por una intención entendida que es la divina Palabra» [29].

Cada forma, en cuanto es algo positivo, es una perfección. El intelecto de Dios incluye en su esencia lo que es adecuado a cada cosa, comprendiendo en qué se parece a Él y en qué no; por ejemplo, la vida, no el conocimiento, es la esencia de una planta, y el conocimiento, no el intelecto, es la esencia de un animal. Así una planta es como Dios siendo viva, pero no parecida a Él en cuanto no posee conocimiento; un animal es como Dios al tener conocimiento, pero diferente en cuanto no posee intelecto. Siempre es por negación por lo que una criatura difiere de Dios.

Dios comprende todas las cosas en el mismo momento. Su conocimiento no es un hábito, y no es discursivo o argumentativo. Dios es la verdad. (Esto ha de entenderse literalmente).

Ahora llegamos a una cuestión que ya había preocupado a Platón y a Aristóteles. ¿Puede Dios saber cosas particulares, o conoce solamente las universales y las verdades generales? Un cristiano, puesto que cree en la Providencia, debe sostener que Dios conoce cosas particulares; sin embargo, hay argumentos de peso contra esta opinión. Santo Tomás enumera siete de estos argumentos, y después procede a refutarlos. Los siete argumentos son los siguientes:

---

[29] *Summa contra gentiles,* lib. I, cap. III.

1. La singularidad, siendo materia concreta, nada inmaterial puede conocerla.

2. Los singulares no existen siempre, y no pueden ser conocidos cuando no existen; por lo tanto no pueden ser conocidos por un ser invariable.

3. Los singulares son contingentes, no necesarios; por lo tanto no puede haber conocimiento cierto de ellos, excepto cuando existen.

4. Algunos singulares se deben a voliciones que solamente puede conocer la persona que quiere.

5. Los singulares son infinitos en número, y lo infinito como tal es desconocido.

6. Los singulares son demasiado nimios para la atención de Dios.

7. En algunos singulares hay mal, pero Dios no puede conocer el mal.

Aquino replica que Dios conoce los singulares como su causa; conoce las cosas que aún no existen, exactamente como un artesano lo sabe cuando está formando algo; conoce los futuros contingentes, porque Él ve cada cosa en el tiempo como si estuviera presente, pues Él Mismo no está en el Tiempo. Conoce nuestros espíritus y deseos secretos, y una infinidad de cosas, aunque nosotros no. Conoce cosas triviales, porque nada es del todo trivial, y todo tiene alguna nobleza; de otro modo Dios se conocería sólo a Sí Mismo. Además, el orden del universo es muy noble, y esto no se puede saber sin conocer incluso las partes triviales. Finalmente, Dios conoce las cosas malas, porque el conocer todo lo bueno implica conocer el mal opuesto.

En Dios hay voluntad. Su Voluntad es su esencia, y su principal objeto es la esencia divina. Queriéndose a Sí Mismo, Dios quiere también otras cosas, porque Dios es el fin de todas las cosas. Quiere incluso cosas que aún no existen, quiere su propio ser y bondad, pero otras cosas, aunque las quiera, no las desea *necesariamente.*

Hay libre albedrío en Dios; a su volición puede atribuírsele una *razón,* pero no una *causa.* No puede querer cosas imposibles en sí mismas; por ejemplo, no puede hacer verdadera una contradicción. El ejemplo del Santo de algo que se halla incluso más allá del Poder divino no es un ejemplo completamente afortunado; dice que Dios no podía hacer que un hombre fuese un asno.

En Dios hay gozo, alegría y amor; Dios no odia nada y posee las virtudes contemplativas y activas. Es feliz y es su propia felicidad.

Llegamos ahora (en el libro II) a la consideración de las criaturas. Esto es útil para refutar errores contra Dios. Dios creó el mundo de la nada, contrariamente a las opiniones de los antiguos. El tema de las cosas que Dios no puede hacer, lo vuelve a tratar. No puede ser un cuerpo o cambiarse a Sí mismo; no puede fallar; no puede fatigarse, ni olvidarse, ni arrepentirse, ni enfadarse, ni estar triste; no puede hacer que un hombre no tenga alma, ni hacer que la suma de los ángulos de un triángulo no valga dos rectos. No puede deshacer el pasado, ni cometer pecados, ni hacer otro Dios, ni hacer que Él mismo no exista.

El libro III se ocupa principalmente del alma del hombre. Todas las sustancias intelectuales son inmateriales e incorruptibles; los ángeles no tienen cuerpos, pero en los hombres el alma está unida a un cuerpo. Es la forma del cuerpo, como en Aristóteles. No hay tres almas en el hombre sino sólo una. Toda el alma está presente por completo en todas las partes del cuerpo. Las almas de los animales, a diferencia de las de los hombres, no son inmortales. El intelecto es parte del alma de cada hombre; no hay, como sostenía Averroes, sólo un intelecto, del que varios hombres participan. El alma no es transmitida con el semen, sino que es creada de nuevo en cada hombre. Hay, es cierto, una dificultad: cuando un hombre nace fuera del matrimonio, esto parece hacer de Dios un cómplice en el adulterio. Esta objeción, sin embargo, es sólo aparente. (Hay una grave objeción, que turbaba a San Agustín, y que se refiere a la transmisión del pecado original. Es el alma la que peca, y si el alma no es transmitida, sino creada de nuevo, ¿cómo puede heredar el pecado de Adán? Esto no se discute).

En la relación con el intelecto, se discute el problema de los universales. La posición de Santo Tomás es la de Aristóteles. Los universales no subsisten fuera del alma, pero el intelecto, al comprender los universales, comprende cosas que están fuera del alma.

El libro III se ocupa largamente de cuestiones éticas. El mal es no intencional, no es una esencia, y tiene una causa accidental que es buena. Todas las cosas tienden a parecerse a Dios, que es el fin de todas las cosas. La felicidad humana no consiste en los placeres carnales, el honor, la gloria, la riqueza, el Poder del mundo o los bienes mundanos, y no radica en los sentidos. La felicidad última del hombre no consiste en actos de virtud moral, porque éstos son medios; consiste en la contemplación de Dios. Pero el conocimiento de Dios poseído por la mayoría no basta; ni el obtenido por demostración; ni siquiera el obtenido por la fe. En esta vida no podemos ver a Dios en su esencia, o tener la felicidad última; pero en la otra vida le veremos cara a cara. (No literalmente, se nos advierte, porque Dios no tiene faz). Esto ocurrirá, no por nuestro poder natural sino por la luz divina, e incluso entonces no le veremos del todo. Por esta visión nos hacemos partícipes de la vida eterna, es decir, de la vida extratemporal.

La Divina Providencia no excluye el mal, la contingencia, el libre albedrío, la suerte o el azar. El mal viene por medio de segundas causas, como en el caso de un buen artista que hace obras malas.

Los ángeles no son todos iguales; hay un orden entre ellos. Cada ángel es el único ejemplar de su especie, pues como los ángeles no tienen cuerpos, sólo pueden distinguirse por medio de diferencias específicas, no por su posición en el espacio.

La astrología debe rechazarse, por las razones habituales. En respuesta a la pregunta: «¿Existe la fatalidad?», Aquino replica que *podríamos* dar el nombre de *fatalidad* al orden impreso por la Providencia, pero es más prudente no hacerlo, pues *fatalidad* es una palabra pagana. Esto conduce a un argumento de que la plegaria es útil, aunque la Providencia es inmutable. (Yo no he podido seguir este razonamiento). Dios a veces obra milagros, pero nadie más puede hacerlos. La magia, no obstante, es posible con la ayuda de los demonios; esto no es propiamente milagroso, y no se hace con la ayuda de las estrellas.

La *ley divina* nos lleva a amar a Dios; también, en menor grado, a nuestro prójimo. Prohíbe la fornicación, porque el padre debe permanecer con la madre mientras se crían los hijos. Prohíbe la limitación de los nacimientos, por ser contra natura; sin embargo, no prohíbe, por lo mismo, el celibato perpetuo. El matrimonio debía ser indisoluble, porque el padre es necesario para la educación de los hijos, por ser más racional que la madre y por tener más fuerza física cuando se precisa el castigo. No todo comercio carnal es pecaminoso, puesto que es natural, pero considerar el estado de casado tan bueno como la continencia es caer en la herejía de Joviniano. Debe haber una monogamia estricta; la poligamia es injusta respecto a las mujeres y la poliandria hace incierta la paternidad. El incesto ha de prohibirse, porque complicaría la vida familiar. Contra el incesto de hermana con hermano hay un argumento muy curioso: si el amor de marido y mujer estuviera combinado con el de hermano y hermana, la atracción mutua sería tan fuerte que haría el trato carnal indebidamente frecuente.

Todos estos argumentos sobre la ética sexual —hay que notarlo— recurren a consideraciones puramente racionales, no a mandatos ni prohibiciones divinas. Aquí, como en los tres primeros libros, Aquino se complace, al final de cada razonamiento, en citar textos que muestran que la razón le ha llevado a una conclusión en armonía con las Escrituras, pero no apela a la autoridad hasta que no ha logrado su resultado.

Hay una discusión más animada e interesante sobre la pobreza voluntaria que, como era de esperar, llega finalmente a una conclusión en armonía con los principios de las órdenes mendicantes, pero expone las objeciones con una fuerza y un realismo que las muestra tales como debieron ser planteadas por el clero secular.

Pasa luego al pecado, a la predestinación y a la elección, sobre lo cual su criterio es en general el de Agustín. Por el pecado mortal un hombre pierde el derecho a su fin último por toda la eternidad y, por consiguiente, el castigo eterno es lo que le corresponde. Ningún hombre puede librarse del pecado, salvo por la gracia y, no obstante, el pecador debe ser reprendido si no se convierte. El hombre necesita la gracia para perseverar en el bien, pero nadie puede *merecer* la asistencia divina. Dios no es la causa del pecado, pero a algunos los deja en el pecado, mientras que a otros los libra de él. En lo que respecta a la predestinación, Santo Tomás parece sostener, con San Agustín, que no puede darse ninguna razón por la que algunos son elegidos y van al Cielo, mientras otros son reprobados y van al infierno. Sostiene también que ningún hombre puede entrar en el Cielo, a menos que haya sido bautizado. Ésta no es una de las verdades que pueden probarse por la razón sin ayuda; está revelada en Juan, III, 5[30].

El IV libro se ocupa de la Trinidad, la Encarnación, la supremacía del Papa, los sacramentos y la resurrección del cuerpo. En lo esencial, está dirigido a los teólogos más que a los filósofos y, por consiguiente, lo trataré brevemente.

Hay tres modos de conocer a Dios: por la razón, por la revelación y por intuición de cosas previamente conocidas sólo por la revelación. Del tercer modo no dice, sin embargo, casi nada. Un escritor inclinado al misticismo hubiera dicho más de éste que de cualquiera de los otros, pero el temperamento de Aquino es razonador más que místico.

La Iglesia es censurada por negar la doble procesión del Espíritu Santo y la supremacía del Papa. Se nos advierte que, aunque Cristo fue concebido del Espíritu Santo, no debemos suponer que fue el hijo del Espíritu Santo según la carne.

Los sacramentos son válidos aun cuando sean administrados por ministros indignos. Éste fue un punto importante en la doctrina de la Iglesia. Muchísimos sacerdotes vivían en pecado mortal y la gente piadosa temía que tales sacerdotes no pudieran administrar los sacramentos. Esto era terrible; nadie podía saber si estaba realmente casado o si había recibido una absolución válida, lo que llevó a la herejía y al cisma, puesto que los de espíritu puritano trataron de establecer un sacerdocio separado, de más impecable virtud. La Iglesia, en consecuencia, se vio obligada a declarar con gran énfasis que el pecado en un sacerdote no le incapacitaba para el ejercicio de sus funciones.

Una de las últimas cuestiones analizadas es la resurrección de la carne. Aquí, como en otras partes, Aquino expone muy acerta-

---

30 Jesús contestó: «En verdad, en verdad te digo, que quien no naciere del agua y del Espíritu, no puede entrar en el reino de Dios».

damente los argumentos que han sido esgrimidos contra la posición ortodoxa. Uno de éstos, a primera vista, ofrece grandes dificultades. ¿Qué le ocurre, pregunta el Santo, a un hombre que nunca, en toda su vida, comió nada más que carne humana y cuyos padres hicieron lo mismo? Parecería injusto con sus víctimas que éstas se vieran privadas de sus cuerpos en el último día a consecuencia de su voracidad; sin embargo, si no es así, ¿qué se dejará para formar su cuerpo? Me alegra decir que esta dificultad, que a primera vista podía parecer insuperable, es afrontada triunfalmente. La identidad del cuerpo, indica Santo Tomás, no depende de la persistencia de las mismas partículas materiales; durante la vida, por los procesos de comida y digestión la materia que compone el cuerpo experimenta un cambio constante. El caníbal puede, por consiguiente, recibir el mismo cuerpo en la resurrección, incluso aunque no esté compuesto de la misma materia que estaba en su cuerpo cuando murió. Con este confortador pensamiento podemos terminar nuestro resumen de la *Summa contra gentiles.*

En sus líneas generales, la filosofía de Aquino coincide con la de Aristóteles y será aceptada o rechazada por un lector en la medida en que acepte o rechace la filosofía del Estagirita. La originalidad de Aquino se manifiesta en su adaptación de Aristóteles al dogma cristiano, con un mínimo de alteración. En su tiempo fue considerado como un atrevido innovador; incluso después de su muerte muchas de sus doctrinas fueron condenadas por las Universidades de París y Oxford. Fue incluso más notable por la sistematización que por la originalidad. Aun en el caso de que cada una de sus doctrinas fuera errónea, la *Summa* quedaría como un imponente edificio intelectual. Cuando desea refutar alguna doctrina, la expone primero, a menudo con gran fuerza, y casi siempre con una intención justa. La agudeza y claridad con que distingue los argumentos derivados de la razón y los argumentos derivados de la revelación son admirables. Conoce a Aristóteles bien y lo entiende completamente, lo que no puede decirse de ningún filósofo católico anterior.

Estos méritos, sin embargo, apenas parecen suficientes para justificar su inmensa fama. La apelación a la razón es, en un sentido, insincera, puesto que la conclusión a que ha de llegar está fijada de antemano. Tomemos, por ejemplo, la indisolubilidad del matrimonio. Ésta la defiende basándose en que el padre es útil para la educación de los hijos: a) porque es más racional que la madre; b) porque, siendo más fuerte, es más capaz de infligir el castigo físico. Un educador moderno podría replicar: a) que no hay ninguna razón para suponer a los hombres, en general, más racionales que las mujeres; b) que el tipo de castigo, que requiere gran fortaleza física, no es deseable en la educación. Podría continuar señalando que los padres, en el mundo moderno, apenas toman parte en la educación. Pero ningún seguidor de Santo Tomás dejaría de creer, por esta razón, en la monogamia perpetua, porque los verdaderos fundamentos de creencia no son los que se han alegado.

O tomemos de nuevo los argumentos encaminados a probar la existencia de Dios. Todos éstos, excepto el de la teleología en las cosas inanimadas, se basan en la supuesta imposibilidad de una serie que no tenga primer término. Todo matemático sabe que no hay tal imposibilidad; la serie de enteros negativos que termina en menos uno es un ejemplo de lo contrario. Pero tampoco aquí es probable que ningún católico abandone la creencia en Dios, aun en el caso de que se convenza de que los argumentos de Santo Tomás son malos; inventará otros argumentos o se refugiará en la revelación.

Las controversias de que la esencia y la existencia de Dios son una y la misma, de que Dios *es* su propia bondad, su propio Poder, etc., sugieren una confusión, descubierta en Platón, pero que se supone la eludió Aristóteles, entre la manera de ser de los particulares y la manera de ser de los universales. La esencia de Dios, es, debe suponerse, de la naturaleza de los universales, mientras su existencia no lo es. Es difícil exponer esta dificultad satisfactoriamente, puesto que ocurre dentro de una lógica que no puede seguir aceptándose. Pero apunta claramente a algún tipo de confusión sintáctica, sin la cual mucho de la argumentación acerca de Dios perdería su fuerza.

Hay poco del verdadero espíritu filosófico en Aquino. No se dispone a seguir, como el Sócrates platónico, adonde quiera que su argumento le pueda llevar. No se empeña en una investigación cuyo resultado sea imposible conocer de antemano. Antes de empezar a filosofar ya conoce la verdad; está declarada en la fe católica. Si puede encontrar argumentos aparentemente racionales, para algunas partes de la fe, tanto mejor; si no puede, sólo precisa volver a la revelación. El descubrimiento de argumentos para una conclusión dada de antemano no es filosofía, sino una defensa especial. No puedo, consiguientemente, admitir que merezca ser colocado en el mismo plano de los mejores filósofos de Grecia o de los tiempos modernos.

CAPÍTULO XIV

LOS ESCOLÁSTICOS FRANCISCANOS

Los franciscanos, en general, fueron menos impecablemente ortodoxos que los dominicos. Entre las dos órdenes hubo enconada rivalidad, y los franciscanos no se mostraron propensos a aceptar la autoridad de Santo Tomás. Los tres filósofos franciscanos más importantes fueron Roger Bacon, Duns Escoto y Guillermo de Occam. San Buenaventura y Mateo de Aquasparta merecen también mención.

Roger Bacon (1214-1294) no sólo fue grandemente admirado en su tiempo, sino que en los tiempos modernos ha sido exaltado por encima de sus merecimientos. No fue tanto un filósofo, en el sentido estricto, como un hombre de saber universal, con pasión por las matemáticas y la ciencia. La ciencia, en su época, se hallaba mezclada con la alquimia, y pensó mezclarla con la magia negra; Bacon se vio constantemente perturbado por la sospecha de herejía y magia. En 1257, San Buenaventura, el general de la Orden franciscana, le puso bajo vigilancia en París y le prohibió publicar. A pesar de todo, mientras esta prohibición se hallaba en vigor, el legado pontificio en Inglaterra, Guy de Foulques, le ordenó, no obstante las órdenes en contrario, que escribiera su filosofía en favor del Papa. En vista de ello, en muy poco tiempo publicó tres libros, *Opus Majus, Opus Minus* y *Opus Tertium.* Éstos parece que produjeron una buena impresión y en 1268 se le permitió volver a Oxford, de donde había sido trasladado a una especie de confinamiento en París. Sin embargo, nada pudo enseñarle la cautela. Hizo una práctica de la crítica desdeñosa de todos los más doctos contemporáneos suyos; en particular, sostuvo que los traductores del griego y del árabe fueron groseramente incompetentes. En 1271 escribió un libro titulado *Compendium studii philosophiae,* en el que atacaba la ignorancia clerical. Este libro no sirvió para aumentar su popularidad entre sus colegas, y en 1278 fueron condenados sus libros por el general de la orden, encarcelándosele durante catorce años. En 1292 fue liberado, muriendo poco después.

En su saber fue enciclopédico, pero no sistemático. A diferencia de la mayoría de los filósofos de su tiempo, valoró altamente la experimentación e ilustró su importancia con la teoría del arco iris. Escribió bien sobre geografía; Colón leyó esta parte de su obra y fue influido por ella. Fue un buen matemático; cita los libros sexto y noveno de Euclides. Trató de perspectiva, siguiendo fuentes árabes. Consideró la lógica un estudio inútil; la alquimia, por otra parte, la valoró lo suficiente como para escribir de ella.

Para dar una idea de su alcance y método, resumiré algunas partes de su *Opus Majus.* Hay, dice, cuatro causas de ignorancia: Primera, el ejemplo de la autoridad deleznable e impropia. (Estando la obra escrita para el Papa, tiene cuidado de decir que esto no incluye a la Iglesia). Segunda, la influencia de la costumbre. Tercera, la opinión de la muchedumbre iletrada. (Esto, pensamos, incluye a todos sus contemporáneos, salvo a él). Cuarta, el ocultamiento de la propia ignorancia con una exhibición de aparente sabiduría. De estas cuatro plagas, de las que la cuarta es la peor, surgen todos los males humanos.

Al apoyar una opinión, es un error argumentar con la sabiduría de nuestros antecesores, o de la costumbre, o de la creencia común. En apoyo de su tesis, cita a Séneca, Cicerón, Avicena, Averroes, Abelardo de Bath, San Jerónimo y San Crisóstomo. Estas autoridades, parece pensar, bastan para probar que no se debe respetar la autoridad.

Su respeto por Aristóteles es grande, pero no ilimitado. «Sólo Aristóteles, junto con sus seguidores, ha sido llamado filósofo en opinión de todos los sabios». Como casi todos sus contemporáneos, le designa como el *filósofo* cuando habla de Aristóteles. Ni siquiera el Estagirita, se nos dice, llegó al límite de la sabiduría humana. Después de él, Avicena era «el príncipe y caudillo de la filosofía», aunque no hubiera comprendido plenamente el arco iris, porque no reconoció su causa final que, conforme al Génesis, es la dispersión del vapor acuoso. (No obstante, cuando Bacon llega a tratar del arco iris, cita a Avicena con gran admiración). De vez en cuando dice algo que tiene un sabor de ortodoxia, como que la única sabiduría perfecta es la de las Escrituras, según se explica en el Derecho canónico y la filosofía. Pero suena a más sincero cuando dice que no hay ninguna objeción a que se obtenga conocimiento del pagano; además de Avicena y de Averroes, cita con mucha frecuencia a Alfarabi[31] y a Albumazar[32] y a otros de vez en cuando. Albumazar es citado para probar que la matemática era conocida antes del Diluvio por Noé y sus hijos; esto, supongo, es una muestra de lo que podemos aprender de los infieles. Bacon exalta la matemática como la única fuente (no revelada) de certeza, y como necesaria para la astronomía y la astrología.

Bacon sigue a Averroes al sostener que el intelecto activo es una sustancia separada del alma en esencia. Cita a varios eminentes teólogos, entre ellos a Grosseteste, obispo de Lincoln, que apoyan esta doctrina, contraria a la de Santo Tomás. Pasajes aparentemente contrarios de Aristóteles, dice, se deben a la mala traducción. No cita a Platón de primera mano, sino de segunda mano, a través de Cicerón, o de tercera, a través de los árabes, en Porfirio. No tiene mucho respeto para éste, cuya doctrina de los universales califica de *infantil.*

En los tiempos modernos, Bacon ha sido exaltado porque valoró la experimentación, como fuente de conocimiento, más que el razonamiento. Ciertamente, las cosas que le interesan y su manera de tratar las cuestiones son muy distintas de las de los escolásticos típicos. Sus tendencias enciclopédicas son como las de los escritores árabes, que evidentemente influyeron en él de modo más profundo que en los demás filósofos cristianos. Aquéllos,

[31] Seguidor de Kindi: † 950.
[32] Astrónomo, 805-885.

como él, estaban interesados en la ciencia, y creían en la magia y en la astrología, mientras que los cristianos consideraban a la magia como una perversión y la astrología como un engaño. Es sorprendente porque difiere tanto de los otros filósofos cristianos medievales, pero tuvo poca influencia en su época y no era, a mi juicio, tan científico como se piensa a veces. Escritores ingleses acostumbraban a decir que inventó la pólvora, pero esto, sin duda, es inexacto.

San Buenaventura (1221-1274) que, como general de la Orden franciscana, prohibió a Bacon publicar, fue un hombre totalmente distinto. Pertenecía a la tradición de San Anselmo, cuyo argumento ontológico mantuvo. Veía en el nuevo aristotelismo una oposición fundamental a la cristiandad. Creía en las ideas platónicas que, no obstante, sólo Dios conoce perfectamente. En sus escritos cita a Agustín constantemente, pero no encontramos citas de los árabes, y pocas de la Antigüedad pagana.

Mateo de Aquasparta (hacia 1235-1302) fue un seguidor de Buenaventura, pero menos afectado por la nueva filosofía. Era franciscano y llegó a cardenal; se opuso a Santo Tomás desde un punto de vista agustiniano. Pero, para él, Aristóteles se ha convertido en *el filósofo;* lo cita constantemente. Avicena es mencionado con frecuencia; San Anselmo es citado con respeto, lo mismo que el pseudo Dionisio, pero la principal autoridad es San Agustín. Tenemos que encontrar, dice, un término medio entre Platón y Aristóteles. Las ideas de Platón son «totalmente erróneas»; crean la sabiduría, pero no el conocimiento. Por otra parte, Aristóteles está también equivocado; crea el conocimiento, pero no la sabiduría. Nuestro conocimiento, concluye, lo causan las cosas más altas y las más bajas, objetos exteriores y razones ideales.

Duns Escoto (1266-1308) mantuvo la controversia franciscana con Aquino. Nació en Escocia o Ulster, se hizo franciscano en Oxford y pasó sus últimos años en París. Contra Santo Tomás defendió la Inmaculada Concepción, y en esto, la Universidad de París, y finalmente toda la Iglesia católica, coincidieron con él. Es agustiniano, pero en una forma menos extremada que Buenaventura o Mateo de Aquasparta; sus diferencias con Santo Tomás, como las de éstos, provienen de una amplia mezcla de platonismo (a través de Agustín) en su filosofía.

Examina, por ejemplo, la cuestión: «Si cualquier segura y pura verdad puede ser conocida naturalmente por el entendimiento del ser pasajero sin la iluminación especial de la luz increada». Y arguye que no. Refuerza esta tesis sólo con citas de San Agustín; la única dificultad que encuentra está en Romanos I, 20: «Las cosas invisibles de Dios, entendidas por medio de las cosas creadas, son claramente comprendidas desde la creación del mundo».

Duns Escoto fue un realista moderado. Creía en el libre albedrío y se sintió inclinado al pelagianismo. Sostenía que el *ser* no es diferente de la *esencia.* Se mostró principalmente interesado en la *evidencia,* en las clases de cosas que pueden ser conocidas sin prueba. De éstas hay tres clases: 1) los principios conocidos por sí mismos; 2) las cosas conocidas por la experiencia, y 3) nuestras propias acciones. Pero sin la iluminación divina no podemos conocer nada.

La mayoría de los franciscanos siguieron a Duns Escoto más que a Aquino. Duns Escoto sostenía que, puesto que no hay diferencia entre ser y esencia, el «principio de individuación», es decir, el que hace que una cosa no sea idéntica a otra, debe ser la forma, no la materia. El «principio de individuación» fue uno de los problemas importantes de la filosofía escolástica. En diversas formas ha seguido siendo un problema hasta la época actual. Sin referencia a ningún autor determinado, podemos, quizá, exponer el problema como sigue. Entre las propiedades de las cosas individuales, algunas son esenciales, otras accidentales. Las propiedades accidentales de una cosa son las que ésta puede perder sin perder su identidad —tales como la de llevar un sombrero, si se trata de un hombre—. Surge ahora la cuestión: dadas dos cosas individuales pertenecientes a la misma especie, ¿difieren éstas siempre en esencia, o es posible que la esencia sea exactamente la misma en ambas? Santo Tomás sostenía el segundo criterio en lo que respecta a las sustancias materiales; el primero, en lo referente a las inmateriales. Duns Escoto sostenía que hay *siempre* diferencias de esencia entre dos cosas individuales diferentes. El criterio de Santo Tomás se basa en la teoría de que la materia pura consta de partes indiferenciadas, que se distinguen únicamente por la diferencia de posición en el espacio. Así, una persona, consistente en espíritu y cuerpo, puede diferir *físicamente* de otra persona sólo por la posición espacial de su cuerpo. (Esto podía suceder con gemelos idénticos, teóricamente). Duns Escoto, por otra parte, sostiene que si las cosas son distintas, tienen que distinguirse por alguna diferencia cualitativa. Este criterio está claramente más próximo al platonismo que el de Santo Tomás.

Han de recorrerse varias etapas antes de que podamos exponer este problema en términos modernos. El primer paso, dado por Leibniz, consistió en prescindir de la distinción entre propiedades esenciales y accidentales que, como muchas que los escolásticos tomaron de Aristóteles, se convierten en irreales tan pronto intentamos exponerlas con precisión. Así tenemos, en lugar de la *esencia,* «todas las proposiciones que son verdaderas de la cosa en cuestión». (En general, la posición espacial y temporal habría que excluirlas). Leibniz discute que es imposible que dos cosas sean exactamente iguales en este sentido; éste es el principio de la «identidad de indiscernibles». Este principio fue criticado por los físicos, que mantenían que dos partículas de materia podían diferir únicamente en lo que se refiere a la posición en el espacio y en el tiempo —opinión más difícil por la relatividad, que reduce el espacio y el tiempo a relaciones.

Se requiere dar un paso más adelante para modernizar el problema, y consiste en prescindir del concepto de *sustancia.* Hecho esto, una *cosa* tiene que ser un manojo de cualidades, ya que no hay ningún núcleo de pura *cosidad.* Parecería inferirse de esto que, si se rechaza la *sustancia,* tenemos que adoptar un criterio más afín al de Escoto que al de Aquino. Esto, sin embargo, implica mucha dificultad en relación con espacio y tiempo. He tratado la cuestión, según la considero, con el título de «Nombres propios» en mi *Investigación del sentido y de la verdad.*

Guillermo de Occam es, después de Santo Tomás, el escolástico más importante. Las circunstancias de su vida son conocidas de un modo muy imperfecto. Probablemente nació entre 1290 y 1300; murió un 10 de abril, pero no se sabe con certeza si en 1349 o en 1350. (La peste negra hizo estragos en 1349, de modo que éste es quizá el año más probable). Muchos dicen que nació en Ockham, en Surrey, pero Delisle Burns se inclina por Ockham, en Yorkshire. Estuvo en Oxford y luego en París, donde fue primero discípulo y luego rival de Duns Escoto. Se vio envuelto en la querella de la Orden franciscana con el papa Juan XXII sobre la cuestión de la pobreza. El Papa había perseguido a los espirituales, con el apoyo de Miguel de Cesena, general de la orden. Pero hubo un arreglo por el cual la propiedad abandonada a los frailes la entregaban al Papa, quien les permitía disfrute de la misma sin el pecado de posesión. Esto terminó con Juan XXII, quien dijo que debían aceptar la posesión sin reservas. Contra esto se rebeló la mayoría de la orden, encabezada por Miguel de Cesena. Occam fue citado por el Papa en Aviñón para responder de acusaciones de herejía respecto a la transubstanciación, se puso de parte de Miguel de Cesena, lo mismo que otro hombre importante: Marsilio de Padua. Los tres fueron excomulgados en 1328, pero escaparon de Aviñón y se refugiaron junto al emperador Luis. Luis era uno de los dos aspirantes al Imperio; favorito de Alemania, mientras al otro lo apoyaba el Papa. Éste excomulgó a Luis, que apeló contra él al concilio general. El mismo Papa fue acusado de herejía. Se dice que Occam, al ver al emperador, le dijo: «Defendedme con la espada y yo os defenderé con la pluma». De todos modos, él y Marsilio de Padua se establecieron en Munich bajo la protección del emperador, y escribieron allí tratados políticos de importancia considerable. No se sabe de cierto lo que le ocurrió a Occam después de la muerte del emperador en 1338. Algunos dicen que se había reconciliado con la Iglesia, mas parece que esto es falso.

El Imperio no era ya lo que había sido en la época de los Hohenstaufen; y el Papado, aunque sus pretensiones habían sido cada vez mayores, no exigía la misma reverencia que antaño. Bonifacio VIII lo había trasladado a Aviñón a principios del siglo XIV, y el Papa se había convertido en un subordinado político del rey de Francia. El Imperio había caído aún más; ya no podía aspirar ni a la menor sombra de dominio universal, debido a la fuerza de Francia e Inglaterra; por otra parte, el Papa, por su subordinación al rey de Francia, había limitado también su aspiración a la universalidad en las cuestiones temporales. De esta suerte, el conflicto entre Papa y emperador era realmente un conflicto entre Francia y Alemania. Inglaterra, bajo Eduardo III, estaba en guerra con Francia y, por consiguiente, aliada con Alemania; esto hizo que también Inglaterra fuera antipapal. Los enemigos del Papa pedían un concilio general: la única autoridad eclesiástica que podía ser considerada superior al Papa.

El carácter de la oposición al Papa cambió en esta época. En vez de ser meramente favorable al emperador, adquirió un tono democrático, particularmente en materias del gobierno de la Iglesia. Esto le dio una nueva fuerza, que finalmente condujo a la Reforma.

Dante (1265-1321), aunque como poeta era un gran innovador, como pensador, fue algo a la zaga respecto a su época. Su libro *De Monarchia* es algo gibelino en sus objetivos, y hubiera sido más oportuno cien años antes. Considera al emperador y al Papa independientes y ambos designados por Dios. En la *Divina comedia,* su Satán tiene tres bocas, con las que eternamente mastica a Judas Iscariote, a Bruto y a Casio, que son los tres igualmente traidores: el primero contra Cristo y los otros dos contra César. El pensamiento de Dante es de interés, no sólo en sí mismo, sino como laico; pero no influyó y fue muy extemporáneo.

Marsilio de Padua (1270-1342), por el contrario, inició la nueva forma de oposición al Papa, en la que el emperador tiene principalmente un papel de dignidad decorativa. Fue íntimo amigo de Guillermo de Occam, en cuyas opiniones políticas influyó. Políticamente es más importante que Occam. Sostiene que el legislador es la mayoría del pueblo y que la mayoría tiene el derecho de castigar a los príncipes. Aplica también a la Iglesia la soberanía popular e incluye a los seglares. Debe haber concilios locales del pueblo, incluyendo a los seglares, que han de elegir representantes para los concilios generales. Sólo el concilio general debía tener poder para excomulgar y para interpretar autorizadamente la Escritura. De ese modo, todos los creyentes tendrán voz en la decisión de la doctrina. La Iglesia no ha de tener ninguna autoridad secular, no debe haber excomunión sin el consentimiento civil, y el Papa no debe tener poderes especiales.

Occam no fue tan lejos como Marsilio, pero elaboró un método totalmente democrático para elegir el concilio general.

El movimiento conciliar llegó a un punto culminante en los comienzos del siglo XV, cuando fue necesario para remediar el Gran Cisma. Pero cumplida su tarea, se apaciguó. Su punto de vista, como puede verse ya en Marsilio, era diferente del adoptado posteriormente, en teoría, por los protestantes. Éstos defendían el derecho al juicio individual y no estaban dispuestos a someterse a un concilio general. Sostenían que la creencia religiosa no es cuestión a decidir por ninguna organización gubernativa. Marsilio, por el contrario, se propone todavía preservar la unidad de la fe católica, pero desea que esto se haga por medios democráticos, no mediante el absolutismo papal. En la práctica, muchos protestantes, cuando se apoderaron del gobierno, se limitaron simplemente a sustituir al Papa por el rey, y de este modo ni aseguraron la libertad del juicio individual ni un método democrático para decidir las cuestiones doctrinales. Pero en su oposición al Papa, encontraron apoyo en las doctrinas del movimiento conciliar. De todos los escolásticos, Occam fue el preferido por Lutero. Debe decirse que un considerable sector de los protestantes sostuvo la doctrina del juicio individual, incluso cuando el Estado era protestante. Éste fue el principal punto de diferencia entre independientes y presbiterianos en la guerra civil inglesa.

Las obras políticas[33] de Occam están escritas en forma de disputas filosóficas, con argumentos en pro y en contra de las diversas tesis, sin llegar a veces a ninguna conclusión. Estamos acostumbrados a un tipo más directo de propaganda política, pero en su época la forma que eligió probablemente era eficaz.

Unos cuantos ejemplos ilustrarán su método y propósito. Hay un largo tratado titulado *Ocho cuestiones referentes al Poder del Papa.* La primera cuestión es si un hombre puede justamente ser la máxima autoridad en la Iglesia y en el Estado. La segunda: ¿La autoridad secular procede inmediatamente de Dios o no? La ter-

---

[33] Véase *Guillelmi de Ockham Opera Politica,* Manchester University Press, 1940.

cera: ¿Tiene el Papa derecho a conceder jurisdicción secular al emperador y a otros príncipes? Cuarta: ¿Da la elección por los electores plenos poderes al rey de Alemania? Quinta y sexta: ¿Qué derechos adquiere la Iglesia mediante el derecho de los obispos de ungir reyes? Séptima: ¿Es válida una ceremonia de coronación si la lleva a cabo un arzobispo no idóneo? Octava: ¿Da la elección por los electores el título de emperador al rey de Alemania? Todas éstas eran, en la época, cuestiones palpitantes de política práctica.

Otro tratado se refiere a la cuestión de si un príncipe puede obtener los bienes de la Iglesia sin el permiso del Papa. Esto tiende a justificar a Eduardo III por los tributos al clero para su guerra con Francia. Se recordará que Eduardo era aliado del emperador.

Luego viene una *Consulta sobre una causa matrimonial,* respecto a la cuestión de si estaba justificado que el emperador se casase con su prima.

Se verá que Occam hacía todo lo que podía para merecer la protección de la espada del emperador.

Es hora ya de volver a las doctrinas puramente filosóficas de Occam. Sobre este tema hay un libro muy bueno: *La lógica de Guillermo de Occam,* de Ernest E. Moody. Mucho de lo que tendré que decir se basa en ese libro, que adopta una posición algo inusitada, a mi juicio correcta. Hay una tendencia en los que escriben sobre historia de la filosofía a interpretar a los hombres a la luz de sus sucesores, pero esto es, generalmente, erróneo. Occam ha sido considerado como el causante de la quiebra del escolasticismo, precursor de Descartes o Kant, o del favorito, entre los filósofos modernos, del comentador de que se trate. Según Moody, con el que estoy de acuerdo, todo esto es equivocado. Occam —sostiene Moody— se propuso principalmente restaurar un Aristóteles puro, liberado de influencias agustinianas y arábigas. Éste había sido también, en grado considerable, el objetivo de Santo Tomás, pero los franciscanos, como hemos visto, siguieron siempre a San Agustín mucho más estrictamente que él.

La interpretación de Occam por los historiadores modernos, según Moody, está viciada por el deseo de encontrar una transición *gradual* de la escolástica a la filosofía moderna, lo que ha sido la causa de que la gente lea en él doctrinas modernas, cuando, en realidad, sólo está interpretando a Aristóteles.

Occam es mejor conocido por una máxima que no se encuentra en sus obras, pero que ha adquirido el nombre de «navaja de Occam». Esta máxima dice: «Los entes no deben multiplicarse sin necesidad». Aunque él no dijo esto, dijo algo que tiene casi el mismo efecto, es decir: «Es vano hacer con más lo que puede hacerse con menos». Es decir, si en alguna ciencia todo puede ser interpretado sin dar por supuesto este o aquel ente hipotético, no hay razón para suponerlo. Yo mismo he encontrado este principio muy fecundo en el análisis lógico.

En lógica, aunque aparentemente no en metafísica, Occam fue nominalista; los nominalistas del siglo XV [34] lo consideraban como el fundador de su escuela. Él opinaba que Aristóteles había sido mal interpretado por los escotistas y que esta mala interpretación fue debida, en parte, a la influencia de Agustín, en otra a Avicena, pero en alguna medida a una causa anterior, al tratado de Porfirio sobre las *Categorías* de Aristóteles. Porfirio suscitó en su tratado tres cuestiones: 1) ¿Son el género y la especie sustancias? 2) ¿Son corpóreas o incorpóreas? 3) Si lo último, ¿están en cosas sensibles o separadas de ellas? Él suscitó estas cuestiones como pertinentes a las *Categorías* de Aristóteles, y de este modo indujo a la Edad Media a interpretar el *Organon* demasiado metafísicamente. Aquino había intentado deshacer este error, pero lo había introducido de nuevo Duns Escoto. El resultado había sido que la lógica y la teoría del conocimiento se habían hecho dependientes de la metafísica y de la teología. Occam se dedicó a la tarea de separarlas de nuevo.

Para Occam la lógica es un instrumento para la filosofía de la naturaleza, que puede ser independiente de la metafísica. La lógica es el análisis de la ciencia discursiva; la ciencia se refiere a cosas, pero la lógica no. Las cosas son individuales, pero entre los términos los hay universales; la lógica trata de universales, mientras que la ciencia los emplea sin analizarlos. La lógica se ocupa de términos o conceptos, no como estados físicos, sino

---

[34] Verbigracia, Swineshead, Heytesbury, Gerson y D'Ailly.

como algo que tiene significado. «El hombre es una especie», no es una proposición de lógica, porque requiere un conocimiento del hombre. La lógica se ocupa de cosas fabricadas por la mente dentro de sí misma, que no pueden existir, salvo por medio de la existencia de la razón. Un concepto es un signo *natural;* una palabra es un signo *convencional.* Debemos distinguir cuando estamos hablando de la palabra como una cosa y cuando la estamos usando como algo que tiene un significado; de otro modo podemos caer en sofismas tales como: «El hombre es una especie; Sócrates es un hombre; por consiguiente, Sócrates es una especie».

Los términos que indican cosas se llaman «términos de primera intención»; los términos que indican términos se llaman «términos de segunda intención». En la ciencia los términos son de primera intención; en la lógica, de segunda. Los términos *metafísicos* son peculiares en cuanto significan a la vez cosas significativas por palabras de primera intención y cosas significadas por palabras de segunda intención. Hay exactamente seis términos metafísicos: ser, cosa, algo, uno, verdadero, bueno [35]. Estos términos tienen la peculiaridad de que todos pueden ser predicados unos de otros. Pero la lógica puede ejercerse independientemente de ellos.

El entendimiento es de cosas, no de formas creadas por la mente; éstas no son *lo* entendido, sino aquello *por* lo que las cosas son entendidas. Los universales, en lógica, son solamente términos o conceptos predicables de muchos otros términos o conceptos. *Universal, género, especie,* son términos de segunda intención y, por consiguiente, no pueden significar *cosas.* Pero puesto que *uno* y *ser* son convertibles, si un universal existiera, éste sería uno, y una cosa individual. Un universal es meramente un signo de muchas cosas. En cuanto a esto, Occam coincide con Aquino, así como está en contra de Averroes, Avicena y los agustinianos. Ambos sostenían que hay sólo cosas individuales, mentes individuales y actos de entendimiento. Tanto Aquino como Occam, es cierto, admiten el *universale ante rem,* pero solamente para explicar la creación; esto tenía que estar en la mente de Dios

[35] No me detengo aquí a criticar el empleo que Occam hizo de estos términos.

antes de que pudiera crear. Pero esto pertenece a la teología, no a la explicación del conocimiento *humano,* que sólo se ocupa de *universale post rem.* Al explicar el conocimiento humano, Occam nunca permite a los universales ser *cosas.* Sócrates es semejante a Platón, dice, pero no en virtud de una tercera *cosa* llamada semejanza. Semejanza es un término de segunda intención y está en la mente. (Todo esto está bien).

Las proposiciones acerca de futuros contingentes, según Occam, no son ni verdaderas ni falsas. Él no hace ningún intento para reconciliar esta opinión con la omnisciencia divina. Aquí, como en otras partes, mantiene la lógica separada de la metafísica y de la teología.

Algunos ejemplos de las discusiones de Occam pueden ser útiles. Él pregunta: «Si lo conocido por el entendimiento primario, de acuerdo con una primacía de generación, es lo individual».

Contra: «El universal es el objeto primario y propio del entendimiento».

Pro: «El objeto del sentido y el objeto del entendimiento son el mismo, pero el individuo es el objeto primario del sentido».

En vista de ello, el sentido de la pregunta tiene que ser aclarado. (Presumiblemente, porque ambos argumentos parecen fuertes).

Y continúa: «La cosa exterior al alma, que no es un signo, es entendida primero por tal conocimiento (es decir, por el conocimiento individual); por consiguiente, el individuo es conocido primero, puesto que todo lo exterior al alma es individual».

Prosigue para decir que el conocimiento abstracto presupone siempre un conocimiento *intuitivo* (es decir, de percepción) y éste es producido por cosas individuales.

Luego enumera cuatro dudas que pueden surgir y procede a resolverlas. Concluye con una respuesta afirmativa a su pregunta original, pero añade que «el universal es el primer objeto por primacía de adecuación, no por primacía de generación».

La cuestión implicada es si, o hasta dónde, la percepción es la fuente del conocimiento. Se recordará que Platón, en el *Teetetes,* rechaza la definición del conocimiento como percepción. Occam, casi con seguridad, no conocía el *Teetetes,* pero si lo hubiera conocido hubiera estado en desacuerdo con él.

A la cuestión de «si el alma sensitiva y el alma intelectiva son realmente distintas en el hombre», responde que lo son, aunque es difícil probarlo. Uno de sus argumentos es que nosotros podemos desear con nuestros apetitos lo que rechacemos con nuestro entendimiento; con todo, apetito y entendimiento pertenecen a objetos diferentes. Otro argumento es que las sensaciones están subjetivamente en el alma sensitiva, pero no subjetivamente en el alma intelectiva. Asimismo: el alma sensitiva es extensa y material, mientras que la intelectiva no lo es. Cuatro objeciones considera todas las teológicas [36], pero les da respuesta. La posición adoptada por Occam en esta cuestión no es, quizá, la que podía esperarse. No obstante, coincide con Santo Tomás y difiere de Averroes al pensar que el intelecto de cada hombre es suyo propio, no algo impersonal.

Al insistir en la posibilidad de estudiar la lógica y el conocimiento humano sin referencia a la metafísica y a la teología, la obra de Occam estimuló la investigación científica. Los agustinianos, decía, erraron al suponer primero las cosas ininteligibles y a los hombres ininteligentes, y añadiendo luego una luz del Infinito por medio de la cual se hacía posible el conocimiento. Coincidió en esto con Aquino, pero difirió en cuanto al acento, pues Aquino era primordialmente un teólogo y Occam era, en lo que se refiere a la lógica, primordialmente un filósofo secular.

Su actitud dio confianza a los estudiosos de los problemas particulares, por ejemplo, su inmediato seguidor Nicolás de Oresme (m. 1382), que investigó la teoría planetaria. Este hombre fue, hasta cierto punto, un precursor de Copérnico; expuso las teorías geocéntrica y heliocéntrica, y dijo que cada una de ellas explicaría todos los hechos conocidos en su tiempo, de suerte que no hubo modo de decidirse entre ellas.

Después de Guillermo de Occam no hay ya más grandes escolásticos. La época siguiente para los grandes filósofos comenzó en la última etapa del Renacimiento.

---

[36] Por ejemplo, entre el Viernes Santo y la Pascua, el alma de Cristo descendió a los infiernos, mientras que su cuerpo permaneció en la tumba de José de Arimatea. Si el alma sensitiva es distinta de la intelectiva, ¿pasó este tiempo el alma sensitiva de Jesús en los infiernos o en la tumba?

CAPÍTULO XV

EL ECLIPSE DEL PAPADO

El siglo XIII había llevado a cabo una gran síntesis filosófica, teológica, política y social, elaborada lentamente por la combinación de muchos elementos. El primer elemento fue la filosofía griega pura, especialmente las filosofías de Pitágoras, Parménides, Platón y Aristóteles. Luego vino, como resultado de las conquistas de Alejandro, gran afluencia de creencias orientales[37]. Éstas, valiéndose del orfismo y de los misterios, transformaron la perspectiva del mundo de habla griega y, finalmente, del mundo de habla latina también. El dios muerto y resucitado, la comida sacramental de lo que representaba la carne del dios, el segundo nacimiento a una nueva vida por medio de una ceremonia análoga al bautismo, vino a formar parte de la teología de amplios sectores del mundo romano pagano. Con estas cosas se hallaba asociada una ética de liberación de la esclavitud de la carne, que era, al menos teóricamente, ascética. De Siria, Egipto, Babilonia y Persia vino la institución de un sacerdocio separado de la población laica, dotado de poderes más o menos mágicos y capaz de ejercer considerable influencia política. Ritos impresionantes, relacionados en gran parte con la creencia en una vida después de la muerte, vinieron de las mismas fuentes. De Persia, en particular, vino un dualismo que consideraba el mundo como campo de batalla de dos grandes huestes: una, que era el bien, conducida

[37] Véase Cumont, *Oriental Religions in Roman paganism.*

por Ahura-Mazda; la otra, que era el mal, dirigida por Ahriman. La magia *negra* era el tipo de lo realizado con la ayuda de Ahriman y sus seguidores en el mundo de los espíritus. Satán es una derivación de Ahriman.

Este influjo de ideas y prácticas bárbaras fue sintetizado con ciertos elementos helénicos en la filosofía neoplatónica. En el orfismo, el pitagorismo y algunos fragmentos de Platón, los griegos habían desarrollado puntos de vista fáciles de combinar con los de Oriente, quizá porque habían sido copiados de éste en tiempos mucho más remotos. Con Plotino y Porfirio termina el desarrollo de la filosofía pagana.

El pensamiento de estos hombres, aunque profundamente religioso, no era capaz, sin embargo, sin mucha transformación, de inspirar una religión popular victoriosa. Su filosofía era difícil y no podía ser entendida generalmente; su método de salvación era demasiado intelectual para las masas. Su conservadurismo los llevó a mantener la religión tradicional de Grecia que, no obstante, tenían que interpretar alegóricamente con el fin de suavizar sus elementos inmortales y reconciliarla con su monoteísmo filosófico. La religión griega había decaído, al ser incapaz de competir con los ritos y teologías orientales. Los oráculos habían enmudecido y el sacerdocio no había constituido nunca una poderosa casta distinta. El intento de reavivar la religión griega tuvo, por consiguiente, un carácter arcaizante que le dio cierta debilidad y pedantería, fácil de observar, particularmente en el emperador Juliano. Ya en el siglo III podía haberse previsto que alguna religión asiática conquistaría el mundo romano, aunque al mismo tiempo había aún varios competidores que parecían tener todos una posibilidad de victoria.

El cristianismo combinó fuertes elementos de diversas fuentes. De los judíos aceptó un Libro Sagrado y la doctrina de que todas las religiones, salvo una, son falsas y malas; pero evitó el exclusivismo racial de los judíos y los inconvenientes de la ley mosaica. El judaísmo postrero había aprendido ya a creer en la vida después de la muerte, pero los cristianos dieron una nueva precisión al Cielo y al infierno y a los modos de alcanzar el uno y de librarse del otro. La Pascua de Resurrección combinó la Pascua judía con celebraciones paganas del dios resucitado. El dualismo persa fue absorbido, pero con una certeza más firme de la omnipotencia última del principio del bien y con la añadidura de que los dioses paganos eran seguidores de Satán. Al principio los cristianos no estaban en pie de igualdad con sus adversarios en filosofía o en liturgia, mas gradualmente estas deficiencias fueron compensadas. Al principio, la filosofía había progresado más entre los gnósticos semicristianos que entre los ortodoxos, pero a partir de la época de Orígenes los cristianos desarrollaron una filosofía adecuada por medio de una modificación del neoplatonismo. La liturgia entre los primeros cristianos es una cuestión algo oscura, si bien, en todo caso, en la época de San Ambrosio había logrado ya ser extremadamente impresionante. El Poder y la separación del sacerdocio fueron tomados del Oriente, pero de modo gradual se fortalecieron con métodos de gobierno, dentro de la Iglesia, que debían mucho a la práctica del Imperio romano. El Viejo Testamento, las religiones de misterios, la filosofía griega y los métodos administrativos romanos fueron combinados todos en la Iglesia católica, y lo hicieron para darle una fuerza que ninguna organización social anterior había igualado.

La Iglesia occidental, como la antigua Roma, aunque más lentamente, evolucionó de república en monarquía. Hemos visto las etapas del crecimiento del Poder papal, desde Gregorio el Grande, pasando por Nicolás I, Gregorio VII e Inocencio III, hasta la derrota final de los Hohenstaufen en las guerras de güelfos y gibelinos. Al mismo tiempo, la filosofía cristiana, que hasta aquí había sido agustiniana y, por lo tanto, platónica, en gran parte, se enriqueció con nuevos elementos, debido al contacto con Constantinopla y los mahometanos. Aristóteles, durante el siglo XIII, llegó a ser conocido por completo en el Occidente y, por la influencia de Alberto Magno y Tomás de Aquino, se estableció en las mentes de los doctos como la autoridad suprema después de la Escritura y de la Iglesia. Hasta la época actual ha conservado esta posición entre los filósofos católicos. No puedo menos de pensar que la sustitución de Platón y de San Agustín por Aristóteles fue un error desde el punto de vista cristiano. El temperamento de Platón era más religioso que el de Aristóteles y la teología cristiana había sido adaptada, casi desde el principio, al platonismo. Platón había enseñado que el conocimiento no es percepción, sino una especie de visión reminiscente; Aristóteles era mucho más empírico. Santo Tomás, por poco que se lo propusiera, preparó el camino para el retorno desde el sueño platónico a la observación científica.

Los acontecimientos exteriores tuvieron que ver mucho más que la filosofía con la desintegración de la síntesis católica que empezó en el siglo XIV. El Imperio bizantino fue conquistado por los latinos en 1204 y permaneció en sus manos hasta 1261. Durante ese tiempo, la religión de su Gobierno fue católica, no griega. Después de 1261, Constantinopla se perdió para el Papa y no se recuperó nunca, a pesar de la unión nominal de Ferrara, en 1438. La derrota del Imperio occidental en su lucha con el Papado resultó inútil para la Iglesia, a causa de la aparición de monarquías nacionales en Francia e Inglaterra; durante la mayor parte del siglo XIV el Papa fue, políticamente, un instrumento en manos del rey de Francia. Más importante que estas causas resultó el advenimiento de una rica clase comercial y el aumento del saber en los seglares. Ambas cosas empezaron en Italia y tomaron mayor auge en ese país que en otras partes del Occidente hasta mediados del siglo XVI. Las ciudades italianas del Norte eran más ricas en el siglo XIV que las ciudades del Sur, y los seglares doctos, especialmente en derecho y medicina, iban siendo cada día más numerosos. Las ciudades tenían un espíritu de independencia, las cuales, puesto que el emperador no era ya una amenaza, podían volverse contra el Papa. Pero los mismos movimientos, aunque en grado menor, existían en otras partes. Flandes prosperó, lo mismo que las ciudades hanseáticas. En Inglaterra el comercio de la lana era una fuente de riqueza. Era una época en la que las tendencias, que pueden llamarse, de un modo amplio, democráticas, eran muy fuertes, y las tendencias nacionalistas eran más fuertes aún. El Papado, que se había vuelto muy mundano, aparecía, en gran medida, como un agente de tributos que obtenía grandes ingresos, los cuales, la mayoría de los países deseaban retener para sí. Los papas ya no tenían o merecían la autoridad moral que les había dado fuerza. San Francisco pudo actuar en armonía con Inocencio III y Gregorio IX, pero los hombres más serios del siglo XIV se vieron arrastrados a conflictos con el Papado.

Sin embargo, a principios del siglo, estas causas de decadencia del Papado no eran todavía evidentes. Bonifacio VIII, en la bula *Unam Sanctam* extremó más sus exigencias que ningún Papa anterior. Instituyó, en 1300, el año del Jubileo, en que se concedía indulgencia plenaria a todos los católicos que visitaran Roma y realizaran ciertas ceremonias mientras estuvieran allí. Esto reportó inmensas sumas de dinero a las arcas de la curia y a los bolsillos del pueblo romano. Debía haber un Jubileo cada cien años, pero los beneficios eran tan grandes que se redujo el plazo a cincuenta años y luego a veinticinco, período que sigue hasta ahora. El primer Jubileo de 1300 presentó al Papa en la cima de su éxito, y puede ser considerado propiamente como la fecha en que comienza la decadencia.

Bonifacio VIII era italiano, nacido en Anagni. Estuvo confinado en la Torre de Londres, cuando se hallaba en Inglaterra, en nombre del Papa, por apoyar a Enrique III contra los barones rebeldes, pero fue rescatado en 1267 por el hijo del rey, luego Eduardo I. En su tiempo había ya en la Iglesia un poderoso partido francés, y su elección fue combatida por los cardenales franceses. Tuvo un violento conflicto con el rey francés Felipe IV, sobre la cuestión de si el rey tenía derecho a imponer cargas al clero francés. Bonifacio era inclinado al nepotismo y a la avaricia, en consecuencia, deseaba conservar el dominio sobre todas las fuentes de ingresos que le fuera posible. Fue acusado de herejía, probablemente con justicia; parece que era averroísta y no creía en la inmortalidad. Su pugna con el rey de Francia adquirió tal acritud que el rey envió fuerzas para arrestarle, con vistas a que le depusiera un concilio general. Fue apresado en Anagni, pero escapó a Roma, donde murió. Después de esto, durante largo tiempo, ningún Papa se aventuró a oponerse al rey de Francia.

Después de un interregno muy breve, los cardenales eligieron, en 1305, al arzobispo de Burdeos, que tomó el nombre de Clemente V. Era gascón y, por consiguiente, representaba en la Iglesia el partido francés. Durante su pontificado no fue nunca a Italia. Fue coronado en Lyón y en 1309 se estableció en Aviñón, donde los papas permanecieron durante unos setenta años. Clemente V demostró su alianza con el rey de Francia por su acción conjunta contra los templarios. Ambos necesitaban dinero; el Papa por su inclinación al favoritismo y al nepotismo; Felipe, por la guerra inglesa, la revuelta flamenca y los gastos de un Gobierno cada vez más enérgico. Después de haber saqueado a los banqueros de Lombardía y perseguido a los judíos hasta el límite de «lo que el tráfico permitía», se le ocurrió que los templarios, además de ser banqueros, tenían inmensas posesiones territoriales en Francia que, con la ayuda del Papa, podía adquirir. Se tramó, por consiguiente, que la Iglesia debía averiguar que los templarios habían caído en herejía y que el rey y el Papa debían repartirse los despojos. En un día determinado de 1307, todos los principales templarios de Francia fueron detenidos; una lista de importantes preguntas, previamente redactadas, se les entregó a todos ellos; sometidos a tortura, confesaron que habían dado culto a Satán y cometido otras varias abominaciones; por último, en 1313, el Papa suprimió la orden y todas sus propiedades fueron confiscadas. El mejor relato de este proceso se halla en la *History of the Inquisition,* de Henry C. Lea donde, después de una completa investigación, se concluye que los cargos imputados a los templarios carecían totalmente de fundamento.

En el caso de los templarios, los intereses financieros del Papa y del rey coincidían. Pero las más de las veces, en la mayor parte de los países cristianos, pugnaban. En la época de Bonifacio VIII, Felipe IV se había asegurado el apoyo de los estamentos (incluso el estamento eclesiástico) en sus disputas con el Papa relativas a los tributos. Cuando los papas se subordinaron políticamente a Francia, los soberanos hostiles al rey francés eran necesariamente hostiles al Papa. Esto condujo a la protección de Guillermo de Occam y de Marsilio de Padua por el emperador; en época algo posterior, motivó la protección de Wiclef por Juan de Gante.

Los obispos, en general, se hallaban en esta época completamente sometidos al Papa; en una proporción creciente, eran de hecho designados por él. Las órdenes monásticas y los dominicos eran igualmente obedientes, pero los franciscanos tenían aún cierto espíritu de independencia. Esto provocó el conflicto con Juan XXII, que ya hemos examinado, en relación con Guillermo de Occam. Durante ese conflicto Marsilio persuadió al emperador a que marchase sobre Roma, donde le fue conferida la corona imperial por el populacho y se eligió un antipapa franciscano sólo después que declaró depuesto a Juan XXII. Sin embargo, de todo esto sólo resultó una disminución general del respeto al Papado.

La rebelión contra la dominación papal tomó diferentes formas en los distintos sitios. A veces estaba asociada al nacionalismo monárquico, a veces a un horror puritano contra la corrupción y mundanidad de la corte papal. En la misma Roma la rebelión estuvo asociada a una democracia arcaica. Bajo Clemente VI (1342-1352), Roma, durante cierto tiempo, trató de liberarse del Papa absentista, bajo el caudillaje de un hombre notable, Cola di Rienzi. Roma sufría no sólo por el gobierno de los papas, sino también por la aristocracia local, que continuaba las turbulencias que habían degradado al Papado en el siglo X. En realidad, fue en parte para escapar de los desaforados nobles romanos por lo que los papas se habían marchado a Aviñón. Al principio, Rienzi, hijo de un tabernero, se rebeló solo contra los nobles, y en esto tuvo el apoyo del Papa. Despertó tanto entusiasmo popular que los nobles huyeron (1347). Petrarca, que le admiraba y escribió una oda en su honor, le instó a que continuara su grande y noble obra. Rienzi tomó el título de tribuno y proclamó la soberanía del pueblo romano sobre el Imperio. Parece haber concebido esta soberanía democráticamente, pues llamó a representantes de las ciudades italianas a una especie de Parlamento. Sin embargo, el éxito le produjo delirios de grandeza. En esta época, como en muchas otras, había aspirantes rivales al Imperio. Rienzi conminó a los Electores a presentarse ante él, para decidir la cuestión, lo que, naturalmente, volvió a ambos candidatos contra él, y también al Papa, quien consideraba que le correspondía fallar en tales asuntos. Rienzi fue capturado por el Papa (1352) y mantenido en prisión durante dos años, hasta que murió Clemente VI. Entonces fue liberado y volvió a Roma, donde de nuevo tomó el Poder durante unos meses. En esta segunda ocasión, sin embargo, su popularidad fue breve, y al final lo asesinaron las turbas. Byron, lo mismo que Petrarca, compuso un poema en su honor.

Era evidente que, si el Papado había de conservar efectivamente la dirección de toda la Iglesia católica, tenía que desembarazarse de la dependencia de Francia, volviendo a Roma. Además, la guerra anglofrancesa, en la que Francia estaba sufriendo graves derrotas, hacía Francia insegura. En vista de ello, Urbano V marchó a Roma en 1367; pero la política italiana era demasiado complicada para él, y volvió a Aviñón muy poco antes de su muerte. El Papa siguiente, Gregorio XI, era más resuelto. La hostilidad a la curia francesa había hecho a muchas ciudades italianas, especialmente a Florencia, encarnizadamente antipapales, pero volviendo a Roma y oponiéndose a los cardenales franceses, Gregorio XI hizo todo lo que estaba en su mano para salvar la situación. A su muerte, sin embargo, los partidos francés y romano del Sacro Colegio se mostraron irreconciliables. De acuerdo con los deseos del grupo romano, un italiano, Bartolomeo Prignano, fue elegido, y tomó el nombre de Urbano VI. Pero un grupo de cardenales declaró su elección anticanónica y procedió a elegir a Roberto de Génova, que pertenecía al partido francés. Tomó el nombre de Clemente VII y vivió en Aviñón.

Así comienza el Gran Cisma, que duró unos cuarenta años. Francia, naturalmente, reconoció al Papa de Aviñón, y los enemigos de Francia reconocieron al Papa romano. Escocia era enemiga de Inglaterra, y ésta, de Francia; por consiguiente, Escocia reconoció al Papa de Aviñón. Cada Papa eligió cardenales entre sus propios partidarios, y cuando uno de ellos moría, sus cardenales elegían rápidamente otro. De esta suerte, no había modo de poner remedio al cisma, excepto haciendo intervenir a un Poder superior a ambos Papas. Estaba claro que uno de ellos tenía que ser legítimo. Por consiguiente, había que hallar un Poder superior a un Papa *legítimo.* La única solución estaba en un concilio ecuménico. La Universidad de París, dirigida por Gerson, desarrolló una nueva teoría, dando poderes de iniciativa a un concilio. Los soberanos seculares, para quienes el cisma era molesto, prestaron su apoyo. Por último, en 1409, fue convocado un concilio, que se reunió en Pisa. Éste fracasó, sin embargo, de modo ridículo. Declaró depuestos a ambos Papas por herejía y cisma, y eligió un tercero, que murió en seguida. Mas sus cardenales eligieron como sucesor a un ex pirata llamado Baltasar Cossa, que tomó el nombre de Juan XXIII. De esta suerte, había tres papas en vez de dos, y el Papa del concilio era un rufián notorio. En este estado, la situación parecía más desesperada que nunca.

Pero los defensores del movimiento conciliar no cedieron. En 1414 se convocó en Constanza un nuevo concilio, que emprendió una acción enérgica. Decretó, primeramente, que los papas no podían disolver concilios y que tenían que someterse a ellos en ciertos aspectos; decidió también que los futuros papas debían convocar un concilio ecuménico cada siete años. Depuso a Juan XXIII e instó al Papa romano a dimitir. El Papa de Aviñón renunció a reinar y, después de su muerte, el rey de Aragón hizo que fuese elegido un sucesor del mismo. Pero Francia, en este tiempo a merced de Inglaterra, se negó a reconocerle, y el partido de aquél fue perdiendo importancia y, por último, dejó de existir. De esta suerte, no hubo al final oposición al Papa elegido por el concilio, que, designado en 1417, tomó el nombre de Martín V.

Esta obra fue digna de encomio, pero el trato dado a Huss, el discípulo bohemio de Wiclef, no lo fue. Aquél fue llevado a Constanza con la promesa de un salvoconducto, pero cuando estuvo allí se le condenó y murió en la hoguera. Wiclef había muerto de modo natural, pero el concilio ordenó que sus huesos fueran desenterrados y quemados. Los defensores del movimiento conciliar tenían la preocupación de librarse de toda sospecha de heterodoxia.

El Concilio de Constanza había puesto remedio al cisma, pero había deseado hacer mucho más y sustituir el absolutismo papal por una monarquía constitucional. Martín V había hecho muchas promesas antes de su elección; unas las mantuvo, otras, no. Había dado su asentimiento al decreto de que debía convocarse un concilio cada siete años, y cumplió su promesa. Disuelto el Concilio de Constanza en 1417, uno nuevo, que resultó sin importancia, fue convocado en 1424; luego se convocó otro en 1431, que se reunió en Basilea. Martín V murió precisamente en este momento, y su sucesor, Eugenio IV, durante su pontificado tuvo que luchar encarnizadamente con los reformadores que dominaban el concilio. El Papa lo disolvió, pero aquél se negó a considerarse disuelto; en 1433 cedió durante un tiempo, pero en 1437 lo disolvió de nuevo. A pesar de todo, continuó reunido hasta 1448; en ese momento era evidente para todos que el Papa había logrado un triunfo completo. En 1439 el concilio se había enajenado la simpatía al declarar depuesto al Papa y elegir un antipapa (el último de la Historia) que, no obstante, renunció casi inmediatamente. En el mismo año, Eugenio IV ganó prestigio al reunir un concilio en Ferrara, donde la Iglesia griega, con un miedo terrible a los turcos, se sometió nominalmente a Roma. El Papado resurgió así triunfante políticamente, pero su fuerza para inspirar reverencia moral había disminuido muchísimo.

Wiclef (hacia 1320-1384) ilustra, con su vida y doctrina, la disminuida autoridad del Papado en el siglo XIV. A diferencia de los primeros escolásticos, era un clérigo secular, y no monje o fraile. Tenía una gran reputación en Oxford, donde obtuvo el doctorado en teología el año 1372. Un breve período fue *Master of Balliol.* Fue el último de los escolásticos importantes de Oxford. Como filósofo no era progresista; fue realista y más platónico que aristotélico. Sostenía que los decretos de Dios no son arbitrarios, como algunos afirmaban; el mundo real no es uno entre los mundos posibles, sino el único mundo posible, ya que Dios está obligado a elegir lo mejor. Todo esto no le hace interesante, ni parece haber sido lo que más le interesó, pues se retiró de Oxford para vivir la vida de un clérigo rural. Durante los diez últimos años de su vida fue párroco de Lutterworth, por designación de la Corona. Continuó, sin embargo, dando conferencias en Oxford.

Wiclef es notable por la extremada lentitud de su evolución. En 1372, cuando tenía cincuenta años o más, aún era ortodoxo; después de esa fecha es cuando se hace heterodoxo. Parece haber sido arrastrado a la herejía por la fuerza de sus sentimientos morales: su simpatía hacia los pobres y su horror a los eclesiásticos ricos y mundanos. Al principio, su ataque al Papado fue sólo político o moral, no doctrinal; gradualmente se vio arrastrado a una rebelión más amplia.

El apartamiento de Wiclef de la ortodoxia comenzó en 1376 con un curso de conferencias, en Oxford, «Sobre la potestad civil». Propuso la teoría de que sólo la rectitud da el título al Poder y a la propiedad; que el clero injusto no tiene tal título, y que la decisión sobre si un eclesiástico debe conservar su propiedad o no, debe tomarla el Poder civil. Enseñó, más adelante, que la propiedad es la consecuencia del pecado; Cristo y los Apóstoles no tuvieron propiedades, y el clero no debe tener ninguna. Estas doctrinas molestaron a todos los clérigos, excepto a los frailes. El Gobierno inglés, no obstante, las apoyó, pues el Papa obtenía enormes tributos de Inglaterra, y la doctrina de que el dinero no debía ser enviado de Inglaterra al Papa era una doctrina conveniente. Así ocurría en especial mientras el Papa estaba subordinado a Francia e Inglaterra estaba en guerra con Francia. Juan de Gante, que ocupó el Poder durante la minoridad de Ricardo II, apoyó a Wiclef en todo lo posible. Gregorio XI, por otra parte, condenó dieciocho tesis de las conferencias de Wiclef, alegando que habían sido sacadas de Marsilio de Padua. Wiclef fue llamado a comparecer ante un tribunal de obispos, pero la reina y el populacho le protegieron, al mismo tiempo que la Universidad de Oxford se negaba a admitir la jurisdicción del Papa sobre sus maestros. (Incluso en aquellos tiempos las universidades inglesas creían en la libertad académica).

Mientras tanto, Wiclef continuó, durante 1378 y 1379, escribiendo doctos tratados, sosteniendo que el rey es vicario de Dios y que los obispos están sujetos a él. Cuando surgió el Gran Cisma, fue más lejos que antes, acusando al Papa de anticristo y diciendo que la aceptación de la donación de Constantino había hecho apóstatas a todos los papas siguientes. Tradujo la Vulgata al inglés e instituyó «sacerdotes pobres», que eran seglares. (Con esta acción molestó, por último, a los frailes). Empleó los «sacerdotes pobres» como predicadores ambulantes, cuya misión estaba dedicada especialmente a los pobres. Por último, al atacar el Poder sacerdotal, se vio arrastrado a negar la transubstanciación, que calificó de engaño y necedad blasfema. En este punto, Juan de Gante le ordenó que se callara.

La rebelión de los campesinos de 1381, dirigida por Wat Tyler, hizo más difíciles las cosas para Wiclef. No hay pruebas de que la alentara de un modo activo, pero a diferencia de Lutero en circunstancias parecidas, se abstuvo de condenarla. John Ball, el sacerdote secularizado socialista, uno de los jefes, admiraba a Wiclef, lo que era desconcertante. Pero como había sido excomulgado en 1366, cuando Wiclef era todavía ortodoxo, tuvo que haber llegado a sus creencias de modo independiente. Las opiniones comunistas de Wiclef, aunque, sin duda, los «sacerdotes pobres» las habían divulgado, las expuso sólo en latín, de modo que, de primera mano, eran inaccesibles a los campesinos.

Es sorprendente que Wiclef no sufriera más de lo que sufrió por sus opiniones y actividades democráticas. La Universidad de Oxford le defendió todo lo posible contra los obispos. Cuando la Cámara de los Lores condenó a sus predicadores ambulantes, la de los Comunes se negó a asentir. Sin duda. las dificultades hubieran aumentado de haber vivido mucho tiempo, pero cuando murió, en 1384, aún no había sido condenado formalmente. Fue enterrado en Lutterworth, donde murió, y sus huesos reposaron en paz hasta que el Concilio de Constanza los hizo desenterrar y quemar.

Sus seguidores en Inglaterra, los lolardos, fueron severamente perseguidos y prácticamente aplastados. Pero, dado que la mujer de Ricardo II era de Bohemia, sus doctrinas fueron conocidas en ese país, donde Huss fue discípulo suyo; y en Bohemia, a pesar de la persecución, sobrevivieron hasta la Reforma. En Inglaterra, aunque subrepticiamente, la rebelión contra el Papado subsistió en las mentes y preparó el terreno al protestantismo.

Durante el siglo XV, otras diversas causas se unieron a la decadencia del Papado para producir un cambio muy rápido, tanto político como cultural. La pólvora fortaleció a los gobiernos centrales a expensas de la nobleza feudal. En Francia e Inglaterra, Luis XI y Eduardo IV se aliaron con la rica clase media, que les ayudó a sofocar la anarquía aristocrática. Italia, hasta los últimos años del siglo, estuvo completamente libre de los ejércitos del Norte y progresó rápidamente en riqueza y cultura. La nueva cultura era esencialmente pagana, admiraba a Grecia y Roma y despreciaba la Edad Media. La arquitectura y el estilo literario fueron adaptados a los modelos antiguos. Cuando Constantinopla, la última supervivencia de la Antigüedad, fue capturada por los turcos, los griegos que se refugiaron en Italia fueron acogidos con entusiasmo por los humanistas. Vasco da Gama y Colón ensancharon el mundo, y Copérnico dilató los cielos. La Donación de Constantino se rechazó como una fábula, y quedó sumergida entre la burla de los eruditos. Con la ayuda de los bizantinos Platón llegó a ser conocido, no sólo en las versiones neoplatónicas y agustinianas, sino de primera mano. Esta esfera sublunar no aparecía ya como un valle de lágrimas, como un lugar de peregrinación al otro mundo, sino como algo que daba oportunidad para los deleites paganos, la gloria, la belleza y la aventura. Los largos siglos de ascetismo fueron olvidados en una borrachera de arte, poesía y placer. Aun en Italia, es cierto, la Edad Media no murió sin lucha; Savonarola y Leonardo nacieron el mismo año. Pero en lo fundamental los viejos terrores cesaron de espantar y la nueva libertad del espíritu se consideró embriagadora. La embriaguez no podía durar, mas por el momento disipó el temor. En este momento de gozosa liberación nació el mundo moderno.

LIBRO TERCERO

LA FILOSOFÍA MODERNA

PARTE PRIMERA

DESDE EL RENACIMIENTO HASTA HUME

CAPÍTULO I

CARACTERÍSTICAS GENERALES

El período de la Historia que, generalmente, se llama *moderno* tiene una perspectiva intelectual que difiere de la del período medieval en muchos aspectos. Dos son los más importantes: la debilitada autoridad de la Iglesia y la creciente autoridad de la ciencia. Con éstos se hallan relacionados otros aspectos. La cultura de los tiempos modernos es más laica que clerical. El Estado reemplaza cada vez más a la Iglesia como autoridad que regula la cultura. El gobierno de las naciones está, al principio, principalmente en manos de los reyes; luego, como en la antigua Grecia, los reyes van siendo gradualmente reemplazados por democracias o por tiranos. La fuerza del Estado nacional y las funciones que realiza, aumentan continuamente durante todo el período (aparte de algunas fluctuaciones insignificantes), pero en la mayoría de los casos el Estado tiene menos influencia sobre las opiniones de los filósofos que la ejercida por la Iglesia en la Edad Media. La aristocracia feudal que, al norte de los Alpes, había sido capaz, hasta el siglo XV, de conservar su Poder frente a los gobiernos centrales, pierde primero su importancia política y luego la económica. Es reemplazada por el rey, aliado con los comerciantes ricos; estos dos elementos comparten el poder en diferentes grados en los diversos países. Hay una tendencia que hace que los comerciantes ricos sean absorbidos por la aristocracia. A partir de las revoluciones americana y francesa, la democracia, en el sentido moderno, se convierte en una importante fuerza política. El socialismo, como algo opuesto a la democracia, basada en la propiedad privada, adquiere por vez primera el Poder gubernamental en 1917. Esta forma de gobierno tiene que traer consigo, sin embargo, si se extiende, una nueva forma de cultura; la cultura de que vamos a ocuparnos es, en lo fundamental, *liberal,* es decir, de tipo asociado del modo más natural al comercio. Hay importantes excepciones, especialmente en Alemania; Fichte y Hegel, para citar dos ejemplos, hacen una revisión disociada del comercio. Pero tales excepciones no son típicas de su tiempo.

El repudio de la autoridad eclesiástica, característica negativa de la Edad Moderna, comienza antes que su característica positiva: aceptación de la autoridad científica. En el renacimiento italiano la ciencia desempeñó un papel muy reducido; la oposición a la Iglesia, en la mente de los hombres, estaba relacionada con la Antigüedad, y miraba aún al pasado, pero a un pasado más lejano que al de la Iglesia primitiva y al de la Edad Media. La primera irrupción seria de la ciencia fue la publicación de la teoría de Copérnico en 1543, teoría que no adquirió influencia hasta que fue adoptada y perfeccionada por Kepler y Galileo en el siglo XVII. Entonces comienza la larga pugna entre la ciencia y el dogma, en la que los tradicionalistas riñeron una batalla perdida contra el nuevo conocimiento.

La autoridad de la ciencia, reconocida por muchos filósofos de la época moderna, es algo muy distinto de la autoridad de la Iglesia, puesto que es intelectual, no gubernativa. Ninguna pena recae sobre los que la rechazan; ningún argumento de prudencia influye en los que la aceptan. Prevalece únicamente por su apelación intrínseca a la razón. Ésta es, además, una autoridad fragmentada y parcial; no formula, como el cuerpo del dogma católico, un sistema completo que abarca la moral humana, las esperanzas humanas y la historia pasada y futura del universo. Se pronuncia sólo sobre lo que, en el tiempo, parece haberse averiguado científicamente, es un islote en un océano de ignorancia. Hay aún otra diferencia respecto a la autoridad eclesiástica; ésta declara que sus afirmaciones son absolutamente ciertas y eternamente inalterables; las de la ciencia se hacen a modo de ensayo, sobre una base de probabilidad, y se las considera sujetas a modificación. Esto crea una disposición de ánimo muy diferente a la del dogmático medieval.

Hasta aquí he hablado de ciencia *teórica,* que es un intento de *entender* el mundo. La ciencia *práctica,* que es un intento de *cambiar* el mundo, ha sido importante desde el principio y ha ido aumentando en importancia constantemente hasta casi desalojar a la ciencia teórica del pensamiento de los hombres. La importancia práctica de la ciencia fue reconocida primeramente en relación con la guerra; Galileo y Leonardo obtuvieron empleo del Gobierno por sus propósitos de perfeccionar la artillería y el arte de la fortificación. A partir de su tiempo, el papel de los hombres de ciencia en la guerra ha ido aumentando sin cesar. Su parte en el desarrollo de la producción de máquinas y en hacer que la gente se acostumbrara al uso, primero del vapor, luego de la electricidad, vino más tarde, y no empezó a tener efectos políticos importantes hasta casi el final del siglo XIX. El triunfo de la ciencia se debió, principalmente, a su utilidad práctica, y hubo un intento de disociar este aspecto del de la teoría, haciendo así de la ciencia, cada vez más, una técnica, y cada vez menos una doctrina sobre la naturaleza del mundo. La penetración de este punto de vista en los filósofos es muy reciente.

La emancipación de la autoridad de la Iglesia condujo al desarrollo del individualismo, incluso hasta el extremo de la anarquía. La disciplina, intelectual, moral y política, estaba asociada en las mentes de los hombres del Renacimiento con la filosofía escolástica y con el gobierno eclesiástico. La lógica aristotélica de los escolásticos era estrecha, pero proporcionaba un adiestramiento en cierto tipo de precisión. Cuando esta escuela de lógica pasó de moda, no fue, al principio, sustituida por algo mejor, sino únicamente por una imitación ecléctica de modelos antiguos. Hasta el siglo XVII no hubo nada importante en filosofía. La anarquía moral y política de la Italia del siglo XV fue aterradora y dio origen a las doctrinas de Maquiavelo. Al mismo tiempo, la liberación de los grilletes mentales condujo a un asombroso despliegue del genio en arte y literatura. Pero tal sociedad es inestable. La Reforma y la Contrarreforma, combinada con el sometimiento de Italia a España, puso fin a lo bueno y a lo malo del renacimiento italiano. Cuando el movimiento se extendió al norte de los Alpes no tuvo el mismo carácter anárquico.

La filosofía conservó, sin embargo, en su mayor parte, un carácter individualista y subjetivo. Esto se observa sobre todo en Descartes, que reconstruye todo conocimiento partiendo de la certeza de su propia existencia, y acepta la claridad y la distinción (ambas subjetivas) como criterio de verdad. No es predominante en Spinoza, pero reaparece en las mónadas sin ventanas de Leibniz. Locke, cuyo *temperamento* es completamente objetivo, se ve implicado de mala gana en la doctrina subjetiva de que el conocimiento es conformidad o disconformidad de ideas: una doctrina tan repulsiva para él que se evade de ella con violentas contradicciones. Berkeley, después de abolir la materia, sólo se salva del subjetivismo por un uso de Dios que muchos filósofos siguientes han considerado ilegítimo. En Hume la filosofía empírica culminó en un escepticismo que nadie podía refutar y nadie podía aceptar. Kant y Fichte fueron subjetivos de temperamento tanto como de doctrina; Hegel se salvó por medio de la influencia de Spinoza. Rousseau y el movimiento romántico extendieron la subjetividad de la teoría del conocimiento a la ética y a la política, y terminaron, lógicamente, en un completo anarquismo como el de Bakunin. Este extremo subjetivismo es una forma de locura.

Mientras tanto, la ciencia como técnica creaba en los hombres prácticos una actitud completamente distinta de la que iba a encontrarse entre los filósofos teóricos. La técnica daba un sentimiento de poder: el hombre está ahora mucho menos a merced de su ambiente de lo que estaba en tiempos anteriores. Pero el poder otorgado por la técnica es social, no individual; un individuo corriente, náufrago en una isla desierta, podía haber hecho más en el siglo XVII de lo que puede hacer hoy. La técnica científica requiere la cooperación de un gran número de individuos organizados bajo una sola dirección. Su tendencia, por tanto, va contra el anarquismo e, incluso, contra el individualismo, puesto que exige una estructura social bien trabada. A diferencia de la religión, es moralmente neutral: asegura a los hombres que pueden realizar maravillas, pero no les dice qué maravillas deben realizar. En este aspecto es incompleta. En la práctica, los objetivos a que ha de consagrarse la habilidad científica, dependen en gran medida del azar. Los hombres al frente de las vastas organizaciones que aquélla necesita pueden, dentro de ciertos límites, cambiarlos a su antojo. El estímulo del Poder tiene, así, un alcance que nunca había tenido antes. Las filosofías inspiradas por la *técnica* científica son filosofías del Poder y tienden a considerar todo lo no humano como mera materia prima. Los fines no se toman ya en consideración; sólo se aprecia la habilidad del procedimiento. Esto es también una forma de locura. Es, en nuestra época, la forma más peligrosa y una forma contra la cual una sana filosofía debía facilitar un antídoto.

El mundo antiguo descubrió un término a la anarquía en el Imperio romano, pero el Imperio romano era un hecho bruto, no una idea. El mundo católico buscó un término a la anarquía en la Iglesia, que era una idea, pero en realidad, nunca ha sido incorporada adecuadamente. Ni la solución antigua ni la medieval eran satisfactorias: la una porque no pudo ser idealizada, la otra porque no ha podido ser actualizada. El mundo moderno parece, al presente, encaminarse hacia una solución como la de la Antigüedad: un orden social impuesto por la fuerza, que represente la voluntad del poderoso más que las esperanzas del hombre corriente. El problema de un orden social duradero y satisfactorio sólo puede resolverse combinando la solidez del Imperio romano con el idealismo de la Ciudad de Dios de San Agustín. Para lograrlo será necesaria una filosofía nueva.

CAPÍTULO II

EL RENACIMIENTO ITALIANO

El punto de vista moderno, como opuesto al medieval, comenzó en Italia con el movimiento llamado Renacimiento. Al principio, sólo unos pocos individuos, especialmente Petrarca, teníán ese criterio, pero durante el siglo XV se extendió a la gran mayoría de los italianos cultivados, tanto seglares como eclesiásticos. En algunos aspectos, los italianos del Renacimiento —con excepción de Leonardo y unos cuantos más— no tenían el respeto por la ciencia que ha caracterizado a la mayoría de los innovadores importantes desde el siglo XVII; con esta deficiencia está asociada su liberación tan parcial de la superstición, especialmente en cuanto a la astrología. Muchos de ellos conservaban aún el respeto por la autoridad que habían tenido los filósofos medievales, pero sustituían la autoridad de la Iglesia por la de los antiguos. Era, sin duda, un paso hacia la emancipación, puesto que los antiguos disentían unos de otros y era preciso el juicio individual para decidir cuál de ellos habían de seguir. Pero muy pocos italianos del siglo XV se hubieran atrevido a sostener una opinión para la que no se hubiera podido hallar una autoridad, bien sea en la Antigüedad o en la doctrina de la Iglesia.

Para entender el Renacimiento es necesario primero examinar brevemente la situación política de Italia. Después de la muerte de Federico II en 1250, Italia estuvo, en lo fundamental, libre de injerencia extranjera hasta que el rey francés Carlos VIII invadió el país en 1494. Había en Italia cinco Estados importantes: Milán, Venecia, Florencia, los Estados Pontificios y Nápoles; además de éstos, había cierto número de pequeños principados que cambiaban en su alianza o sometimiento a alguno de los Estados mayores. Hasta 1378 Génova rivalizó con Venecia en comercio y poderío naval, pero después de ese año quedó sometida a la soberanía milanesa.

Milán, que dirigió la resistencia al feudalismo en los siglos XII y XIII, cayó, después de la derrota final de los Hohenstaufen, bajo el dominio de los Visconti, familia poderosa cuya fuerza era plutocrática, no feudal. Éstos gobernaron unos 170 años, de 1277 a 1447; luego, después de tres años de gobierno republicano restaurado, una nueva familia, la de los Sforza, ligada con los Visconti, adquirió el gobierno y tomó el título de duques de Milán. De 1494 a 1535, Milán fue un campo de batalla entre los franceses y los españoles; los Sforza se aliaban a veces con unos, a veces con los otros. Durante este período fueron en ocasiones desterrados, otras mantuvieron un poder nominal. Finalmente, en 1535, Milán fue anexionada por el emperador Carlos V.

La República de Venecia se mantiene algo aparte de la política italiana, especialmente en los primeros siglos de su grandeza. Nunca había sido conquistada por los bárbaros y, al principio, se consideró a sí misma como sometida a los emperadores de Oriente. Esta tradición, unida al hecho de que su comercio era con el Oriente, le dio una independencia de Roma que aún persistía en la época del Concilio de Trento (1545), sobre el cual el veneciano Paolo Sarpi escribió una historia muy antipapal. Hemos visto cómo, en la época de la Cuarta Cruzada, Venecia insistió en la conquista de Constantinopla. Esto fomentó el comercio veneciano que, inversamente, decayó cuando conquistaron aquella ciudad los turcos en 1453. Por varias razones, en parte relacionadas con la provisión de alimentos, los venecianos creyeron necesario, durante los siglos XIV y XV, adquirir considerables territorios en la península italiana. Esto suscitó enemistades y condujo, por último, en 1509, a la formación de la Liga de Cambray, una combinación de Estados poderosos que motivó la derrota de Venecia. Pudo haberse recuperado de esta desgracia, pero no después del descubrimiento por Vasco da Gama de la ruta del Cabo para la India (1497-1498). Esto, añadido al poder de los turcos, arruinó a Venecia que, no obstante, persistió hasta que Napoleón le privó de su independencia.

La Constitución de Venecia, que había sido originariamente democrática, gradualmente dejó de serlo, y después de 1297 se convirtió en una cerrada oligarquía. La base del Poder político era el Gran Consejo, la pertenencia al cual, después de esa fecha, era hereditaria y estaba limitada a las familias principales. El Poder ejecutivo pertenecía al Consejo de los Diez, que era elegido por el Gran Consejo. El dux, jefe ceremonial del Estado, era elegido de modo vitalicio; sus poderes nominales eran muy limitados, pero en la práctica su influencia era ordinariamente decisiva. A la diplomacia veneciana se la consideraba excesivamente astuta y los informes de los embajadores venecianos eran especialmente penetrantes. Desde Ranke, los historiadores los han utilizado entre las mejores fuentes para el conocimiento de los hechos de que tratan.

Florencia era la ciudad más civilizada del mundo y la fuente principal del Renacimiento. Casi todos los grandes nombres de la literatura y los primeros, así como algunos de los últimos de los grandes nombres del arte, están relacionados con Florencia. Mas ahora nos ocupamos de política más que de cultura. En el siglo XIII había tres clases rivales en Florencia: los nobles, los comerciantes ricos y los plebeyos. Los nobles, en general, eran gibelinos; las otras dos clases, güelfos. Los gibelinos fueron finalmente derrotados en 1266 y durante el siglo XIV el partido de los plebeyos aventajó al de los comerciantes ricos. El conflicto, no obstante, no condujo a una democracia estable, sino al gradual desarrollo de lo que los griegos hubieran llamado una *tiranía.* La familia Médicis, que al final llegó a poseer el gobierno de la ciudad, había empezado siendo sus miembros cabecillas del partido democrático. Cósimo de Médicis (1389-1464), el primero de la familia que logró encumbrarse, no alcanzó todavía ningún puesto oficial; su fuerza se basaba en la habilidad para manipular las elecciones. Era astuto, conciliador cuando era posible, implacable cuando era preciso. Le sucedió, después de un corto intervalo, su nieto Lorenzo el Magnífico, que conservó el Poder desde 1469 hasta su muerte, en 1492. Ambos debieron su posición a su riqueza, adquirida principalmente en el comercio, pero también en la minería y otras industrias. Comprendieron la forma en que Florencia podía hacerse rica, como ellos mismos, y bajo su mando la ciudad prosperó.

Pietro, el hijo de Lorenzo, carecía de los méritos de su padre y fue expulsado en 1494. Luego siguieron los cuatro años de influencia de Savonarola, durante los cuales una especie de renacimiento puritano volvió a los hombres contra la alegría y el lujo, contra el libre pensamiento y hacia la piedad que se suponía característica de una época más sencilla. Al final, sin embargo, principalmente por razones políticas, los enemigos de Savonarola triunfaron, éste fue ejecutado y su cuerpo quemado (1498). La República, democrática en su intención, plutocrática de hecho, sobrevivió hasta 1512, cuando fueron restaurados los Médicis. Un hijo de Lorenzo, que había llegado a cardenal a los catorce años, fue elegido Papa en 1513, tomando el nombre de León X. La familia Médicis, con el título de Grandes Duques de Toscana, gobernó Florencia hasta 1737; pero mientras tanto, Florencia, lo mismo que el resto de Italia, se había vuelto pobre e insignificante.

El Poder temporal del Papa, que debía su origen a Pipino y a la imaginaria Donación de Constantino, se incrementó grandemente durante el Renacimiento, mas los métodos empleados por los papas con ese fin privaron al Papado de autoridad espiritual. El movimiento conciliar, que salió mal parado en el conflicto entre el Concilio de Basilea y el papa Eugenio IV (1431-1447), representaba a los elementos más sanos de la Iglesia; lo que quizá era más importante, representaba la opinión eclesiástica del norte de los Alpes. La victoria de los papas era la victoria de Italia y (en grado menor) la de España. La civilización italiana, en la segunda mitad del siglo XV, era totalmente diferente de la de los países nórdicos, que había seguido siendo medieval. Los italianos tomaron en serio la cultura, pero no la moral ni la religión; incluso en las mentes de los eclesiásticos, la elegante latinidad servía para cubrir una multitud de pecados. Nicolás V (1447-1455), el primer Papa humanista, dio cargos papales a los eruditos cuyo saber respetaba, sin tener en cuenta otras consideraciones; Lorenzo Valla, un epicúreo y el hombre que probó la falsedad de la Donación de

Constantino, que ridiculizó el estilo de la Vulgata y acusó a San Agustín de herejía, fue nombrado secretario apostólico. Esta política de fomentar el humanismo más que la piedad o la ortodoxia continuó hasta el Saco de Roma en 1527.

El fomento del humanismo, aunque chocara al Norte sano, podía, desde nuestro punto de vista, ser estimado como una virtud, pero la política bélica y la vida inmoral de algunos papas no podía ser defendida desde ningún punto de vista, excepto el del simple Poder político. Alejandro VI (1492-1503) consagró su vida como Papa al engrandecimiento propio y de su familia. Tenía dos hijos, el duque de Gandía y César Borgia, mostrando gran preferencia por el primero. No obstante, el duque fue asesinado, probablemente por su hermano; las pretensiones dinásticas del Papa tuvieron, por consiguiente, que concentrarse en César. Juntos conquistaron la Romaña y Ancona, destinadas a formar un principado para César. Mas cuando el Papa murió, César estaba muy enfermo y no pudo actuar con prontitud. A consecuencia de ello, sus conquistas revirtieron al patrimonio de San Pedro. La perversión de estos dos hombres se hizo pronto legendaria y es difícil separar la verdad de la falsedad en lo que se refiere a los innumerables asesinatos de que se los acusa. No cabe duda, sin embargo, de que llevaron las artes de la perfidia más lejos de lo que habían llegado hasta entonces. Julio II (1503-1513), que sucedió a Alejandro VI, no fue notable por la piedad, pero dio menos ocasión de escándalo que su antecesor. Continuó el proceso de expansión del Poder pontificio; como soldado tuvo mérito, pero no como cabeza de la Iglesia de Cristo. La Reforma, que comenzó bajo su sucesor León X (1513-1521), era la consecuencia natural de la política pagana de los papas del Renacimiento.

El extremo meridional de Italia lo ocupaba el reino de Nápoles, con el que, muchas veces, estaba unida Sicilia. Nápoles y Sicilia habían sido el reino personal especial del emperador Federico II; había introducido una monarquía absoluta del tipo mahometano, ilustrada, pero despótica, que no concedía ningún poder a la nobleza feudal. Después de su muerte, en 1250, Nápoles y Sicilia pasaron a su hijo natural Manfredo que, no obstante, heredó la implacable hostilidad de la Iglesia y fue expulsado por los franceses en 1266. Los franceses se hicieron impopulares y fueron asesinados en las *Vísperas sicilianas* (1282), tras de lo cual el reino perteneció a Pedro III de Aragón y a sus herederos. Después de varias incidencias que condujeron a la separación temporal de Nápoles y Sicilia, éstos volvieron a unirse en 1443 bajo Alfonso el Magnánimo, distinguido protector de las letras. A partir de 1495, tres reyes franceses trataron de conquistar Nápoles, pero, al final, el reino lo conquistó Fernando de Aragón (1502). Carlos VIII, Luis XII y Francisco I, reyes de Francia, alegaron títulos (no muy válidos jurídicamente) sobre Milán y Nápoles; todos ellos invadieron Italia, con éxito temporal, pero todos fueron por fin derrotados por los españoles. La victoria de España y la Contrarreforma pusieron fin al renacimiento italiano. Siendo el papa Clemente VII un obstáculo para la Contrarreforma y, como los Médicis, amigos de Francia, Carlos V dio motivo a que en 1527 un numeroso ejército protestante saqueara Roma. Después de esto, los papas se hicieron religiosos y terminó el renacimiento italiano.

El juego del Poder político en Italia era increíblemente complicado. Los príncipes menores, en su mayoría tiranos elevados al Poder por sí mismos, se aliaban ya con uno de los Estados mayores, ya con otro; si hacían el juego torpemente, eran exterminados. Hubo guerras constantes, pero hasta la llegada de los franceses en 1494 fueron casi incruentas; los soldados eran mercenarios que tenían la preocupación de reducir al mínimo los riesgos de su profesión. Estas guerras puramente italianas no dificultaban mucho el comercio ni impedían que el país aumentase su riqueza. Había mucha habilidad política, pero ninguna orientación prudente; cuando llegaron los franceses, el país se hallaba prácticamente indefenso. Las tropas francesas horrorizaron a los italianos al ver que de hecho mataban a la gente en el campo de batalla. Las guerras que siguieron entre franceses y españoles, fueron guerras en serio, ocasionando sufrimientos y empobrecimiento. Pero los Estados italianos continuaron intrigando unos contra otros, invocando la ayuda de Francia o de España en sus luchas intestinas, sin ningún sentimiento de unidad nacional. Al final, todos fueron destrozados. Debemos decir que Italia hubiera perdido inevitablemente su importancia, debido al descubrimiento de América y de la ruta del Cabo hacia el Oriente, pero el colapso hubiera sido menos catastrófico y menos destructor de la calidad de la civilización italiana.

El Renacimiento no fue un período de grandes logros en filosofía, pero hizo ciertas cosas, preliminares necesarios para la grandeza del siglo XVII. En primer lugar, provocó la caída del rígido sistema escolástico, que se había convertido en una camisa de fuerza intelectual. Renovó el estudio de Platón y, por lo tanto, hizo necesaria por lo menos la independencia de pensamiento precisa para elegir entre él y Aristóteles. Respecto a ambos, promovió un conocimiento auténtico y de primera mano, libre de las glosas de los neoplatónicos y de los comentaristas árabes. Y lo que es más importante aún, fomentó el hábito de considerar la actividad intelectual como una deliciosa aventura social y no como una meditación enclaustrada dirigida al mantenimiento de una ortodoxia predeterminada.

La sustitución del Aristóteles escolástico por Platón se activó por el contacto con la cultura bizantina. Ya en el Concilio de Ferrara (1438), que reunió nominalmente a las Iglesias de Oriente y Occidente, hubo un debate en el que los bizantinos sostuvieron la superioridad de Platón respecto a Aristóteles. Gemisto Pletho, ardiente platónico griego de dudosa ortodoxia, hizo mucho para fomentar el platonismo en Italia; lo mismo Besarión, un griego que llegó a cardenal. Cósimo y Lorenzo de Médicis fueron adictos a Platón; Cósimo fundó y Lorenzo continuó la Academia Florentina, ampliamente dedicada al estudio de Platón. Cósimo murió escuchando uno de los diálogos platónicos. Los humanistas de la época, sin embargo, estaban demasiado atareados en adquirir el saber de la Antigüedad para poder producir algo original en filosofía.

El Renacimiento no fue un movimiento popular sino un movimiento de un reducido grupo de eruditos y artistas, que animaron protectores generosos, especialmente los Médicis y los papas humanistas. Si no hubiera sido por estos protectores hubiera logrado un éxito muchísimo más pequeño. Petrarca y Boccaccio, en el siglo XIV, pertenecen mentalmente al Renacimiento, pero debido a las diferentes condiciones políticas de su tiempo, su influencia inmediata fue menor que la de los humanistas del siglo XV.

La actitud de los humanistas del Renacimiento respecto a la Iglesia es difícil de caracterizar en pocas palabras. Algunos eran librepensadores declarados, aunque incluso éstos recibían ordinariamente la extremaunción, haciendo las paces con la Iglesia cuando sentían que se acercaba la muerte. Muchos de ellos estaban espantados de la perversión de los papas contemporáneos, pero a pesar de todo, les agradaba que les diesen empleo. Guicciardini, el historiador, escribía en 1529: «Nadie está más disgustado que yo por la ambición, avaricia y desenfreno de los sacerdotes, no sólo porque cada uno de estos vicios es odioso en sí mismo sino porque todos y cada uno de ellos son más impropios en aquellos que a sí mismos se atribuyen relaciones especiales con Dios y también porque son vicios tan opuestos entre sí que sólo pueden existir en naturalezas muy singulares. No obstante, mi posición en la corte de varios papas me forzaba a desear su grandeza, por mi propio interés. Pero si no hubiera sido por eso, hubiera amado a Martín Lutero como a mí mismo, no con el fin de liberarme de las leyes de la cristiandad, tal como generalmente se entienden y explican, sino con el fin de ver a esta caterva de bribones reintegrados a sus puestos respectivos, de modo que se vean obligados a vivir sin vicios o sin Poder» [1].

Esto es deliciosamente sincero y muestra con claridad por qué los humanistas no podían iniciar una reforma. Además, muchos no veían un término medio entre la ortodoxia y el libre pensamiento; una posición como la de Lutero era imposible para ellos, porque ya no tenían el sentido medieval para las sutilezas de la teología. Masuccio, después de describir la perversión de monjes, monjas y frailes, dice: «El mejor castigo para ellos sería que Dios aboliese el purgatorio; de ese modo no recibirían más limosnas y se verían obligados a volver a sus azadas» [2]. Pero no se le ocurre, como a Lutero, negar el purgatorio, mientras conserva la mayor parte de la fe católica.

---

[1] Tomado de Buckhardt, *El Renacimiento en Italia,* parte IV, cap. II.

[2] *Ibídem.*

La riqueza de Roma dependía sólo en reducida proporción de los ingresos obtenidos de los Estados Pontificios; en lo fundamental, era un tributo procedente de todo el mundo católico, obtenido por medio de un sistema teológico, lo que hacía que los papas conservaran las llaves del Cielo. Un italiano que pusiera en tela de juicio este sistema causaría el empobrecimiento de Italia y la pérdida de su posición en el mundo occidental. Por consiguiente, la heterodoxia italiana, en el Renacimiento, fue puramente intelectual, y no condujo al cisma, ni a ningún intento de crear un movimiento popular fuera de la Iglesia. La única excepción, y esa muy parcial, fue Savonarola, que pertenecía mentalmente a la Edad Media.

La mayoría de los humanistas conservaban las creencias supersticiosas que encontraban apoyo en la Antigüedad. La magia y la hechicería podían ser impías, pero no se las consideraba imposibles. Inocencio VIII, en 1484, publicó una bula contra la hechicería, que motivó una espantosa persecución de las brujas en Alemania y en otras partes. La astrología la estimaron especialmente los librepensadores; adquirió una boga que no había tenido desde los tiempos antiguos. El primer efecto de la emancipación de la Iglesia no fue hacer que los hombres pensaran racionalmente, sino abrir sus mentes a toda suerte de necedades antiguas.

Moralmente, el primer efecto de la emancipación fue en igual medida desastroso. Las viejas normas morales ya no fueron respetadas; la mayoría de los gobernantes de los Estados habían adquirido su posición por medio de traiciones y la conservaban con una crueldad despiadada. Cuando los cardenales eran invitados a comer en la coronación del Papa traían su propio vino y su propio copero, por temor al veneno [3]. Salvo Savonarola, difícilmente un italiano de la época exponía nada por una finalidad pública. Los males de la corrupción papal eran obvios, pero no se hizo nada respecto a ellos. La conveniencia de la unidad italiana era evidente, pero los gobernantes eran incapaces de llegar a una componenda. El peligro de la dominación extranjera era inminente;

---

[3] Buckhardt, *op., cit.*, parte VI, cap. I.

sin embargo, todo gobernante italiano estaba dispuesto a invocar la ayuda de cualquier Poder exterior, incluso el turco, en cualquier disputa con otro gobernante italiano. No puedo pensar en un crimen, salvo el de la destrucción de los manuscritos antiguos, del que los hombres del Renacimiento no fueran culpables con frecuencia.

Fuera del ámbito de la moral, el Renacimiento tuvo grandes méritos. En arquitectura, pintura y poesía ha conservado la fama. Produjo hombres muy grandes, como Leonardo, Miguel Ángel y Maquiavelo. Libertó a los hombres educados de la estrechez de la cultura medieval e, incluso mientras siguió siendo un esclavo del culto a la Antigüedad, hizo saber a los doctos que, casi sobre todas las cuestiones, autoridades afamadas habían sostenido diversidad de criterios. Al renovar el conocimiento del mundo griego, creó una atmósfera mental en la que fue posible otra vez rivalizar con las realizaciones helénicas, y en la que el genio individual pudo florecer con una libertad desconocida desde la época de Alejandro. Las condiciones políticas del Renacimiento favorecían el desarrollo individual, pero eran inestables; la inestabilidad y el individualismo estaban estrechamente enlazados, como en la Grecia antigua. Un sistema social estable es necesario, pero todos los sistemas estables ideados hasta aquí han impedido el desarrollo del mérito intelectual o artístico excepcional. ¿Cuántos asesinatos y cuánta anarquía estamos dispuestos a soportar por amor a las grandes realizaciones, como las del Renacimiento? En el pasado, mucha cantidad; en nuestra época, mucho menos. Hasta ahora no se ha hallado ninguna solución a este problema, aunque el crecimiento de la organización social lo está haciendo cada día más importante.

CAPÍTULO III

MAQUIAVELO

Aunque no produjo ningún filósofo teórico importante, el Renacimiento sí produjo un hombre de sumo prestigio en la filosofía *política:* Nicolás Maquiavelo. Es costumbre mostrar repugnancia ante él y, ciertamente, es a veces repugnante. Pero muchos otros hombres lo serían igualmente si estuvieran también libres de la hipocresía. Su filosofía política es científica y empírica, basada en su experiencia de los negocios, preocupada por declarar los medios para alcanzar unos fines determinados, y despreocupada de la cuestión relativa a si los fines han de ser considerados buenos o malos. Cuando, en ocasiones, se permite mencionar los fines que él desea, son de tal naturaleza que todos podemos aprobarlos. Gran parte del convencional vilipendio que está asociado a su nombre se debe a la indignación de los hipócritas que odian la franca confesión de la acción perversa. Queda, es cierto, una buena parte que requiere crítica auténtica, pero en esto es una expresión de su época. Tal honradez intelectual respecto a la deshonestidad política apenas hubiera sido posible en ningún otro tiempo o en ningún otro país, excepto quizá en Grecia, entre hombres que debían su educación teórica a los sofistas y su adiestramiento práctico a las guerras de minúsculos Estados que, en la Grecia clásica como en la Italia del Renacimiento, eran la escuela política del genio individual.

Maquiavelo (1469-1527) era florentino; su padre, jurista, no era ni rico ni pobre. Cuando andaba por los veinte años, Savonarola dominaba Florencia; su desgraciado fin hizo evidentemente una gran impresión en Maquiavelo, pues éste observa que «todos los profetas armados han conquistado y los inermes han fracasado», presentando a Savonarola como un ejemplo de los segundos. En otro lugar menciona a Moisés, Ciro, Teseo y Rómulo. Es típico del Renacimiento que no sea mencionado Cristo.

Inmediatamente después de la ejecución de Savonarola, Maquiavelo obtuvo un puesto de poca importancia en el gobierno florentino (1498). Continuó a su servicio, a veces con importantes misiones diplomáticas, hasta la restauración de los Médicis, en 1512; entonces, como siempre se había opuesto a ellos, fue detenido; libertado, se le permitió vivir retirado en el campo, cerca de Florencia. Se hizo escritor a falta de otra ocupación. Su obra más famosa, *El príncipe,* fue escrita en 1513, y dedicada a Lorenzo el Magnífico, ya que esperaba (en vano, como se vio) ganar el favor de los Médicis. Su tono se debe quizá en parte a su finalidad práctica; su obra más larga, los *Discursos,* que escribía al mismo tiempo, es claramente más republicana y más liberal. Al comienzo de *El príncipe* dice que no tratará en este libro de las repúblicas, porque se ha ocupado de ellas en otra parte. Los que no lean tampoco los *Discursos* es probable que tengan una visión unilateral de su doctrina.

No habiendo logrado la amistad de los Médicis, Maquiavelo se vio forzado a seguir escribiendo. Vivió en su retiro hasta el año de su muerte, el del Saco de Roma por las tropas de Carlos V. Puede computarse también este año como el de la muerte del renacimiento italiano.

El príncipe se propone descubrir, por la Historia y por los sucesos contemporáneos, cómo se ganan los principados, se conservan y se pierden. La Italia del siglo XV ofrecía multitud de ejemplos, tanto grandes como pequeños. Pocos gobernantes eran legítimos; incluso los papas, en muchos casos, se aseguraban la elección por medios corrompidos. Las reglas para lograr el éxito no eran completamente las mismas que las precisas cuando los tiempos fueron más tranquilos, pues nadie se hubiera asustado ante las crueldades y traiciones que hubieran descalificado a un hombre en los siglos XVIII o XIX. Quizá nuestra época pueda, de nuevo, apreciar mejor a Maquiavelo, pues algunos de los éxitos más notables de nuestro tiempo han sido logrados por métodos tan bajos como los empleados en la Italia del Renacimiento. Él hubiera aplaudido, como conocedor artístico de la política, el incendio del Reichstag, de Hitler, su depuración del partido en 1934 y su violación de lo pactado en Munich.

César Borgia, hijo de Alejandro VI, merece grandes elogios. Su problema era difícil: primero, por la muerte de su hermano, al convertirse en el único beneficiario de la ambición dinástica de su padre; segundo, al conquistar por la fuerza de las armas, en nombre del Papa, territorios que debían, después de la muerte de Alejandro, pertenecer a sí mismo y no a los Estados Pontificios; tercero, al manipular el Sacro Colegio de modo que el siguiente Papa fuera amigo suyo. Persiguió este difícil fin con gran habilidad; de su práctica, dice Maquiavelo, debe un príncipe nuevo deducir normas. César fracasó, es cierto, pero sólo «por la extraordinaria malignidad de la fortuna». Sucedió que, cuando su padre murió, se hallaba él también gravemente enfermo; cuando mejoró, sus enemigos habían organizado sus fuerzas y su más encarnizado antagonista había sido elegido Papa. El día de la elección, César dijo a Maquiavelo que lo había previsto todo, «pero que lo único en que no había pensado es que, al morir su padre, se hallase él también moribundo».

Maquiavelo, íntimo conocedor de sus villanías, hace este resumen: «Al reconsiderar así todas las acciones del duque (César), no encuentro nada censurable; por el contrario, me siento obligado, como lo he hecho, a ponerle como ejemplo de ser imitado por todos los que por la fortuna y con las armas de otros se han elevado al Poder».

Hay un interesante capítulo, «De los principados eclesiásticos», que, teniendo en cuenta lo que se dice en los *Discursos,* oculta evidentemente parte del pensamiento de Maquiavelo. La razón para el ocultamiento era, sin duda, que *El príncipe* estaba destinado a agradar a los Médicis, y cuando fue escrito, acababa uno de ellos de ser elegido Papa (León X). Respecto a los principados eclesiásticos, dice en *El príncipe,* la sola dificultad está en adquirirlos, pues una vez adquiridos, son defendidos por las viejas costumbres religiosas, que mantienen a sus príncipes en el Poder, cualquiera que sea la conducta de éstos. Sus príncipes no necesitan ejércitos (así lo afirma él), porque «son sostenidos por causas más altas que el entendimiento humano no puede captar». Son «exaltados y mantenidos por Dios» y «sería tarea de un hombre necio y presuntuoso discutirlos». No obstante, continúa, es lícito inquirir por qué medios incrementó tan grandemente Alejandro VI el Poder del Papa.

La discusión de los poderes papales en los *Discursos* es más amplia y más sincera. Aquí empieza por situar a los hombres eminentes en una jerarquía ética. Los mejores, dice, son los fundamentos de religiones; luego siguen los fundadores de monarquías o repúblicas; luego los hombres de letras. Estos son buenos, pero los destructores de religiones, subvertidores de repúblicas o reinos y los enemigos de la virtud o de las letras, son malos. Los que establecen tiranías son malvados, incluyendo a Julio César; por otra parte, Bruto fue bueno. El contraste entre este criterio y el de Dante muestra el efecto de la literatura clásica. Él sostiene que la religión debía tener un lugar preeminente en el Estado, no a causa de su verdad sino como vínculo social; los romanos estaban en lo cierto al aparentar creer en los augurios y al castigar a aquellos que no los respetaban. Sus censuras a la Iglesia de su tiempo son dos: la de que por su mala conducta ha socavado la creencia religiosa y la de que el Poder temporal de los papas, con la política que inspira, impide la unificación de Italia. Estas críticas las expone con gran vigor. «Cuanto más cercana se halla la gente a la Iglesia de Roma, cabeza de nuestra religión, menos religiosa es... La ruina y el castigo de ésta se hallan próximos... Nosotros los italianos debemos a la Iglesia de Roma y a sus sacerdotes habernos hecho irreligiosos y malos; pero le debemos todavía una deuda mayor, y una deuda que será la causa de nuestra ruina, es decir, que la Iglesia ha mantenido y mantiene aún dividida a nuestra patria»[4].

Teniendo en cuenta estos pasajes, debe suponerse que la admiración de Maquiavelo por César Borgia era sólo por su habilidad,

---

[4] Esto fue cierto hasta 1870.

no por sus fines. La admiración por la habilidad y por las acciones que conducían a la gloria era muy grande en la época del Renacimiento. Este tipo de entusiasmo ha existido siempre, sin duda; muchos de los enemigos de Napoleón le admiraban con entusiasmo como estratega militar. Pero en la Italia del tiempo de Maquiavelo la admiración casi artística por la destreza era mucho mayor que en los siglos anteriores o posteriores. Sería un error tratar de conciliarla con los objetivos políticos más amplios que Maquiavelo consideraba importantes; las dos cosas, amor a la destreza y patriótico deseo de la unidad italiana, existían una al lado de la otra en su mente y no fueron nunca confundidas. Así, puede elogiar a César Borgia por su habilidad y censurarle por mantener desunida a Italia. El carácter perfecto, debemos suponer, sería, a su juicio, un hombre tan inteligente y sin escrúpulos como César Borgia, preocupado de los medios, pero encaminado a un fin diferente. *El príncipe* termina con un elocuente llamamiento a los Médicis para que liberen a Italia de los «bárbaros» (es decir, franceses y españoles), cuya dominación *apesta.* No esperaba que tal obra fuera acometida con móviles egoístas, sino por amor al Poder y, aún más, por amor a la gloria.

El príncipe es muy explícito al repudiar la moral aceptada en lo que se refiere a la conducta de los gobernantes. Un gobernante perecerá si es siempre bueno; debe ser tan astuto como una zorra y tan fiero como un león. Hay un capítulo titulado (XVIII): «De qué modo deben los príncipes mantener su palabra». Se nos dice que deben guardarla cuando es provechoso, pero no en otro caso. Un príncipe debe en ocasiones ser desleal.

«Pero es necesario saber disimular bien esta condición y ser un gran fingidor y disimulador; y los hombres son tan simples y tan dispuestos a obedecer a las necesidades presentes, que uno que engaña siempre encontrará quienes estén dispuestos a ser engañados. Sólo citaré un ejemplo moderno. Alejandro VI no hizo más que engañar a los hombres, no pensó en otra cosa, y halló ocasión para ello; nadie ha sido nunca más capaz de dar seguridades o de afirmar las cosas con juramentos más fuertes, y nadie los ha observado menos; no obstante, siempre tuvo éxito en sus engaños, pues conocía bien este aspecto de las cosas. No es necesario, por tanto, para un príncipe tener las cualidades antes mencionadas (las virtudes convencionales), pero es muy necesario aparentar tenerlas».

Continúa diciendo que, por encima de todo, un príncipe debe *parecer* que es religioso.

El tono de los *Discursos,* que son nominalmente un comentario a Livio, es muy diferente. Hay capítulos enteros que parecen casi como si los hubiese escrito Montesquieu; la mayor parte del libro podía haber sido aprobado por un liberal del siglo XVIII. La doctrina de los frenos y equilibrios se formula explícitamente. Príncipes, nobles y pueblo deben tener su parte en la Constitución; «así, estos tres Poderes se mantendrían en jaque recíprocamente». La Constitución de Esparta, según la estableció Licurgo, era la mejor, porque incorporaba el equilibrio más perfecto; la de Solón era demasiado democrática y, por consiguiente, condujo a la tiranía de Pisístrato. La Constitución romana republicana era buena, debido al antagonismo de Senado y pueblo.

La palabra *libertad* se usa en todas partes como para indicar algo valioso, aunque lo que denota no está muy claro. Esto procede, sin duda, de la Antigüedad y ha pasado a los siglos XVIII y XIX. La Toscana ha conservado sus libertades porque no contiene ni castillos ni señores, *caballeros. (Caballeros* es una traducción inexacta, pero grata). Parece admitido que la libertad política requiere cierto tipo de virtud personal en los ciudadanos. Sólo en Alemania, se nos dice, la probidad y la religión son aún corrientes y, por consiguiente, en Alemania hay muchas repúblicas. En general, el pueblo es más sensato y constante que los príncipes, aunque Livio y muchos otros escritores mantienen lo contrario. No sin buenas razones se dice: «La voz del pueblo es la voz de Dios».

Es interesante observar cómo el pensamiento político de griegos y romanos, en sus tiempos republicanos, adquirió en el siglo XV una actualidad que no había tenido en Grecia desde Alejandro o en Roma desde Augusto. Los neoplatónicos, árabes y escolásticos mostraron un interés apasionado por la metafísica de Platón y Aristóteles, pero ninguno por sus escritos políticos, porque los sistemas políticos de la época de las Ciudades-Estados habían desaparecido por completo. El desarrollo de las Ciudades-Estados en Italia sincronizó con la renovación de la cultura, haciendo posible que los humanistas se aprovecharan de las teorías políticas de los griegos y romanos republicanos. El amor a la *libertad* y la teoría de los frenos y equilibrios vino al Renacimiento desde la Antigüedad y a los tiempos modernos, en gran parte del Renacimiento, aunque también directamente de aquélla. Este aspecto de Maquiavelo es tan importante, por lo menos, como las más famosas doctrinas *inmorales* de *El príncipe.*

Es de notar que Maquiavelo no basa nunca ningún razonamiento político en razones cristianas o bíblicas. Los escritores medievales tenían un concepto del Poder *legítimo* que era el del Papa o el del emperador o derivado de ellos. Las escritores nórdicos, incluso hasta Locke, discuten sobre lo ocurrido en el Paraíso y piensan que pueden sacar de eso pruebas de que ciertas clases de Poder son *legítimas.* En Maquiavelo no aparece tal manera de ver. El Poder es para los que tienen la habilidad de apoderarse de él en una competición libre. Su preferencia por el Gobierno popular no deriva de ninguna idea de *derechos,* sino de la observación de que los gobiernos populares son menos crueles, más escrupulosos y menos inconstantes que las tiranías.

Tratemos de hacer una síntesis (que el mismo Maquiavelo no hizo) de las partes *morales* e *inmorales* de su doctrina. En lo que sigue no expreso mis propias opiniones, sino las que explícita o implícitamente son suyas.

Hay ciertos bienes políticos, de los cuales tres son especialmente importantes: la independencia nacional, la seguridad y una constitución bien ordenada. La mejor constitución es la que reparte los derechos legales entre el príncipe, los nobles y el pueblo en proporción con el Poder real de cada uno de ellos, pues bajo tal constitución son difíciles las revoluciones con probabilidades de triunfo y, por consiguiente, es posible la estabilidad; pero por consideraciones de estabilidad, sería prudente dar más Poder al pueblo. Hasta aquí, en lo que respecta a los fines.

Mas en política también está la cuestión de los medios. Es necio perseguir una finalidad política con métodos destinados al fracaso; si el fin es subsistir, debemos escoger medios adecuados para lograrlo. La cuestión de los medios debe tratarse de un modo puramente científico, sin consideración a la bondad o maldad de los fines. *El éxito* significa el logro del propósito que nos interese, cualquiera que sea. Si hay una ciencia del éxito, puede estudiarse tanto en los triunfos de los malvados como en los de los buenos; en realidad, mejor en aquéllos, puesto que los ejemplos de pecadores afortunados son más numerosos que los de los Santos con fortuna. Pero la ciencia, una vez establecida, será tan útil para el Santo como para el pecador. Pues el Santo, si se dedica a la política, debe desear, lo mismo que hace el pecador: lograr el triunfo.

La cuestión es, en última instancia, una cuestión de fuerza. Para lograr un fin político, es necesaria la fuerza, de una clase o de otra. Este hecho escueto lo ocultan frases, tales como «el derecho prevalecerá» o «el triunfo del mal dura poco». Si el aspecto, que uno cree justo, prevalece, es porque tiene una fuerza superior. Es verdad que la fuerza, con frecuencia, depende de la opinión, y la opinión, de la propaganda; es cierto también que significa una ventaja en la propaganda el parecer más virtuoso que el adversario, y que un modo de parecer virtuoso es ser virtuoso. Por esta razón puede ocurrir, a veces, que la victoria se incline hacia el lado que tenga más de lo que el público general considera que es la virtud. Tenemos que conceder a Maquiavelo que éste fue un elemento importante en el creciente Poder de la Iglesia durante los siglos XI, XII y XIII, lo mismo que en el éxito de la Reforma en el XVI. Pero hay importantes limitaciones. En primer lugar, los que se han apoderado del Gobierno pueden, dirigiendo la propaganda, hacer que su partido aparezca como virtuoso; nadie, por ejemplo, podría mencionar los pecados de Alejandro VI en una escuela pública de Nueva York o de Boston. En segundo lugar, hay períodos caóticos durante los cuales la bellaquería notoria triunfa frecuentemente; el período de Maquiavelo fue uno de ellos. En tales épocas, se tiende a un cinismo que hace rápidos progresos, que hace a los hombres olvidarlo todo con tal de que convenga. Incluso en tales tiempos, como dice el mismo Maquiavelo, es conveniente presentar una apariencia de virtud ante el público ignorante.

Esta cuestión puede profundizarse más. Maquiavelo opina que los hombres civilizados están casi seguros de ser unos egoístas sin escrúpulos. «Si un hombre deseara hoy establecer una república —nos dice—, le sería más fácil lograrlo con montañeses que con habitantes de una gran ciudad, pues estos últimos estarían ya corrompidos» [5]. Si un hombre es un egoísta sin escrúpulos, su línea de conducta más prudente dependerá de la población con que tenga que operar. La Iglesia del Renacimiento escandalizaba a todo el mundo, pero sólo al norte de los Alpes escandalizó tanto al pueblo como para provocar la Reforma. En la época en que Lutero empezó su rebelión, los impuestos del Papado eran probablemente mayores de lo que hubieran sido si Alejandro VI y Julio II hubieran sido más virtuosos, y si esto es cierto, se debió al cinismo de la Italia renacentista. De esto se infiere que los políticos se conducirán mejor cuando dependan de una población virtuosa que cuando dependan de una que sea indiferente a las consideraciones de tipo moral; se conducirán mejor en una comunidad en la que sus faltas, si las cometen, pueden ser divulgadas ampliamente, que en otra donde haya una censura estrecha bajo su control. Algo puede, sin duda, ocultarse por medio de la hipocresía, pero puede disminuir mucho con instituciones adecuadas.

El pensamiento político de Maquiavelo, como el de muchos de los antiguos, es en un aspecto algo superficial. Se ocupó de grandes legisladores, tales como Licurgo y Solón, de los que se supone crearon una comunidad, toda de una pieza, sin fijarse mucho en lo hecho antes. El concepto de una comunidad como proceso orgánico que los estadistas sólo pueden modificar hasta cierto punto es, en lo esencial, moderno, y se ha visto grandemente reforzado por la teoría de la evolución. Este concepto no lo hemos de encontrar ya en Maquiavelo como en Platón.

Podía sostenerse, no obstante, que el concepto evolucionista de la sociedad, aunque verdadero en el pasado, no sólo no es ya aplicable, sino que, en cuanto al presente y al futuro, debe ser

---

[5] Es curioso descubrir cómo se adelanta a Rousseau. Sería divertido, y no del todo falso, interpretar a Maquiavelo como un romántico desengañado.

sustituido por un concepto mucho más mecanicista. En Rusia y Alemania han sido creadas nuevas sociedades casi de la misma manera en que se ha supuesto que el mítico Licurgo creó la comunidad espartana. El legislador antiguo era un mito benévolo; el legislador moderno es una realidad aterradora. El mundo se ha asemejado mucho más al de Maquiavelo de lo que era antes, y el hombre moderno, que espera refutar su filosofía, tiene que pensar más profundamente de lo que parecía necesario en el siglo XIX.

CAPÍTULO IV

ERASMO Y MORO

En los países nórdicos el Renacimiento comenzó más tarde que en Italia, y pronto se vio implicado en la Reforma. Pero hubo un breve período, al principio del siglo XVI, durante el cual el nuevo saber se estaba diseminando vigorosamente por Francia, Inglaterra y Alemania sin estar envuelto en la controversia teológica. Este renacimiento nórdico fue, en muchos aspectos, muy diferente del de Italia. No era anárquico o amoral; por el contrario, estaba asociado con la piedad y con la virtud pública. Se hallaba muy interesado en aplicar las normas eruditas a la Biblia y en conseguir un texto más exacto que el de la Vulgata. Era menos brillante y más sólido que su progenitor italiano, menos preocupado de la exhibición personal de sabiduría y más deseoso de extender el saber todo lo posible.

Dos hombres, Erasmo y Tomás Moro, servirán como ejemplos del renacimiento nórdico. Eran íntimos amigos y tenían mucho de común. Ambos eran letrados, aunque Moro menos que Erasmo; ambos despreciaban la filosofía escolástica; ambos aspiraban a una reforma eclesiástica desde dentro, pero deploraron el cisma protestante cuando éste surgió; los dos eran ingeniosos, tenían humor y eran escritores muy experimentados. Antes de la rebelión de Lutero eran conductores del pensamiento, pero después de ésta el mundo era demasiado violento, por ambos lados, para hombres de su clase. Moro sufrió martirio y Erasmo se consumió en la ineficacia.

Ni Erasmo ni Moro eran filósofos en el sentido estricto de la palabra. El motivo para hablar de ellos es que ilustran el carácter de una época prerrevolucionaria, cuando es grande la exigencia de una reforma moderada y los hombres tímidos no han sido impelidos todavía a la reacción por los extremistas. Ejemplifican también el disgusto por todo lo sistemático en teología o filosofía que caracterizó las reacciones contra el escolasticismo.

Erasmo (1466-1536) nació en Rótterdam[6]. Era hijo ilegítimo, e inventó una historia románticamente falsa sobre las circunstancias de su nacimiento. En realidad, su padre era sacerdote, hombre de alguna cultura, con conocimiento del griego. Sus padres murieron antes de ser él adulto, y sus tutores (evidentemente, porque habían robado su dinero) le engatusaron para que entrara de monje en el monasterio de Steyr, paso que lamentó el resto de su vida. Uno de sus tutores era maestro de escuela, pero sabía menos latín que el que sabía ya Erasmo cuando era escolar; en respuesta a una epístola latina del muchacho, el maestro escribió: «Si vuelves a escribir tan elegantemente, ten la bondad de añadir un comentario».

En 1493 era secretario del obispo de Cambrai, y éste, canciller de la Orden del Toisón de Oro. Esto le dio la oportunidad para dejar el monasterio y viajar, aunque no a Italia, como hubiera deseado. Su conocimiento del griego era aún muy somero, mas era ya un latinista muy completo, particularmente admiraba a Lorenzo Valla, por su libro sobre las elegancias de la lengua latina. Él consideraba la latinidad totalmente compatible con la verdadera devoción, poniendo como ejemplos a Agustín y a Jerónimo; olvidando, evidentemente, el sueno en que Nuestro Señor amenazó al segundo por leer a Cicerón.

Estuvo algún tiempo en la Universidad de París, pero no encontró allí nada que le sirviera de provecho. La universidad había tenido su gran época, desde el comienzo del escolasticismo hasta Gerson y el movimiento conciliar, pero ahora las viejas disputas se habían vuelto áridas. Tomistas y escotistas, juntamente llamados los antiguos, disputaban contra los ocamistas, llamados los

[6] Sobre la vida de Erasmo he seguido principalmente la excelente biografía de Huizinga.

nominalistas, o modernos. Por último, en 1482, se reconciliaron e hicieron causa común contra los humanistas, que estaban tomando auge en París, fuera de los círculos universitarios. Erasmo odiaba a los escolásticos, a los que consideraba incapacitados y anticuados. Decía en una carta que, cuando trató de obtener el grado de doctor, se tuvo que proponer no decir nada gracioso ni ingenioso. Realmente, no le gustaba ninguna filosofía, ni siquiera la de Platón y Aristóteles, aunque de éstos, por ser antiguos, había que hablar con respeto.

En 1499 hizo su primera visita a Inglaterra, donde le gustó la moda de besar a las muchachas. En Inglaterra se hizo amigo de Colet y de Moro, que le alentaron a emprender una obra seria en vez de juegos literarios. Colet disertaba sobre la Biblia sin saber griego; Erasmo, pensando que le gustaría trabajar sobre la Biblia, consideró esencial conocer el griego. Después de dejar Inglaterra a comienzos de 1500, se puso a estudiar griego, aunque era demasiado pobre para proporcionarse un maestro; hacia el otoño de 1502 ya sabía bastante, y cuando en 1506 fue a Italia descubrió que los italianos no tenían nada que enseñarle. Determinó editar a San Jerónimo y publicar un Testamento griego con una nueva traducción latina; ambas cosas fueron realizadas en 1516. El descubrimiento de inexactitudes en la Vulgata fue luego útil a los protestantes en las controversias. Trató de aprender hebreo, pero lo abandonó.

El único libro de Erasmo que se lee todavía es el *Elogio de la locura.* La idea de este libro se le ocurrió en 1509, cuando se hallaba cruzando los Alpes en el viaje de Italia a Inglaterra. Lo escribió rápidamente en Londres, en la casa de Tomás Moro, al que está dedicado, con una traviesa insinuación de su oportunidad, puesto que *moros* significa *necio.* El libro es una exposición hecha por la Locura; ésta canta sus propios méritos con gran arte, y su texto lo animan aún más las ilustraciones de Holbein. Abarca todas las partes de la vida humana y todas las clases y profesiones. Si no fuera por ella, la especie humana se extinguiría, pues ¿quién podría casarse sin estar loco? Ella aconseja, como un antídoto de la sabiduría, «tomar una mujer, una criatura tan inocente y tonta y sin embargo, tan útil y conveniente, que es capaz de suavizar y hacer flexible la rigidez y el áspero humor de los hombres». ¿Quién podría ser feliz sin la adulación o sin el amor a sí mismo? No obstante, tal felicidad es una necedad. Los hombres más felices son los que se hallan más próximos a las bestias y se apartan de la razón. La mejor felicidad es la que se basa en la ilusión, ya que cuesta menos; es más fácil imaginarse que se es rey que ser rey en realidad. Erasmo se burla luego del orgullo nacional y de la presunción profesional: casi todos los profesores de las artes y de las ciencias son inmensamente presumidos y obtienen la felicidad de su engreimiento.

Hay pasajes donde la sátira deja paso a la invectiva y la Locura expresa las opiniones serias de Erasmo; éstas se refieren a los abusos eclesiásticos. Absoluciones e indulgencias, por las cuales los sacerdotes «computan el tiempo de la estancia de cada alma en el purgatorio»; el culto de los Santos, incluso de la Virgen, «cuyos ciegos devotos creen que esto es una manera de colocar a la Madre delante del Hijo»; las disputas de los teólogos respecto a la Trinidad y a la Encarnación, la doctrina de la transubstanciación; las sectas escolásticas; papas, cardenales y obispos: todos son ferozmente ridiculizados. Particularmente feroz es el ataque a las órdenes monásticas: hay «necios de cerebros enfermos» que tienen muy poca religión y, sin embargo, están «altamente enamorados de sí mismos y son entusiastas admiradores de su propia felicidad». Se comportan como si toda la religión consistiera en nimiedades: «El número preciso de nudos con que atan sus sandalias; los distintos colores de sus hábitos respectivos y de qué tejido están hechos; la anchura y largo de sus cíngulos», y así sucesivamente. «Sería bonito oír sus alegatos ante el gran tribunal: uno alardeará de cómo ha mortificado su apetito carnal alimentándose sólo de pescado; otro dirá que pasó la mayor parte de su vida terrena en el divino ejercicio de cantar salmos...; otro, que en sesenta años no ha tocado nunca una moneda, pues las ha cogido con un grueso par de guantes». Pero Cristo interrumpirá: «Malditos seáis, escribas y fariseos... Os di un precepto: amaos los unos a los otros, y no he oído que ninguno haya alegado que lo ha cumplido fielmente». Sin embargo, estos hombres son temidos en la Tierra, pues conocen muchos secretos de confesionario y con frecuencia los parlan cuando están bebidos.

No se olvida de los papas. Debían imitar a su Maestro en la humildad y la pobreza. «Sus únicas armas debían ser las del Espíritu; y de éstas, en efecto, son altamente pródigos, como de sus entredichos, suspensiones, denuncias, vejaciones, sus excomuniones mayores y menores y sus rugientes bulas, que fulminan contra todo el que los combate; y estos muy reverendos padres nunca las lanzan con tanta frecuencia como contra los que, a instigación del diablo, y sin tener el temor de Dios ante su vista, intentan alevosa y maliciosamente aminorar y menoscabar el patrimonio de San Pedro».

Podría suponerse, dados estos pasajes, que Erasmo acogió con júbilo la Reforma, pero no fue así.

El libro termina con la severa insinuación de que la verdadera religión es una forma de Locura. Hay, en todo el libro, dos clases de Locuras, una elogiada irónicamente, y otra, seriamente; la elogiada seriamente es la que se muestra en la sencillez cristiana. Este elogio es de la misma clase que la antipatía de Erasmo por la filosofía escolástica y por los doctores letrados cuyo latín no era clásico. Pero tiene también un aspecto más profundo. Es la primera aparición en literatura, por lo menos en lo que conozco, del pensamiento expuesto por Rousseau en *El vicario Saboyano,* según el cual la verdadera religión viene del corazón, no de la cabeza, y toda la teología elaborada es superflua. Este punto de vista se ha generalizado cada día más, y es ahora casi generalmente aceptado entre los protestantes. Esto es, de modo esencial, un repudio del intelectualismo helénico por el sentimentalismo del Norte.

En su segunda visita a Inglaterra, Erasmo permaneció en ella cinco años (1509-1514), parte en Londres y parte en Cambridge. Tuvo una influencia considerable en el fomento del humanismo inglés. La educación en las escuelas inglesas ha seguido siendo en lo esencial, hasta hace poco, casi exactamente lo que él habría deseado: una base completa de griego y latín, que comprendía, no sólo traducción, sino composición en verso y en prosa. La ciencia, aunque intelectualmente dominante desde el siglo XVII, se consideraba indigna de la atención de un caballero o de un teólogo; Platón debía ser estudiado, pero no las cuestiones que Platón creía dignas de ser estudiadas. Todo esto va unido a la influencia de Erasmo.

Los hombres del Renacimiento tenían una inmensa curiosidad; «estas mentes —dice Huizinga— nunca lograron la parte que deseaban de incidentes interesantes, detalles curiosos, rarezas y anomalías». Pero al principio ellos buscaban estas cosas, no en el mundo, sino en los viejos libros. Erasmo se interesó por el mundo, pero no lo podía digerir en crudo: tenía que ser servido en platos latinos o griegos para que pudiera asimilarlo. Los relatos de los viajeros eran menospreciados, pero cualquier maravilla de Plinio era creída. No obstante, poco a poco la curiosidad fue pasando de los libros al mundo real; los hombres se fueron interesando por los salvajes y por los animales extraños que iban realmente descubriendo más que por los descritos por los autores clásicos. Calibán procede de Montaigne, y los caníbales de Montaigne proceden de los viajeros. «Los antropófagos y los hombres cuyas cabezas crecen bajo los hombros» habían sido vistos por Otelo, no sacados de la Antigüedad.

Y de este modo, la curiosidad del Renacimiento, que había sido literaria, gradualmente se fue haciendo científica. Tal catarata de hechos nuevos abrumó a unos hombres que, al principio, no podían más que dejarse arrastrar por la corriente. Los viejos sistemas eran evidentemente erróneos; la física de Aristóteles, la astronomía de Tolomeo y la medicina de Galeno no podían ser ampliadas para incluir los descubrimientos que se habían hecho. Montaigne y Shakespeare están contentos con la confusión: el descubrimiento es delicioso y el sistema es su enemigo. En el siglo XVII fue cuando la facultad de construir sistemas se puso a la altura del nuevo saber práctico. Sin embargo, todo esto nos ha llevado lejos de Erasmo, para quien Colón era menos interesante que los Argonautas.

Erasmo era incurable y desvergonzadamente literario. Escribió un libro, *Enchiridion militis christiani,* dando consejos a los militantes iletrados: debían leer la Biblia, pero también a Platón, Ambrosio, Jerónimo y Agustín. Hizo una vasta colección de proverbios latinos a la que, en ediciones posteriores, añadió muchos en griego; su propósito originario fue que la gente pudiese escribir latín idiomáticamente. Escribió un libro muy acertado de *Coloquios,* para enseñar a la gente a hablar en latín de las cosas cotidianas, tales como el juego de bolos. Esto era, quizá, más útil de lo que parece ahora. El latín era el único idioma internacional, y los estudiantes de la Universidad de París procedían de toda Europa occidental. Puede haber ocurrido que el latín fuera el único lenguaje en el que dos estudiantes podían conversar.

Después de la Reforma, Erasmo vivió primeramente en Lovaina, que conservaba una ortodoxia católica perfecta, luego en Basilea, que se hizo protestante. Cada bando trataba de ganársele, pero durante mucho tiempo, en vano. Como hemos visto, se había pronunciado vigorosamente contra los abusos eclesiásticos y la perversión de los papas; en 1517, el mismo año de la rebelión de Lutero, publicó una sátira, titulada *Julius exclusos,* describiendo el fracaso de Julio II para alcanzar el Cielo. Pero la violencia de Lutero le repelía, y odiaba la guerra. Por último, se inclinó al bando católico. En 1524 escribió una obra defendiendo el libre albedrío, que Lutero, siguiendo y exagerando a Agustín, rechazaba. Lutero replicó violentamente, y Erasmo fue arrastrado más lejos por la reacción. Desde este momento hasta su muerte fue perdiendo cada día más importancia. Siempre había sido tímido, y los tiempos no eran ya propicios para la gente tímida. Para los hombres honrados, las únicas alternativas honrosas eran el martirio o la victoria. Su amigo Tomás Moro fue obligado a escoger el martirio, y Erasmo comentó: «¡Si Moro no se hubiera mezclado nunca en ese peligroso asunto y hubiera dejado la causa teológica a los teólogos!». Erasmo vivió demasiado, en una época de nuevas virtudes y nuevos vicios —heroísmo e intolerancia—, ninguno de los cuales pudo adquirir.

Tomás Moro (1478-1535) fue, como hombre, mucho más admirable que Erasmo, pero tuvo una influencia mucho menos importante. Era un humanista, pero también un hombre de profunda piedad. En Oxford se dedicó a aprender griego, lo que era entonces insólito, y se creyó que mostraba simpatía por los italianos infieles. Las autoridades y su padre se opusieron, y fue expulsado de la universidad. A consecuencia de esto se sintió atraído hacia los cartujos, practicó austeridades extremadas y pensó en entrar en la orden. Se le disuadió de esta idea, evidentemente por la influencia de Erasmo, con quien se encontró por primera vez en esta época. Su padre era abogado y decidió seguir la profesión de éste. En 1504 era miembro del Parlamento, y dirigió la oposición a la petición de nuevos impuestos formulada por Enrique VII. Triunfó, pero el rey se puso furioso y envió al padre de Moro a la Torre; le puso en libertad, no obstante, mediante el pago de cien libras. A la muerte del rey, en 1509, Moro volvió al ejercicio de su profesión, y ganó el favor de Enrique VIII. Fue hecho caballero en 1514 y empleado en varias embajadas. El rey continuó invitándole a la corte, pero Moro no iba; por último, el rey se presentó, sin ser invitado, a comer en casa de Moro, en Chelsea. Moro no se hacía ilusiones respecto a Enrique VIII; cuando se le habló de la favorable disposición del rey, contestó: «Si mi cabeza le sirviera para ganar un castillo en Francia, no dejaría de ir».

Cuando Wolsey cayó, el rey designó canciller a Moro en su lugar. Contrariamente a la práctica usual, rehusó todos los presentes de los litigantes. Pronto cayó en desgracia, porque el rey estaba decidido a divorciarse de Catalina de Aragón para casarse con Ana Bolena, y Moro se opuso resueltamente al divorcio. Por consiguiente, dimitió en 1532. Su incorruptibilidad en el cargo la demuestra el hecho de que después de su renuncia sólo tenía cien libras al año. A pesar de sus opiniones, el rey le invitó a su boda con Ana Bolena, pero Moro rehusó la invitación. En 1534, el rey envió al Parlamento el Acta de Supremacía, declarándole a él, no al Papa, cabeza de la Iglesia de Inglaterra. Por tal acta se exigía un Juramento de Supremacía, que Moro se negó a prestar; esto sólo implicaba el delito de deslealtad, que no acarreaba la pena de muerte. Se probó, sin embargo, por medio de un testimonio muy dudoso, que había dicho que el Parlamento no *podía* hacer a Enrique cabeza de la Iglesia; con esta prueba se le declaró convicto de alta traición y fue decapitado. Sus bienes fueron entregados a la princesa Isabel, que los conservó hasta su muerte.

A Moro se le recuerda casi únicamente por su *Utopía* (1518). Utopía es una isla del hemisferio Sur, donde todo se hace del mejor modo posible. La visita accidentalmente un marino llamado Rafael Hythloday, que pasa en ella cinco años, y sólo vuelve a

Europa para dar a conocer sus sabias instituciones. En Utopía, como en la República de Platón, todas las cosas se poseen en común, pues el bien público no puede prosperar donde hay propiedad privada, y sin comunismo no puede haber igualdad. Moro, en el diálogo, objeta que el comunismo haría a los hombres holgazanes y destruiría el respeto a los magistrados; a esto replica Rafael que nadie que haya vivido en Utopía podría decir eso.

Hay en Utopía cincuenta y cuatro ciudades, todas conforme al mismo diseño, salvo una que es la capital. Todas las calles tienen veinte pies de anchura, y todas las casas particulares son exactamente iguales, con una puerta a la calle y otra al jardín. No hay cerraduras en las puertas, y todo el mundo puede entrar en cualquier casa. Los tejados son planos. Cada diez años la gente cambia de casa —indudablemente, para impedir cualquier sentimiento de propiedad—. En el campo hay granjas, cada una de las cuales no contiene menos de cuarenta personas, incluyendo dos siervos; cada granja se halla bajo el mando de un hombre y de una mujer, que son viejos y prudentes. Los pollos no son criados por las gallinas, sino en incubadoras (que no existían aún en la época de Moro). Todos se visten del mismo modo, salvo que hay una diferencia entre el traje del hombre y el de la mujer, y entre los solteros y los casados. Las modas no cambian nunca, y no hay ninguna diferencia entre el traje de verano y el de invierno. Para el trabajo se usan pieles o cueros; un traje dura siete años. Cuando dejan de trabajar se echan una capa de lana encima de sus ropas de trabajo. Todas estas capas son iguales, y son del color natural de la lana. Cada familia hace sus propios vestidos.

Todo el mundo —lo mismo hombres que mujeres— trabaja seis horas al día, tres antes de comer y tres después. Todos van a la cama a las ocho y duermen ocho horas. En las primeras horas de la mañana hay conferencias, a las que asisten muchedumbres, aunque no son obligatorias. Después de la cena se dedica una hora al juego. Seis horas de trabajo son bastantes, porque no hay ociosos y no hay ningún trabajo inútil; en nuestro sistema, se dice, las mujeres, los sacerdotes, la gente rica, los criados y los mendigos, la mayor parte no hacen nada útil, y debido a la existencia de los ricos se emplea mucho trabajo en producir lujos innecesarios; todo esto se evita en Utopía. A veces se descubre que hay un superávit, y los magistrados anuncian una jornada de trabajo más corta durante cierto tiempo.

Se eligen algunos hombres para que se dediquen a la ciencia, y están exentos de otro trabajo mientras se cree realizan una labor satisfactoria. Todos los que se dedican al Gobierno son elegidos entre los letrados. El Gobierno es una democracia representativa, con un sistema de elección indirecta: al frente se halla un príncipe, cuya elección es vitalicia, pero puede ser depuesto por su tiranía.

La vida de la familia es patriarcal; los hijos casados viven en la casa de su padre y son gobernados por éste, a menos que se halle en la extrema vejez. Si alguna familia crece demasiado, los hijos sobrantes pasan a otra. Si una ciudad aumenta mucho, algunos de sus habitantes son trasladados a otra. Si todas las ciudades aumentan demasiado, se construye una nueva en la tierra improductiva. No se dice nada respecto a lo que ha de hacerse cuando toda la tierra inculta haya sido ocupada. Toda matanza de animales para la alimentación la efectúan siervos, para que los ciudadanos libres no aprendan la crueldad. Hay hospitales para los enfermos, tan excelentes que la gente enferma prefiere ir a ellos. Se permite comer en casa, pero la mayoría lo hace en refectorios comunes. Aquí los «servicios viles» son realizados por esclavos, pero las mujeres guisan y los hijos mayores sirven a la mesa. Los hombres se sientan en un banco y las mujeres en otro; las madres que están criando, con los chicos menores de cinco años, están en un salón aparte. Todas las mujeres crían a sus hijos. Los chicos mayores de cinco años, si son demasiado pequeños para servir a la mesa, «están al lado en un maravilloso silencio», mientras sus mayores comen; no tienen una comida aparte, sino que deben contentarse con los pedazos que se les den desde la mesa.

En cuanto al matrimonio, tanto hombres como mujeres son severamente castigados si no van vírgenes a él, y el dueño de una casa donde haya ocurrido tal transgresión está expuesto a incurrir en infamia por descuido. Antes de casarse los novios se ven desnudos; nadie compraría un caballo sin quitarle primero la brida y la silla, y consideraciones análogas deben aplicarse al matrimonio. Hay divorcio por adulterio o «intolerable indocilidad» de cualquiera de las partes, pero la parte culpable no puede volverse a casar. A veces se concede el divorcio únicamente porque lo desean ambas partes. Los que quebrantan el matrimonio son castigados con la esclavitud.

Hay comercio exterior, principalmente con el fin de conseguir hierro, que no se encuentra en la isla. El comercio se emplea también para finalidades relacionadas con la guerra. Los utópicos no estiman la gloria marcial, aunque todos aprenden a combatir, mujeres y hombres. Acuden a la guerra por tres motivos: para defender su territorio cuando es invadido; para liberar el territorio de cualquier aliado de los invasores, y para liberar de la tiranía a una nación oprimida. Pero siempre que pueden, emplean mercenarios para que peleen por ellos. Les interesa que otras naciones sean deudoras suyas, permitiéndoles satisfacer estas deudas con el suministro de mercenarios. Para fines de guerra consideran conveniente también tener una provisión de oro y plata, pues la pueden emplear para pagar a los mercenarios extranjeros. Para ellos no tienen moneda, y enseñan a despreciar el oro, usándolo para fabricar orinales y las cadenas de los esclavos. Las perlas y los diamantes se emplean como adornos de los niños, pero nunca para los adultos. Cuando se hallan en guerra, ofrecen grandes recompensas al que mate al príncipe del país enemigo y premios aún mayores al que lo traiga vivo, y al mismo príncipe si se entrega. Tienen piedad con el pueblo de sus enemigos, «sabiendo que ha sido arrastrado y obligado a ir a la guerra contra su voluntad por la locura furiosa de sus príncipes y gobernantes». Las mujeres combaten lo mismo que los hombres, pero no se las obliga a pelear. «Idean e inventan máquinas de guerra maravillosamente ingeniosas». Se verá que su actitud respecto a la guerra es más racional que heroica, aunque muestran gran valor cuando es necesario.

En cuanto a la moral, se nos dice que tienen demasiada inclinación a pensar que la felicidad consiste en el placer. Este criterio no tiene, sin embargo, malas consecuencias, porque ellos piensan que en la otra vida los buenos son recompensados, y los malos, castigados. No son ascéticos y consideran necio el ayuno. Hay muchos religiosos entre ellos, todos los cuales son tolerados. Casi todos creen en Dios y en la inmortalidad; los pocos que no creen no se cuentan como ciudadanos y no tienen ninguna parte en la vida política, pero no son molestados de ningún otro modo. Algunos hombres píos se abstienen de la carne y del matrimonio; se los considera santos, pero no sabios. Las mujeres pueden ser sacerdotes, si son viejas y viudas. Los sacerdotes son escasos; tienen honores, pero no Poder.

Los esclavos son los condenados por delitos odiosos, o los extranjeros condenados a muerte en su país y que los utópicos han accedido a tomar como esclavos.

En caso de una enfermedad incurable y penosa, se le aconseja al paciente que se suicide, pero si se niega a hacerlo es atendido cuidadosamente.

Rafael Hythloday refiere que predicó el cristianismo a los utópicos y que muchos se convirtieron cuando supieron que Cristo era opuesto a la propiedad privada. La importancia del comunismo se pone de relieve constantemente; casi al final se nos dice que en todas las demás naciones «no advierto sino cierta conspiración de los ricos, que buscan sus propias comodidades con el nombre y el título del bien común».

La *Utopía* de Moro era, en muchos aspectos, asombrosamente liberal. No considero tanto la predicación del comunismo, que estaba en la tradición de muchos movimientos religiosos. Estimo más bien lo que se dice acerca de la guerra, de la religión y de la tolerancia religiosa, contra la desenfrenada matanza de animales (hay un pasaje muy elocuente contra la caza) y en favor de una ley penal benigna. (El libro se inicia con un razonamiento contra la pena de muerte por robo). Debe reconocerse, sin embargo, que la vida en la Utopía de Moro, como en muchas otras, sería intolerablemente aburrida. La diversidad es esencial a la felicidad, y en Utopía difícilmente la hay. Éste es un defecto de todos los sistemas sociales planeados, tanto los reales como los imaginarios.

CAPÍTULO V

LA REFORMA Y LA CONTRARREFORMA

La Reforma y la Contrarreforma, a la par, representan la rebelión de naciones menos civilizadas contra el dominio intelectual de Italia. En el caso de la Reforma, la rebelión fue también política y teológica: la autoridad del Papa se rechazaba y el tributo que había obtenido por el Poder de las llaves dejó de ser pagado. En el caso de la Contrarreforma, hubo solamente una rebelión contra la libertad moral e intelectual de la Italia del Renacimiento; el Poder del Papa no era disminuido, sino exaltado, mientras que, al mismo tiempo, era evidente que su autoridad era incompatible con la cómoda relajación de los Borgias y de los Médicis. Hablando en términos generales, la Reforma fue alemana y la Contrarreforma, española; las guerras de religión fueron, al mismo tiempo, guerras entre España y sus enemigos, coincidiendo con el período en que el Poder de España estaba en su apogeo.

La actitud de la opinión pública en las naciones nórdicas respecto a la Italia del Renacimiento aparece compendiada en el proverbio inglés de aquella época:

> Un inglés italianizado
> es un diablo encarnado.

Se observará con harta frecuencia que son italianos los villanos de Shakespeare. Yago es quizá el ejemplo más destacado, pero un ejemplo aún más revelador es Iachimo, en *Cimbelino,* que seduce al virtuoso britano que viaja por Italia y viene a Inglaterra a practicar sus perversos ardides con los candorosos nativos. La indignación moral contra los italianos tuvo mucho que ver con la Reforma. Desgraciadamente, ésta implicó también el repudio intelectual de lo que Italia había hecho por la civilización.

Los tres grandes hombres de la Reforma y de la Contrarreforma son Lutero, Calvino y Loyola. Los tres, intelectualmente, son medievales en filosofía, comparados con los italianos que inmediatamente los preceden o con hombres como Erasmo, Vives y Moro. Filosóficamente, el siglo que sigue al comienzo de la Reforma es un siglo infecundo. Lutero y Calvino volvieron a San Agustín, conservando, sin embargo, sólo aquella parte de su doctrina que trata de la relación del alma con Dios, no de la parte que se refiere a la Iglesia. La teología de aquéllos fue para disminuir el Poder de la Iglesia. Abolieron el purgatorio, del que las almas de los muertos podían librarse por medio de misas. Rechazaron la doctrina de las indulgencias, de la que dependía una gran parte de los ingresos del Papa. Por la doctrina de la predestinación, la suerte del alma después de la muerte se hacía totalmente independiente de las acciones de los sacerdotes. Estas innovaciones, al mismo tiempo que ayudaban en la lucha contra el Papa, impedían que las iglesias protestantes se hicieran tan poderosas en los países protestantes como la católica en los católicos. Los teólogos protestantes eran (por lo menos al principio) tan fanáticos como los teólogos católicos, pero tenían menos Poder y eran, por consiguiente, menos capaces de hacer daño.

Casi desde el principio hubo una división entre los protestantes respecto al Poder del Estado en cuestiones religiosas. Lutero estaba dispuesto, siempre que el príncipe fuera protestante, a reconocerle como jefe de la Iglesia en su país. En Inglaterra, Enrique VIII e Isabel afirmaron vigorosamente sus derechos en este aspecto y lo mismo hicieron los príncipes protestantes de Alemania, Escandinavia y (después de la rebelión contra España) el de Holanda. Esto aceleró la tendencia ya existente a incrementar el Poder de los reyes.

Pero los protestantes que tomaron en serio los aspectos individualistas de la Reforma se mostraron tan reacios a someterse al rey como al Papa. Los anabaptistas de Alemania fueron suprimidos, mas su doctrina se extendió a Holanda e Inglaterra. El conflicto entre Cromwell y el Parlamento Largo tuvo muchos aspectos; en el teológico, fue en parte un conflicto entre los que aceptaban y los que no aceptaban el criterio de que el Estado debía decidir en materias religiosas. Gradualmente, el cansancio resultante de las guerras de religión motivó el desarrollo de la creencia en la tolerancia religiosa, que fue una de las fuentes del movimiento que desembocó en el liberalismo de los siglos XVIII y XIX.

El triunfo protestante, increíblemente rápido al principio, fue frenado principalmente a consecuencia de la fundación por Loyola de la Compañía de Jesús. Loyola había sido soldado, y su Orden —Compañía— fue fundada conforme a moldes militares; había que prestar una obediencia ciega al general, y todo jesuita debía considerarse en guerra contra la herejía. Desde el Concilio de Trento, los jesuitas empezaron a ser influyentes. Eran disciplinados, capaces, completamente consagrados a la causa y hábiles propagandistas. Su teología era la opuesta a la de los protestantes; rechazaban los elementos de la doctrina de San Agustín que los protestantes destacaban. Creían en el libre albedrío y se oponían a la predestinación. La salvación no era por la fe solamente, sino por la fe y las obras. Los jesuitas adquirieron prestigio por su celo misionero, especialmente en el Extremo Oriente. Se hicieron populares como confesores, porque (si hemos de creer a Pascal) eran más benévolos, salvo contra la herejía, que los demás sacerdotes. Se concentraron en la educación y adquirieron de ese modo una fuerte influencia sobre las mentes de los jóvenes. Dondequiera que no intervenía la teología, la educación que daban era la mejor que se podía obtener; veremos que enseñaron a Descartes más matemáticas que las que hubiera aprendido en otro sitio. Políticamente eran un cuerpo unitario y disciplinado, que no rehuía peligros ni trabajos; instaban a los príncipes católicos a practicar una persecución infatigable y, siguiendo la estela de los ejércitos españoles victoriosos, restablecieron el terror de la Inquisición, incluso en Italia, que había tenido casi un siglo de libre pensamiento.

Los resultados de la Reforma y de la Contrarreforma, en la esfera intelectual, fueron al principio totalmente malos, pero al fin beneficiosos. La guerra de los Treinta Años convenció a todo el mundo de que ni protestantes ni católicos podían triunfar por completo; se hizo necesario abandonar la esperanza medieval de la unidad de doctrina y esto aumentó la libertad de los hombres de pensar por sí mismos, incluso hasta en lo fundamental. La diversidad de credos en los diferentes países hacía posible librarse de la persecución viviendo en el extranjero. El cansancio de la guerra teológica desvió la atención de los hombres capaces, cada día más, a la cultura profana, especialmente a las matemáticas y a la ciencia. Estas son, entre otras, las razones que explican el hecho de que, mientras el siglo XVI, después de la aparición de Lutero, es filosóficamente estéril, el XVIII contiene los nombres más grandes y lleva a cabo el avance más notable desde los tiempos de Grecia. Este avance comenzó en la ciencia, de la que me ocuparé en el capítulo siguiente.

CAPÍTULO VI

DESARROLLO DE LA CIENCIA

Casi todo lo que distingue al mundo moderno de los siglos anteriores es atribuible a la ciencia, que logró sus triunfos más espectaculares en el siglo XVII. El renacimiento italiano, aunque no es medieval, no es moderno; es más afín a la mejor época de Grecia. El siglo XVI, con su preocupación por la teología, es más medieval que el mundo de Maquiavelo. El mundo moderno, por lo que se refiere a la actitud mental, comienza en el siglo XVII. Ningún italiano del Renacimiento hubiera sido ininteligible para Platón o Aristóteles; Lutero habría horrorizado a Tomás de Aquino, pero no hubiera sido difícil para él entenderle. En el siglo XVII es diferente: Platón y Aristóteles, Aquino y Occam no hubieran podido comprender nada de Newton.

Los nuevos conceptos que la ciencia introdujo influyeron profundamente en la filosofía moderna. Descartes, en cierto sentido fundador de la filosofía moderna, fue uno de los creadores de la ciencia del siglo XVII. Debe decirse algo acerca de los métodos y resultados de la astronomía y de la física para que la atmósfera mental de la época en que comenzó la filosofía moderna pueda ser entendida.

Cuatro grandes hombres —Copérnico, Kepler, Galileo y Newton— ocupan lugar preeminente en la creación de la ciencia. De éstos, Copérnico pertenece al siglo XVI, pero en su propia época tuvo poca influencia.

Copérnico (1473-1543) era un sacerdote polaco, de impecable ortodoxia. En su juventud viajó por Italia y absorbió algo de la atmósfera del Renacimiento. En 1500 dio un curso o una cátedra de matemáticas en Roma, pero en 1503 volvió a su país natal, donde fue canónigo de Frauenburg. Gran parte de su tiempo parece haberlo empleado en combatir a los alemanes y en reformar el sistema monetario, pero sus ocios los dedicó a la astronomía. Llegó pronto a creer que el Sol está en el centro del Universo y que la Tierra tiene un doble movimiento: una rotación diurna y una vuelta anual alrededor del Sol. El temor a la censura eclesiástica le llevó a retrasar la publicación de sus puntos de vista, aunque permitió que fueran conocidos. Su obra principal, *De revolutionibus orbium caelestium,* fue publicada el año de su muerte (1543), con un prefacio de su amigo Osiander, diciendo que la teoría heliocéntrica sólo era formulada como una hipótesis. No se sabe hasta qué punto sancionó Copérnico esta afirmación, pero la cuestión no es muy importante, pues él hizo declaraciones parecidas en el curso de la obra[7]. El libro está dedicado al Papa y se libró de la condena católica oficial hasta la época de Galileo. En el tiempo en que vivió Copérnico, la Iglesia era más liberal que después del Concilio de Trento: los jesuitas y la restablecida Inquisición habían hecho su obra.

La atmósfera de la obra de Copérnico no es moderna; podía más bien calificarse de pitagórica. Da por axiomático que todos los movimientos celestes tienen que ser circulares y uniformes y, como los griegos, se deja influir por motivos estéticos. En su sistema hay aún epiciclos, aunque sus centros están en el Sol o, más bien, cerca de él. El hecho de que el Sol no está exactamente en el centro malogró la sencillez de su teoría. Aunque tenía noticia de las doctrinas pitagóricas, no parece haber conocido la teoría heliocéntrica de Aristarco, pero no hay nada en sus especulaciones que no pudiera habérsele ocurrido a un astrónomo griego. Lo importante en su obra es el destronamiento de la Tierra de su geométrica preeminencia. Al fin y al cabo, esto hacía difícil darle al hombre la importancia cósmica que se le atribuye en la teología

---

[7] Véase *Tres opúsculos copernicanos,* traducidos al inglés por Edward Rossen, Chicago, 1939.

cristiana, pero tales consecuencias de su teoría no hubieran sido aceptadas por Copérnico, cuya ortodoxia era sincera y que protestaba contra la opinión de que su teoría contradecía a la Biblia.

Había auténticas dificultades en la teoría copernicana. La mayor de éstas era la ausencia de paralaje estelar. Si la Tierra, en cualquier punto de su órbita, está a 186.000.000 de millas del punto en que estará dentro de seis meses, esto debe originar una desviación en las posiciones aparentes de las estrellas, lo mismo que un barco en el mar que se halla al Norte desde un punto de la costa, no estará al Norte desde otro. No se observó ningún paralaje y Copérnico dedujo rectamente que las estrellas fijas tienen que estar mucho más lejos que el Sol. Fue necesario esperar hasta el siglo XIX, cuando la técnica de la medición llegó a ser lo suficientemente precisa como para que el paralaje estelar fuese observado, y entonces sólo en unas pocas estrellas de las más próximas.

Otra dificultad surgía en lo que respecta a la caída de los cuerpos. Si la Tierra está moviéndose continuamente de Oeste a Este, un cuerpo soltado desde una altura no debía caer verticalmente debajo de su punto de partida, sino en un punto algo más al Oeste, puesto que la Tierra se habrá movido un poco durante el tiempo de la caída. La respuesta a esta dificultad la dio la ley de la inercia de Galileo, pero en la época de Copérnico no había en perspectiva ninguna respuesta.

Hay un libro interesante de E. A. Burtt, titulado *Fundamentos metafísicos de la Ciencia fisíca moderna* (1925), que expone con mucho énfasis las múltiples suposiciones insostenibles hechas por los hombres que fundaron la ciencia moderna. Señala con plena verdad que no había en el tiempo de Copérnico ningún hecho conocido que impulsara a la adopción de su sistema y que había varios que se oponían a él. «Los empiristas contemporáneos, si hubieran vivido en el siglo XVI, hubieran sido los primeros en burlarse de la nueva filosofía del Universo». La finalidad principal del libro es desacreditar a la ciencia moderna, insinuando que sus descubrimientos fueron accidentes afortunados, surgidos al azar, de supersticiones tan toscas como las de la Edad Media. Creo que esto revela un concepto erróneo de la actitud científica: no es *lo* que el hombre de ciencia cree lo que distingue a éste, sino el *cómo* y el *por qué* lo cree. Sus creencias son tentativas, no dogmas; están basadas en pruebas, no en una autoridad o en la intuición. Copérnico estaba en lo cierto al llamar hipótesis a su teoría; sus oponentes estaban en el error al considerar indeseables las nuevas hipótesis.

Los hombres que fundaron la ciencia moderna tuvieron dos méritos que no se encuentran reunidos necesariamente: inmensa paciencia en la observación y gran audacia en la construcción de hipótesis. El segundo de estos méritos había pertenecido a los primeros filósofos griegos; el primero existió, en grado considerable, en los últimos astrónomos de la Antigüedad. Pero ninguno, entre los antiguos, salvo quizá Aristarco, poseyó ambos méritos, y en la Edad Media nadie poseyó ninguno de ellos. Copérnico, como sus grandes sucesores, poseyó los dos. Supo todo lo que podía saberse, con los instrumentos existentes en su tiempo, acerca de los movimientos aparentes de los cuerpos celestes en la esfera celeste y se dio cuenta de que la rotación diurna de la Tierra era una hipótesis más económica que la revolución de todas las esferas celestes. Conforme al criterio moderno, que considera todo movimiento como relativo, la sencillez es la única ganancia resultante de su hipótesis, pero éste no era su criterio ni el de sus contemporáneos. En lo que respecta a la revolución anual de la Tierra hubo también una simplificación, no tan notable como en la rotación diurna. Copérnico necesitó todavía epiciclos, pero menos que los exigidos por el sistema tolemaico. Hasta que Kepler no descubrió sus leyes, no adquirió la nueva teoría toda su simplicidad.

Aparte del efecto revolucionario sobre la imagen del cosmos, los grandes méritos de la nueva astronomía fueron dos: primero, el reconocimiento de que lo que se había creído desde los tiempos antiguos podía ser falso; segundo, que la prueba de la verdad científica es la paciente compilación de hechos, combinada con la audaz adivinación de las leyes que agrupan estos hechos. Ninguno de los dos méritos se halla tan plenamente desarrollado en Copérnico como en sus sucesores, si bien ambos están ya presentes en alto grado en su obra.

Algunos de los hombres a quienes comunicó Copérnico su teoría eran alemanes luteranos, mas cuando ésta llegó a conocimiento de Lutero, el reformador se quedó profundamente sorprendido. «La gente presta oídos —dijo— a un astrólogo advenedizo que se esfuerza por demostrar que la Tierra gira, no los cielos o el firmamento, el Sol y la Luna. Cualquiera que desee parecer inteligente tiene que idear algún nuevo sistema, el cual, de todos los sistemas, es, desde luego, el verdaderamente mejor. Este necio desea trastornar toda la ciencia de la astronomía; pero la Sagrada Escritura nos dice que Josué mandó pararse al Sol, y no a la Tierra». Calvino, de modo análogo, demolió a Copérnico con el texto: «El mundo está tan bien establecido, de modo que no puede ser movido» (Sal. XCIII, I), y exclamó: «¿Quién se atreverá a colocar la autoridad de Copérnico por encima de la del Espíritu Santo?». El clero protestante era por lo menos tan intransigente como los sacerdotes católicos; a pesar de todo, pronto empezó a haber mucha más libertad de especulación en los países protestantes que en los católicos, porque en aquéllos el clero tenía menos Poder. El aspecto importante del protestantismo fue el cisma, no la herejía, pues aquél condujo a las Iglesias nacionales y las Iglesias nacionales no eran bastante fuertes para controlar al Gobierno secular. Esto fue en su totalidad una ganancia, pues las Iglesias, en todas partes, se opusieron prácticamente cuanto pudieron a toda innovación que procurara un aumento de felicidad o de saber en la Tierra.

Copérnico no estaba en condiciones de dar ninguna prueba definitiva en favor de su hipótesis, y durante largo tiempo los astrónomos la rechazaron. El siguiente astrónomo de importancia fue Tycho Brahe (1546-1601), quien adoptó una posición intermedia: sostenía que el Sol y la Luna se movían alrededor de la Tierra, pero que los planetas giraban alrededor del Sol. En lo que respecta a la teoría, no fue muy original. Dio, no obstante, dos buenas razones contra la opinión de Aristóteles de que todo lo que se hallaba encima de la Luna era inmutable. Una de éstas fue la aparición de una nueva estrella en 1572, al descubrir que no tenía ningún paralaje diario y que, por consiguiente, debía estar más distante que la Luna. La otra razón se obtuvo de la observación de cometas, que también se descubrió eran distantes. El lector recordará la doctrina de Aristóteles de que el cambio y la decadencia están confinados en la esfera sublunar; esto, como todo lo demás que dijo Aristóteles sobre cuestiones científicas, resultó un obstáculo para el progreso.

La importancia de Tycho Brahe no estribaba en cuanto a su capacidad de teorizador, sino observador, primero bajo la protección del rey de Dinamarca, luego bajo el emperador Rodolfo II. Hizo un catálogo de estrellas y anotó las posiciones de los planetas durante muchos años. Hacia el final de su vida Kepler, entonces joven, fue ayudante suyo. Para Kepler sus observaciones fueron inapreciables.

Kepler (1571-1630) es uno de los más notables ejemplos de lo que puede lograrse mediante la paciencia aun sin mucho genio. Éste fue el primer astrónomo importante, después de Copérnico, que adoptó la teoría heliocéntrica, pero los datos de Tycho Brahe mostraban que podía no ser totalmente exacta la forma dada a la misma por Copérnico. Estaba influido por el pitagorismo y más o menos inclinado imaginativamente al culto del Sol, aunque buen protestante. Estos motivos le inclinaban, sin duda, hasta cierto punto a favor de la hipótesis heliocéntrica. Su pitagorismo también le inclinaba a seguir al *Timeo* de Platón en la suposición de que la significación cósmica debía estar vinculada a los cinco sólidos regulares. Él los usaba para sugerir hipótesis a su mente; al cabo, por un azar afortunado, una de éstas dio en el blanco.

La gran realización de Kepler fue el descubrimiento de sus tres leyes del movimiento planetario. Dos de ellas las publicó en 1609 y la tercera en 1619. Su primera ley afirma: Los planetas describen órbitas elípticas, de las cuales el Sol ocupa un foco. Su segunda ley declara: La línea que une a un planeta con el Sol recorre espacios iguales en tiempos iguales. Su tercera ley afirma: El cuadrado del período de revolución de un planeta es proporcional al cubo de su distancia media del Sol.

Debemos decir, para explicar la importancia de estas leyes, que las dos primeras sólo podían ser *probadas,* en tiempos de Kepler, en el caso de Marte; en lo que respecta a los demás planetas, las observaciones eran compatibles con ellas, pero no permitían establecerlas definitivamente. No se tardó mucho, sin embargo, en encontrar una confirmación decisiva.

El descubrimiento de la primera ley, la de que los planetas se mueven en elipses, requirió un mayor esfuerzo de emancipación de la tradición de lo que un moderno puede fácilmente imaginar. La única cosa sobre la que todos los astrónomos, sin excepción, habían estado de acuerdo, era que todos los movimientos celestes eran circulares o estaban compuestos de movimientos circulares. Donde se descubrió que los círculos eran inadecuados para explicar los movimientos planetarios, se apeló a los epiciclos. Un epiciclo es la curva trazada por un punto de un círculo que rueda sobre otro círculo. Por ejemplo: tómese una rueda grande y fíjesela horizontalmente sobre el suelo: tómese una rueda más pequeña (colocada también horizontalmente en el suelo), atravesada por un clavo y hágase girar a la rueda pequeña alrededor de la grande, con la punta del clavo tocando el suelo. Entonces, la punta del clavo describirá un epiciclo sobre el suelo. La órbita de la Luna, en relación con el Sol, es aproximadamente de esta clase: aproximadamente, la Tierra describe un círculo alrededor del Sol y, mientras tanto, la Luna describe un círculo alrededor de la Tierra. Pero esto es solamente una aproximación. A medida que la observación era más exacta se vio que ningún sistema de epiciclos se conformaba exactamente con los hechos. Kepler descubrió que su hipótesis era mucho más conforme con las posiciones registradas del planeta Marte que la de Tolomeo e, incluso, que la de Copérnico.

La sustitución de círculos por elipses implicaba el abandono del prejuicio estético que había dominado siempre la astronomía desde Pitágoras. El círculo era una figura perfecta y los orbes celestes eran cuerpos perfectos, originariamente dioses, e incluso en Platón y Aristóteles estrechamente relacionados con dioses. Parecía obvio que un cuerpo perfecto debía moverse en una figura perfecta. Además, puesto que los cuerpos celestes se mueven libremente, sin ser empujados ni arrastrados, su movimiento tenía que ser *natural*. Pues bien: era fácil suponer que hay algo *natural* en un círculo, pero no en una elipse. De esta suerte, fue preciso descartar muchos prejuicios profundamente arraigados para que la primera ley de Kepler pudiese ser aceptada. Ningún antiguo, ni siquiera Aristarco de Samos, había anticipado tal hipótesis.

La segunda ley se refiere a la velocidad variable del planeta en diferentes puntos de su órbita. Si S es el Sol, y P_1, P_2, P_3, P_4, P_5 son posiciones sucesivas del planeta en intervalos iguales de tiempo —por ejemplo, intervalos de un mes—, esa ley de Kepler establece que los espacios P_1 SP_2, P_2, SP_3, P_3 SP_4, P_4 SP_5, son todos iguales. El planeta se mueve, por lo tanto, con más rapidez cuando se halla más próximo al Sol y más lentamente cuando se halla más lejos de él. También esto era algo inadmisible; un planeta era demasiado majestuoso para tener que ir de prisa unas veces y despacio otras.

La tercera ley era importante, porque comparaba los movimientos de los diferentes planetas, mientras que las dos primeras trataban de ellos aisladamente. La tercera ley dice: si r es la distancia media de un planeta al Sol y T es la longitud de su año, entonces r^3 dividido por T^2 es lo mismo para todos los diferentes planetas. Ésta proporcionaba la prueba (por lo que respecta al sistema solar) de la ley de Newton del cuadrado inverso para la gravedad. Pero de esto hablaremos después.

Galileo (1564-1642) es el más grande de los fundadores de la ciencia moderna, con la posible excepción de Newton. Nació por los días en que murió Miguel Ángel y falleció el año en que nació Newton. Señalo estos hechos a los que todavía creen (si los hay) en la metempsicosis. Es importante como astrónomo, pero quizá más aún como fundador de la dinámica.

Galileo fue el primero que descubrió la importancia de la *aceleración* en la dinámica. *Aceleración* significa cambio de velocidad, en magnitud o en dirección; así, un cuerpo que se mueve uniformemente en un círculo, tiene en todos los tiempos una aceleración hacia el centro del círculo. En el lenguaje que había sido habitual antes de su época, podríamos decir que trató del movimiento uniforme en una línea recta como el único *natural,* ya sea en la Tierra o en los cielos. Se había creído *natural* que los cuerpos celestes se movieran en círculos y que los terrestres se movieran en líneas rectas, pero se pensó que los cuerpos terrestres en movimiento dejarían gradualmente de moverse si se los dejaba solos. Galileo sostuvo, frente a este criterio, que todo cuerpo, si se le deja solo, continuará moviéndose en línea recta con velocidad uniforme; todo cambio, ya sea en la velocidad o en la dirección del movimiento, es necesario explicarlo como producido por la acción de alguna *fuerza.* Este principio fue enunciado por Newton como la «primera ley del movimiento». También se la llama la ley de la inercia. Volveré luego a hablar de su significación, pero antes es preciso decir algo en detalle de los descubrimientos de Galileo.

Galileo fue el primero que estableció la ley de la caída de los cuerpos. Esta ley, dado el concepto de *aceleración,* es extremadamente sencilla. Dice que cuando un cuerpo cae libremente, su aceleración es constante, salvo la parte que pueda tener la resistencia del aire; además, la aceleración es la misma para todos los cuerpos, pesados o ligeros, grandes o pequeños. La prueba completa de esta ley no fue posible hasta que se inventó la bomba de aire, cosa que ocurrió hacia 1654. Después de esto fue posible observar la caída de los cuerpos en lo que prácticamente era el vacío, y se vio que las plumas caían tan a prisa como el plomo. Lo que Galileo probó fue que no hay ninguna diferencia mensurable entre las masas grandes y pequeñas de la misma sustancia. Hasta su tiempo se había supuesto que una masa grande de plomo caería mucho más rápidamente que una pequeña, pero Galileo probó por medio del experimento que no era así. La medición, en su tiempo, no era una cosa tan exacta como ha llegado a serlo después; no obstante, llegó a la verdadera ley de la caída de los cuerpos. Si un cuerpo cae libremente en el vacío, su velocidad aumenta en una proporción constante. Al final del primer segundo, su velocidad será 32 pies por segundo; al final del otro segundo, 64 pies por segundo; al final del tercero, 96 pies por segundo, y así sucesivamente. La aceleración, es decir, la proporción en que aumenta la velocidad, es siempre la misma; en cada segundo, el aumento de velocidad es (aproximadamente) 32 pies por segundo.

Galileo estudió también los proyectiles, cuestión de importancia para su protector, el duque de Toscana. Se había creído que un proyectil disparado horizontalmente avanzaba horizontalmente durante un rato y luego, de súbito, empezaba a caer verticalmente. Galileo demostró que, dejando a un lado la resistencia del aire, la velocidad horizontal permanecería constante, de conformidad con la ley de inercia, pero que había que añadir una velocidad vertical, que había de aumentar conforme a la ley de la caída de los cuerpos. Para averiguar cómo se movería el proyectil durante un corto espacio de tiempo, por ejemplo, un segundo, después de haber estado en el aire cierto tiempo, nosotros procedemos de este modo: Primero, si no estuviera cayendo, cubriría cierta distancia horizontal, igual a la que cubrió en el primer segundo de su vuelo. Segundo, si no estuviera moviéndose horizontalmente, sino sólo cayendo, caería verticalmente con una velocidad proporcional al tiempo, desde que comenzó el vuelo. Efectivamente, su cambio de lugar es lo que sería si al principio se hubiera movido horizontalmente durante un segundo con la velocidad inicial y luego cayera verticalmente durante un segundo con una velocidad proporcional al tiempo durante el cual ha estado en vuelo. Un simple cálculo muestra que su curso siguiente es una parábola y esto lo confirma la observación, excepto en la medida en que se interpone la resistencia del aire.

Lo anterior muestra un ejemplo sencillo de un principio que resultó inmensamente fecundo en la dinámica: el principio de que, cuando varias fuerzas actúan simultáneamente, el efecto es como si cada una de ellas actuara por turno. Esto es parte de un principio más general llamado la ley del paralelogramo. Supóngase, por ejemplo, que uno se encuentra en la cubierta de un buque en movimiento y pasea por ella. Mientras paseamos, el barco ha avanzado, de modo que, en relación con el agua, nos hemos movido hacia adelante y en sentido transversal a la dirección del movimiento del barco. Si necesitamos saber lo que hemos avanzado en relación con el agua, podemos suponer que primeramente estábamos parados mientras el barco avanzaba, y luego, durante un tiempo igual, que el barco permanecía inmóvil mientras nos paseábamos. El mismo principio se aplica a las fuerzas. Esto hace posible averiguar el efecto total de una serie de fuerzas y hace factible el análisis de los fenómenos físicos, descubriendo las leyes separadas de las diversas fuerzas a que están sometidos los cuerpos en movimiento. Fue Galileo quien introdujo este método inmensamente fecundo.

En lo que he dicho, he tratado de hablar, lo más aproximadamente posible, en el lenguaje del siglo XVII. El lenguaje moderno es diferente en importantes aspectos, mas para explicar lo que el siglo XVII llevó a cabo es conveniente, de momento, adoptar sus modos de expresión.

La ley de inercia explicó un enigma que, antes de Galileo, el sistema copernicano no había sido capaz de explicar. Como observamos antes, si se deja caer una piedra desde lo alto de una torre, caerá al pie de ésta y no un poco al oeste de la misma; sin embargo, si la Tierra está moviéndose, debe haberse deslizado un poco durante la caída de la piedra. La razón de que esto no ocurra es que la piedra conserva la velocidad de rotación que, antes de ser arrojada, compartía con todo lo que se encuentra sobre la superficie de la Tierra. En efecto, si la torre fuera bastante alta, tendríamos el efecto contrario a lo esperado por los adversarios de Copérnico. La parte alta de la torre, al estar más lejos del centro de la Tierra que la base, se mueve más de prisa y, por consiguiente, la piedra debería caer un poco al este del pie de la torre. Sin embargo, tal efecto sería demasiado pequeño para ser mensurable.

Galileo adoptó ardorosamente el sistema heliocéntrico; tuvo correspondencia con Kepler y aceptó sus descubrimientos. Habiendo tenido noticias de que un holandés había inventado hacía poco un telescopio, Galileo se hizo uno y muy pronto descubrió una cantidad de cosas importantes. Vio que la Vía Láctea consistía en una multitud de estrellas separadas. Observó las fases de Venus, que Copérnico sabía que estaban implícitas en su teoría, pero que a simple vista no podían percibirse. Descubrió los satélites de Júpiter que, en honor de su protector, llamó *sidera medicea.* Se descubrió que estos satélites obedecían a las leyes de Kepler. Había, no obstante, una dificultad. Siempre había habido siete cuerpos celestes, los cinco planetas y el Sol y la Luna; ahora bien: siete es un número sagrado. ¿No es el sábado el día séptimo? ¿No tenemos los candelabros de siete brazos y las siete iglesias de Asia? ¿Qué cosa más apropiada, entonces, que la existencia de siete cuerpos celestes? Pero si tenemos que añadirles las cuatro lunas de Júpiter, hacen un total de once, número que no tiene ninguna propiedad mística. Por este motivo, los tradicionalistas denunciaron el telescopio, se negaron a mirar por él y sostenían que sólo revelaba ilusiones. Galileo escribió a Kepler mostrando su deseo de poder reírse con él de la estupidez de la *multitud;* el resto de su carta aclara que la *multitud* se componía de los profesores de filosofía, que trataban de exorcizar las lunas de Júpiter, empleando «argumentos de lógica barata, como si se tratara de conjuros mágicos».

Galileo, como todo el mundo sabe, fue condenado por la Inquisición, primero; privadamente, en 1616; y, luego, públicamente, en 1633, en cuya segunda ocasión se retractó y prometió no sostener nunca más que la Tierra se movía o giraba. La Inquisición triunfó en el empeño de poner fin a la ciencia en Italia, que no volvió a revivir allí durante siglos. Pero fracasó en el propósito de impedir que los hombres de ciencia adoptaran la teoría heliocéntrica y ocasionó considerables daños a la Iglesia con su estupidez. Afortunadamente, había países protestantes, donde el clero, aunque deseoso de hacer daño a la ciencia, no pudo adquirir el dominio del Estado.

Newton (1642-1727) logró el triunfo final y completo para el que Copérnico, Kepler y Galileo habían preparado el camino. Partiendo de sus tres leyes del movimiento —de las cuales las dos primeras se deben a Galileo—, probó que las tres leyes de Kepler son equivalentes a la proposición de que todo planeta, en cada momento, mantiene una aceleración hacia el Sol que varía inversamente al cuadrado de las distancias a dicho astro. Mostró que las aceleraciones hacia la Tierra y el Sol, siguiendo la misma fórmula, explican el movimiento de la Luna y que la aceleración de los cuerpos que caen sobre la superficie de la Tierra se relaciona asimismo con la de la Luna, de acuerdo con la ley del cuadrado inverso. Definió la *fuerza* como la causa del cambio de movimiento, es decir, de la aceleración. De este modo pudo enunciar su ley de la gravitación universal: «Todos los cuerpos se atraen recíprocamente con una fuerza directamente proporcional al producto de sus masas e inversamente proporcional al cuadrado de las distancias». De esta fórmula pudo deducirlo todo en la teoría planetaria: los movimientos de los planetas y sus satélites, las órbitas de los cometas, las mareas. Más tarde se vio que incluso las pequeñas desviaciones de los planetas de sus órbitas elípticas eran deducibles de la ley de Newton. El triunfo era tan completo que Newton estuvo en peligro de convertirse en otro Aristóteles y de imponer una barrera insuperable al progreso. En Inglaterra aún no había transcurrido un siglo después de su muerte cuando los hombres se habían liberado de su autoridad lo suficiente para llevar a cabo una importante labor original en las materias de que se había ocupado.

El siglo XVII fue notable, no sólo en astronomía y dinámica, sino en muchos otros aspectos relacionados con la ciencia.

Tomemos primero la cuestión de los instrumentos científicos[8]. El microscopio compuesto fue inventado poco antes del siglo XVII, hacia 1590. El telescopio fue inventado en 1608 por un holandés llamado Lippershey, aunque Galileo fue el primero que lo usó formalmente con fines científicos. Galileo inventó también el termómetro —por lo menos, esto es lo que parece más probable—. Su discípulo Torricelli inventó el barómetro. Guericke (1602-1686) inventó la bomba de aire, o máquina neumática. Los relojes, aunque no nuevos, fueron muy perfeccionados en el siglo XVII, debido en gran parte a la obra de Galileo. Gracias a estos inventos, la observación se hizo inmensamente más exacta y extensa de lo que lo había sido en cualquier tiempo anterior.

Junto a esto, hubo una importante labor en otras ciencias, aparte de la astronomía y la dinámica. Gilbert (1540-1603) publicó su libro sobre el imán en 1600. Harvey (1578-1657) descubrió la circulación de la sangre, y publicó su descubrimiento en 1628[9]. Leeuwenhoek (1632-1723) descubrió los espermatozoos, aunque otro hombre, Stephen Hamm, los había descubierto, al parecer, unos pocos meses antes; Leeuwenhoek descubrió también los protozoos u organismos unicelulares, e incluso las bacterias. Robert Boyle (1627-1691) fue, como se enseñaba a los muchachos

---

[8] Sobre esta cuestión, véase el capítulo «Scientific Instruments», en *A History of Science, Technology, and Philosophy in the Sixteenth and Seventeenth Centuries,* por A. Wolf.

[9] En 1537 el español Miguel Servet —1511-1553— descubrió la circulación menor de la sangre. *(N. del E.)*

cuando yo era joven, «el padre de la química e hijo del conde de Cork»; ahora es recordado principalmente por la «Ley de Boyle», de que, en una cantidad dada de gas a una temperatura dada, la presión es inversamente proporcional al volumen.

Hasta aquí no he dicho nada de los avances en la matemática pura, pero éstos fueron también muy notorios e indispensables para gran parte de la obra de la física. Napier publicó su invención de los logaritmos en 1614. La geometría coordenada fue el resultado de la labor de varios matemáticos del siglo XVII, entre los cuales la mayor contribución se debe a Descartes. El cálculo diferencial e integral fue inventado independientemente por Newton y Leibniz; es el instrumento para casi todas las matemáticas superiores. Éstos son únicamente los hallazgos más destacados en la matemática pura; hay innumerables de gran importancia.

El resultado de la labor científica, que hemos examinado, fue que el criterio de los hombres cultivados se transformó por completo. A principios del siglo, Thomas Browne tomó parte en procesos por hechicería; a fines del siglo, tal cosa hubiera sido imposible. En la época de Shakespeare los cometas eran todavía portentos; después de la publicación de los *Principia* de Newton en 1687, se sabía que él y Halley habían calculado las órbitas de ciertos cometas y que éstos eran tan obedientes como los planetas a la ley de la gravitación. El reinado de la ley había impreso su huella en las imaginaciones de los hombres, haciendo increíbles cosas como la magia y la hechicería. En 1700, la actitud mental de los hombres educados era completamente moderna; en 1600, a excepción de muy pocos, era aún en gran parte medieval.

En el resto de este capítulo trataré de exponer brevemente las creencias filosóficas que parecían deducirse de la ciencia del siglo XVII y algunos de los aspectos en que la ciencia moderna difiere de la de Newton.

Lo primero que se debe observar es la eliminación de casi toda huella de animismo en las leyes físicas. Los griegos, aunque no lo dijeron explícitamente, sin duda consideraban el movimiento como un signo de vida. A los observadores corrientes les parece que los animales se mueven, mientras que la materia inanimada sólo se mueve cuando la impulsa una fuerza exterior. El alma de un animal, en Aristóteles, tiene varias funciones, y una de ellas es la de mover el cuerpo del animal. El Sol y los planetas, en el pensamiento griego, pueden ser dioses, o al menos regulados y movidos por dioses. Anaxágoras pensaba de otro modo, pero era impío; Demócrito pensaba de otro modo, pero se le despreció, excepto por los epicúreos, en favor de Platón y Aristóteles. Los cuarenta y siete o cincuenta y cinco motores inmóviles de Aristóteles son espíritus divinos y constituyen la fuente última de todo el movimiento del Universo. Abandonado a sí mismo, cualquier cuerpo inanimado se quedaría pronto inmóvil; por eso, la operación del alma sobre la materia tiene que ser continua, si el movimiento no ha de cesar.

Todo esto lo cambió la primera ley del movimiento. La materia inanimada, una vez puesta en movimiento, continuará moviéndose siempre, a menos que sea detenida por alguna causa externa. Además, las causas exteriores del cambio de movimiento fueron materiales en todos los casos en que se podían determinar con precisión. El sistema solar, en todo caso, se mantenía en movimiento por su propio impulso y sus propias leyes; ninguna intervención exterior era necesaria. Podía todavía parecer necesaria la intervención de Dios para poner el mecanismo en movimiento; los planetas, según Newton, fueron originariamente lanzados por la mano de Dios. Pero hecho esto y decretada la ley de la gravitación, todo continuó por sí mismo sin más necesidad de la intervención divina. Cuando Laplace sugirió que las mismas fuerzas que operan ahora podían haber motivado que los planetas se desprendieran del Sol, la parte de Dios en el curso de la Naturaleza se redujo mucho más aún. Él podía continuar como Creador, pero incluso eso era dudoso, puesto que no estaba claro que el mundo tuviera un principio en el tiempo. Aunque la mayoría de los hombres de ciencia eran modelos de piedad, el punto de vista que sugiere su obra era perturbador para la ortodoxia, y los teólogos tenían plenamente derecho a sentirse molestos.

Otro resultado de la ciencia fue un cambio profundo en la concepción del puesto del hombre en el Universo. En el mundo medieval, la Tierra era el centro de los cielos y todo tenía una finalidad relacionada con el hombre. En el mundo newtoniano, la

Tierra era un planeta menor de una estrella relativamente insignificante; las distancias astronómicas eran tan enormes, que la Tierra, en comparación, era una simple punta de alfiler. Parecía inverosímil que este inmenso aparato estuviera todo él planeado para el bien de ciertas pequeñas criaturas en esta punta de alfiler. Además de esto, la finalidad, que desde Aristóteles había formado una parte íntima del concepto de ciencia, era ahora eliminada del proceso científico. Cualquiera podía seguir creyendo que los cielos existen para proclamar la gloria de Dios, pero nadie podía permitir a esta creencia intervenir en un cálculo astronómico. El mundo podía tener una finalidad, pero las finalidades no podían entrar ya en las explicaciones científicas.

La teoría copernicana debía haber sido humillante para el orgullo humano, pero de hecho produjo el efecto contrario, pues los triunfos de la ciencia reanimaron el orgullo humano. El agonizante mundo antiguo había estado obsesionado con el sentimiento del pecado y lo había transmitido como una opresión a la Edad Media. Ser humilde ante Dios era a la vez lícito y prudente, pues Dios castigaba el orgullo. Pestes, inundaciones, terremotos, los turcos, los tártaros y los cometas llenaban de perplejidad los siglos sombríos, y se daban cuenta de que sólo una humildad cada vez mayor apartaría estas calamidades actuales o amenazantes. Pero se hacía imposible seguir siendo humilde cuando los hombres lograban tales triunfos:

> La Naturaleza y sus leyes estaban ocultas en la noche.
> Dios dijo: «Aparezca Newton», y todo fue claridad.

Y en cuanto a la condenación, seguramente el Creador de un Universo tan enorme tenía algo más que pensar que enviar a los hombres al infierno por minúsculos errores teológicos. Judas Iscariote podía ser condenado, pero Newton no, aunque fuera arriano.

Había, sin duda, muchas otras razones para la propia satisfacción. Los tártaros habían sido confinados al Asia y los turcos ya no iban a ser amenaza. Los cometas habían sido humillados por Halley, y en cuanto a los terremotos, aunque eran todavía formidables, eran tan interesantes que los hombres de ciencia apenas si los lamentaban. Los europeos occidentales se estaban enriqueciendo rápidamente y se hacían dueños de todo el mundo: habían conquistado América del Norte y del Sur, eran poderosos en África y en la India, se los respetaba en China y eran temidos en el Japón. Cuando a todo esto se añadieron los triunfos de la ciencia, no es de extrañar que los hombres del siglo XVII se sintieran gente importante, y no los miserables pecadores que seguían todavía proclamándose los domingos.

Hay algunos aspectos en los que los conceptos de la moderna física teórica difieren de los del sistema newtoniano. Para empezar, el concepto de *fuerza,* que predomina en el siglo XVII, se ha considerado superfluo. *Fuerza,* en Newton, es la causa del cambio de movimiento, en magnitud o en dirección. La noción de causa se considera importante, y la fuerza es concebida imaginativamente como la clase de cosa que experimentamos cuando empujamos o arrastramos. Por esta razón se consideró como objeción a la gravitación el que actuara a distancia, y el mismo Newton concedía que tenía que haber algún medio por el cual fuera transmitida. Gradualmente se vio que todas las ecuaciones podían desarrollarse sin que se produjeran fuerzas. Lo observable era cierta relación entre aceleración y configuración; decir que esta relación era producida por mediación de una *fuerza* no era añadir nada a nuestro conocimiento. La observación muestra que los planetas tienen en todo momento una aceleración hacia el Sol, que varía inversamente al cuadrado de su distancia a él. Decir que esto se debe a la fuerza de gravitación, es simplemente decir una palabra, como afirmar que el opio hace que la gente duerma porque tiene una virtud somnífera. El físico moderno, por consiguiente, se limita meramente a exponer las fórmulas que determinan las aceleraciones y evita la palabra *fuerza* por completo. La *fuerza* fue el extraño fantasma del punto de vista vitalista en lo que se refiere a las causas de los movimientos y, gradualmente, ha sido exorcizado el fantasma.

Hasta el advenimiento de la mecánica de los cuantos, no ocurrió nada que modificara en ningún grado lo que constituye el sentido esencial de las dos primeras leyes del movimiento, a saber: las leyes de la dinámica han de ser expresadas en términos de aceleraciones. En este aspecto Copérnico y Kepler tienen todavía que ser clasificados entre los antiguos; buscaban leyes que determinaran las formas de las órbitas de los cuerpos celestes. Newton hizo patente que las leyes expresadas en esta forma no podían nunca ser más que aproximadas. Los planetas no se mueven en elipses *exactas,* debido a las perturbaciones originadas por las atracciones de otros planetas. Tampoco la órbita de un planeta se repite nunca exactamente, por la misma razón. Pero la ley de la gravitación, que trata de las aceleraciones, era muy sencilla y se pensó que era completamente exacta hasta doscientos años después del tiempo de Newton. Corregida por Einstein siguió siendo una ley de las aceleraciones.

Es verdad que la conservación de la energía es una ley que se refiere a velocidades, no a aceleraciones. Pero, en los cálculos en que se usa esta ley, aún deben emplearse las aceleraciones.

En cuanto a los cambios introducidos por la mecánica de los cuantos, éstos son muy profundos, pero son todavía, en cierto grado, motivos de controversia e incertidumbre.

Hay un cambio respecto a la filosofía newtoniana que debemos mencionar ahora: el abandono del espacio y del tiempo absolutos. El lector recordará que aludimos a este tema en relación con Demócrito. Newton creía en un espacio compuesto de puntos y en un tiempo compuesto de instantes, los cuales tenían una existencia independiente de los cuerpos y acontecimientos que los ocupaban. En cuanto al espacio, disponía de un argumento empírico para apoyar su criterio, verbigracia, que los fenómenos físicos nos permiten distinguir la rotación absoluta. Si damos vueltas al agua de un balde, ésta sube por los lados y baja en el centro; pero si al balde se le hace girar, sin agua, no se produce tal efecto. Después de su tiempo se ideó el experimento del péndulo de Foucault, que proporcionaba lo que se ha considerado demostración de la rotación de la Tierra. Aun en los criterios más modernos, la cuestión de la rotación absoluta presenta dificultades. Si todo movimiento es relativo, la diferencia entre la hipótesis de que la Tierra gira y la hipótesis de que los cielos dan vueltas es puramente verbal; no hay más diferencia que la existentc entre las frases «Juan es el padre de Jaime» y «Jaime es el hijo de Juan». Pero si los cielos dan vueltas, las estrellas se mueven más rápidamente que la luz, lo que se considera imposible. No puede decirse que las respuestas modernas a esta dificultad sean completamente satisfactorias, pero son lo suficiente para hacer que casi todos los físicos acepten la opinión de que el movimiento y el espacio son puramente relativos. Esto, combinado con la amalgama de espacio y tiempo en el espacio-tiempo, ha modificado considerablemente nuestro criterio del Universo, con relación al que resultó de la obra de Galileo y Newton. Pero de esto, como de la teoría del cuanto, no diré nada por ahora.

CAPÍTULO VII

FRANCIS BACON

Francis Bacon (1561-1626), aunque su filosofía es en muchos aspectos insatisfactoria, es siempre importante como fundador del moderno método inductivo y como precursor del intento de sistematización del procedimiento científico.

Era hijo de Nicolas Bacon, lord guardasellos del rey, y su tía era la mujer de William Cecil, luego lord Burghley, educándose, por tanto, en la atmósfera de los asuntos de Estado. Entró en el Parlamento a los veintitrés años y fue consejero de Essex. A pesar de esto, cuando Essex perdió el favor, colaboró en su persecución. Por ello ha sido severamente censurado; Lytton Strachey, por ejemplo, en su *Isabel y Essex,* representa a Bacon como un monstruo de traición e ingratitud. Esto es completamente injusto. Trabajó con Essex mientras éste fue leal, pero lo abandonó cuando continuar siendo leal a él hubiera sido una traición; en esto no hubo nada que ni aun el más rígido moralista de la época pudiera condenar.

A pesar de su abandono de Essex, nunca adquirió el favor por completo durante la vida de Isabel. Con el advenimiento de Jacobo mejoraron sus perspectivas. En 1617 obtuvo el cargo de su padre como guardasellos del rey, y en 1618 fue lord canciller. Pero después de haber ocupado este gran puesto sólo dos años, fue perseguido por aceptar presentes de los litigantes. Reconoció la veracidad de la acusación, alegando en su defensa solamente que los obsequios nunca influyeron en sus decisiones. En esto cada uno puede formar su criterio, pues no puede haber pruebas sobre las decisiones que Bacon hubiera adoptado en otras circunstancias. Fue condenado a una multa de 40.000 libras esterlinas, a ser encarcelado en la Torre durante el tiempo que el rey quisiera, a perpetuo destierro de la corte y a inhabilitación para desempeñar cargos. Esta sentencia sólo se ejecutó muy parcialmente. No se le obligó a pagar la multa y sólo estuvo preso en la Torre cuatro días. Pero se le forzó a abandonar la vida pública y pasó el resto de sus días escribiendo obras importantes.

La ética de la profesión jurídica, en aquellos tiempos, era algo laxa. Casi todos los jueces aceptaban presentes, habitualmente de las dos partes. Ahora consideramos horrendo que un juez acepte regalos, pero todavía consideramos más horrendo que, después de aceptarlos, sentencie contra los donantes. En aquellos tiempos, los obsequios eran una cosa natural, y un juez mostraba su *virtud* en no dejarse influir por ellos. Bacon fue condenado por un incidente en un pleito reñido, no porque fuera excepcionalmente culpable. No fue hombre de moral notable, como su precursor Tomás Moro. Pero tampoco excepcionalmente malvado. Moralmente, fue un hombre del montón, ni mejor ni peor que la mayoría de sus contemporáneos.

Después de cinco años de retiro, murió de un resfriado, que cogió mientras hacía un experimento sobre refrigeración, cuando rellenaba un pollo de nieve.

La obra más importante de Bacon, *Progreso del saber,* es en muchos aspectos notablemente moderna. Generalmente se le considera como creador de la frase «saber es poder», y aunque puede haber tenido predecesores que dijeran lo mismo, él lo dijo con nuevo acento. La base de su filosofía era práctica: dar a la humanidad el dominio sobre las fuerzas de la Naturaleza por medio de descubrimientos e inventos científicos. Sostenía que la filosofía debía separarse de la teología y no estar íntimamente ligada con ella, como en el escolasticismo. Aceptaba la religión ortodoxa: no era hombre que se fuera a pelear con el Gobierno por tal cuestión. Pero mientras pensaba que la razón podía demostrar la existencia de Dios, consideraba que todo lo demás de la teología sólo se conocía por medio de la revelación. Efectivamente sostuvo que el triunfo de la fe es mayor cuando un dogma parece más absurdo a la razón sin apoyo. La filosofía, no obstante, debía basarse solamente en la razón. De esta suerte, fue un defensor de la doctrina de la «doble verdad», la de la razón y la de la revelación. Esta doctrina había sido predicada por ciertos averroístas en el siglo XIII, pero había sido condenada por la Iglesia. El «triunfo de la fe» era, para el ortodoxo, un expediente peligroso. Bayle, a finales del siglo XVII, hizo un uso irónico de él, exponiendo con gran detalle cuanto la razón podía decir contra alguna creencia ortodoxa y concluyendo luego: «tanto mayor es el triunfo de la fe creyendo, a pesar de todo». Es imposible saber hasta qué punto era sincera la ortodoxia de Bacon.

Bacon fue el primero de la larga serie de filósofos de espíritu científico que subrayó la importancia de la inducción como cosa opuesta a la deducción. Como la mayoría de sus sucesores, trató de encontrar algún tipo de inducción mejor que la llamada «inducción por simple enumeración». La inducción por simple enumeración puede representarse por medio de una parábola. Había una vez un empleado del censo que tenía que registrar los nombres de todos los cabezas de familia de cierta aldea de Gales. El primero a quien preguntó se llamaba William Williams; lo mismo el segundo, el tercero, el cuarto... Por último, se dijo para sí: «Esto es una pesadez; evidentemente, todos se llaman William Williams. Así los apuntaré a todos y me tomare un día de vacaciones». Pero estaba equivocado; había uno cuyo nombre era John Jones. Esto indica que nos podemos extraviar si confiamos demasiado implícitamente en la inducción por simple enumeración.

Bacon creyó que tenía un método por medio del cual la inducción podía hacerse algo mejor que en la parábola. Deseaba, por ejemplo, descubrir la naturaleza del calor, que suponía (de modo acertado) consistente en rápidos movimientos irregulares de las partículas de los cuerpos. Su método consistía en hacer listas de cuerpos calientes, listas de cuerpos fríos y listas de cuerpos con diversos grados de calor. Él esperaba que estas listas mostrarían alguna característica siempre presente en los cuerpos calientes y ausente en los fríos, y presente en diversos grados en los cuerpos de diferentes grados de calor. Por este método esperaba llegar a leyes generales, teniendo, en primera instancia, el grado más bajo de generalización. De cierto número de leyes de este tipo esperaba llegar a leyes del segundo grado de generalización, y así sucesivamente. Una ley sugerida debía ser comprobada por medio de su aplicación a nuevas circunstancias; si operaba en estas circunstancias, quedaba confirmada hasta ese límite. Algunos ejemplos son especialmente valiosos, porque nos permiten decidir entre dos teorías, posible cada una hasta el punto en que se extienden las observaciones previas; tales ejemplos se llaman ejemplos *privilegiados.*

Bacon no sólo despreciaba el silogismo, sino que subestimaba las matemáticas, de modo probable como insuficientemente experimentales. Era ásperamente hostil a Aristóteles, pero estimaba muchísimo a Demócrito. Aunque no negaba que el curso de la naturaleza revela una finalidad divina, se oponía a toda mezcla de explicación teológica en la verdadera investigación de los fenómenos; «todo —sostenía él— debe explicarse como procedente de modo necesario de causas eficientes».

Valoró su método mostrando de qué modo deben ordenarse los datos obtenidos por la observación, en los cuales debe basarse la ciencia. «No debemos ser —nos dice— como las arañas, que hilan cosas sacadas de su propio interior, ni como las hormigas, que se limitan a reunir cosas, sino como las abejas, que a la par reúnen y ordenan». Esto es algo injusto para las hormigas, pero ilustra el pensamiento de Bacon.

Una de las partes más famosas de la filosofía de Bacon es su enumeración de lo que él llama *ídolos,* con lo cual da a entender los malos hábitos mentales que hacen que la gente caiga en el error. Enumera cinco clases. «Ídolos de la tribu» son los inherentes a la naturaleza humana; menciona en particular el hábito de esperar más orden en los fenómenos naturales del que realmente ha de encontrarse. «Ídolos de la caverna» son los prejuicios personales, característicos del investigador particular. «Ídolos de la plaza del mercado» son los que se relacionan con la tiranía de las palabras, y con la dificultad de librarse de su influencia en las mentes. «Ídolos del teatro» son los que tienen que ver con los sistemas de pensamientos recibidos; de éstos, naturalmente, proporcionan los ejemplos más notables Aristóteles y la escolástica. Por último vienen los «ídolos de las escuelas», que consisten en creer que alguna regla ciega (tal como el silogismo) puede ocupar el lugar del juicio en la investigación.

Aunque la ciencia era lo que le interesaba a Bacon, y aunque su actitud general fue científica, pasó por alto la mayor parte de lo que se estaba haciendo en este campo en su tiempo. Rechazó la teoría copernicana, lo que era excusable en lo que se refiere al propio Copérnico, puesto que no presentó ningún argumento verdaderamente sólido. Pero Bacon debió haber sido convencido por Kepler, cuya *Nueva Astronomía* apareció en 1609. Bacon parece no haber conocido la obra de Vesalio, el precursor de la anatomía moderna, ni la de Gilbert, cuya obra sobre magnetismo ilustraba brillantemente el método inductivo. Lo que todavía es más sorprendente, parecía no darse cuenta de la obra de Harvey, aunque éste fue su médico. Es verdad que Harvey no publicó su descubrimiento de la circulación de la sangre hasta después de la muerte de Bacon, pero era de suponer que Bacon estuviera al tanto de sus investigaciones. Harvey no tenía muy alta opinión de él, al afirmar: «escribe filosofía como un lord canciller». Sin duda Bacon lo hubiera hecho mejor de no preocuparse tanto por el éxito mundano.

El método inductivo de Bacon tiene el defecto de no dar suficiente importancia a la hipótesis. Él esperaba que la simple disposición ordenada de los datos haría obvia la hipótesis adecuada, pero esto ocurría pocas veces. En general la formación de hipótesis es la parte más difícil de la obra científica y en la que es indispensable una gran habilidad.

Hasta ahora no se ha hallado ningún método que haga posible la invención de hipótesis por medio de reglas. Habitualmente, una hipótesis es un preliminar necesario para la colección de hechos, puesto que la selección de éstos requiere algo previo que determine su importancia. Sin algo de esta clase, la mera multiplicidad de hechos es desconcertante.

El papel desempeñado por la deducción en la ciencia es mayor de lo que Bacon suponía. A menudo, cuando es preciso comprobar una hipótesis, hay un largo camino deductivo desde la hipótesis hasta alguna consecuencia que pueda ser comprobada por medio de la observación. Ordinariamente, la deducción es matemática, y a este respecto Bacon subestimó la importancia de las matemáticas en la investigación científica.

El problema de la inducción por simple enumeración sigue sin resolver hasta ahora. Bacon estaba totalmente en lo cierto al rechazar la simple enumeración en lo referente a los detalles de la investigación científica, pues al tratarse de detalles, podemos suponer leyes generales sobre cuya base —en la medida en que son considerados válidos— pueden elaborarse métodos más o menos convincentes. John Stuart Mill ideó cuatro normas del método inductivo, que pueden emplearse útilmente siempre que se dé por sentada la ley de causalidad; pero esta misma ley, según él tuvo que confesar, ha de aceptarse únicamente sobre la base de la inducción por simple enumeración. Lo que se ha logrado con la organización teórica de la ciencia es la reunión de todas las inducciones subordinadas en unas cuantas que son muy amplias —quizá en sólo una—. Tales amplias, o comprensivas, inducciones son confirmadas por tantos ejemplos que se considera legítimo aceptar, en lo que a ellas respecta, una inducción por simple enumeración. Esta situación es profundamente insatisfactoria, pero ni Bacon ni ninguno de sus sucesores ha encontrado modo de salir de ella.

CAPÍTULO VIII

EL *LEVIATÁN* DE HOBBES

Hobbes (1588-1679) es un filósofo difícil de clasificar. Era empirista, como Locke, Berkeley y Hume, pero, a diferencia de ellos, era un admirador del método matemático, no sólo en las matemáticas puras, sino en sus aplicaciones. Su actitud general se inspiraba en Galileo más que en Bacon. Desde Descartes hasta Kant, la filosofía continental derivó de la matemática gran parte de su concepción de la naturaleza del conocimiento humano, pero consideraba la matemática como conocimiento independiente de la experiencia. Se vio arrastrada, de este modo, como el platonismo, a reducir al mínimo el papel desempeñado por la percepción y a resaltar excesivamente el papel desempeñado por el pensamiento puro. El empirismo inglés, por otra parte, estaba poco influido por la matemática y propendía a tener una concepción errónea del método científico. Hobbes no tenía ninguno de estos defectos. Es preciso llegar a nuestro tiempo para encontrar otros filósofos que sean empiristas y, no obstante, presten la debida atención a la matemática. A este respecto, el mérito de Hobbes es grande. Tiene, sin embargo, graves defectos que impiden colocarlo plenamente en el primer puesto. Le impacientan las sutilezas y se siente demasiado inclinado a cortar el nudo gordiano. Sus soluciones de los problemas son lógicas, pero están logradas omitiendo hechos desconcertantes. Es vigoroso, pero tosco; maneja el hacha como arma mejor que el estoque. A pesar de todo, su teoría del Estado merece ser examinada cuidadosamente, mucho más teniendo en cuenta que es más moderna que ninguna teoría anterior, incluida la de Maquiavelo.

El padre de Hobbes fue un pastor, ineducado y de temperamento violento; perdió su puesto por pelearse con otro pastor vecino a la puerta de la iglesia. Después de esto, Hobbes fue educado por un tío. Adquirió un buen conocimiento de los clásicos y tradujo la *Medea* de Eurípides, en yámbicos latinos, a los catorce años. (Posteriormente, alardeaba, con justificación, de que aunque se abstenía de citar poetas y oradores clásicos, no se debía a falta de familiaridad con sus obras). A los quince años fue a Oxford, donde le enseñaron la lógica escolástica y la filosofía de Aristóteles. Éstas fueron sus pesadillas en su vida madura, y sostuvo que había sacado poco provecho de sus años universitarios; efectivamente, en sus escritos censura constantemente a las universidades en general. En el año 1610, cuando tenía veintidós años, fue preceptor de lord Hardwick (luego segundo conde de Devonshire), con quien hizo el gran viaje. Fue en esta época cuando empezó a conocer la obra de Galileo y Kepler, que influyeron profundamente en él. Su alumno se convirtió en su protector, y continuó siéndolo hasta su muerte, en 1628. Por su mediación conoció Hobbes a Ben Jonson, a Bacon, a lord Herbert de Cherbury y a otros muchos hombres importantes. Después de la muerte del conde de Devonshire, que dejó un hijo joven, Hobbes vivió algún tiempo en París, donde comenzó el estudio de Euclides; luego fue preceptor del hijo de su antiguo alumno. Con él viajó por Italia, donde visitó a Galileo, en 1636. En 1637 volvió a Inglaterra.

Las opiniones políticas expresadas en el *Leviatán,* realistas en extremo, habían sido sostenidas por Hobbes durante mucho tiempo. Cuando el Parlamento de 1628 formuló la Petición de Derechos, Hobbes publicó una traducción de Tucídides, con la intención expresa de mostrar los males de la democracia. Cuando el Parlamento Largo se reunió en 1640, y Laud y Strafford fueron enviados a la Torre, Hobbes se aterrorizó y huyó a Francia. Su libro *De Cive,* escrito en 1641, aunque no publicado hasta 1647, expone esencialmente la misma teoría que aparece en el *Leviatán.* No fue la presencia real de la guerra civil lo que motivó sus opiniones, sino la perspectiva de la misma; sin embargo, como es natural, sus convicciones se afirmaron cuando sus temores se vieron confirmados.

En París fue bien acogido por muchos de los principales matemáticos y hombres de ciencia. Fue uno de los que vieron las *Meditaciones* de Descartes antes de que fueran publicadas, y escribió objeciones contra ellas, publicadas por Descartes, con sus réplicas. Pronto se encontró con un numeroso grupo de realistas ingleses refugiados con quienes asociarse. Durante algún tiempo, de 1646 a 1648, enseñó matemáticas al futuro Carlos II. Sin embargo, cuando en 1651 publicó el *Leviatán,* no agradó a nadie. Su racionalismo molestó mucho a los refugiados, y sus agrios ataques a la Iglesia católica al Gobierno francés. En vista de ello, Hobbes huyó secretamente a Londres, donde prestó acatamiento a Cromwell y se abstuvo de toda actividad política.

No se mantuvo ocioso ni en esta época ni en ninguna otra de su larga vida. Sostuvo una controversia con el obispo Bramhall sobre el libre albedrío; era un rígido determinista. Al valorar excesivamente sus aptitudes como geómetra, imaginó que había descubierto la cuadratura del círculo; sobre esta cuestión se embarcó muy tontamente en una controversia con Wallis, profesor de geometría en Oxford. Naturalmente, el profesor triunfó en su propósito de hacerle aparecer como tonto.

En la Restauración, Hobbes fue considerado como el menos serio de los amigos del rey, incluso por el mismo rey, que no sólo tenía el retrato de Hobbes en las paredes, sino que le concedió una pensión de cien libras al año, que, no obstante, su majestad se olvidó de pagar. El lord canciller Clarendon se extrañaba del favor dispensado a un hombre sospechoso de ateísmo, y lo mismo el Parlamento. Después de la peste y del gran incendio, cuando se despertaron los temores supersticiosos del pueblo, la Cámara de los Comunes designó un comité para investigar los escritos ateos, mencionando especialmente los de Hobbes. A partir de esta época no pudo obtener permiso en Inglaterra para imprimir nada sobre temas expuestos a controversia. Incluso su historia del Parlamento Largo, que tituló *Behemoth,* aunque exponía la doctrina más ortodoxa, tuvo que ser impresa en el extranjero (1668). La edición conjunta de sus obras apareció en Amsterdam en 1688. En su ancianidad, su reputación en el extranjero era mucho mayor que en Inglaterra. Para llenar sus ocios, escribió, a los ochenta y cuatro años, una autobiografía en versos latinos, y publicó, a los ochenta y siete, una traducción de Homero. No he podido descubrir que haya escrito ningún libro importante después de los ochenta y siete años.

Examinaremos ahora las doctrinas del *Leviatán,* en el que se basa principalmente la fama de Hobbes. Proclama, en el mismo comienzo de la obra, su completo materialismo. La vida, dice, no es más que un movimiento de los miembros y, por consiguiente, los autómatas tienen una vida artificial. La comunidad, que él llama Leviatán, es una creación de arte, y es, de hecho, un hombre artificial. Se propone ser algo más que una analogía, y se describe con algún detalle. La soberanía es un alma artificial. Los pactos y contratos por los que es creado Leviatán, al principio, ocupan el lugar del *fiat* de Dios, cuando Él dijo: «Hagamos al hombre».

La primera parte trata del hombre como individuo y de la filosofía general que Hobbes juzga necesaria. Las sensaciones se producen por la presión de los objetos; colores, sonidos, etc., no están en los objetos. Las cualidades de los objetos que corresponden a nuestras sensaciones son movimientos. Se formula la primera ley del movimiento e inmediatamente aparece aplicada a la psicología: la imaginación es un sentido decadente, siendo ambos movimientos. La imaginación, cuando está dormida, es el soñar; las religiones de los gentiles surgen de no distinguir los sueños del estado de vigilia. (El lector atrevido puede aplicar el mismo argumento a la religión cristiana, pero Hobbes es demasiado cauto para hacerlo por sí mismo [10]). Creer que los sueños son proféticos es un engaño; lo mismo ocurre con la creencia en la hechicería y en los espectros.

La sucesión de nuestros pensamientos no es arbitraria, sino sujeta a leyes; unas veces las de asociación, otras las que dependen de una finalidad de nuestro pensar. (Esto es importante como aplicación del determinismo a la psicología).

Hobbes, como podía esperarse, es un nominalista declarado. «No hay nada universal —dice—, excepto los nombres, y sin pa-

---

[10] En otra parte dice que los dioses paganos fueron creados por el temor humano, pero que nuestro Dios es el Primer Motor.

labras no podríamos concebir las ideas generales. Sin lenguaje, no habría verdad ni falsedad, pues *verdadero* y *falso* son atributos de lenguaje».

Considera la geometría como la única ciencia auténtica creada hasta entonces. El razonamiento es de la naturaleza del cálculo, y debe partir de definiciones. Pero es necesario evitar las ideas contradictorias en las definiciones, lo que no se hace habitualmente en filosofía. «Sustancia incorpórea», por ejemplo, es un disparate. Cuando se objeta que Dios es una sustancia incorpórea, Hobbes tiene dos respuestas: la primera, que Dios no es objeto de la filosofía; la segunda, que muchos filósofos han considerado a Dios corpóreo. «Todo error en las proposiciones *generales* procede —dice— del absurdo» (es decir, de la contradicción manifiesta); da como ejemplos de absurdo la idea del libre albedrío y la del queso que tiene los atributos del pan. (Sabemos que, según la fe católica, los accidentes del pan *pueden* ser inherentes a una sustancia que no es pan).

En este pasaje muestra Hobbes un racionalismo de tipo antiguo. Kepler había llegado a una proposición general: «Los planetas dan vueltas alrededor del Sol en elipses», mas otros puntos de vista, como los de Tolomeo, no son lógicamente absurdos. Hobbes no apreció el uso de la inducción para llegar a leyes generales, a pesar de su admiración por Kepler y Galileo. Contra Platón, Hobbes sostiene que la razón no es innata, sino que se desarrolla con diligencia.

Luego se ocupa de las pasiones. *El intento (endeavour)* puede ser definido como un pequeño comienzo del movimiento; si es hacia algo, es *deseo,* y si es de alejamiento de algo, es *aversión.* Amor es lo mismo que deseo y odio lo mismo que aversión. Llamamos *buena* a una cosa cuando es objeto de deseo y *mala* cuando es objeto de aversión. (Se observará que estas definiciones no dan ninguna objetividad a *bueno* y *malo;* si los hombres difieren en sus deseos no hay ningún método teórico de arreglar sus diferencias). Hay definiciones de varias pasiones, basadas en su mayoría en una visión de la vida como competencia; por ejemplo, la risa es la gloria repentina. El temor al Poder invisible —si es admitido públicamente— es religión; si no es permitido, superstición. De esta suerte, la decisión respecto a lo que es religión y a lo que es superstición queda en manos del legislador. La felicidad implica un progreso constante; consiste en prosperar, no en haber prosperado; la felicidad estática no existe, exceptuando, naturalmente, las alegrías del Cielo, que sobrepasan nuestra comprensión.

La *voluntad* no es sino el último apetito o aversión que queda en la deliberación. Es decir, la voluntad no es algo diferente del deseo y de la aversión, sino meramente lo más fuerte en caso de conflicto. Esto está relacionado, claramente, con la negación por Hobbes del libre albedrío.

A diferencia de la mayoría de los defensores del Gobierno despótico, Hobbes sostiene que todos los hombres son naturalmente iguales. En estado de naturaleza, antes de existir ningún gobierno, todo hombre desea conservar su propia libertad, pero adquirir dominio sobre los demás; ambos deseos están dictados por el instinto de conservación. De este conflicto surge una guerra de todos contra todos, que hace la vida «asquerosa, brutal y corta». En un estado de naturaleza, no hay propiedad, justicia ni injusticia; hay solamente guerra, y «la fuerza y el engaño son, en la guerra, las dos virtudes cardinales».

La segunda parte nos cuenta cómo se libran los hombres de estos males, reuniéndose en comunidades, cada una de las cuales está sujeta a una autoridad central. Esto, se dice, ha ocurrido mediante un contrato social. Se supone que una cantidad de personas se reúnen y acuerdan elegir un soberano, o un cuerpo soberano, que ejercerá la autoridad sobre ellos y pondrá fin a la guerra universal. No creo que este *convenio* (como Hobbes lo llama habitualmente) se considere como un acontecimiento histórico definido; inconsecuente para el razonamiento considerarlo como tal. Es un mito explicativo, empleado para aclarar por qué los hombres se someten, y deben someterse, a las limitaciones de la libertad personal que implica el acatamiento a la autoridad. «La finalidad de la coerción a que los hombres se someten —dice Hobbes— es librarse de la guerra universal que resultaría de nuestro amor a la propia libertad y del deseo de dominio sobre los demás».

Hobbes examina la cuestión de por qué los hombres no pueden cooperar como las hormigas y las abejas. Las abejas de la misma colmena, nos dice, no compiten, no tienen ningún deseo de gloria y no emplean la razón para criticar al Gobierno. Su acuerdo es natural, pero el de los hombres sólo puede ser artificial, por convenio. El convenio tiene que conferir Poder a un hombre o a una asamblea, pues de otro modo no se puede hacer cumplir. «Los convenios, sin la espada, no son más que palabras». (Desgraciadamente, el presidente Wilson olvidó esto). El convenio no es, como posteriormente en Locke y Rousseau, entre los ciudadanos y el Poder gobernante; es un convenio hecho por los ciudadanos entre sí para obedecer al Poder gobernante que la mayoría debe elegir. Cuando han elegido, el Poder político de los ciudadanos termina. La minoría se halla tan obligada como la mayoría, puesto que el convenio fue obedecer al Gobierno elegido por la mayoría. Cuando el Gobierno ha sido elegido, los ciudadanos pierden todos los derechos, salvo aquellos que el Gobierno pueda considerar conveniente concederles. No hay ningún derecho a la rebelión, porque el gobernante no está obligado por ningún contrato, mientras que los súbditos lo están.

Una multitud unida de este modo se llama una comunidad de naciones. Este *Leviatán* es un Dios mortal. Hobbes prefiere la monarquía, pero todos sus argumentos abstractos son igualmente aplicables a todas las formas de gobierno en que haya una autoridad suprema no limitada por los derechos legales de otros cuerpos. Él podía tolerar el Parlamento solo, pero no un sistema en el que el Poder gubernamental sea compartido por el rey y el Parlamento. Ésta es la antítesis exacta de las opiniones de Locke y Montesquieu. «La guerra civil inglesa ocurrió —dice Hobbes— porque el Poder estaba dividido entre el rey, los lores y los comunes».

El Poder supremo, sea un hombre o una asamblea, se llama soberano. Los poderes del soberano, en el sistema de Hobbes, son ilimitados. Tiene derecho de censura sobre toda expresión de opiniones. Se da por supuesto que su interés principal es la conservación de la paz interna y que, por lo tanto, no ha de usar el Poder de la censura para suprimir la verdad, pues una doctrina perjudicial para la paz no puede ser verdadera. (¡Una opinión singularmente pragmática!). Las leyes de la propiedad tienen que estar totalmente sometidas al soberano; porque en un estado de naturaleza no hay ninguna propiedad y, por consiguiente, la propiedad la crea el Gobierno, que puede controlar su creación como le plazca.

Se admite que el soberano puede ser despótico, pero incluso el peor despotismo es mejor que la anarquía. Además, en muchos puntos los intereses del soberano son idénticos a los de sus súbditos. Es más rico si éstos son más ricos, está más seguro si aquéllos son cumplidores de la ley, y así sucesivamente. La rebelión es mala, porque habitualmente fracasa y porque, si triunfa, da un mal ejemplo y enseña a los otros a rebelarse. La distinción aristotélica entre tiranía y monarquía es rechazada; *tiranía,* según Hobbes, es simplemente una monarquía que disgusta al que la titula de ese modo.

Se dan varias razones para justificar la preferencia del Gobierno monárquico sobre el de una asamblea. Se admite que el monarca ordinariamente buscará sus intereses particulares cuando están en pugna con los del público, pero lo mismo ocurre en una asamblea. Un monarca puede tener favoritos, pero lo mismo puede ocurrir a cada miembro de la asamblea; por consiguiente, es probable que el número total de favoritos sea más pequeño en una monarquía que en una asamblea. Un monarca puede oír consejos de cualquiera, secretamente; una asamblea sólo puede oír consejos de sus propios miembros, y eso públicamente. En una asamblea, la ausencia por azar de algunos puede ser la causa de que un partido diferente obtenga la mayoría, dando lugar, de este modo, a un cambio de política. Además, si la asamblea está dividida contra sí misma, el resultado puede ser la guerra civil. Por todas estas razones, concluye Hobbes, es mejor una monarquía.

En todo el *Leviatán,* Hobbes no considera nunca el posible efecto de elecciones periódicas en la corrección de la tendencia de las asambleas a sacrificar el interés público a los intereses privados de sus miembros. Parece, en efecto, estar pensando, no en parlamentos elegidos democráticamente, sino en corporaciones como el Gran Consejo de Venecia o la Cámara de los Lores inglesa. Concibe la democracia, a la manera de la Antigüedad, como que incluye la participación directa de cada ciudadano en la legislación y la administración; al menos, éste parece ser su criterio.

La participación del pueblo, en el sistema de Hobbes, termina completamente con la primera elección de un soberano. La sucesión debe determinarla el soberano, como era costumbre en el Imperio romano cuando no intervenían insurrecciones. Se admite que el soberano elegirá habitualmente a uno de sus hijos, o a un pariente cercano si no tiene hijos, pero se sostiene que ninguna ley puede impedirle que obre de ese modo.

Hay un capítulo sobre la libertad de los súbditos, que comienza con una definición admirablemente precisa: libertad es la ausencia de impedimentos externos al movimiento. En este sentido, la libertad es compatible con la necesidad; por ejemplo, el agua discurre *necesariamente* por la montaña cuando no hay impedimentos a su movimiento y cuando, por consiguiente, de acuerdo con la definición, es libre. Un hombre es libre para hacer lo que quiera, pero necesita hacer lo que Dios quiere. Todas nuestras voliciones tienen causas y son, en este sentido, necesarias. En cuanto a la libertad de los súbditos, éstos son libres donde las leyes no intervienen; esto no es una limitación de la soberanía, puesto que las leyes pueden intervenir si el soberano lo decide así. Los súbditos no tienen derecho contra el soberano, excepto lo que el soberano voluntariamente conceda. Cuando David hizo que Urías fuese muerto no cometió ninguna injuria contra él, porque Urías era súbdito suyo; pero hizo una injuria a Dios, porque él era súbdito de Dios y estaba desobedeciendo la ley de Dios.

Los autores antiguos, con sus elogios a la libertad, han conducido a los hombres, según Hobbes, a favorecer los tumultos y las sediciones. Sostiene que, cuando son rectamente interpretados, la libertad que exaltaban era la de los soberanos, es decir, la libertad de la dominación extranjera. La resistencia interior a los soberanos la condena, incluso cuando podía parecer más justificada. Por ejemplo, sostiene que San Ambrosio no tenía ningún derecho a excomulgar al emperador Teodosio después de la matanza de Tesalónica. Y censura con vehemencia al papa Zacarías por haber ayudado a deponer al último de los merovingios en favor de Pipino.

Admite, no obstante, una limitación en el deber de sumisión a los soberanos. El derecho de autoconservación lo considera absoluto, y los súbditos tienen el derecho de la propia defensa, incluso contra los monarcas. Esto es lógico, puesto que él ha hecho de la autoconservación el motivo de la institución del Gobierno. Basándose en esto, sostiene (aunque con limitaciones) que un hombre tiene derecho a negarse a combatir cuando es llamado por el Gobierno a hacerlo. Éste es un derecho que ningún Gobierno moderno concede. Un curioso resultado de esta ética egoísta es que la resistencia al soberano sólo se justifica en defensa *propia;* la resistencia en defensa de otro es siempre culpable.

Hay otra excepción completamente lógica: un hombre no tiene ningún deber respecto a un soberano que no tiene fuerza para protegerlo. Esto justificó la sumisión de Hobbes a Cromwell cuando Carlos II estaba en el exilio.

No puede haber, como es natural, cuerpos como los partidos políticos o lo que llamaríamos ahora sindicatos. Todos los maestros tienen que ser ministros del soberano y tienen que enseñar solamente lo que el soberano crea útil. Los derechos de propiedad son sólo válidos contra otros súbditos, no contra el soberano. El soberano tiene derecho a regular el comercio exterior. No está sujeto a la ley civil. Su derecho a castigar procede de él mismo, no de ningún concepto de justicia, porque conserva la libertad que todos los hombres tenían en el estado de naturaleza, cuando ningún hombre podía ser censurado por infligir una injuria a otro.

Hay una serie interesante de razones (aparte de la conquista extranjera) para la disolución de la comunidad. Éstas son: otorgar un Poder demasiado limitado al soberano; permitir el juicio privado a los súbditos; la teoría de que todo lo que es contrario a la conciencia es pecado; la creencia en la inspiración; la doctrina de que el soberano está sujeto a las leyes civiles; el reconocimiento de la propiedad privada absoluta; la división del Poder soberano; la imitación de los griegos y romanos; la separación de los poderes espirituales y temporales; la negación al soberano del Poder de imponer tributos; la popularidad de súbditos poderosos y la libertad de disputar con el soberano. De todas éstas había abundantes ejemplos en la entonces reciente historia de Inglaterra y Francia.

«No debía haber —piensa Hobbes— mucha dificultad en enseñar al pueblo a creer en los derechos del soberano, pues ¿no ha sido enseñado a creer en el cristianismo e incluso en la transubstanciación, contraria a la razón?». Debían destinarse unos días aparte para enseñar el deber de sumisión. La instrucción del pueblo depende del derecho de enseñar en las universidades, que deben, por lo tanto, vigilarse cuidadosamente. Debe haber uniformidad de culto, pues la religión es ordenada por el soberano.

La parte II termina con la esperanza de que algún soberano leerá el libro y se hará absoluto: una esperanza menos quimérica que la de Platón, de que algún rey se volviera filósofo. A los monarcas se les asegura que el libro es de fácil lectura y todo él interesante.

La parte III, «De una comunidad cristiana», explica que no hay ninguna Iglesia universal, porque la Iglesia tiene que depender del Gobierno civil. En cada país, el rey tiene que ser la cabeza de la Iglesia; la supremacía e infalibilidad del Papa no pueden ser admitidas. Arguye, como podía esperarse, que un cristiano súbdito de un soberano no cristiano debe sometérsele aparentemente, pues ¿no soportó Naaman vivir sumiso en la casa de Rimmon?

La parte IV, «Del reino de la oscuridad», está dedicada principalmente a la crítica de la Iglesia de Roma, que Hobbes detesta porque coloca el Poder espiritual por encima del temporal. El resto de esta parte es un ataque contra la «filosofía vana», con lo que se alude habitualmente a Aristóteles.

Tratemos ahora de decidir qué es lo que debemos pensar del *Leviatán*. La cosa no es fácil, porque lo bueno y lo malo están íntimamente entremezclados.

En política hay dos cuestiones diferentes: una en cuanto a la mejor forma del Estado y la otra en cuanto a sus poderes. La mejor *forma* de Estado, según Hobbes, es la monarquía, pero esto no es la parte importante de su doctrina. Lo importante es su tesis de que los *poderes* del Estado deben ser absolutos. Esta doctrina, o algo parecido a ella, se había desarrollado en la Europa occidental durante el Renacimiento y la Reforma. Primero, la nobleza feudal la intimidaron Luis XI, Eduardo IV, Fernando e Isabel, y sus sucesores. Luego la Reforma, en los países protestantes, permitió al Gobierno secular llevarle ventaja a la Iglesia. Enrique VIII gozó de un Poder que ningún rey inglés había tenido antes. Pero en Francia, la Reforma, al principio, no tuvo ningún efecto contrario; entre los Guisas y los hugonotes, los reyes estaban casi sin Poder. Enrique IV y Richelieu, no mucho antes de que Hobbes escribiera, pusieron los cimientos de la monarquía absoluta que duró en Francia hasta la Revolución. En España, Carlos V prevaleció sobre las Cortes y Felipe II fue absoluto, salvo en relación con la Iglesia. En Inglaterra, sin embargo, los puritanos habían deshecho la obra de Enrique VIII; su obra sugirió a Hobbes que la anarquía debía ser la consecuencia de la resistencia al soberano.

Toda comunidad se halla frente a dos peligros: la anarquía y el despotismo. Los puritanos, especialmente los independientes, estaban muy impresionados con el peligro del despotismo. Hobbes, por el contrario, por haber tenido la experiencia del conflicto de fanatismos rivales, estaba obsesionado por el miedo a la anarquía. Los filósofos liberales que surgieron después de la Restauración y adquirieron el dominio después de 1688, se dieron cuenta de ambos peligros; los molestaban tanto Strafford como los anabaptistas. Esto llevó a Locke a la doctrina de la división de poderes y de los equilibrios y frenos. En Inglaterra hubo una verdadera división de poderes mientras el rey tuvo influencia; luego, el Parlamento adquirió la supremacía y, por último, el Gabinete. En América, aún hay frenos y equilibrios, en cuanto el Congreso y el Tribunal Supremo pueden resistir a la Administración. En Alemania, Italia, Rusia y Japón el Gobierno tuvo aún más Poder que el que Hobbes creía deseable antes de la Segunda Guerra Mundial. En general, por consiguiente, en lo que respecta a los Poderes del Estado, el mundo ha seguido el camino que Hobbes deseaba, después de un largo período liberal durante el cual, al menos en apariencia, se iba moviendo en la dirección contraria. Parece evidente que las funciones del Estado tienen que seguir aumentando y que la resistencia al mismo debe ser cada día más difícil.

La razón que Hobbes alega para apoyar al Estado, a saber, que es la única alternativa a la anarquía es, fundamentalmente, válida. Un Estado puede, sin embargo, ser tan malo que la anarquía temporal parezca preferible a su continuación, como ocurrió en Francia en 1789 y en Rusia en 1917. Además, la tendencia de todo Gobierno a la tiranía no puede mantenerse en jaque a menos que los gobernantes sientan el temor a la rebelión. Los gobiernos serían peores de lo que son si la actitud de sometimiento predicada por Hobbes fuera adoptada universalmente por los súbditos. Esto es verdad en la esfera política, donde los gobiernos tratarían, si pudieran, de hacerse personalmente inamovibles; es verdad en la esfera económica, donde tratarían de hacerse ricos ellos y sus amigos a expensas del público; es cierto en la esfera intelectual, donde suprimirían todo nuevo descubrimiento o doctrina que pareciese amenazar su Poder. Éstas son razones para no pensar sólo en el riesgo de la anarquía, sino también en el peligro de la injusticia y de la osificación inherente a la omnipotencia del Gobierno.

Los méritos de Hobbes aparecen con más claridad cuando le contrastamos con los anteriores teóricos de la política. Está completamente libre de superstición; no razona con lo que les ocurrió a Adán y Eva en el tiempo de la Caída. Es claro y lógico; su ética, acertada o equivocada, es completamente inteligible y no implica el empleo de ningún concepto dudoso. Aparte de Maquiavelo, que es mucho más limitado, es el primer escritor verdaderamente moderno sobre teoría política. Donde está equivocado, se equivoca por una excesiva simplificación, no porque la base de su pensamiento sea irreal y fantástica. Por esta razón aún es digno de ser refutado.

Sin criticar la metafísica o la ética de Hobbes, hay dos cosas que apuntar en contra suya. La primera, que siempre considera el interés nacional como un todo, y da por supuesto, tácitamente, que los intereses mayores de todos los ciudadanos son los mismos. No se da cuenta de la importancia de la lucha entre las diferentes clases, que Marx convierte en la causa principal del cambio social. Ello está relacionado con el supuesto de que los intereses del monarca son aproximadamente idénticos a los de sus súbditos. En tiempo de guerra hay una unificación de intereses, especialmente si la guerra es cruel, pero en tiempo de paz la pugna puede ser muy grande entre los intereses de una clase y los de otra. Desde luego, no siempre es cierto que, en tal situación, el mejor modo de evitar la anarquía sea predicar el Poder absoluto del soberano. Alguna concesión en el modo de compartir el Poder puede ser la única forma de evitar la guerra civil. Esto debía haber sido obvio para Hobbes por la historia reciente de Inglaterra.

Otro punto en el que la doctrina de Hobbes es injustamente limitada es el que hace referencia a las relaciones entre los diferentes Estados. No hay ni una palabra en *Leviatán* que sugiera ninguna relación entre ellos, excepto las de guerra y conquista, con intervalos ocasionales de paz. Esto obedece, según sus principios, a la ausencia de un Gobierno internacional, pues las relaciones de los Estados están todavía en estado de naturaleza, que es el de la guerra de todos contra todos. Mientras haya anarquía internacional, no está de ningún modo claro que el aumento de eficiencia en los Estados separados lo sea en interés de la humanidad, puesto que ello aumentaría la ferocidad y poder destructivo de la guerra. Cada uno de los argumentos que aduce en favor del Gobierno, en la medida en que son válidos, lo son en favor del Gobierno internacional. Mientras los Estados nacionales existan y se combatan, sólo la ineficacia de los mismos puede preservar la especie humana. Perfeccionar la cualidad combativa de los distintos Estados sin tener ningún medio de impedir la guerra es el camino de la destrucción universal.

CAPÍTULO IX

DESCARTES

A René Descartes (1596-1650) se le considera habitualmente como el fundador de la filosofía moderna y, a mi juicio, justamente. Es el primer hombre de alta capacidad filosófica cuyo criterio está influido de modo profundo por la nueva física y la nueva astronomía. Si es cierto que conserva mucho del escolasticismo, tampoco acepta las bases establecidas por sus predecesores, sino que intenta construir un edificio filosófico completo *ex novo.* Esto no había ocurrido desde Aristóteles, y es un signo de la nueva confianza en sí mismo que resultó del progreso de la ciencia. Hay una frescura en su obra que no se hallará en ningún eminente filósofo anterior a Platón. Todos los filósofos intermedios eran maestros, con la superioridad profesional correspondiente a esa ocupación. Descartes escribe, no como un maestro, sino como un descubridor y explorador, afanoso por comunicar lo que ha encontrado. Su estilo es fácil y sin pedantería, dirigido a los hombres inteligentes del mundo más que a discípulos. Es, además, un estilo extraordinariamente excelente. Es una gran suerte para la filosofía moderna que su precursor tuviera tan admirable sentido literario. Sus sucesores, tanto en el continente como en Inglaterra, hasta Kant, conservan su carácter no profesional, y varios de ellos conservan algo de su mérito estilístico.

El padre de Descartes era consejero del Parlamento de Bretaña y poseía una modesta hacienda. Cuando Descartes heredó, a la muerte de su padre, vendió sus fincas e invirtió el dinero, obteniendo una renta de seis o siete mil francos al año. Se educó, de 1604 a 1612, en el colegio de jesuitas de La Flèche, que parece haberle dado una base de matemática moderna mucho mejor que la que hubiera podido obtener en la mayor parte de las universidades de aquel tiempo. En 1612 fue a París, donde encontró la vida social fastidiosa y se retiró a un piso solitario en el Faubourg St. Germain, donde trabajó en geometría. No obstante, los amigos le descubrieron. Por este motivo, para asegurarse una tranquilidad más completa, se alistó en el ejército holandés (1617). Como Holanda estaba en paz en aquel tiempo, parece haber disfrutado dos años de meditación ininterrumpida. Sin embargo, la guerra de los Treinta Años le llevó a alistarse en el ejército bávaro (1619). Fue en Baviera, durante el invierno de 1619-1620, donde tuvo la experiencia que describe en el *Discours de la Méthode.* Como el tiempo era frío, se instaló [11] junto a una estufa por la mañana y se pasó todo el día meditando; según su propia confesión, su filosofía estaba medio terminada cuando salió de allí; pero no hay que tomarlo demasiado literalmente. Sócrates acostumbraba a meditar todo el día en la nieve, pero la mente de Descartes sólo trabajaba cuando tenía una temperatura cálida.

En 1621 abandonó las armas; después de una visita a Italia, se estableció en París en 1625. Pero de nuevo los amigos le visitaban antes de haberse levantado (raramente se levantaba antes de mediodía), por lo que en 1628 se incorporó al ejército que estaba sitiando La Rochela, la fortaleza hugonote. Cuando este episodio hubo terminado, decidió vivir en Holanda, probablemente para librarse del riesgo de la persecución. Era un hombre tímido, un católico militante, pero compartía las herejías de Galileo. Algunos creen que se había enterado de la primera condena (secreta) de Galileo, ocurrida en 1616. Sea como sea, decidió no publicar un libro extenso, *Le Monde,* en el que había trabajado. La razón era que este libro mantenía dos doctrinas heréticas: la rotación de la Tierra y la infinitud del Universo. (Este libro no se publicó nunca en su totalidad, aunque se publicaron algunos fragmentos después de su muerte).

---

[11] Descartes *dice* que era una estufa *(poêle),* pero muchos comentaristas creen que esto es imposible. Los que conocen las antiguas casas bávaras me aseguran, sin embargo, que es muy digno de crédito.

Vivió en Holanda durante veinte años (1629-1649), con la excepción de unas breves visitas a Francia y una a Inglaterra, todas por asuntos de negocios. No es posible ponderar toda la importancia de Holanda en el siglo XVIII, como único país donde había libertad de especulación. Hobbes tuvo que imprimir sus libros allí; Locke se refugió en ella durante los cinco peores años de la reacción en Inglaterra, antes de 1688; Bayle (el del *Diccionario,* 1695) tuvo necesidad de vivir allí, y Spinoza difícilmente hubiera podido realizar su obra en ningún otro país.

He dicho que Descartes era un hombre tímido, pero quizá sería más amable decir que deseaba que le dejaran en paz para hacer su obra sin ser molestado. Siempre lisonjeó a los eclesiásticos, especialmente a los jesuitas: no sólo mientras estaba bajo su poder, sino después de su emigración a Holanda. Su psicología es oscura, pero me inclino a pensar que era un católico sincero y deseaba persuadir a la Iglesia —tanto en interés de ésta como en el suyo— de que fuera menos hostil a la ciencia moderna de lo que se mostró en el caso de Galileo. Hay quienes creen que su ortodoxia era simplemente política, pero aunque esto es un punto de vista posible, no creo que sea el más probable.

Aún en Holanda se vio sometido a ataques vejatorios, no por parte de la Iglesia romana, sino de los fanáticos protestantes. Se decía que sus opiniones llevaban al ateísmo, y hubiera sido perseguido de no haber mediado el embajador de Francia y el príncipe de Orange. Habiendo fracasado este ataque, otro, menos directo, lo efectuaron unos años después las autoridades de la Universidad de Leyden, que prohibieron hacer mención de él, favorable ni desfavorable. De nuevo intervino el príncipe de Orange, y dijo a la universidad que no fuera tan estúpida. Esto sirve de ejemplo de lo que ganaron los países protestantes con la subordinación de la Iglesia al Estado y de la relativa debilidad de las Iglesias, que no eran internacionales.

Desgraciadamente, por mediación de Chanut, embajador de Francia en Estocolmo, Descartes mantuvo correspondencia con la reina Cristina de Suecia, mujer apasionada y docta que creía que, como soberana, tenía derecho a malgastar el tiempo de los grandes hombres. Descartes le envió un tratado sobre el amor, tema que hasta entonces había descuidado un poco. También le envió una obra sobre las pasiones del alma, que había compuesto originariamente para la princesa Isabel, hija del elector del Palatinado. Estos escritos indujeron a la reina a solicitar su presencia en la corte; por último accedió Descartes, y Cristina le envió un barco de guerra para que se trasladara a Estocolmo (septiembre 1649). Resultó que ella quería recibir lecciones diariamente del filósofo, pero no podía disponer de tiempo, salvo a las cinco de la mañana. Este desusado madrugar, en el frío de un invierno escandinavo, no era lo más propio para un hombre delicado. Además, Chanut cayó enfermo de gravedad, y Descartes lo atendía. El embajador mejoró, pero Descartes cayó enfermo y murió en febrero de 1650.

Descartes no se casó, pero tuvo una hija natural que murió a los cinco años; éste fue, según dice, el mayor dolor de su vida. Siempre iba bien vestido y llevaba espada. No era laborioso; trabajaba pocas horas y leía poco. Cuando se fue a Holanda llevó pocos libros consigo, entre ellos la Biblia y Tomás de Aquino. Su obra parece haber sido hecha con gran concentración en períodos cortos, mas quizá, para guardar la apariencia de un aficionado distinguido, puede ser que haya tratado de aparentar que trabajaba menos de lo que en realidad trabajaba, pues de otro modo sus resultados parecen casi increíbles.

Descartes fue filósofo, matemático y hombre de ciencia. En filosofía y matemáticas su obra fue de importancia suprema; en ciencia, aunque estimable, no resultó tan buena como la de algunos de sus contemporáneos.

Su gran contribución a la geometría fue la invención de la geometría coordenada, aunque no del todo en su forma final. Empleó el método analítico, que supone resuelto un problema y examina las consecuencias de la suposición, y aplicó el álgebra a la geometría. En ambas cosas había tenido predecesores —en lo que respecta a la primera, incluso entre los antiguos—. Lo original suyo fue el empleo de las coordenadas, es decir, la determinación de la posición de un punto en un plano por su distancia de dos líneas dadas. No descubrió todo el poder de este método, pero hizo lo bastante para facilitar un progreso mayor. Desde luego, no fue ésta su única contribución a la matemática, sino la más importante.

El libro en que expuso la mayor parte de sus teorías científicas fue su *Principia philosophiae,* publicado en 1644. Hay, sin embargo, algunos otros importantes: *Essais philosophiques* (1637), trata de óptica y geometría, y uno de sus libros se titula *De la formation du foetus.* Acogió con entusiasmo el descubrimiento de Harvey de la circulación mayor de la sangre y siempre tuvo la esperanza (aunque en vano) de hacer algún descubrimiento de importancia en medicina. Consideraba los cuerpos de hombres y animales como máquinas; a los animales los consideraba como autómatas, gobernados enteramente por las leyes de la física y exentos de sentido o conciencia. Los hombres son diferentes: tienen un alma, que reside en la glándula pineal. Aquí, el alma entra en contacto con los «espíritus vitales» y por medio de este contacto hay una interacción entre alma y cuerpo. La cantidad total de movimiento en el Universo es constante y, por consiguiente, no puede afectar al alma; pero puede alterar la *dirección* del movimiento de los espíritus vitales y, por ello, indirectamente, de otras partes del cuerpo.

Esta parte de su teoría fue abandonada por su escuela, primero por su discípulo holandés Geulincx y posteriormente por Malebranche y Spinoza. Los físicos descubrieron la conservación del momento, según lo cual la cantidad total de movimiento del mundo en cualquier *dirección* dada es constante. Esto demostró que la clase de acción de la mente sobre la materia que Descartes imaginaba era imposible. Suponiendo —como se suponía generalmente en la escuela cartesiana— que toda acción física es de la naturaleza del impacto, las leyes dinámicas bastan para determinar los movimientos de la materia y no hay lugar para ninguna influencia de la mente. Pero esto suscita una dificultad. Mi brazo se mueve cuando yo quiero que se mueva, pero mi querer es un fenómeno mental y el movimiento de mi brazo es un fenómeno físico. ¿Por qué, entonces, si alma y materia no pueden actuar recíprocamente, se conduce mi cuerpo *como si* mi mente lo dirigiera? Geulincx inventó una respuesta a esta pregunta, conocida por teoría de los «dos relojes». Supóngase que tenemos dos relojes que marchan perfectamente; siempre que uno de ellos marca la hora el otro da las campanadas, de modo que si miramos al uno y oímos al otro podría pensarse que el uno *hace* sonar al otro. Lo mismo ocurre con el alma y el cuerpo. Dios les da cuerda a los dos para que marchen acompasados, de modo que, en el caso de mi volición, leyes puramente físicas son las que hacen mover a mi brazo, aunque mi voluntad no ha actuado realmente sobre mi cuerpo.

Había, desde luego, dificultades en esta teoría. En primer lugar, era muy extraña; en segundo lugar, puesto que la serie física estaba rígidamente determinada por leyes naturales, la serie mental, que corría paralela a ella, tenía que ser igualmente determinista. Si la teoría era válida, debía haber una especie de posible diccionario, en el que cada ocurrencia cerebral fuera traducida en la correspondiente ocurrencia mental. Un calculador ideal podía calcular la ocurrencia cerebral por las leyes de la dinámica e inferir la concomitante ocurrencia mental por medio del *diccionario.* Incluso sin el diccionario, el calculador podía inferir palabras y acciones, puesto que éstas son movimientos corporales. Esta tesis sería difícil de conciliar con la moral cristiana y el castigo del pecado.

No obstante, estas consecuencias no fueron inmediatamente evidentes. La teoría parecía tener dos méritos. La primera consecuencia hacía al alma, en un sentido, totalmente independiente del cuerpo, puesto que no era influida por él. La segunda permitía el principio general: «una sustancia no puede actuar sobre otra». Había dos sustancias, espíritu y materia, y éstas eran tan diferentes que una acción recíproca parecía inconcebible. La teoría de Geulincx explicaba la *apariencia* de la acción recíproca a la par que negaba su *realidad.*

En mecánica, Descartes acepta la primera ley del movimiento, según la cual un cuerpo abandonado a sí mismo se movería con velocidad constante en línea recta. Pero no hay ninguna acción a distancia, como más tarde en la teoría de la gravitación de Newton. No existe el vacío y no hay átomos; más aún, toda acción recíproca es de la naturaleza del impacto. Si supiéramos bastante, podríamos reducir la química y la biología a mecánica; el proceso por medio del cual una semilla se convierte en un animal o una planta es puramente mecánico. No hay necesidad de las tres almas de Aristóteles; sólo existe una de ellas, el alma racional, y ésa, solamente en el hombre.

Con la debida cautela, para evitar la censura teológica, Descartes desarrolla una cosmogonía, no distinta de las de algunos filósofos preplatónicos. «Sabemos —dice— que el mundo ha sido creado según el Génesis, pero es interesante ver de qué forma *podía* haberse desarrollado naturalmente». Elabora una teoría de la formación de vórtices; alrededor del Sol hay un inmenso vórtice en la plétora, que lleva a los planetas en torno suyo. La teoría es ingeniosa, pero no puede explicar por qué las órbitas planetarias son elípticas y no circulares. Fue generalmente aceptada en Francia, donde sólo lentamente fue desplazada por la teoría newtoniana. Cotes, el editor de la primera edición inglesa de los *Principia* de Newton, arguye elocuentemente que la teoría del vórtice lleva al ateísmo, mientras que la de Newton requiere que Dios ponga a los planetas en movimiento en una dirección que no sea hacia el Sol. Por esta razón, concluye, debe ser preferido Newton.

Abordo ahora las dos obras de Descartes más importantes en lo que respecta a la pura filosofía. Éstas son: el *Discurso del método* (1637) y las *Meditaciones* (1642). Éstas se superponen y no es necesario estudiarlas aisladamente. En estos libros Descartes empieza por explicar el método de la «duda cartesiana» como se le ha llegado a llamar. Con el fin de tener una base firme para su filosofía se decide a dudar de todo lo que le sea posible dudar. Como prevé que el proceso puede necesitar algún tiempo, se decide mientras tanto a regular su conducta por las normas comúnmente admitidas; esto permitirá a su mente verse libre de las posibles consecuencias de sus dudas en relación con la práctica.

Empieza por el escepticismo en relación con los sentidos. ¿Puedo dudar, dice, de que me encuentro sentado aquí, al lado del fuego, en un salón? Sí, pues a veces he soñado que estaba aquí cuando en realidad estaba desnudo en la cama. (Los pijamas e incluso las camisas de dormir no se habían inventado aún). Además, los locos tienen a veces alucinaciones, de modo que es posible que yo pueda estar en un caso parecido.

Los sueños, sin embargo, como los pintores, nos presentan copias de cosas reales, por lo menos en lo que respecta a sus elementos. (Podemos soñar con un caballo alado, pero sólo porque hemos visto caballos y alas). Por consiguiente, la naturaleza corpórea en general, que implica cosas como extensión, magnitud y número, es menos fácil de ponerse en duda que las creencias respecto a cosas particulares. La aritmética y la geometría, que no tratan de cosas particulares, son, por consiguiente, más ciertas que la física y la astronomía; son verdaderas incluso de objetos soñados, que no difieren de los reales en lo que respecta al número y a la extensión. Incluso respecto a la aritmética y a la geometría es posible, no obstante, la duda. Puede ser que Dios me haga cometer errores siempre que trato de contar los lados de un cuadrado o sumar 2 y 3. Quizá sea un error, hasta en la imaginación, atribuir tal malignidad a Dios, pero podía haber un demonio malo, no menos astuto y engañador que poderoso, que empleara toda su habilidad en extraviarme. Si hay tal demonio, puede ser que todas las cosas que yo veo sean sólo ilusiones que él emplea como trampas para mi credulidad.

Queda algo, sin embargo, de lo que no puedo dudar: ningún demonio, por astuto que sea, podría engañarme si yo no existiera. Puedo no tener *cuerpo:* éste podría ser una ilusión. Pero el pensamiento es diferente. «Mientras quería pensar que todo era falso, era preciso necesariamente que yo, que lo pensaba, fuera algo, y observando que esta verdad, *pienso, luego existo,* era tan sólida y tan cierta que todas las más extravagantes suposiciones de los escépticos eran incapaces de derribarla, consideré que podía admitirla sin escrúpulo como primer principio de la filosofía que buscaba» [12].

Este pasaje es el núcleo de la teoría del conocimiento de Descartes y contiene lo más importante de su filosofía. La mayoría de los filósofos posteriores a Descartes han concedido importancia a la teoría del conocimiento y esto se debe en gran parte a él. «Pienso, luego existo», hace al pensamiento más cierto que la materia y a mi pensamiento (para mí) más verdadero que los de los otros. Hay de este modo, en toda la filosofía derivada de Des-

[12] El razonamiento «pienso, luego existo» *(cogito ergo sum)* es conocido por el *cogito* de Descartes y el proceso por medio del cual llegó a él se llama «duda cartesiana».

cartes, una tendencia al subjetivismo y a considerar la materia como algo que sólo es cognoscible, si lo es, por deducción de lo que se sabe del pensamiento. Estas dos tendencias existen tanto en el idealismo del continente como en el empirismo británico; en el primero, de una manera triunfante, en el segundo, con pesar. Ha habido, en tiempos muy recientes, un intento de evadirse de este subjetivismo por la filosofía conocida con el nombre de instrumentalismo, pero de esto no voy a hablar ahora. Con esta excepción, la filosofía moderna ha aceptado en muy amplia medida la formulación de problemas hecha por Descartes, mientras no acepta sus soluciones.

El lector recordará que San Agustín anticipó un argumento estrechamente parecido al del *cogito.* Sin embargo, no le concedió preeminencia, y el problema que con él trataba de resolver ocupó sólo una pequeña parte de sus pensamientos. La originalidad de Descartes, por lo tanto, debe admitirse, aunque consista menos en haber inventado el argumento que en darse cuenta de su importancia.

Habiéndose asegurado en esta forma una base firme, Descartes se lanza a la obra de reconstruir el edificio del conocimiento. El Yo, que se ha demostrado existe, ha sido deducido del hecho de que yo pienso; por consiguiente, yo existo mientras pienso, y sólo entonces. Si dejara de pensar no habría ninguna prueba de mi existencia. Yo soy una cosa que piensa, una sustancia cuya total naturaleza o esencia consiste en pensar y que no necesita ningún lugar o cosa material para su existencia. El alma, por consiguiente, es totalmente distinta del cuerpo y más fácil de conocer que el cuerpo; sería lo que es aunque no existiera ningún cuerpo.

Luego Descartes se pregunta a sí mismo: ¿por qué es el *cogito* tan evidente? Concluye que lo es sólo porque es claro y distinto. En vista de ello, adopta como norma general el principio: *Todas las cosas que concebimos muy clara y distintamente son verdaderas.* Admite, sin embargo, que a veces hay dificultad en saber cuáles son estas cosas.

El *pensar* lo usa Descartes en un sentido muy amplio. «Una cosa que piensa —dice— es una cosa que duda, entiende, concibe, afirma, niega, desea, imagina y siente; pues sentir, como ocurre en los sueños, es una forma de pensar. Puesto que el pensamiento es la esencia de la mente, la mente tiene que pensar siempre, incluso durante el sueño profundo».

Descartes reanuda ahora la cuestión de nuestro conocimiento de los cuerpos. Toma como ejemplo un pedazo de cera del panal. Ciertas cosas son evidentes a los sentidos: ésta sabe a miel, huele a flores, tiene un cierto color sensible, tamaño y forma, es dura y fría y si la golpeamos emite un sonido. Pero si la ponemos cerca del fuego, estas cualidades cambian, aunque la cera persiste; por consiguiente, lo que aparecía ante los sentidos no era la cera misma. La cera misma está constituida por extensión, flexibilidad y movimiento, que son entendidas por la mente, no por la imaginación. La *cosa* que es la cera no puede ella misma ser sensible, puesto que está igualmente implicada en todas las apariencias de la cera para los diversos sentidos. La percepción de la cera «no es una visión o contacto, o imaginación, sino una inspección de la mente». Yo no *veo* la cera, como tampoco veo hombres en la calle cuando veo sombreros y levitas. «Yo entiendo por el solo poder del juicio, que reside en mi mente, lo que pensé que veía con mis ojos». El conocimiento por los sentidos es confuso y lo compartimos con los animales, pero ahora he despojado a la cera de sus vestidos y mentalmente la percibo desnuda. De mi ver razonablemente la cera, se sigue con certeza mi propia existencia, pero no la de la cera. El conocimiento de las cosas externas tiene que ser por la mente, no por los sentidos.

Esto conduce a una consideración de diferentes clases de ideas. «El más común de los errores —dice Descartes— es pensar que mis ideas son parecidas a las cosas exteriores». (La palabra *idea* incluye percepciones sensitivas, tal como la emplea Descartes). Las ideas *parecen* ser de tres clases: 1) las que son innatas, 2) las que son extrañas y vienen de fuera, y 3) las que son inventadas por mí. La segunda clase de ideas —lo suponemos naturalmente— son parecidas a los objetos exteriores. Supongamos esto, en parte porque la Naturaleza nos enseña a pensarlo así, en parte porque tales ideas vienen independientemente de la voluntad (es decir, por la sensación) y, por consiguiente, parece razonable suponer que una cosa extraña imprime su semejanza en mí. Pero ¿son estas razones buenas? Cuando hablo de «ser enseñado por la

Naturaleza», sólo quiero dar a entender que tengo cierta inclinación a creerlo, no que yo lo vea por una luz natural. Lo que se ve por una luz natural no puede ser negado, pero una mera inclinación puede darse hacia lo que es falso. Y en cuanto a que las ideas procedentes de los sentidos son involuntarias, eso no es una razón, pues los sueños son involuntarios aunque vienen de dentro. Las razones para suponer que las ideas de los sentidos vienen de fuera no son, por consiguiente, convincentes.

Además, hay a veces dos ideas diferentes del mismo objeto exterior; verbigracia, el Sol tal como aparece a los sentidos y el Sol en el que creen los astrónomos. Éstas no pueden ser a la vez semejantes al Sol, y la razón muestra que viene directamente de la experiencia y tiene que ser la menos parecida de las dos.

Pero estas consideraciones no han agotado los argumentos escépticos que sembraban la duda sobre la existencia del mundo exterior. Esto sólo puede hacerse probando primero la existencia de Dios.

Las pruebas de Descartes de la existencia de Dios no son muy originales; en lo principal vienen de la filosofía escolástica. Éstas fueron mejor expuestas por Leibniz y omitiré el examen de las mismas hasta que lleguemos a él.

Cuando la existencia de Dios ha sido probada, lo demás se sigue con facilidad. Puesto que Dios es bueno, Él no actuará como el engañoso demonio al que Descartes imaginó como una razón para la duda. Ahora bien, Dios me ha dado tan fuerte inclinación a creer en los cuerpos, que sería un impostor si no los hubiera; por consiguiente, los cuerpos existen. Él tiene que haberme dado, además, la facultad de corregir los errores. Yo uso esta facultad cuando empleo el principio de que lo que es claro y distinto es verdadero. Esto me permite conocer las matemáticas y también la física, si recuerdo que debo conocer la verdad acerca de los cuerpos sólo por la mente, no con la mente y el cuerpo juntos.

La parte constructiva de la teoría del conocimiento de Descartes es mucho menos interesante que la anterior parte destructiva. Emplea toda clase de máximas escolásticas, tales como la de que un efecto no puede nunca tener más perfección que su causa, que se han librado en cierto modo del escrutinio crítico inicial. No se da ninguna razón para la aceptación de estas máximas, aunque son ciertamente menos evidentes por sí mismas que la de la propia existencia de uno, que es *probada* con un floreo de trompetas. Platón, San Agustín y Santo Tomás contienen la mayor parte de lo positivo en las *Meditaciones*.

El método de la duda crítica, aunque el mismo Descartes lo aplicara sólo con frialdad, fue de gran importancia filosófica. Está claro, como cuestión de lógica, que sólo puede dar resultados positivos si el escepticismo se para en alguna parte. Si ha de haber conocimiento lógico y conocimiento empírico, tiene que haber dos clases de puntos de parada: los hechos indubitables y los principios indubitables de deducción. Los hechos indubitables de Descartes son sus propios pensamientos —usando *pensamiento* en el sentido más amplio posible—. «Yo pienso» es su premisa fundamental. Aquí la palabra *Yo* es realmente ilegítima; él debió exponer su premisa fundamental en la forma «hay pensamientos». La palabra *Yo* es gramaticalmente conveniente, pero no describe un dato. Cuando prosigue, diciendo: «Yo soy una *cosa* que piensa», está ya usando de una forma no crítica del aparato de categorías transmitidas por el escolasticismo. Él no prueba en ninguna parte que los pensamientos necesitan un pensador, ni hay razón para creer eso, salvo en un sentido gramatical. La decisión, sin embargo, de considerar los pensamientos más bien que los objetos exteriores como las primordiales certidumbres empíricas, fue muy importante y tuvo un profundo efecto en toda la filosofía siguiente.

En otros dos aspectos fue importante la filosofía de Descartes. Primero: llevó a su conclusión, o muy cerca de su conclusión, el dualismo de espíritu y materia que empezó con Platón y lo desarrolló, en gran parte por razones religiosas, la filosofía cristiana. Dejando a un lado los curiosos trabajos sobre la glándula pineal, que fueron desechados por los seguidores de Descartes, el sistema cartesiano presenta dos mundos paralelos e independientes —el del espíritu y el de la materia—, cada uno de los cuales puede ser estudiado sin referencia al otro. Que el espíritu no mueve al cuerpo fue una idea nueva, debida explícitamente a Geulincx, pero implícitamente a Descartes. Ésta tuvo la ventaja de hacer posible decir que el cuerpo no mueve al espíritu. Hay una importante discusión en las *Meditaciones:* por qué el espíritu siente *pesar* cuando el cuerpo tiene sed. La correcta respuesta cartesiana era que el cuerpo y el espíritu eran como dos relojes, y que cuando uno indicaba *sed* el otro indicaba *pesar.* Desde el punto de vista religioso había, sin embargo, un gran inconveniente para esta teoría, y esto me lleva a la segunda característica del cartesianismo a que he aludido antes.

En toda la teoría del mundo material, el cartesianismo era rígidamente determinista. Los organismos vivos, tanto como la materia inanimada, eran gobernados por las leyes físicas; no había ya necesidad, como en la filosofía aristotélica, de una entelequia o alma, para explicar el desarrollo de los organismos y los movimientos de los animales. El mismo Descartes permitía una pequeña excepción: un alma humana podía, por volición, alterar la dirección, aunque no la cantidad del movimiento de los espíritus vitales. Esto, sin embargo, era contrario al espíritu del sistema y resultaba contrario a las leyes de la mecánica; por consiguiente fue desechado. La consecuencia fue que todos los movimientos de la materia eran determinados por leyes físicas y, debido al paralelismo, los acontecimientos mentales tenían que ser igualmente determinados. Por consiguiente, los cartesianos se encontraron con dificultad respecto al libre albedrío. Y para los que prestaban más atención a la ciencia de Descartes que a su teoría del conocimiento, no fue difícil extender la teoría de que los animales eran autómatas: ¿por qué no decir lo mismo del hombre y simplificar el sistema haciendo de él un materialismo consecuente? Este paso fue dado de hecho en el siglo XVIII.

Hay en Descartes un dualismo no resuelto entre lo que aprendió de la ciencia contemporánea y el escolasticismo que le enseñaron en La Flèche. Esto le llevó a contradicciones, pero también le hizo más rico en ideas fructíferas de lo que hubiera podido haber sido un filósofo completamente lógico. La consecuencia podía haber hecho de él meramente el fundador de un nuevo escolasticismo, mientras que la inconsecuencia le convirtió en la fuente de dos importantes, pero divergentes, escuelas de filosofía.

CAPÍTULO X

SPINOZA

Spinoza (1634-1677) es el más noble y el más amable de los grandes filósofos. Intelectualmente, algunos le han superado, pero éticamente es supremo. Como natural consecuencia, fue considerado, durante su vida y un siglo después de su muerte, como un hombre de una perversión aterradora. Judío de nacimiento, los judíos le excomulgaron. Los cristianos le aborrecieron igualmente; aunque toda su filosofía está dominada por la idea de Dios, el ortodoxo le acusaba de ateísmo. Leibniz, que le debía mucho, ocultaba su deuda, y se abstuvo cuidadosamente de decir una palabra en elogio suyo; llegó incluso a mentir respecto al grado de su conocimiento personal con el herético judío.

La vida de Spinoza fue muy sencilla. Su familia había ido a Holanda desde España, o quizá desde Portugal, para escapar de la Inquisición. El mismo Spinoza fue educado en el saber judío, pero se encontró con que le era imposible seguir siendo ortodoxo. Se le ofrecieron cien florines al año para que mantuviera ocultas sus dudas; cuando los rehusó, se intentó asesinarle; cuando esto falló, se le maldijo con todas las maldiciones del Deuteronomio y con la maldición que Eliseo pronunció contra los muchachos que, a consecuencia de ella, fueron despedazados por las osas. Pero Spinoza no fue atacado por ninguna osa. Vivió tranquilamente, primero en Amsterdam y luego en La Haya, ganándose la vida puliendo lentes. Sus necesidades eran pocas y sencillas, y toda su vida mostró una rara indiferencia por el dinero. Los pocos que le conocieron le amaban, aun en el caso de que desaprobaran sus principios. El Gobierno holandés, con su acostumbrado liberalismo, toleró sus opiniones sobre las cuestiones teológicas, aunque en un tiempo fue mal visto políticamente por haberse puesto al lado de los Witt frente a la Casa de Orange. A la temprana edad de cuarenta y tres años murió de tisis.

Su obra principal, la *Ética,* fue publicada póstumamente. Antes de examinarla, debemos decir unas palabras acerca de sus otros dos libros, el *Tractatus Theologico-Politicus* y el *Tractatus Politicus.* El primero es una curiosa combinación de crítica bíblica y teoría política; el segundo se ocupa sólo de teoría política. En la crítica bíblica anticipa parcialmente Spinoza opiniones modernas, particularmente al asignar a varios libros del Viejo Testamento fechas muy posteriores a la asignada a los mismos por la tradición. Se esfuerza en todo el libro por demostrar que las Escrituras pueden ser interpretadas de modo compatible con una teología liberal.

La teoría política de Spinoza deriva, en lo esencial, de Hobbes, a pesar de la enorme diferencia temperamental que hay entre los dos hombres. Sostiene que en un estado de naturaleza no hay nada lícito ni ilícito, pues lo ilícito consiste en desobedecer la ley. Sostiene que el soberano no puede hacer nada ilícito, y coincide con Hobbes en que la Iglesia debe estar subordinada por entero al Estado. Se opone a toda rebelión, incluso contra un Gobierno malo, y pone los ejemplos de las perturbaciones de Inglaterra como prueba del daño que resulta de resistir por la fuerza a la autoridad. Pero difiere de Hobbes al considerar la democracia como la forma de Gobierno «más natural». También difiere de él al sostener que los súbditos no deben sacrificar *todos* sus derechos al soberano. En particular, considera importante la libertad de opinión. No comprendo del todo cómo se concilia esto con su criterio de que las cuestiones religiosas debe zanjarlas el Estado. Creo que cuando dice eso piensa que estas cuestiones debe zanjarlas el Estado más que la Iglesia; en Holanda, el Estado era mucho más tolerante que la Iglesia.

La *Ética* de Spinoza trata de tres materias diferentes. Empieza con la metafísica; continúa luego con la psicología de las pasiones y de la voluntad; finalmente formula una ética basada en la metafísica y en la psicología precedentes. La metafísica es una modificación de la de Descartes, la psicología tiene reminiscencias de Hobbes, pero la ética es original y lo más valioso del libro. La relación de Spinoza con Descartes es en algunos aspectos semejante a la de Plotino con Platón. Descartes era un hombre polifacético, lleno de curiosidad intelectual, pero no estaba muy abrumado por la seriedad moral. Aunque inventó *pruebas* destinadas a apoyar las creencias ortodoxas, pudo haber sido empleado por los escépticos como Carnéades usó a Platón. Spinoza, aunque no dejaba de tener interés por la ciencia, e incluso escribió un tratado sobre el arco iris, se sentía principalmente atraído por los problemas religiosos y morales. Aceptó de Descartes y sus contemporáneos una física materialista y determinista y trató, dentro de la estructura de ésta, de hallar un lugar para el respeto y para una vida consagrada al Bien. Su intento fue grandioso y suscita admiración aun en aquellos que no lo creen acertado.

El sistema metafísico de Spinoza es del tipo iniciado por Parménides. Hay sólo una sustancia, «Dios o Naturaleza»; nada finito subsiste por sí mismo. Descartes admitía tres sustancias: Dios, espíritu y materia; es verdad que, incluso para él, Dios era, en un sentido, más sustancial que espíritu y materia, puesto que los había creado y podía, si quería, aniquilarlos. Pero salvo la relación con la omnipotencia de Dios, espíritu y materia eran dos substancias independientes, definidas, respectivamente, por los atributos de pensamiento y extensión. Para Spinoza no había nada de esto. Para él, pensamiento y extensión eran atributos de Dios. Dios tiene también un número infinito de otros atributos, puesto que Él tiene que ser en todos los aspectos infinito, pero esos otros son desconocidos para nosotros. Las almas individuales y los trozos separados de la materia son, para Spinoza, adjetivales; no son *cosas* sino, meramente, aspectos del Ser divino. No puede existir la inmortalidad personal en que creen los cristianos, sino sólo aquella inmortalidad impersonal que consiste en hacerse más y más uno con Dios. Las cosas finitas se definen por sus límites, físicos o lógicos, es decir, por lo que *no* son: «toda determinación es negación». Sólo puede haber un Ser que sea totalmente positivo, y tiene que ser absolutamente infinito.

De esta forma se ve arrastrado Spinoza a un panteísmo completo y sin atenuaciones.

Todo, según Spinoza, es gobernado por una necesidad lógica absoluta. No hay libre albedrío en la esfera mental ni azar en el mundo físico. Todo lo que ocurre es una manifestación de la inescrutable naturaleza de Dios, y es, lógicamente, imposible que los acontecimientos fueran diferentes de lo que son. Esto lleva a dificultades en relación con el pecado, que los críticos no fueron remisos en señalar. Uno de ellos, observando que, según Spinoza, todo está decretado por Dios y es, por lo tanto, bueno, pregunta indignado: ¿Fue bueno que Nerón matara a su madre? ¿Fue bueno que Adán comiera la manzana? Spinoza responde que lo que era positivo en estos actos era bueno, y que sólo lo que era negativo era malo, pero la negación sólo existe desde el punto de vista de las criaturas finitas. En Dios, que es lo único completamente real, no hay negación y, por consiguiente, el mal en lo que a nosotros nos parecen pecados no existe cuando éstos son contemplados como partes del todo. Esta doctrina aunque, en una forma u otra, ha sido sostenida por muchos místicos, no puede claramente conciliarse con la doctrina ortodoxa del pecado y de la condenación. Se halla asociada a la total negación del libre albedrío formulada por Spinoza. Aunque nada polémico, Spinoza era demasiado honrado para ocultar sus opiniones, por más que fueran inaceptables para sus contemporáneos; la aversión a su doctrina no es, pues, sorprendente.

La *Ética* está redactada en el estilo de Euclides, con definiciones, axiomas y teoremas, todo lo que aparece detrás de los axiomas se supone que está rigurosamente demostrado por razonamiento deductivo. Esto hace difícil su lectura. Un estudiante moderno, que no puede suponer que existan *pruebas* rigurosas de las cosas que el filósofo declara afirmar, tiende a impacientarse con el detalle de las demostraciones que, en realidad, no vale la pena dominar. Basta con leer los enunciados de las proposiciones y estudiar los escolios, que contienen mucho de lo mejor de la *Ética.* Pero sería falta de comprensión censurar a Spinoza por su método geométrico. Estaba en la esencia de su sistema, tanto ética como metafísicamente, mantener que todo *podía* ser demostrado y, por consiguiente, era esencial presentar demostraciones. *Nosotros* no podemos aceptar su método porque no podemos aceptar su metafísica. No podemos creer que las mutuas relaciones de las partes del Universo sean *lógicas,* porque sostenemos que las leyes científicas tienen que ser descubiertas por la observación, no por el razonamiento solo. Mas para Spinoza el método geométrico era necesario y estaba ligado con las partes más esenciales de su doctrina.

Llegamos ahora a la teoría de las emociones de Spinoza. Ésta viene después de una discusión metafísica sobre la naturaleza y origen del pensamiento, que lleva a la asombrosa proposición de que «el entendimiento humano tiene un conocimiento adecuado de la eterna e infinita esencia de Dios». Pero las pasiones, que son examinadas en el tercer libro de la *Ética,* nos distraen y oscurecen nuestra visión intelectual del todo. «Todo —se nos dice— en cuanto es en sí mismo, trata de persistir en su propio ser». De aquí surgen el amor, el odio y la lucha. La psicología del libro tercero es enteramente egoísta. «Quien concibe que el objeto de su odio es destruido, sentirá placer». «Si concebimos que alguien tiene deleite en algo que solamente una persona puede poseer, trataremos de hacer lo posible para que el hombre en cuestión no se posesione de ello». Pero incluso en este libro hay momentos en que Spinoza abandona la apariencia del cinismo demostrado matemáticamente, como cuando dice: «El odio aumenta al ser correspondido y puede, por otra parte, ser destruido por el amor». La autoconservación es el motivo fundamental de las pasiones, según Spinoza; pero ésta altera su carácter cuando nos damos cuenta de que lo que es real y positivo en nosotros es lo que nos une al todo y no lo que conserva la apariencia de separación.

Los dos últimos libros de la *Ética* titulados, respectivamente, «De la servidumbre humana, o la fuerza de las emociones» y «Del poder del entendimiento, o de la libertad humana» son los más interesantes. Somos esclavos en la medida en que lo que nos ocurre está determinado por causas exteriores y somos libres en la medida en que nos determinamos a nosotros mismos. Spinoza, como Sócrates y Platón, cree que toda acción ilícita es debida a error intelectual: el hombre que comprende de modo adecuado sus propias circunstancias actuará prudentemente, y será, incluso, feliz frente a lo que para otro representaría la desgracia. No hace ninguna llamada al desinterés; sostiene que el interés propio, en algún sentido, y más particularmente la propia conservación, gobiernan toda la conducta humana. «Ninguna virtud puede ser concebida como previa a este intento de conservar el propio ser». Pero su concepción de lo que un hombre prudente elegiría como meta de su interés es diferente de la del egoísta ordinario: «El más alto bien de la mente es el conocimiento de Dios y la más alta virtud de la mente es conocer a Dios». Las emociones se llaman *pasiones* cuando brotan de ideas inadecuadas; las pasiones de los diferentes hombres pueden chocar, pero los hombres que viven en obediencia a la razón estarán de acuerdo. El placer es en sí mismo bueno, pero la esperanza y el temor son malos, lo mismo que la humildad y el arrepentimiento: «El que se arrepiente de una acción es doblemente perverso o enfermo». Spinoza considera el tiempo como irreal y, por consiguiente, todas las emociones que tienen que ver con un acontecimiento como futuro o como pasado, son contrarias a la razón. «En cuanto la mente concibe una cosa bajo el dictado de la razón, ésta es afectada igualmente, ya sea la idea de una cosa presente, pasada o futura».

Es una frase difícil, pero pertenece a la esencia del sistema de Spinoza, y haremos bien en detenernos un momento en ella. En la opinión popular, «es bueno todo lo que acaba bien»; si el Universo está mejorando gradualmente pensamos mejor de él que si está decayendo gradualmente, aunque la suma del bien y del mal sea igual en los dos casos. Nos sentimos más interesados por un desastre de nuestro tiempo que por uno de la época de Gengis Kan. Según Spinoza, esto es irracional. Cualquier cosa que ocurra, forma parte del eterno mundo intemporal tal como Dios lo ve; para Él la fecha no tiene importancia. El hombre prudente, en cuanto lo permite la limitación humana, se esfuerza por ver el mundo tal como Dios lo ve, *sub specie aeternitatis,* bajo el aspecto de la eternidad. Pero —se puede replicar— haríamos mucho mejor en preocuparnos más de las desgracias futuras, que pueden posiblemente evitarse, que de las calamidades pasadas, respecto a las cuales ya no podemos hacer nada. A este argumento responde el determinismo de Spinoza. Sólo la ignorancia nos hace pensar que podemos cambiar el futuro; lo que ha de ser será, y el futuro está fijado de modo tan inalterable como el pasado. Por eso es por lo que la esperanza y el temor se condonan: ambos dependen de contemplar el futuro como algo incierto, así que nacen de la falta de sabiduría.

Cuando adquirimos, en la medida de lo posible, una visión del mundo análoga a la de Dios, lo vemos todo como una parte del conjunto e igualmente necesario para la bondad del todo. Por consiguiente «el conocimiento del mal es un conocimiento inadecuado». Dios no tiene ningún conocimiento del mal, porque no hay ningún mal que tenga que ser conocido; la apariencia del mal sólo surge de considerar las partes del Universo como si fueran subsistentes por sí mismas.

El punto de vista de Spinoza se propone liberar a los hombres de la tiranía del temor. «Un hombre libre en lo menos que piensa es en la muerte; y su sabiduría es una meditación no de la muerte, sino de la vida». Spinoza vivió por completo de conformidad con este precepto. El último día de su vida estaba enteramente tranquilo, no exaltado, como Sócrates en el *Fedón,* sino conversando, como hubiera hecho cualquier otro día, sobre asuntos de interés para su interlocutor. A diferencia de otros filósofos, no sólo creía en sus propias doctrinas, sino que las practicaba; no sé de ninguna ocasión, a pesar de una gran provocación, en la que se viera arrastrado a la exaltación o a la cólera que su moral condenaba. En la controversia era cortés y razonable, sin molestar nunca, pero haciendo todo lo posible por persuadir.

En la medida en que lo que nos sucede nace de nosotros, es bueno; sólo lo que viene de fuera es malo para nosotros. «Como todas las cosas de las que un hombre es causa eficiente son necesariamente buenas, ningún mal puede sobrevenir a un hombre, salvo por causas externas». Es obvio, por ende, que nada malo puede ocurrirle al Universo como un todo, puesto que no está sujeto a causas externas. «Nosotros somos una parte de la naturaleza universal y seguimos su orden. Si tenemos un entendimiento claro y distinto de esto, esa parte de nuestra naturaleza que está definida por la inteligencia —en otras palabras, la parte mejor de nosotros mismos— asentirá seguramente en lo que nos sobrevenga, y en tal aquiescencia debemos tratar de persistir». En la medida en que un hombre es una parte renuente de un todo mayor, está en servidumbre, mas en la medida en que, por medio del entendimiento, ha captado la única realidad del todo, es libre. Las consecuencias de su doctrina se desarrollan en el último libro de la *Ética.*

Spinoza no pone reparos a *todas* las emociones, como los estoicos; sólo pone reparos a las que son *pasiones,* es decir, a aquellas en que nosotros aparecemos ante nosotros mismos en poder de fuerzas exteriores. «Una emoción que es una pasión deja de ser una pasión tan pronto como nos formamos una idea clara y distinta de ella». Comprender que todas las cosas son necesarias ayuda a la mente a adquirir poder sobre las emociones. «El que clara y distintamente se entiende a sí mismo y a sus emociones, ama a Dios, y tanto más cuanto más se comprende a sí mismo y sus emociones». Esta proposición nos introduce en el «amor intelectual de Dios», en que consiste la sabiduría. El amor intelectual de Dios es una unión de pensamiento y emoción: consiste —creo que puede decirse así— en el pensamiento verdadero combinado con el goce de la aprehensión de la verdad. Todo goce del pensamiento verdadero forma parte del amor intelectual de Dios, pues éste no contiene nada negativo, y es, en consecuencia, verdaderamente parte del todo, no sólo aparentemente, como lo son las cosas fragmentarias, tan separadas en el pensamiento hasta parecer malas.

He dicho hace un momento que el amor intelectual de Dios implica la alegría, pero quizá esto sea un error, pues Spinoza dice que a Dios no le afecta ninguna emoción de placer o de pesar, y dice también que «el amor intelectual de la mente hacia Dios es parte del amor infinito con que Dios se ama a sí mismo». Creo, sin embargo, que hay algo en el *amor* intelectual, que no es mero intelecto; quizá el goce implícito, en esto se considera como algo superior al placer.

«El amor a Dios —se nos dice— debe ocupar el primer lugar en la mente». He omitido las demostraciones de Spinoza, pero, al hacerlo así, he dado una visión incompleta de su pensamiento.

Como la prueba de la anterior proposición es corta, la citaré entera; el lector puede, luego, suplir con la imaginación las pruebas de las otras proposiciones. La prueba de esta proposición es como sigue:

«Pues este amor está asociado con todas las modificaciones del cuerpo (v. 14) y está alimentado por todas ellas (v. 15); por consiguiente (v. 11), debe ocupar el primer lugar en la mente, Q.E.D».

De las proposiciones aludidas en esta prueba, la v. 14 dice: «La mente puede comprobar que todas las modificaciones corporales o imágenes de cosas pueden ser referidas a la idea de Dios»; la v. 15 establece: «El que claramente y distintamente se entiende a sí mismo y a sus emociones ama a Dios, y tanto más en la proporción en que se entiende a sí y sus emociones»; la v. 11 establece: «Una Imagen mental es más frecuente en la medida en que alude a más objetos, o es más frecuentemente vivida y ocupa más la mente».

La *prueba* citada arriba podía exponerse así: Todo incremento en la comprensión de lo que nos ocurre consiste en referir los acontecimientos a la idea de Dios, puesto que, en verdad, todo es parte de Dios. Esta comprensión de todas las cosas como parte de Dios *es* amor de Dios. Cuando *todos* los objetos sean referidos a Dios, la idea de Dios ocupará totalmente el entendimiento.

Así, la afirmación de que el «amor de Dios debe ocupar el primer lugar en la mente» no es primariamente una exhortación moral, sino una exposición de lo que tiene que ocurrir inevitablemente a medida que adquirimos comprensión.

Se nos dice que nadie puede odiar a Dios, pero por otra parte, «el que ama a Dios no puede tratar de que Dios le ame a él a su vez». Goethe, que admiraba a Spinoza sin siquiera empezar a entenderle, consideró esta proposición como un ejemplo de abnegación. No es nada de eso, sino una consecuencia lógica de la metafísica de Spinoza. Él no dice que un hombre no *debe* desear que Dios le ame; dice que un hombre, que ama a Dios, *no puede* desear que Dios le ame. Esto aparece claro en la prueba, que dice: «Pues si un hombre intentara eso, desearía (v. 17, cor.) que Dios, a quien él ama, no fuera Dios y, consiguientemente, desearía sentir dolor (III, 19), lo que es absurdo (III, 28)». La v. 17 es la proposición ya aludida, que dice que Dios no tiene pasiones, ni placeres, ni penas; el corolario aludido deduce que Dios no ama ni odia a nadie. También aquí lo implicado no es un precepto moral, sino una necesidad lógica: un hombre que amara a Dios y deseara que Dios le amara a él estaría deseando sentir dolor, «lo que es absurdo».

La afirmación de que Dios puede no amar a nadie, no debía considerarse contradictoria a la afirmación de que Dios se ama a Sí mismo, puesto que es posible sin falsa creencia; y en todo caso el amor intelectual es una clase muy especial de amor.

En este punto nos dice Spinoza que nos ha dado ahora «todos los remedios contra las emociones». El gran remedio está en las ideas claras y distintas respecto a la naturaleza de las emociones y de su relación con las causas externas. Hay una mayor ventaja en el amor de Dios comparado con el amor de los seres humanos: «La falta de salud espiritual y las desventuras pueden, generalmente, atribuirse al amor excesivo de algo que está sujeto a muchas variaciones». Pero el conocimiento claro y distinto «suscita un amor hacia una cosa inmutable y eterna», y tal amor no tiene el carácter turbulento e inquietante del amor hacia un objeto que es pasajero y cambiante.

Aunque la supervivencia personal después de la muerte es una ilusión hay, sin embargo, en la mente humana algo que es eterno. La mente puede sólo imaginar o recordar mientras el cuerpo existe, pero hay en Dios una idea que expresa la esencia de este o de aquel cuerpo humano bajo la forma de eternidad, y esta idea es la parte eterna de la mente. El amor intelectual de Dios, cuando es experimentado por un individuo, está contenido en esta parte eterna de la mente.

La beatitud, que consiste en el amor a Dios, no es la recompensa de la virtud, sino la virtud misma; no nos gozamos en ella porque dominamos nuestros deseos, sino que dominamos nuestros deseos porque nos gozamos en ella.

La *Ética* termina con estas palabras:

«El hombre sabio, en la medida en que es considerado como tal, apenas sufre una turbación de espíritu, pues siendo consciente en sí mismo, de Dios y de las cosas, por cierta necesidad eterna, nunca deja de serlo, sino que siempre posee la verdadera aquiescencia de su espíritu. Si el camino que he indicado como conducente a este resultado parece excesivamente difícil puede, no obstante, ser descubierto. Tiene que ser difícil, puesto que rara vez se le encuentra. ¿Cómo sería posible, si la salvación estuviera al alcance inmediato de nuestra mano, y pudiera hallarse sin gran esfuerzo, que la descuidaran casi todos los hombres? Pero todas las cosas excelentes son tan difíciles como raras».

Para formar un juicio crítico de la importancia de Spinoza como filósofo es necesario distinguir su ética de su metafísica y considerar qué parte de la primera puede sobrevivir a la negación de la segunda.

La metafísica de Spinoza es el mejor ejemplo de lo que puede llamarse *monismo lógico,* es decir, la doctrina de que el mundo como conjunto es una sola sustancia, ninguna de cuyas partes es capaz, lógicamente, de existir sola. La base principal de esta opinión es la creencia de que cada proposición tiene un solo sujeto y un solo predicado, lo que nos lleva a la conclusión de que relaciones y pluralidad tienen que ser ilusorias. Spinoza pensaba que la naturaleza del mundo y de la vida humana podían ser deducidas lógicamente en axiomas evidentes por sí mismos; nosotros debiéramos estar tan resignados ante los acontecimientos como ante el hecho de que dos y dos son cuatro, puesto que aquéllos son igualmente el resultado de la necesidad lógica. El conjunto de su metafísica es imposible de aceptar; es incompatible con la lógica moderna y con el método científico. Los *hechos* tienen que ser descubiertos por la observación, no por el razonamiento; cuando inducimos con éxito el futuro, lo hacemos por medio de principios que no son lógicamente necesarios, sino que han sido sugeridos por datos empíricos. Y el concepto de sustancia, sobre el que se basa Spinoza, es un concepto que ni la ciencia ni la filosofía pueden aceptar hoy.

Pero cuando llegamos a la ética de Spinoza sentimos —o por lo menos, lo siento yo— que algo, aunque no todo, puede ser aceptado, incluso cuando ha sido rechazado el fundamento metafísico. Hablando en términos generales, Spinoza se ha preocupado de mostrarnos cómo es posible vivir noblemente, aun cuando reconozcamos los límites del poder humano. Él mismo, con su doctrina de la necesidad, hace estos límites más estrechos de lo que son, pero cuando indubitablemente existen las máximas de Spinoza son, quizá, las mejores posibles. Tomemos, por ejemplo, la muerte: nada de lo que un hombre puede hacer le hará inmortal, y es, por lo tanto, vano perder tiempo en lamentaciones y temores respecto al hecho de que tenemos que morir. Estar obsesionado con el miedo a la muerte es una especie de esclavitud; Spinoza tiene razón al decir que «el hombre libre en lo menos que piensa es en la muerte». Pero aun en este caso, sólo es la muerte en general la que debe ser tratada de ese modo; la muerte por cualquier enfermedad determinada debe, en lo posible, evitarse, sometiéndose a los cuidados médicos. Lo que, aun en este caso, hemos de eludir es cierto tipo de preocupación o terror; las medidas necesarias han de tomarse con tranquilidad y nuestros pensamientos habrían de dirigirse, en lo posible, a otros asuntos. Las mismas consideraciones se aplican a todas las demás desventuras puramente personales.

Pero ¿qué ha de hacerse respecto a las desventuras de las personas a quienes amamos? Consideremos algunas de las cosas que han de ocurrir probablemente en nuestro tiempo a los habitantes de Europa o China. Supongamos que uno es judío y que nuestra familia ha sido asesinada. Supongamos que es uno trabajador clandestino contra los nazis y que han fusilado a nuestra mujer porque no les ha sido posible cogernos a nosotros. Supongamos que a vuestro marido, por algún crimen puramente imaginario, lo han enviado a trabajos forzados en el Ártico, y ha muerto de sufrimientos y de hambre. Supongamos que a vuestra hija la han violado y luego la han asesinado los soldados enemigos. ¿Se debe, en estas circunstancias, conservar una calma filosófica?

Si seguís las enseñanzas de Cristo diréis: «Padre, perdónalos, porque no saben lo que hacen». He conocido a cuáqueros que podían haber dicho esto sincera y profundamente y a quienes yo admiraba porque podían hacerlo. Pero antes de prodigar la admiración debe uno asegurarse de que el infortunio se siente tan profundamente como debe serlo. No se puede aceptar la actitud de algunos de los estoicos, que decían: «¿Qué me importa si mi familia sufre? Yo puedo todavía ser virtuoso». El principio cristiano «Amad a vuestros enemigos» es bueno, pero el principio estoico, «Sed indiferentes respecto a vuestros amigos» es malo. Y el principio cristiano no inculca la calma, sino un amor ardiente, incluso hacia el peor de los hombres. No hay nada que decir contra él, salvo que es demasiado difícil para la mayoría de nosotros practicarlo sinceramente.

La reacción primitiva contra tales calamidades es la venganza. Cuando Macduff se entera de que su mujer y sus hijos han sido muertos por Macbeth resuelve matar por sí mismo al tirano. Esta reacción todavía la admira la mayoría de la gente, cuando la injuria es grande y de tal calibre que es capaz de suscitar el horror moral en personas desinteresadas. Tampoco puede ser condenada totalmente, pues es una de las fuerzas generadoras del castigo, y el castigo es a veces necesario. Además, desde el punto de vista de la salud mental, el impulso de venganza es, probablemente, tan fuerte que si no se le permitiese una salida, todo el concepto de un hombre sobre la vida podría llegar a trastornarse, y ser más o menos perturbado. Esto no es verdad universalmente, pero es verdad en un considerable tanto por ciento de casos. Mas por otra parte, debe decirse que la venganza es un motivo muy peligroso. En la medida en que la sociedad lo admite, permite a un hombre ser el juez de su propia causa, que es exactamente lo que la ley trata de impedir. Además, es habitualmente un motivo excesivo; trata de infligir más castigo del deseable. La tortura, por ejemplo, no debía ser castigada con tortura, pues el hombre enloquecido por el deseo de venganza consideraría una muerte sin dolor demasiado buena para el objeto de su odio. Además —y es aquí donde Spinoza está en lo justo—, una vida dominada por una sola pasión es una vida estrecha, incompatible con toda clase de sabiduría. La venganza como tal no es, pues, la mejor reacción contra la ofensa.

Spinoza diría lo que dicen los cristianos o todavía algo más. Para él, todo pecado es debido a la ignorancia; él los «perdonaría, porque no saben lo que hacen». Pero os haría evitar la limitada esfera donde, en su opinión, surge el pecado, y os instaría, incluso bajo el peso de los mayores infortunios, a impedir encerraros en el mundo de vuestro dolor; os haría comprenderlo, viéndolo en relación con sus causas y como una parte del orden total de la naturaleza. Como hemos visto, cree que el odio puede ser superado por el amor: «El odio aumenta al ser correspondido y puede, por otra parte, ser destruido por el amor; el odio completamente vencido por el amor, se convierte en amor, y el amor es a consecuencia de ello mayor que si no lo hubiera precedido el odio». Desearía poder creer esto, pero no puedo, salvo en casos excepcionales, cuando la persona que odia está completamente a merced de la persona que se niega a odiar a su vez. En tales casos, la sorpresa de no ser castigado puede tener un efecto reformador. Pero mientras el perverso tiene poder, no es muy útil asegurarle que no se le odia, puesto que atribuirá vuestras palabras a un motivo torpe. Y no podéis privarle del poder por la no resistencia.

El problema para Spinoza es más fácil que para el que no tiene ninguna fe en la bondad última del Universo. Spinoza cree que, si uno ve las propias desventuras como son en realidad, como parte de la concatenación de causas que se extienden desde el principio de los tiempos hasta el final, verá que son solamente desventuras personales, no del Universo, respecto del cual son meras discordancias momentáneas que sólo sirven para realzar la armonía final. Yo no puedo aceptar esto; creo que los sucesos particulares son lo que son y no se hacen diferentes por su absorción en el conjunto. Cada acto de crueldad es eternamente una parte del Universo: nada de lo que ocurra posteriormente puede hacer que ese acto sea bueno en vez de malo, o pueda conferir perfección al conjunto del cual forma parte.

No obstante, cuando vuestro destino es tener que soportar algo que es (o que os parece) peor que la suerte ordinaria de la humanidad, el principio de Spinoza de pensar en el conjunto o, en todo caso, en materias de más amplitud que vuestro propio dolor, es útil. Hay incluso veces en que es confortador pensar que la vida humana, con todo lo que contiene de mal y de sufrimiento, es una parte infinitesimal de la vida del Universo. Tales reflexiones pueden no ser suficientes para constituir una religión, pero en un mundo lleno de dolor son una ayuda para el buen sentido y un antídoto contra la parálisis de la desesperación extrema.

CAPÍTULO XI

LEIBNIZ

Leibniz (1646-1716) ha sido uno de los intelectos supremos de todos los tiempos, pero como ser humano no fue admirable. Tenía, ciertamente, las virtudes que desearíamos encontrar en un informe sobre un empleado en perspectiva: era laborioso, económico, sobrio y honrado en cuestiones de dinero. Pero estaba totalmente desprovisto de aquellas superiores virtudes filosóficas que son tan notables en Spinoza. Su mejor pensamiento no era apropiado para ganarle popularidad, y dejó los papeles en que lo recogía inéditos en su pupitre. Lo que publicó estaba destinado a obtener la aprobación de los príncipes y de las princesas. La consecuencia es que hay dos sistemas de filosofía que pueden considerarse representativos de Leibniz: uno, que él proclamó, era optimista, ortodoxo, fantástico y superficial; el otro, que ha sido extraído lentamente de sus manuscritos por editores muy recientes, era profundo, coherente, en gran medida spinozista y asombrosamente lógico. Fue el Leibniz popular el que inventó la doctrina de que éste es el mejor de todos los mundos posibles (a la que F. H. Bradley añadió la sardónica coletilla: «y en el cual todo es un mal necesario»); fue este Leibniz el que Voltaire caricaturizó en el doctor Pangloss. Sería antihistórico ignorar a este Leibniz, pero el otro tiene una importancia filosófica mucho mayor.

Leibniz nació dos años antes del final de la guerra de los Treinta Años, en Leipzig, donde su padre era profesor de filosofía moral. En la universidad estudió Derecho, y en 1666 obtuvo el grado de doctor en Altdorf, donde se le ofreció una cátedra, que rehusó, diciendo que «tenía cosas muy diferentes en perspectiva». En 1667 entró al servicio del arzobispo de Mainz que, como otros príncipes alemanes del Oeste, estaba paralizado por el miedo a Luis XIV. Con la aprobación del arzobispo, Leibniz trató de persuadir al rey francés para que invadiera Egipto en lugar de Alemania, pero se encontró con la cortés indicación de que, después de la época de San Luis, la guerra santa contra el infiel había pasado de moda. Su proyecto no fue conocido del público hasta que fue descubierto por Napoleón cuando ocupó Hannóver en 1803, cuatro años después de su propia y fracasada expedición a Egipto. En 1672, en relación con este proyecto, Leibniz fue a París, donde pasó la mayor parte de los cuatro años siguientes. Sus contactos en París fueron de gran importancia para su desenvolvimiento intelectual, pues París, en aquel tiempo, llevaba la dirección del mundo en filosofía y matemáticas. Fue aquí, en 1675-1676, donde inventó el cálculo infinitesimal, ignorando la anterior, aunque inédita obra de Newton sobre la misma cuestión. La obra de Leibniz fue publicada por vez primera en 1684, y la de Newton en 1687. La consiguiente disputa sobre la prioridad fue desafortunada y deshonrosa para ambas partes.

Leibniz era algo mezquino en cuanto al dinero. Cuando alguna dama de la corte se casaba, acostumbraba a hacerle lo que él llamaba un «regalo de boda», consistente en máximas útiles que terminaban con el consejo de no abandonar el lavado ahora que había conseguido un marido. La Historia no nos dice si las novias quedaban agradecidas.

En Alemania habían enseñado a Leibniz una filosofía aristotélica neoescolástica, de la que conservó algo durante toda su vida. Pero en París conoció el cartesianismo y el materialismo de Gassendi, que influyeron sobre él; en esta época, nos dice, abandonó las «escuelas triviales», aludiendo con ello al escolasticismo. En París conoció a Malebranche y a Arnauld, el jansenista. La última influencia importante sobre su filosofía fue la de Spinoza, al que visitó en 1676. Pasó un mes en frecuentes discusiones con él y conoció parte de la *Ética* en manuscrito. Años después se unió a los que desacreditaban a Spinoza y quitó importancia a sus encuentros con él, diciendo que lo había visto una vez y que Spinoza le había contado algunas buenas anécdotas sobre política.

Su relación con la Casa de Hannóver, a cuyo servicio permaneció todo el resto de su vida, empezó en 1673. A partir de 1680 fue su bibliotecario en Wolfenbuttel, y estuvo empleado oficialmente en la redacción de la historia de Brunswick. Había llegado al año 1009 de esta historia cuando murió. La obra no fue publicada hasta 1843. Empleó algún tiempo en la formación de un proyecto para la unión de las Iglesias, pero éste fracasó. Fue a Italia para obtener pruebas de que los duques de Brunswick estaban relacionados con la familia de Este. Mas a pesar de estos servicios, fue postergado en Hannóver cuando Jorge I fue rey de Inglaterra, siendo la principal razón de ello su polémica con Newton que le atrajo la enemistad de Inglaterra. No obstante, la princesa de Gales, según dijo a todos sus corresponsales, estuvo a su lado frente a Newton. A pesar del favor de ésta, murió olvidado.

La filosofía popular de Leibniz puede hallarse en la *Monadología* y en los *Principios de la Naturaleza y de la Gracia,* una de las cuales (no se sabe cuál) escribió para el príncipe Eugenio de Saboya, colega de Malborough. La base de su optimismo teológico está expresada en la *Teodicea,* que escribió para la reina Carlota de Prusia. Empezaré por la filosofía expuesta en estos escritos y luego continuaré con su obra más sólida, que dejó sin publicar.

Como Descartes y Spinoza, Leibniz basó su filosofía en la noción de sustancia, pero difería radicalmente de ellos en lo que respecta a la relación de espíritu y materia y en lo referente al número de sustancias. Descartes admitía tres sustancias: Dios, espíritu y materia; Spinoza admitía solamente a Dios. Para Descartes, la extensión es la esencia de la materia; para Spinoza, la extensión y el pensamiento son atributos de Dios. Leibniz sostenía que la extensión no puede ser un atributo de la sustancia. Su argumento era que la extensión envuelve la pluralidad y sólo puede pertenecer, por lo tanto, a un agregado de sustancias; cada sustancia aislada tiene que ser inextensa. Él creía, por consiguiente, en un número infinito de sustancias, que llamó *mónadas.* Cada una de éstas tendría algunas de las propiedades de un punto fisico, pero sólo cuando se las consideraba abstractamente; de hecho, cada mónada es un alma. Esto se sigue, naturalmente, del hecho de rechazar la extensión como un atributo de la sustancia; el único atributo restante, esencial, posible parecía ser el pensamiento. De este modo, Leibniz se vio arrastrado a negar la realidad de la materia y a sustituirla por una familia infinita de almas.

La doctrina de que las sustancias no pueden afectarse recíprocamente, desarrollada por los seguidores de Descartes, fue conservada por Leibniz y condujo a curiosas consecuencias. Ninguna pareja de mónadas, sostenía, puede tener nunca ninguna relación causal entre sí; cuando parece que la tienen, las apariencias son engañosas. Las mónadas, según decía, no tienen *ventanas.* Esto acarreaba dos dificultades: una, en dinámica, donde los cuerpos parecen afectarse unos a otros, especialmente en el choque; la otra, en relación con la percepción, que parece ser un efecto del objeto percibido sobre el que lo percibe. Dejaremos a un lado por ahora la dificultad dinámica y examinaremos sólo la cuestión de la percepción. Leibniz sostenía que cada mónada refleja el Universo, no porque éste le afecte, sino porque Dios le ha dado una naturaleza que produce espontáneamente este resultado. Hay una «armonía preestablecida» entre los cambios de una mónada y los de otra, que produce la apariencia de una acción recíproca. Esto es claramente una extensión de los dos relojes, que suenan al mismo tiempo porque los dos marcan perfectamente la hora. Leibniz tiene un número infinito de relojes, todos ordenados por el Creador para sonar en el mismo instante, no porque unos influyan sobre otros, sino porque cada uno de ellos es un mecanismo de una exactitud perfecta. A los que consideran extraña la armonía preestablecida, recaba su atención Leibniz sobre la admirable prueba que facilita la existencia de Dios.

Las mónadas forman una jerarquía, en la que algunas son superiores a otras en la claridad y distinción con que reflejan el Universo. En todas hay algún grado de confusión en la percepción, pero la cuantía de la confusión cambia según la dignidad de la mónada de que se trate. Un cuerpo humano está compuesto enteramente de mónadas, cada una de las cuales es un alma y cada una de las cuales es inmortal, pero hay una mónada dominante que es la que se llama *el* alma del hombre, de cuyo cuerpo forma parte. Esta mónada es dominante no sólo en el sentido de que tiene percepciones más claras que las otras, sino también en otro sentido. Los cambios que se realizan en un cuerpo humano (en circunstancias ordinarias) ocurren a causa de la mónada dominante: cuando mi brazo se mueve, el propósito servido por el movimiento está en la mónada dominante, es decir, en mi mente, no en las mónadas que componen mi brazo. Ésta es la verdad de lo que aparece ante el sentido común como el dominio de mi voluntad sobre mi brazo.

El espacio, tal como aparece ante los sentidos y tal como es supuesto en la física, no es real, pero tiene una contrapartida real, o sea la disposición de las mónadas en un orden tridimensional, según el punto de vista desde el cual reflejan el mundo. Cada mónada ve el mundo desde cierta perspectiva que le es peculiar; en este sentido podemos hablar, algo imprecisamente, de la mónada, como que tiene una posición espacial.

Aceptando esta manera de hablar, podemos decir que no existe el vacío; cada posible punto de vista está ocupado por una mónada real, y sólo por una. No hay dos mónadas que sean exactamente iguales; éste es el principio de Leibniz de la «identidad de indiscernibles».

Contrastando con Spinoza, Leibniz insiste mucho en el libre albedrío permitido por su sistema. Tiene un «principio de razón suficiente», según el cual nada ocurre sin una razón; pero cuando nos ocupamos de los agentes libres, las razones para sus acciones «predisponen sin necesidad». Lo que hace un ser humano siempre tiene un motivo, pero la razón suficiente de su acción no tiene necesidad lógica. Eso, al menos, es lo que dice Leibniz cuando escribe popularmente, pero como veremos, tenía otra doctrina que se guardó para sí, después de ver que Arnauld la consideró chocante.

Las acciones de Dios tienen el mismo tipo de libertad. Él siempre actúa del mejor modo, pero no se halla bajo ninguna coerción lógica para hacerlo. Leibniz coincide con Santo Tomás en que Dios no puede actuar de modo contrario a las leyes de la lógica, pero que Él puede decretar cuanto sea lógicamente posible y que esto le permite una gran amplitud de posibilidades.

Leibniz llevó a su forma final las pruebas metafísicas de la existencia de Dios. Estas pruebas tenían una historia larga; comienzan con Aristóteles, o incluso con Platón; son formalizadas por los escolásticos y una de ellas, el argumento ontológico, fue inventada por San Anselmo. Este argumento, aunque rechazado por Santo Tomás, fue renovado por Descartes. Leibniz, cuya habilidad lógica era suprema, expuso los argumentos de una forma más perfecta que nunca. Ésta es la razón que nos mueve a examinarlos al tratar de él.

Antes de examinar los argumentos en detalle, conviene tener en cuenta que los teólogos modernos no se basan ya en ellos. La teología medieval es un producto del intelecto griego. El Dios del Antiguo Testamento es un Dios de poder; el Dios del Nuevo Testamento es también un Dios de amor; pero el Dios de los teólogos, desde Aristóteles hasta Calvino, es un Dios cuya apelación es intelectual: su existencia resuelve ciertos enigmas que de otro modo crearían dificultades de argumentación en la comprensión del Universo. Esta deidad que aparece al fin de un razonamiento, como la prueba de una proposición en geometría, no satisfizo a Rousseau, que volvió a un concepto de Dios más afín al de los Evangelios. En lo fundamental, los teólogos modernos, especialmente los protestantes, han seguido en este punto a Rousseau. Los filósofos han sido más conservadores: en Hegel, Lotze y Bradley persisten los argumentos de tipo metafísico, a pesar de que Kant declarara haber demolido tales argumentos de una vez para siempre.

Los argumentos de Leibniz respecto a la existencia de Dios son cuatro: 1.º, el argumento ontológico; 2.º, el argumento cosmológico; 3.º, el argumento de las verdades eternas, y 4.º, el argumento de la armonía preestablecida, que puede ser generalizado en el argumento del plan o argumento fisicoteológico, como lo llama Kant. Examinaremos estos argumentos sucesivamente.

El argumento ontológico se basa en la distinción entre existencia y esencia. Cualquier persona o cosa —se sostiene—, por una parte, existe, y por otra, tiene ciertas cualidades que constituyen su *esencia*. Hamlet, aunque no existe, tiene cierta esencia: es melancólico, indeciso, ingenioso, etc. Cuando describimos una persona, la cuestión de si es real o imaginaria continúa pendiente, por minuciosa que sea nuestra descripción. Esto se expresa en lenguaje escolástico, diciendo que, en el caso de cualquier sustancia finita, su esencia no implica su existencia. Pero en el caso de Dios, definido como el Ser más perfecto, San Anselmo, seguido por Descartes, mantiene que la esencia implica la existencia, basándose en que un Ser que posee todas las demás perfecciones, es mejor si existe que si no existe, de lo que se sigue que, si no existe, no es el mejor Ser posible.

Leibniz no acepta ni rechaza totalmente este argumento; necesita ser completado, según dice, con la prueba de que el Dios, así definido, es posible. Él compuso una prueba de que la idea de Dios es posible, que mostró a Spinoza cuando le vio en La Haya. Esta prueba define a Dios como el Ser más perfecto, es decir, como el sujeto de todas las perfecciones y se define la perfección como una «cualidad simple que es positiva y absoluta y que expresa sin límites todo lo que expresa». Leibniz prueba fácilmente que dos perfecciones, como las definidas, no pueden ser incompatibles. Y concluye: «Hay, por consiguiente, o puede concebirse, un sujeto de todas las perfecciones, o Ser más perfecto. De donde se sigue también que Él existe, pues la existencia está entre el número de las perfecciones».

Kant rechazó este argumento, manteniendo que la *existencia* no es un predicado. Otro tipo de refutación resulta de mi teoría de las descripciones. El argumento no parece muy convincente para una mente moderna, pero es más fácil sentir la convicción de que tiene que ser falso que hallar precisamente dónde estriba la falsedad.

El argumento cosmológico es más aceptable que el ontológico. Es una forma del argumento de la Causa Primera que, a su vez, deriva del argumento de Aristóteles del motor inmóvil. El argumento de la Causa Primera es sencillo. Indica que todo lo finito tiene una causa, la que, a su vez, tuvo una causa, y así sucesivamente. Esta serie de causas previas no puede —se afirma— ser infinita y el primer término de la serie tiene que carecer de causa, pues de otro modo no sería el primer término. Hay, por lo tanto, una causa, incausada, de todo y ésta es, sin duda alguna, Dios.

En Leibniz, el argumento adopta una forma algo distinta. Arguye que en el mundo toda cosa particular es *contingente,* es decir, que sería lógicamente posible que no existiera; y esto es verdad, no sólo de cada cosa en particular, sino de todo el Universo. Aun en el caso de que supongamos que el Universo ha existido siempre, no hay nada dentro del Universo que muestre por qué existe. Pero todo tiene que tener una razón suficiente, según la filosofía de Leibniz; por consiguiente, el Universo como conjunto tiene que tener una razón suficiente, que tiene que estar fuera del Universo. Esta razón suficiente es Dios.

Este argumento es mejor que el argumento simple de la Causa Primera y no puede ser refutado con tanta facilidad. El argumento de la Causa Primera se basa en el supuesto de que toda serie tiene que tener un primer término, lo que es falso; por ejemplo, la serie de fracciones propias no tiene ningún primer término. Pero el argumento de Leibniz no se basa en la opinión de que el Universo tiene que tener un principio en el tiempo. El argumento es válido mientras admitamos el principio de Leibniz de la razón suficiente, pero si se niega este principio, el argumento cae por su base. Lo que quiere dar a entender exactamente Leibniz con el principio de razón suficiente es una cosa dudosa. Couturat sostiene que significa que toda proposición verdadera es *analítica,* es decir, que su contradictoria es contradictoria de sí misma. Pero esta interpretación (que se apoya en escritos que Leibniz no publicó) pertenece, si es verdadera, a la doctrina esotérica. En sus obras publicadas sostiene que hay una diferencia entre las proposiciones necesarias y las contingentes, que solamente las primeras se siguen de las reglas de la lógica y que todas las proposiciones, que declaran existencia, son contingentes, con la única excepción de la existencia de Dios. Aunque Dios existe necesariamente, Él no fue compelido por la lógica a crear el mundo; por el contrario, éste fue una libre elección, motivada, pero no necesitada, por Su bondad.

Está claro que Kant está en lo cierto al decir que este argumento se basa en el argumento ontológico. Si la existencia del mundo puede explicarse solamente por medio de la existencia de un Ser necesario, entonces tiene que haber un Ser cuya esencia implique la existencia, pues eso es lo que se entiende por un Ser necesario. Pero si es posible que haya un Ser cuya esencia implique la existencia, entonces la razón sola, sin la experiencia, puede definir a tal Ser, cuya existencia se deducirá del argumento ontológico, pues todo lo que tiene que ver solamente con la esencia puede ser conocido independientemente de la experiencia; tal es, al menos, la opinión de Leibniz. La mayor fuerza aparente del argumento cosmológico, comparado con el ontológico es, por consiguiente, ilusoria.

El argumento de las verdades eternas es un poco difícil de exponer con precisión. Aproximadamente, el argumento es esto: una afirmación como «está lloviendo» es a veces verdadera y a veces falsa, pero «dos y dos son cuatro» es siempre verdadera. Todas las afirmaciones que tienen solamente que ver con la esencia, no con la existencia, son o siempre verdaderas o nunca verdaderas. Las que son siempre verdaderas se llaman «verdades eternas». El *quid* del argumento es que las verdades son parte del contenido de las mentes y que una verdad eterna tiene que ser parte del contenido de una mente eterna. Hay ya en Platón un argumento no distinto de éste, en el cual deduce la inmortalidad de la eternidad de las ideas. Pero en Leibniz, el argumento está más desarrollado. Éste sostiene que la razón última de las verdades contingentes tiene que encontrarse en las verdades necesarias. El razonamiento es aquí análogo al argumento cosmológico: tiene que haber una razón para todo el mundo contingente y esta razón no puede ser contingente, sino que ha de buscarse entre las verdades eternas. Pero una razón para lo que existe, tiene ella misma que existir; por lo tanto, las verdades eternas tienen, en algún sentido, que existir y sólo pueden existir como pensamientos en la mente de Dios. Este argumento es, en realidad, sólo otra forma del argumento ontológico. Está expuesto, sin embargo, a la nueva objeción de que difícilmente puede decirse que una verdad *existe* en una mente que la aprehende.

El argumento de la armonía preestablecida es sólo válido, en la forma que lo expone Leibniz, para los que acepten sus mónadas sin ventanas, todas las cuales reflejan el Universo. El argumento es que, pues todos los relojes marcan el tiempo a la vez sin ninguna acción recíproca causal, tiene que haber habido una sola Causa exterior que los regulara a todos. La dificultad, desde luego, es la que suscita toda la monadología: si las mónadas nunca actúan recíprocamente, ¿cómo sabe cualquiera de ellas que existen otras? Lo que parece reflejar el Universo puede ser meramente un sueño. Efectivamente, si Leibniz está en lo cierto, eso *es* meramente un sueño, pero él ha descubierto de algún modo que todas las mónadas tienen sueños semejantes al mismo tiempo. Esto, naturalmente, es fantástico, y no hubiera parecido creíble, a no ser por la historia previa del cartesianismo.

El argumento de Leibniz puede, sin embargo, desligarse de la dependencia de su peculiar metafisíca y ser transformado en el llamado argumento del plan. Este argumento sostiene que, si echamos una ojeada al mundo conocido, encontramos cosas que no pueden explicarse razonablemente como producto de fuerzas naturales ciegas, sino que es mucho más razonable considerarlas como pruebas de una finalidad benévola.

Este argumento no tiene ningún defecto lógico formal; sus premisas son empíricas y su conclusión proclama que se ha logrado de acuerdo con las normas usuales de la deducción empírica. La cuestión de si ha de ser aceptado o no, gira, por consiguiente, no sobre cuestiones metafísicas generales, sino sobre consideraciones relativamente de detalle. Hay una diferencia importante entre este argumento y los otros, a saber: el Dios (si es válido el argumento) cuya necesidad demuestra, no tiene todos los comunes atributos metafísicos. No necesita ser omnipotente u omnisciente; puede ser solamente mucho más sabio y poderoso que nosotros. Los males del mundo pueden atribuirse a Su limitado poder. Algunos teólogos modernos han hecho uso de estas posibilidades al formar su concepto de Dios. Pero tales especulaciones están lejos de la filosofía de Leibniz, a la cual tenemos que volver ahora.

Uno de los rasgos más característicos de esa filosofía es la doctrina de los muchos mundos posibles. Un mundo es *posible* si no contradice las leyes de la lógica. Hay un número infinito de mundos posibles, todos los cuales los contempló Dios antes de crear el mundo real. Siendo bueno, Dios decidió crear el mejor de los mundos posibles y consideró que sería el mejor uno que tuviera el mayor exceso del bien sobre el mal. Podía haber creado un mundo que no incluyera el mal, pero ése no hubiera sido tan bueno como el mundo actual. Esto es porque algunos grandes bienes están lógicamente unidos a ciertos males. Para tomar un ejemplo trivial: un trago de agua fresca cuando uno está sediento en un día de calor, puede darnos tal placer que uno puede pensar que la sed previa, aunque molesta, valía la pena de sufrirla, porque sin ella el goce siguiente no podía haber sido tan grande. Para la teología, no son ejemplos como éste los importantes, sino la relación del pecado con el libre albedrío. El libre albedrío es un gran bien, pero era lógicamente imposible para Dios conceder el libre albedrío y al mismo tiempo decretar que no hubiera pecado. Dios decidió, por tanto, hacer al hombre libre, aunque previó que Adán se comería la manzana, y que el pecado traería consigo inevitablemente el castigo. El mundo que resultó, aunque contiene el mal, tiene mayor abundancia de bien sobre el mal que cualquier otro mundo posible; éste es, por consiguiente, el mejor de todos los mundos posibles y el mal que contiene no proporciona ningún argumento contra la bondad de Dios.

Este argumento satisfizo evidentemente a la reina de Prusia. Sus siervos continuaron soportando el mal mientras ella continuó disfrutando del bien, y era reconfortante que un gran filósofo le asegurara que era justo y lícito.

La solución de Leibniz al problema del mal, como la mayoría de sus doctrinas populares, es posible de modo lógico, pero no muy convincente. Un maniqueo podía replicarle que éste es el peor de todos los mundos posibles, en el que las cosas buenas que existen sólo sirven para resaltar los males. El mundo —podría decir— fue creado por un demiurgo malvado, que permitió el libre albedrío, que es bueno, para estar seguro del pecado, que es malo, y cuyo mal supera al bien del libre albedrío. El demiurgo —podía continuar— creó algunos hombres virtuosos, con el fin de que pudieran ser castigados por los malos, pues el castigo del virtuoso es un mal tan grande que hace al mundo peor que si no existiera ningún hombre bueno. No estoy defendiendo esta opinión, que considero fantástica; sólo digo que no es más fantástica que la teoría de Leibniz. La gente desea creer que el Universo es bueno y es clemente con los malos argumentos que lo prueban, mientras que los malos argumentos que prueban que es malo son examinados con toda atención. De hecho, naturalmente, el mundo es en parte bueno y en parte malo, y no surge ningún «problema del mal» a menos que se niegue este hecho notorio.

Vengo ahora a la filosofía esotérica de Leibniz, en la que hallamos razones para mucho de lo que parece arbitrario o fantástico en sus exposiciones populares, así como una interpretación de sus doctrinas que, si llegara a ser ampliamente conocida, las haría mucho menos aceptables. Es un hecho notable que él engañara de tal modo a los posteriores estudiantes de filosofía, que la mayoría de los editores, que publicaron selecciones de la inmensa mole de sus manuscritos, prefirieron lo que confirmaba la interpretación aceptada de su sistema y rechazaron como ensayos sin importancia los que demuestran que fue un pensador mucho más profundo de lo que él deseaba se le creyera. La mayor parte de los textos en que tenemos que basarnos para una comprensión de su doctrina esotérica los publicó Louis Couturat por vez primera en 1901 o 1903, en dos obras. Uno de estos textos lo encabezó incluso Leibniz con esta observación: «Aquí he hecho enormes progresos». Pero a pesar de esto, ningún editor lo creyó digno de imprimirlo hasta que transcurrieron cerca de dos siglos después de la muerte de Leibniz. Es verdad que sus cartas a Arnauld, que contienen una parte de su filosofía más profunda, fueron publicadas en el siglo XIX; pero yo fui el primero en percatarme de su importancia. La acogida de Arnauld a estas cartas fue desalentadora. Escribe: «Encuentro en estos pensamientos tantas cosas que me alarman, y casi todos los hombres, si no me equivoco, las encontrarán tan chocantes, que no veo qué utilidad puede tener un escrito que, sin duda, rechazará todo el mundo». Esta opinión hostil movió, sin duda, a Leibniz, como consecuencia, a adoptar una política de secreto respecto a sus verdaderos pensamientos sobre cuestiones filosóficas.

El concepto de sustancia, fundamental en las filosofías de Descartes, Spinoza y Leibniz, se deriva de la categoría lógica de sujeto y predicado. Algunas palabras pueden ser sujetos o predicados: por ejemplo, yo puedo decir «el cielo es azul» y «el azul es un color». Otras palabras —de las que los nombres propios son los ejemplos más notorios— no pueden aparecer nunca como predicados, sino sólo como sujetos, o como uno de los términos de una relación. Tales palabras se destinan para designar *sustancias.* Las sustancias, además de esta característica lógica, persisten a través del tiempo, a menos que sean destruidas por la omnipotencia de Dios (lo que, colegimos, no ocurre nunca). Toda proposición verdadera es, o general, como «todos los hombres son mortales», en cuyo caso demuestra que un predicado implica otro, o particular, como «Sócrates es mortal», en cuyo caso el predicado está contenido en el sujeto, y la cualidad denotada por el predicado forma parte de la noción de la sustancia denotada por el sujeto. Cualquier cosa que le ocurra a Sócrates puede ser enunciada en una frase en la que *Sócrates* es el sujeto y las palabras que explican el acontecimiento en cuestión son el predicado. Todos estos predicados reunidos constituyen la *noción* de Sócrates. Todos pertenecen a él necesariamente, en este sentido, pues una sustancia que no se pudiera predicar de él, verdaderamente no sería Sócrates, sino algún otro.

Leibniz era un firme creyente en la importancia de la lógica, no sólo en su propia esfera, sino como base de la metafísica. Trabajó sobre la lógica matemática, lo que hubiera sido enormemente importante si lo hubiera publicado; en ese caso, habría sido el fundador de la lógica matemática, que hubiera sido conocida siglo y medio antes de lo que lo fue realmente. Se abstuvo de publicar porque continuó hallando pruebas de que la doctrina del silogismo, de Aristóteles, era errónea en algunos puntos; el respeto por Aristóteles le hacía imposible creer esto, por lo que erróneamente supuso que los errores tenían que ser suyos. A pesar de todo, acarició a través de su vida la esperanza de descubrir una clase de matemáticas generalizadas, que llamaba *Characteristica Universalis,* por medio de la cual el pensamiento podía ser reemplazado por el cálculo. «Si tuviéramos esto —dice— seríamos capaces de razonar en metafísica y en moral casi del mismo modo que en geometría y en análisis». «Si surgían controversias, los filósofos no tendrían necesidad de más disputas que las que hay entre dos peritos en contabilidad: bastaría que cogieran los lápices, que se sentaran al lado de sus pizarras y se dijeran el uno al otro (con un amigo como testigo, si querían): Calculemos».

Leibniz basó su filosofía en dos premisas lógicas: el principio de contradicción y el principio de razón suficiente. Ambas se basan en la noción de una proposición *analítica,* que es una proposición en la que el predicado está contenido en el sujeto; por ejemplo: «todos los hombres blancos son hombres». El principio de contradicción establece que todas las proposiciones analíticas son verdaderas. El principio de la razón suficiente (en el sistema esotérico solamente) establece que todas las proposiciones verdaderas son analíticas. Esto se aplica incluso a lo que consideraríamos como aseveraciones empíricas sobre cuestiones de hecho. Si hago un viaje, la idea de mi ser tiene que haber incluido, desde toda la eternidad, la noción de este viaje, que es un predicado de mi ser. «Podemos decir que la naturaleza de una sustancia individual, o ser completo, es tener una noción tan completa que baste para comprender, e inferir de ella, todos los predicados del sujeto al que esta noción se atribuye. Así, la cualidad de rey, que pertenece a Alejandro Magno, abstraída del sujeto, no está determinada suficientemente para un individuo, y no envuelve otras cualidades del mismo sujeto, ni todo lo que la noción de este príncipe contiene, mientras que Dios, al ver la noción individual de Alejandro, ve en ella al mismo tiempo el fundamento y la razón de todos los predicados que pueden serle atribuidos verdaderamente como, por ejemplo, si vencería a Darío y a Poro, incluso sabiendo *a priori* (y no por experiencia) si moriría de muerte natural o envenenado, lo que nosotros sólo podemos conocer por la Historia».

Una de las más precisas exposiciones de la base de su metafísica aparece en una carta a Arnauld:

«Al examinar la idea que yo tengo de toda proposición verdadera, encuentro que todo predicado, necesario o contingente, pasado, presente o futuro, está comprendido en la noción del sujeto y no pregunto más... La proposición en cuestión es de gran importancia y merece quedar bien establecida, pues se sigue de ello que cada alma es como un mundo aparte, independiente de todo, salvo de Dios; que es no solamente inmortal, y por decirlo así, impasible, sino que guarda en su sustancia huellas de todo lo que le sucede».

Continúa explicando que las sustancias no actúan unas sobre otras, pero que coinciden en reflejar todas el Universo, cada una desde su propio punto de vista. No puede haber ninguna acción recíproca, porque todo lo que sucede a cada sujeto es parte de su noción y está determinado eternamente si esa sustancia existe.

Este sistema es evidentemente tan determinista como el de Spinoza. Arnauld expresa su horror ante la aseveración (que Leibniz le ha hecho): «Que la noción individual de cada persona envuelve de una vez para siempre todo lo que le sucederá a ésta». Tal criterio es evidentemente incompatible con la doctrina cristiana del pecado y del libre albedrío. Viendo que esto era mal recibido por Arnauld, Leibniz se abstuvo cuidadosamente de hacerlo público.

En cuanto a los seres humanos, es cierto que hay una diferencia entre las verdades conocidas por la lógica y las conocidas por la experiencia. Esta diferencia surge de dos modos. En primer lugar, aunque todo lo que le ocurre a Adán se sigue de su noción, *si él existe,* nosotros sólo podemos descubrir su existencia por medio de la experiencia. En segundo lugar, la noción de cualquier sustancia individual es infinitamente compleja y el análisis requerido para deducir sus predicados es sólo posible para Dios. No obstante, estas diferencias sólo son debidas a nuestra ignorancia y limitación intelectual; para Dios no existen. Dios aprehende la noción de Adán en toda su infinita complejidad y puede, por ende, ver todas las proposiciones verdaderas acerca de Adán como analíticas. Dios puede también descubrir *a priori* si Adán existe. Pues Dios conoce su propia bondad, de lo que se sigue que Él crearía el mejor mundo posible; y Él también sabe si Adán forma o no parte de este mundo. No hay, en consecuencia, ninguna escapatoria real del determinismo por medio de nuestra ignorancia.

Hay, sin embargo, un nuevo punto, muy curioso. En muchas ocasiones, Leibniz representa la Creación como un acto libre de Dios, que requiere el ejercicio de Su Voluntad. Según esta doctrina, la determinación de lo que realmente existe no la efectúa la observación, sino que ha de efectuarse por la vía de la bondad de

Dios. Aparte de la bondad de Dios, que le lleva a crear el mejor mundo posible, no hay *a priori* ninguna razón por la que una cosa tenga que existir más que otra.

Pero a veces, en documentos no mostrados a ningún ser humano, hay una teoría completamente distinta sobre por qué algunas cosas existen y otras, igualmente posibles, no existen. Según esta opinión, todo lo que no existe pugna por existir, pero no todas las cosas posibles pueden existir, porque todas no son *composibles*. Puede ser posible que A existiera y también posible que B existiera, pero puede no ser posible que A y B existan a la vez; en tal caso, A y B no son *composibles*. Dos o más cosas son solamente *composibles* cuando les es posible existir a todas ellas. Leibniz parece haber imaginado una especie de guerra en el Limbo habitado por esencias que están tratando todas ellas de existir; en esta guerra, grupos de composibles se combinan, y el grupo mayor de ellos gana, lo mismo que el grupo mayor de presión en una pugna política. Leibniz utiliza incluso este concepto como un modo de *definir* la existencia. Dice: «Lo existente puede ser definido como aquello que es compatible con más cosas que aquello que es incompatible con él». Es decir, que si A es incompatible con B, mientras que A es compatible con C y D y E, pero B sólo es compatible con F y G, entonces A, pero no B, existe *por definición*. «Lo existente —dice— es el ser que es compatible con más cosas».

En esta exposición no aparece ninguna mención de Dios y, evidentemente, ningún acto de creación. Tampoco es necesario más que la pura lógica para determinar lo que existe. La cuestión de si A y B son composibles es, para Leibniz, una cuestión lógica, a saber: ¿Envuelve la existencia de A y B una contradicción? Se sigue que, en teoría, la lógica puede decidir la cuestión de qué grupo de composibles es el mayor, y este grupo, por consiguiente, existirá.

Sin embargo, acaso Leibniz no se diera cuenta realmente de que lo anterior era una *definición* de existencia. Si era meramente un criterio, puede conciliarse con sus opiniones populares por medio de lo que él llama «perfección metafísica». Perfección metafísica, según emplea él este término, parece indicar cuantidad de existencia. «Es —dice— nada más que la magnitud de realidad positiva estrictamente entendida». Siempre arguye que Dios creó tanto como era posible; ésta es una de las razones para rechazar el vacío. Hay una creencia general (que no he comprendido nunca) de que es mejor existir que no existir; basándose en esta razón, se exhorta a los chicos a mostrar su gratitud a los padres. Leibniz mantenía evidentemente este punto de vista y consideraba como parte de la bondad de Dios crear un Universo tan lleno como era posible. Se seguiría de esto que el mundo actual consistiría en el grupo más amplio de composibles. También sería cierto que la lógica sola, dado un lógico suficientemente capaz, podría decidir si una sustancia posible dada existiría o no.

Leibniz, en su pensar privado, es el mejor ejemplo de un filósofo que usa la lógica como una clave para la metafísica. Este tipo de filosofía empieza con Parménides y lo desarrolla Platón al usar la teoría de las ideas para probar varias proposiciones extralógicas. Spinoza pertenece al mismo tipo, lo mismo que Hegel. Pero ninguno de éstos tiene tanta habilidad como Leibniz en extraer deducciones de la sintaxis al mundo real. Este tipo de argumentación ha caído en descrédito debido al desarrollo del empirismo. Lo de si es posible llevar deducciones válidas del lenguaje a hechos no lingüísticos, es una cuestión sobre la que no tengo interés en dogmatizar, pero ciertamente las deducciones halladas en Leibniz y en otros filósofos *a priori* no son válidas, puesto que todas ellas se deben a una lógica defectuosa. El sujeto —predicado lógico, que todos estos filósofos del pasado aceptaron—, o ignora las relaciones totalmente o crea argumentos sofísticos para probar que las relaciones son irreales. Leibniz es culpable de una contradicción especial al combinar el sujeto-predicado lógico con pluralismo, pues la proposición «hay muchas mónadas» no es de la forma del sujeto-predicado. Para ser consecuente, un filósofo que cree que todas las proposiciones deben ser de esta forma, debía ser monista, como Spinoza. Leibniz rechazó el monismo debido en gran parte a su interés por la dinámica y a su argumento de que la extensión implica repetición y, por consiguiente, no puede ser un atributo de una sustancia aislada.

Leibniz es un escritor torpe y su influjo sobre la filosofía alemana fue hacerla pedantesca y árida. Su discípulo Wolf, que dominó las universidades alemanas hasta la publicación de la *Crítica de la razón pura,* de Kant, abandonó todo lo que había de más interesante de Leibniz y creó un modo de pensar seco y profesoral. Fuera de Alemania, la filosofía de Leibniz tuvo poca influencia; su contemporáneo Locke dominó la filosofía inglesa, mientras en Francia continuó reinando Descartes hasta que fue derrocado por Voltaire, que puso de moda el empirismo inglés.

A pesar de todo, Leibniz sigue siendo un hombre grande y su grandeza es más evidente ahora de lo que fue en cualquier otro tiempo. Aparte de su prodigio como matemático e inventor del cálculo infinitesimal, fue un precursor de la lógica matemática, cuya importancia adivinó cuando nadie se daba cuenta de ello. Y sus hipótesis filosóficas, aunque fantásticas, son muy claras y capaces de una expresión precisa. Incluso sus mónadas pueden ser todavía útiles, al sugerir posibles modos de considerar la percepción, aunque no pueden considerarse como carentes de ventanas. Lo que por mi parte estimo lo mejor de su teoría de las mónadas, son sus dos clases de espacio, uno subjetivo, en las percepciones de cada mónada, y otro objetivo, consistente en la reunión de los puntos de vista de las diversas mónadas. Esto, creo, es todavía útil, al relacionar la percepción con la física.

CAPÍTULO XII

LIBERALISMO FILOSÓFICO

La aparición del liberalismo, en política y en filosofía, proporciona material para el estudio de una cuestión muy general e importante, a saber: ¿cuál ha sido la influencia de las circunstancias políticas y sociales en los pensamientos de eminentes y originales pensadores e, inversamente, cuál ha sido la influencia de estos hombres en el posterior desenvolvimiento político y social?

Dos errores opuestos, comunes ambos, han de evitarse a este respecto. Por una parte, los hombres más familiarizados con los libros que con los negocios propenden a exagerar la influencia de los filósofos. Cuando ven algún partido político que se declara inspirado por la doctrina de Fulano de Tal, piensan que las acciones de este partido son atribuibles a Fulano de Tal, mientras que, con no poca frecuencia, al filósofo sólo se declara porque recomienda lo que el partido hubiera hecho en todo caso. Los autores de libros, hasta hace poco, han exagerado casi toda la eficiencia de sus predecesores en el mismo oficio. Pero, inversamente, ha surgido un nuevo error por reacción contra el antiguo, y consiste en considerar a los teorizantes casi como productos pasivos de las circunstancias y que apenas han tenido influencia en el curso de los acontecimientos. Las ideas, según este modo de ver, son la espuma que aparece en la superficie de las corrientes profundas, determinadas por causas materiales y técnicas; los cambios sociales se deben tanto al pensamiento como la corriente de un río a las burbujas que indican su dirección a un observador. Por mi parte, creo que la verdad se halla entre estos dos extremos. Entre las ideas y la vida práctica, como en todo lo demás, hay una acción recíproca; preguntar cuál es la causa y cuál es el efecto, es tan fútil como el problema de la gallina y del huevo. No perderé tiempo en un análisis de esta cuestión en abstracto, sino que he de considerar históricamente un caso importante de la cuestión general, o sea el desarrollo del liberalismo y sus consecuencias desde el final del siglo XVII hasta el momento presente.

El primitivo liberalismo fue un producto de Inglaterra y Holanda y tenía ciertas características muy marcadas. Defendía la tolerancia religiosa; era protestante, pero de índole más liberal que fanática; consideraba las guerras de religión como una necedad. Valoró el comercio y la industria y favoreció la subida de la clase media más que la monarquía y la aristocracia; tenía inmenso respeto por los derechos de propiedad, especialmente cuando ésta había sido acumulada por los esfuerzos de su dueño. El principio hereditario, aunque no rechazado, vio restringido su alcance más de lo que lo había sido anteriormente; en particular, el derecho divino de los reyes fue rechazado en favor del criterio de que toda comunidad tiene derecho, por lo menos inicialmente, a escoger su propia forma de Gobierno. Implícitamente, la tendencia del liberalismo primitivo era hacia una democracia moderada por el derecho de propiedad. Había la creencia —al principio no del todo explícita— de que todos los hombres nacen iguales y de que sus desigualdades posteriores son un producto de las circunstancias. Esto llevó a dar una gran importancia a la educación como cosa opuesta a las características congénitas. Había cierto resquemor contra el Gobierno, porque los gobiernos estaban casi en todas partes en manos del rey o de la aristocracia, quienes raramente comprendían o respetaban las necesidades de los comerciantes, pero este resquemor estaba refrenado por la esperanza de que el entendimiento y el respeto necesarios se lograrían antes de pasar mucho tiempo.

El liberalismo primitivo era optimista, activo y filosófico, porque representaba fuerzas crecientes que parecía iban a obtener la victoria sin gran dificultad y traer con ella grandes beneficios a la humanidad. Era opuesto a todo lo medieval, tanto en filosofía como en política, porque las teorías medievales habían sido utilizadas para sancionar los poderes de la Iglesia y del rey, para justificar la persecución e impedir el desarrollo de la ciencia, mas era igualmente opuesto a los entonces modernos fanatismos de calvinistas y anabaptistas. Necesitaba poner fin a la lucha política y teológica con objeto de liberar energías para las estimulantes empresas del comercio y de la ciencia, tales como la Compañía de las Indias Orientales y el Banco de Inglaterra, la teoría de la gravitación y el descubrimiento de la circulación de la sangre. En todo el mundo occidental el fanatismo iba cediendo el puesto a la Ilustración, el temor al Poder de España iba desapareciendo, la prosperidad de todas las clases iba en aumento y las más altas esperanzas aparecían garantizadas por el juicio más sensato. Durante un centenar de años no ocurrió nada que oscureciera estas esperanzas. Luego, por último, ellas mismas engendraron la Revolución francesa, que llevó directamente a Napoleón y de aquí a la Santa Alianza. Después de estos acontecimientos el liberalismo tuvo que tomar nuevo aliento antes de que se hiciera posible el renovado optimismo del siglo XIX.

Antes de entrar en ningún detalle, convendrá examinar la índole general de los movimientos liberales desde el siglo XVII al XIX. Esta índole es al principio sencilla, pero gradualmente va haciéndose más y más compleja. El carácter distintivo de todo el movimiento es, en cierto sentido amplio, el individualismo; pero éste es un término vago hasta que sea más precisado. Los filósofos de Grecia, hasta inclusive Aristóteles, no eran individualistas en el sentido en que deseo emplear el término. Consideraban al hombre como esencialmente miembro de una comunidad; la *República* de Platón, por ejemplo, se ocupa de definir la buena comunidad, no el buen individuo. Con la pérdida de la libertad política, a partir de la época de Alejandro, el individualismo se desarrolló, y lo representaron los cínicos y los estoicos. Según la filosofía estoica, un hombre podía llevar una vida buena en cualquier circunstancia social. Éste fue también el punto de vista del cristianismo. Especialmente antes de que adquiriera el dominio del Estado. Pero en la Edad Media, mientras los místicos mantenían vivas las originales tendencias individualistas de la moral cristiana, el criterio de la mayor parte de los hombres, incluyendo la mayoría de los filósofos, estaba dominado por una firme síntesis de dogma, derecho y costumbre, que dio motivo a que las creencias teóricas de los hombres y la moral práctica fueran regidas por una institución social: la Iglesia católica; lo verdadero y lo bueno tenía que ser determinado, no por la meditación solitaria, sino por la sabiduría colectiva de los concilios.

La primera brecha importante en este sistema la produjeron los protestantes, quienes afirmaron que los concilios generales podían errar. Determinar la verdad no fue ya una empresa social, sino un asunto individual. Como los diferentes individuos llegaban a distintas conclusiones, el resultado fue que la lucha y las decisiones teológicas no se buscaban ya en asambleas de obispos sino en el campo de batalla. Como ningún partido fue capaz de eliminar al otro, se hizo evidente al final que era preciso hallar un método para conciliar el individualismo intelectual y moral con la vida social ordenada. Éste fue uno de los principales problemas que el liberalismo primitivo intentó resolver.

Mientras tanto, el individualismo había penetrado en la filosofía. La fundamental certeza de Descartes: «Pienso, luego existo», hacía diferente para cada persona la base del conocimiento, puesto que para cada uno el punto de partida era su propia existencia, no la de otros individuos o la de la comunidad. Su acentuación en la veracidad de las ideas claras y distintas se proyectaba en la misma dirección, puesto que por la introspección es como pensamos descubrir si nuestras ideas son claras y distintas. La mayor parte de la filosofía posterior a Descartes ha tenido este aspecto intelectual individualista en mayor o menor grado.

Hay, sin embargo, varias formas de esta posición general, que tienen en la práctica consecuencias muy distintas. La actitud del típico descubridor científico encierra quizá la dosis más pequeña de individualismo. Cuando llega a una nueva teoría, lo hace porque le parece lícito; no se doblega a la autoridad, porque si lo hiciera, continuaría aceptando las teorías de sus predecesores. Al mismo tiempo apela a las normas de verdad generalmente admitidas y espera persuadir a los demás hombres, no con su autoridad, sino con los argumentos convincentes para ellos como individuos. En la ciencia, todo conflicto entre el individuo y la sociedad es, en esencia, transitorio, porque los hombres de ciencia, hablando en términos generales, aceptan todos los mismos patrones intelectuales y, por tanto, el debate y la investigación habitualmente terminan en un acuerdo al final. Esto, no obstante, es una adquisición moderna; en la época de Galileo, la autoridad de Aristóteles y de la Iglesia se las consideraba todavía tan convincentes, por lo menos, como la evidencia de los sentidos. Esto demuestra cómo el elemento del individualismo en el método científico, aunque no preeminente es, a pesar de todo, esencial.

El liberalismo primitivo era individualista en las cuestiones intelectuales y también en las económicas, pero no fue emocional ni moralmente afirmativo de la individualidad. Esta forma de liberalismo dominó al siglo XVIII inglés, a los fundadores de la Constitución americana y a los enciclopedistas franceses. Durante la Revolución francesa estuvo representado por los partidos más moderados, incluyendo a los girondinos, pero con la exterminación de éstos desapareció por espacio de una generación de la política francesa. En Inglaterra, después de las guerras napoleónicas, adquirió de nuevo influencia con la aparición de los benthamistas y la Escuela de Manchester. Su mayor éxito lo ha logrado en América donde, sin los obstáculos del feudalismo y de una Iglesia-Estado, ha dominado desde 1776 hasta nuestros días o, en todo caso, hasta 1933.

Un nuevo movimiento, que se ha convertido gradualmente en la antítesis del liberalismo, comienza con Rousseau y adquiere fortaleza del movimiento romántico y del principio de nacionalidad. En este movimiento, el individualismo amplía su ámbito desde la esfera intelectual a la de las pasiones, y los aspectos anárquicos del individualismo se hacen más explícitos. El culto del héroe, tal como ha sido desarrollado por Carlyle y Nietzsche es típico de esta filosofía. Diversos elementos aparecen combinados en él. Había aversión contra el industrialismo primitivo, odio a la fealdad que producía y una reacción contra sus crueldades. Se sentía nostalgia de la Edad Media, idealizada debido al odio del mundo moderno. Hubo un intento de combinar la defensa de los decadentes privilegios de la Iglesia y de la aristocracia con la defensa de los asalariados contra la tiranía de los fabricantes.

Hubo una afirmación vehemente del derecho de rebeldía en nombre del nacionalismo y de la gloria de la guerra en defensa de la *libertad.* Byron fue el poeta de este movimiento; Fichte, Carlyle y Nietzsche fueron sus filósofos.

Pero como todos no podemos tener la carrera de caudillos heroicos y como todos no podemos hacer que nuestra persona individual prevalezca, esta filosofía, como todas las otras formas de anarquismo, conduce inevitablemente, cuando es adoptada, al gobierno despótico del *héroe* más afortunado. Y cuando éste ha logrado establecer su tiranía, suprime en los otros la moral afirmativa de sí mismo que le ha servido para elevarse al Poder. Toda esta teoría de la vida, pues, se refuta a sí misma, en el sentido de que su adopción en la práctica lleva a la realización de algo completamente distinto: un Estado dictatorial en que el individuo es severamente oprimido.

Hay aún otra filosofía que, en lo fundamental, es consecuencia del liberalismo, es decir: la de Marx. La analizaré más adelante, pues por el momento basta con tenerlo en cuenta.

La primera exposición comprensiva de la filosofía liberal se hallará en Locke, el más influyente, aunque de ningún modo, el más profundo de los filósofos modernos. En Inglaterra, sus puntos de vista estaban tan plenamente en armonía con los de los hombres más inteligentes, que es difícil descubrir su influencia, salvo en la filosofía teórica; en Francia, por otra parte, donde motivaron a una oposición al régimen existente en la práctica y al cartesianismo dominante en la teoría, tuvieron claramente un influjo considerable en cambiar el curso de los acontecimientos. Éste es un ejemplo de un principio general: una filosofía desarrollada en un país política y económicamente avanzado, que es, en sus orígenes, poco más que una clarificación y sistematización de la opinión predominante, puede convertirse en otro sitio en una fuente de ardor revolucionario y, por último, de una verdadera revolución. Es principalmente por medio de los teóricos como llegan a ser conocidas en los países menos avanzados las máximas que regulan la política de los países avanzados. En éstos, la práctica inspira la teoría; en los otros, la teoría inspira la práctica. Esta diferencia es una de las razones por las que las ideas trasplantadas tienen raras veces tanto éxito como en su país de origen.

Antes de examinar la filosofía de Locke, pasemos revista a algunas de las circunstancias del siglo XVII inglés que tuvieron influencia en la formación de sus doctrinas.

El conflicto entre el rey y el Parlamento en la guerra civil dio a los ingleses, de una vez para siempre, un amor a la transacción y a la moderación, y un temor a llevar una teoría a su conclusión lógica, que han prevalecido hasta nuestros días. Los principios por los que luchó el Parlamento Largo tuvieron, al principio, el apoyo de una gran mayoría. Éstos deseaban abolir el derecho del rey a conceder monopolios comerciales y hacerle reconocer el derecho exclusivo del Parlamento en la imposición de tributos. Deseaban libertad dentro de la Iglesia de Inglaterra para las opiniones y prácticas que combatía el arzobispo Laud. Sostenían que el Parlamento debía reunirse a intervalos determinados y no solamente ser convocado en las raras ocasiones en que el rey estimaba indispensable su colaboración. Se oponían a las detenciones arbitrarias y a la subordinación de los jueces a los deseos reales. Pero muchos, aunque preparados para alborotarse por estos fines, no lo estaban para levantarse en armas contra el rey, cosa que les parecía un acto de traición y de impiedad. Tan pronto como estalló la verdadera guerra, la división de fuerzas se hizo aproximadamente igual.

El desenvolvimiento político desde el estallido de la guerra civil hasta el establecimiento de Cromwell como Lord Protector siguió el curso que se ha hecho ahora familiar, pero entonces carecía de precedentes. El partido parlamentario constaba de dos facciones, los presbiterianos y los independientes; los presbiterianos deseaban conservar una Iglesia-Estado, pero aboliendo los obispos; los independientes coincidían con ellos en lo de los obispos, pero sostenían que cada congregación debía tener libertad para elegir su propia teología, sin la intervención de ningún Gobierno eclesiástico central. Los presbiterianos eran, en general, de una clase social más alta que los independientes y sus opiniones políticas eran más moderadas. Deseaban llegar a un acuerdo con el rey tan pronto como la derrota hizo a éste conciliador. Su política, sin embargo, fue imposible por dos circunstancias: 1.ª, el rey mostró una obstinación de mártir en lo de los obispos; 2.ª, la derrota del rey resultó difícil y se logró solamente por el ejército de nuevo cuño de Cromwell, formado por independientes. En consecuencia, cuando la resistencia militar del rey se quebró, no pudo, sin embargo, obligársele a hacer un tratado, y los presbiterianos habían perdido el predominio de fuerza armada en los ejércitos parlamentarios. La defensa de la democracia había puesto el Poder en manos de una minoría y ésta lo empleó con un olvido completo de la democracia y del Gobierno parlamentario. Cuando Carlos I intentó detener a los cinco miembros hubo un clamor universal y su fracaso le puso en ridículo. Pero Cromwell no tuvo tales dificultades. Con la Purga del Orgullo eliminó unos cien miembros presbiterianos y obtuvo, durante un tiempo, una mayoría obediente. Cuando, finalmente, despidió a todo el Parlamento, «ni un perro ladró»: la guerra había dado por resultado que sólo la fuerza militar pareciera importante y había motivado el desprecio a las formas constitucionales. Durante el resto de la vida de Cromwell, el Gobierno de Inglaterra fue una tiranía militar, odiada por una mayoría creciente de la nación, imposible de eliminar mientras sus partidarios fueran los únicos que estaban armados.

Carlos II, después de haber estado escondido en unos robles y de vivir como refugiado en Holanda, determinó, en la Restauración, que no se le obligaría a viajar de nuevo. Esto impuso cierta moderación. No solicitó poder para imponer tributos no sancionados por el Parlamento. Prestó su asentimiento al Acta de Habeas Corpus, que privaba a la Corona del poder de las detenciones arbitrarias. En una ocasión pudo burlar el poder fiscal del Parlamento con motivo de unos subsidios de Luis XIV, pero en general fue un monarca constitucional. La mayoría de las limitaciones del Poder real originariamente deseadas por los adversarios de Carlos I fueron concedidas en la Restauración y respetadas por Carlos II, porque se había demostrado que los reyes también podían sufrir a manos de sus súbditos.

Jacobo II, a diferencia de su hermano, carecía totalmente de sutileza y de finura. Con su catolicismo fanático unió en contra suya a los anglicanos y a los no conformistas, a pesar de sus intentos para atraerse a los segundos, concediéndoles la tolerancia y desafiando al Parlamento. La política extranjera también desempeñó un papel. Los Estuardos, con objeto de evitar la tributación requerida en tiempo de guerra, que los hubiera hecho dependientes del Parlamento, llevaron a cabo una política de subordinación, primero respecto a España, y luego respecto a Francia. El creciente Poder de Francia suscitó la invariable hostilidad inglesa al Estado continental predominante, y la revocación del Edicto de Nantes hizo a los protestantes sentirse en agria oposición a Luis XIV. Al final, casi todo el mundo deseaba en Inglaterra deshacerse de Jacobo. Pero casi todo el mundo estaba igualmente determinado a evitar la vuelta a los tiempos de la guerra civil y de la dictadura de Cromwell. Como no había ningún modo constitucional para deshacerse de Jacobo, tenía que haber una revolución, pero ésta debía terminarse rápidamente para no dar oportunidad a las fuerzas disolventes. Los derechos del Parlamento debían quedar asegurados de una vez para siempre. El rey tenía que irse, pero la monarquía debía conservarse; sin embargo, no debía ser una monarquía de derecho divino, sino dependiente de la sanción legislativa y, por lo tanto, del Parlamento. Con una combinación de la aristocracia y los grandes comerciantes, todo esto se logró en un momento, sin necesidad de disparar un tiro. El compromiso y la moderación habían triunfado después de que todas las formas de la intransigencia se habían intentado y habían fracasado.

El nuevo rey, como holandés, trajo consigo la sabiduría comercial y teológica proverbiales en su país. Se creó el Banco de Inglaterra; la deuda nacional constituyó una inversión segura, no expuesta ya a ser rechazada por el capricho de un monarca. El Acta de Tolerancia, al paso que dejaba a católicos y no conformistas sujetos a diversas incompatibilidades, puso fin a la verdadera persecución. La política extranjera se hizo resueltamente antifrancesa y continuó así, con breves intermitencias, hasta la derrota de Napoleón.

CAPÍTULO XIII

LA TEORÍA DEL CONOCIMIENTO DE LOCKE

John Locke (1632-1704) es el apóstol de la revolución de 1688, la más moderada y feliz de las revoluciones. Sus objetivos eran modestos, pero se lograron perfectamente y desde entonces no ha sido necesaria en Inglaterra ninguna revolución. Locke incorpora fielmente su espíritu y la mayoría de sus obras aparecieron poco después de 1688. Su obra principal de filosofía teórica, el *Ensayo sobre el entendimiento humano,* fue terminada en 1687 y publicada en 1690. Su *Primera carta sobre la tolerancia* fue originariamente publicada en latín en 1689, en Holanda, adonde Locke había considerado prudente retirarse en 1683. Dos nuevas cartas sobre la *Tolerancia* fueron publicadas en 1690 y 1692. Sus dos *Tratados sobre el Gobierno* obtuvieron la licencia de impresión en 1689 y se publicaron poco después. Su libro sobre *Educación* se publicó en 1693. Aunque su vida fue larga, todos los escritos suyos que tuvieron influencia se elaboraron en los seis años que median entre 1687 y 1693. Las revoluciones triunfantes son estimulantes para los que creen en ellas.

El padre de Locke era un puritano que combatió al lado del Parlamento. En la época de Cromwell, cuando Locke estaba en Oxford, la universidad era todavía escolástica en su filosofía; a Locke le molestaban el escolasticismo y el fanatismo de los independientes. Estuvo muy influido por Descartes. Se hizo médico y su protector fue lord Shaftesbury, el *Achitophel* de Dryden. Locke huyó a Holanda con Shaftesbury, en 1683, y permaneció allí hasta la revolución. Después de la revolución, excepto unos cuantos años durante los cuales estuvo empleado en la Junta de Comercio, dedicó su vida al trabajo literario y a las numerosas controversias suscitadas por sus libros.

Los años anteriores a la revolución de 1688, cuando Locke no podía, sin grave riesgo, tomar parte, teórica o prácticamente, en la política inglesa, los consagró a componer su *Ensayo sobre el entendimiento humano*. Ésta es su obra más importante y en la que su fama se basa con más firmeza; pero su influencia en la filosofía política fue tan grande y tan duradera que debe ser considerado como el fundador del liberalismo filosófico tanto como del empirismo en la teoría del conocimiento.

Locke es el más afortunado de todos los filósofos. Completó su obra de filosofía teórica justamente en el momento en que el Gobierno de su país caía en manos de hombres que compartían sus opiniones políticas. Tanto en la práctica como en la teoría, los puntos de vista que sostenía fueron mantenidos, durante muchos años, por los más vigorosos e influyentes políticos y filósofos. Sus doctrinas políticas, con los desarrollos debidos a Montesquieu, están incorporadas a la Constitución americana y las vemos entrar en acción siempre que hay una disputa entre el presidente y el Congreso. La Constitución británica estuvo basada en sus doctrinas hasta hace poco más de cincuenta años, y lo mismo ocurría con la que adoptaron los franceses en 1871.

Su inmensa influencia en la Francia del siglo XVIII se debió principalmente a Voltaire, que pasó de joven algún tiempo en Inglaterra, e interpretó las ideas inglesas a sus compatriotas en las *Lettres philosophiques*. Los filósofos y los reformadores moderados le siguieron; los revolucionarios extremados siguieron a Rousseau. Sus seguidores franceses, acertada o equivocadamente, creían en una relación íntima entre su teoría del conocimiento y su política.

En Inglaterra esta conexión es menos evidente. De sus dos seguidores más eminentes, Berkeley carecía políticamente de importancia, y Hume era un conservador que expresó sus opiniones reaccionarias en su *Historia de Inglaterra*. Pero después del tiempo de Kant, cuando el idealismo alemán empezó a influir en el pensamiento inglés, hubo de nuevo una conexión entre la filosofía y la política; en general, los filósofos que seguían a los alemanes eran conservadores, mientras que los benthamistas, radicales, estaban dentro de la tradición de Locke. Sin embargo, la correlación no era invariable: T. H. Green, por ejemplo, era liberal, pero idealista.

No solamente las opiniones válidas de Locke, sino incluso sus errores, eran útiles en la práctica. Tómese, por ejemplo, su doctrina respecto a las cualidades primarias y secundarias. Las cualidades primarias se definen como inseparables del cuerpo, y son la solidez, la extensión, la figura, el movimiento o quietud y el número. Las cualidades secundarias son todas las demás: color, sonidos, olores, etc. Las cualidades primarias —sostiene Locke— están realmente en los cuerpos; las cualidades secundarias, por el contrario, están sólo en el percipiente. Sin el ojo no habría colores; sin el oído no habría sonidos, y así sucesivamente. Para el criterio de Locke sobre las cualidades secundarias hay buenas razones: la ictericia, las gafas azules, etc. Pero Berkeley señaló que los mismos argumentos son aplicables a las cualidades primarias. A partir de Berkeley, el dualismo de Locke sobre este punto ha quedado desplazado filosóficamente. No obstante, siguió dominando en la física práctica hasta la aparición de la teoría de los cuantos, en nuestro tiempo. No sólo se daba por supuesto, explícita o tácitamente, por los físicos, sino que resultó fecundo como origen de muchos descubrimientos muy importantes. La teoría de que el mundo físico consiste sólo en materia en movimiento fue la base de las teorías aceptadas del sonido, la luz, el calor y la electricidad. Pragmáticamente, la teoría fue útil, por errónea que pudiera haber sido de modo teórico. Esto es típico de las doctrinas de Locke.

La filosofía de Locke, según se muestra en el *Ensayo,* tiene en conjunto ciertos méritos y ciertos deméritos. Ambos fueron útiles: los deméritos son tales sólo desde el punto de vista *teórico.* Él es siempre razonable y está siempre dispuesto a sacrificar la lógica antes que llegar a ser paradójico. Enuncia principios generales que, como el lector difícilmente dejará de captar, pueden llevar a consecuencias extrañas; pero cada vez que estas consecuencias extrañas están a punto de aparecer, Locke se abstiene suavemente de sacarlas. Para un lógico, esto es irritante; para un hombre práctico, es una prueba de juicio sólido. Como el mundo es lo que es, está claro que el razonamiento válido partiendo de principios sanos no puede llevar el error. Pero un principio puede ser tan verdadero aproximadamente como para merecer el respeto teórico y, sin embargo, puede conducir a consecuencias prácticas que sentimos absurdas. Hay, por consiguiente, una justificación para el sentido común en filosofía, pero sólo mostrando que nuestros principios teóricos no pueden ser enteramente correctos mientras sus consecuencias sean condenadas apelando al sentido común que experimentamos como algo irresistible. El teórico puede replicar que el sentido común no es más infalible que la lógica. Pero esta réplica, aunque hecha por Berkeley y Hume, hubiera sido totalmente extraña al temple intelectual de Locke.

Una característica de Locke, que trascendió de él a todo el movimiento liberal, es la carencia de dogmatismo. Toma unas cuantas certezas de sus predecesores: nuestra propia existencia, la existencia de Dios y la verdad de las matemáticas. Pero siempre que sus doctrinas difieren de las de sus antecesores, su efecto es mostrar que la verdad es difícil de averiguar, y que un hombre razonable debe sostener sus opiniones con cierta dosis de duda. Este temple de espíritu está obviamente relacionado con la tolerancia religiosa, con el éxito de la democracia parlamentaria, con el *laissez-faire,* y con todo el sistema de máximas liberales. Aunque es un hombre profundamente religioso, un devoto creyente en el cristianismo, que acepta la revelación como fuente del conocimiento, pone, sin embargo, a las revelaciones declaradas cierta valla de defensas racionales. En una ocasión dice: «El testimonio escueto de la revelación es la más alta certeza», pero en otra dice: «La revelación debe ser juzgada por la razón». De este modo, al final, la razón continúa siendo lo supremo.

Su capítulo «Del entusiasmo» es instructivo a este respecto. *Entusiasmo* no tenía entonces el mismo significado que ahora; significaba la creencia en una revelación personal a un cabecilla religioso o a sus seguidores. Era una característica de las sectas derrotadas en la Restauración. Cuando hay una multiplicidad de estas revelaciones personales, incompatibles unas con otras, la verdad, o lo que pasa por tal, se hace puramente personal y pierde su carácter social. El amor a la verdad, que Locke considera esencial, es una cosa muy diferente del amor a una doctrina particular proclamada como la verdad. Una muestra inequívoca del amor a la verdad, dice, es «no sostener ninguna proposición con mayor seguridad que la que permiten las pruebas con que ha sido elaborada». El apresuramiento en el dictamen, dice, muestra falta de amor a la verdad. «El entusiasmo, que abate la razón, es capaz de erigir la revelación sin ella; con lo cual, de hecho, elimina a la vez a la razón y a la revelación y pone en su lugar las fantasías sin base del cerebro de un hombre». Los hombres que sufren de melancolía o manías propenden a tener «síntomas de un contacto inmediato con Dios». A consecuencia de esto, las acciones y opiniones extrañas sufren la sanción divina, lo que halaga «la pereza de los hombres, su ignorancia y su vanidad». Concluye el capítulo con la máxima ya citada de que «la revelación debe ser juzgada por la razón».

Lo que Locke entiende por *razón* ha de ser colegido de todo su libro. Hay, sin duda, un capítulo titulado «De la razón», pero está dedicado principalmente a probar que la razón no consiste en el razonamiento silogístico, y se resume en la frase: «Dios no ha sido tan mezquino con los hombres como para hacerlos escuetamente unas criaturas bípedas y dejar a Aristóteles que los hiciera racionales». La razón, según usa Locke este término, consiste en dos partes: primera, una indagación respecto a las cosas que podemos conocer con certeza; segunda, una investigación de las proposiciones que es cuerdo aceptar en la práctica, aunque tengan sólo la probabilidad y no la certeza en su favor. «Los motivos de probabilidad son dos: conformidad con nuestra propia experiencia o el testimonio de la experiencia de otro». El rey de Siam, observa, dejó de creer lo que los europeos le contaban cuando mencionaron el hielo.

En su capítulo «De los grados del asentimiento» dice que el grado de asentimiento a una proposición debe depender de las causas de probabilidad que haya en su favor. Después de indicar que nosotros debemos actuar con frecuencia basándonos en probabilidades que distan poco de la certeza, dice que el recto uso de esta consideración «es la caridad e indulgencia mutuas. Puesto que es inevitable que la mayor parte de los hombres, si no todos, tengan varias opiniones, sin pruebas ciertas e indudables de su verdad; y es causa de que se les dé una reputación demasiado grande de ignorancia, ligereza o necedad a los hombres que dejan y renuncian a sus primitivos dogmas ante la fuerza de un argumento al que no pueden inmediatamente contestar demostrando su insuficiencia; convendría, a mi juicio, a todos los hombres mantener la paz y los oficios comunes de humanidad y amistad en la diversidad de opiniones, puesto que no podemos razonablemente esperar que cualquiera se ofrezca con diligencia y servicialmente a dejar su propia opinión y a abrazar la nuestra con una resignación ciega a una autoridad que el entendimiento del hombre no reconoce. Pues aunque pueda a menudo equivocarse, no puede reconocer otra guía que la razón, ni someterse ciegamente a la voluntad y dictados de otro. Si el que queréis traer a vuestras opiniones es una persona que examina antes de asentir, debéis darle la posibilidad, a su gusto, de que vuelva a examinar las razones y, evocando lo que está fuera de su mente, examine los detalles, para ver de qué lado está la ventaja; y si él no encuentra argumentos de bastante peso para meterse otra vez en tantos trabajos, eso y no otra cosa solemos hacer nosotros en caso parecido; y nosotros tomaríamos a mal si otros nos prescribieran qué puntos debíamos estudiar: y si es de los que desean hacer creer en sus opiniones, ¿cómo podemos imaginar que habría de renunciar a los principios que el tiempo y la costumbre han establecido de tal forma en su mente que él los cree evidentes y de una certeza indudable; o considera como impresiones que ha recibido del mismo Dios, o de los hombres enviados por Él? ¿Cómo podemos esperar, digo, que opiniones así afincadas sean abandonadas ante los argumentos o la autoridad de un extraño o adversario, particularmente si hay alguna sospecha de interés o designio, como nunca deja de ocurrir cuando los hombres se hallan mal tratados? Haríamos mejor en apiadarnos de nuestra mutua ignorancia y en tratar de eliminarla por todos los buenos procedimientos y de información a nuestro alcance, y no en tratar mal a los otros como obstinados y perversos porque no renuncian a sus opiniones y aceptan las nuestras, o por lo menos las que tratamos de hacerles aceptar, cuando es más que probable que nosotros no seamos menos obstinados al no abrazar alguna de las suyas. Pues ¿dónde está el hombre que tenga incontestable evidencia de la verdad de todo lo que sostiene, o de la falsedad de todo lo que condena, o pueda decir que ha examinado de arriba abajo sus propias opiniones o las de los otros? La necesidad de creer sin saber, es decir, a menudo con razones muy débiles, en este efímero estado de acción y ceguera en que estamos, debía hacernos más afanosos y cuidadosos en informarnos que en coaccionar a los otros... Hay razón para pensar que si los hombres estuvieran mejor instruidos tendrían menos afán de imponerse a los otros» [13].

Sólo me he ocupado hasta ahora de los últimos capítulos del *Ensayo,* donde Locke saca la consecuencia moral de su anterior investigación teórica de la naturaleza y limitaciones del conocimiento humano. Es hora ya de examinar lo que tiene que decirnos sobre esta cuestión más puramente filosófica.

Locke, por lo general, desdeña la metafísica. A propósito de alguna especulación de Leibniz, escribe a un amigo: «Usted y yo estamos bastante hartos de este tipo de enredos». El concepto de sustancia, que dominaba en la metafísica de su tiempo, lo considera vago e inútil, pero no se aventura a rechazarlo del todo. Admite la validez de los argumentos metafísicos de la existencia de Dios, pero no se detiene en ellos, y parece sentirse algo molesto con los mismos. Siempre que expresa ideas nuevas y no repite meramente las tradicionales, piensa en cuestión de detalles, más que en largas abstracciones. Su filosofía es fragmentaria, como la obra científica, no estatuaria y toda de una pieza como los grandes sistemas continentales del siglo XVII.

Locke puede ser considerado como el fundador del empirismo, la doctrina de que todo nuestro conocimiento (con la posible excepción de la lógica y de las matemáticas) deriva de la experiencia. De acuerdo con esto, en el libro I del *Ensayo* se ocupa de razonar, contra Platón, Descartes y los escolásticos: no hay ninguna

---

13 *Ensayo sobre el entendimiento humano,* lib. IV, cap. XVI, sec. 4.

idea ni principio innato. En el libro II se dedica a mostrar, en detalle, de qué forma da origen la experiencia a las diversas clases de ideas. Habiendo rechazado las ideas innatas, dice:

«Supongamos, pues, que la mente es, como si dijéramos, papel blanco, sin nada escrito, sin ninguna idea; ¿de qué forma se llena? ¿De dónde viene ese vasto almacén, que la afanosa e ilimitada fantasía del hombre ha pintado con una variedad infinita? ¿De dónde proceden todos los materiales de la razón y del conocimiento? A esto responderé con una palabra: de la experiencia; en ella está fundada todo nuestro saber y de ella deriva, en definitiva» (lib. II, cap. I, sec. 2).

Nuestras ideas derivan de dos fuentes: a) sensación, y b) percepción de la operación de nuestra propia mente, que puede llamarse «sentido interno». Puesto que solamente podemos pensar por medio de ideas y puesto que las ideas vienen de la experiencia, es evidente que nada de nuestro conocimiento puede ser anterior a la experiencia.

La percepción, dice, es «el primer paso y grado hacia el conocimiento y la penetración de todos los materiales del mismo». Esto puede parecer, para un moderno, casi una perogrullada, puesto que ha llegado a formar parte del sentido común formado, por lo menos en los países de habla inglesa. Pero en su época se suponía que la mente conocía toda clase de cosas *a priori,* y la completa dependencia del conocimiento de la percepción, que él proclamaba, era una doctrina nueva y revolucionaria. Platón, en el *Teetetes,* se había entregado a la tarea de refutar la identificación del conocimiento con la percepción, y a partir de entonces casi todos los filósofos, hasta Descartes inclusive y Leibniz, habían enseñado que gran parte de nuestro conocimiento más valioso no derivaba de la experiencia. El empirismo completo de Locke era, por tanto, una audaz innovación.

El libro III del *Ensayo* trata de las palabras, y se ocupa, en lo esencial, de mostrar que lo que la metafísica presenta como saber acerca del mundo es puramente verbal. El capítulo III, «De los términos generales», adopta una posición nominalista extrema en la cuestión de los universales. Todas las cosas que existen son particulares, pero nosotros podemos formar ideas generales, tales como *hombre,* que son aplicables a muchos particulares, y a estas ideas generales les podemos dar nombres. Su generalidad consiste solamente en el hecho de que son, o pueden ser, aplicables a una variedad de cosas particulares; en su propio ser, como ideas de nuestras mentes, son tan particulares como todo lo demás que existe.

El capítulo VI del libro III, «De los nombres de sustancias», se dedica a refutar la doctrina escolástica de la esencia. Las cosas *pueden* tener una esencia real, que consistirá en su constitución física, pero ésta es, en lo fundamental, desconocida para nosotros y no es la *esencia* de que hablan los escolásticos. La esencia, como nosotros podemos conocerla, es puramente verbal; consiste meramente en la definición de un término general. Argüir, por ejemplo, respecto a si la esencia del cuerpo es sólo extensión, o es extensión más solidez, es razonar sobre palabras: podemos definir la palabra *cuerpo* de otro modo, y no puede resultar ningún daño mientras nos adhiramos a nuestra definición. Las distintas especies no son un hecho de la naturaleza, sino del lenguaje; son «ideas complejas distintas con distintos nombres adheridos a ellas». Hay, es cierto, cosas diferentes en la Naturaleza, pero las diferencias proceden por graduaciones continuas: «Los confines de las especies, en que los hombres las clasifican, son hechos por los hombres». Procede a dar ejemplos de monstruos, sobre los cuales era dudoso si eran hombres o no. Este punto de vista no fue aceptado, generalmente, hasta que Darwin persuadió a los hombres a que adoptaran la teoría de la evolución por cambios graduales. Sólo quienes han permitido que los abrumen los escolásticos, se darán cuenta de la cantidad de balumba metafísica que esto arrastró consigo.

El empirismo y el idealismo se enfrentan, a la vez, con un problema al que, hasta ahora, la filosofía no ha encontrado ninguna solución satisfactoria: el de mostrar cómo tenemos conocimiento de otras cosas distintas de nosotros mismos y las operaciones de nuestra propia mente. Locke considera este problema, pero lo que expresa es claramente insuficiente. En un lugar[14] nos dice: «Puesto

[14] *Op. cit.,* lib. IV, cap. I.

que la mente, en todos sus pensamientos y razonamientos, no tiene otro objeto inmediato que sus propias ideas, que ella sola contempla o puede contemplar, es evidente que nuestro conocimiento sólo trata de ellas». Y, asimismo: «El conocimiento es la percepción del acuerdo o desacuerdo entre dos ideas». De esto parecería seguirse inmediatamente que nosotros no podemos saber de la existencia de otras personas, o del mundo físico, pues éstos, si existen, no son meramente ideas de una mente. Cada uno de nosotros, por consiguiente, en lo que al conocimiento se refiere, debe estar encerrado en sí mismo y aislado de todo contacto con el mundo exterior.

Esto, sin embargo, es una paradoja, y Locke no tiene nada que hacer con las paradojas. En vista de ello, en otro capítulo, expone una teoría distinta, completamente incompatible con la anterior. Tenemos, nos dice, tres clases de conocimiento de la existencia real. El conocimiento de nuestra propia existencia es intuitivo, el de la existencia de Dios es demostrativo y el de las cosas presentes al sentido es sensitivo. (Lib. IV, cap. III).

En el capítulo siguiente se da cuenta más o menos de la incompatibilidad. Insinúa que alguien podría decir: «Si el conocimiento consiste en el acuerdo de ideas, el entusiasta y el sensato están en un mismo nivel». Y replica: «No es así como las ideas concuerdan con las cosas». Procede a razonar que todas las ideas *simples* tienen que concordar con cosas, puesto que «la mente, según hemos demostrado, no puede de ningún modo elaborar para sí» ideas simples, pues son todas «el producto de cosas que operan sobre la mente de un modo natural». Y en lo que respecta a las ideas complejas de sustancias «todas nuestras ideas complejas de ellas han de ser tales, y solamente tales, que estén formadas por las simples que se ha descubierto y coexisten en la Naturaleza». De nuevo, no podemos tener ningún conocimiento, excepto: primero, por intuición; segundo, por la razón, examinando el acuerdo o desacuerdo de dos ideas; tercero, «por sensación, percibiendo la existencia de cosas particulares» (lib. IV, cap. III, sec. 2).

En todo esto, Locke da por sabido que ciertos sucesos mentales, que él llama sensaciones, tienen causas exteriores a nosotros, y que estas causas, al menos en cierta medida y en ciertos aspectos, se asemejan a las sensaciones que son efectos suyos. Pero ¿de qué forma, compatible con los principios del empirismo, se conocen? Nosotros experimentamos las sensaciones, pero no sus causas; nuestra experiencia será exactamente la misma si nuestras sensaciones surgen espontáneamente. La creencia de que las sensaciones tienen causas y, aún más, la creencia de que se asemejan a sus causas, es una creencia que, de ser mantenida, ha de serlo sobre razones totalmente independientes de la experiencia. La opinión de que «el conocimiento es la percepción del acuerdo o desacuerdo entre dos ideas» es la única que Locke tiene derecho a sostener, y su evasión de las paradojas que entraña, la efectúa por medio de una contradicción tan grosera que sólo su firme adhesión al sentido común pudo haberle cerrado los ojos.

Esta dificultad ha perturbado al empirismo hasta hoy. Hume se desembarazó de ella lanzando la suposición de que las sensaciones tienen causas exteriores, pero retenía, incluso, esta suposición siempre que olvidaba sus propios principios, lo que ocurría muy a menudo. Su máxima fundamental —«ninguna idea sin una impresión anterior»—, que toma de Locke, es sólo aceptable mientras hablemos de impresiones que tengan causas externas, lo que la misma palabra *impresión* sugiere de modo irresistible. Y en los momentos en que Hume logra cierto grado de consecuencia es extrañamente paradójico.

Nadie ha inventado todavía una filosofía que sea a la vez creíble y consecuente consigo misma. Locke apuntaba a la credibilidad, y la logró a expensas de la consecuencia. La mayoría de los filósofos han hecho lo contrario. Una filosofía que no es consecuente consigo misma no puede ser totalmente verdadera, pero una filosofía que es consecuente puede muy bien ser completamente falsa. Las filosofías más fecundas han contenido notorias inconsecuencias, pero por esa misma razón han sido parcialmente verdaderas. No hay ninguna razón para suponer que un sistema consecuente consigo mismo contenga más verdad, como el de Locke, notoriamente más o menos erróneo.

Las doctrinas éticas de Locke son interesantes, en parte por sí mismas, en parte como una anticipación a las de Bentham. Cuando hablo de sus doctrinas éticas, no aludo con ello a su disposición moral como hombre práctico, sino a sus doctrinas generales sobre cómo los hombres actúan y cómo debían actuar. Como Bentham, Locke era un hombre lleno de sentimientos benévolos. Sin embargo, sostenía que todo el mundo (incluido él mismo) debía siempre moverse en la acción, solamente por el deseo de su propio placer o felicidad. Unas cuantas citas lo pondrán de relieve.

«Las cosas son buenas o malas sólo en relación con el placer o el dolor. Lo que llamamos *bueno* es lo apto para producir o aumentar el placer o disminuir el dolor en nosotros».

«¿Qué mueve al deseo? Respondo: la felicidad, y sólo esto».

«La felicidad, en su pleno significado, es el mayor placer de que somos capaces».

«La necesidad de buscar la verdadera felicidad (es) el fundamento de toda libertad».

«La preferencia del vicio a la virtud (es) un manifiesto juicio erróneo».

«El gobierno de nuestras pasiones (es) el recto perfeccionamiento de la libertad» [15].

La última afirmación parecería estar basada en la doctrina de los premios y castigos del otro mundo. Dios ha establecido ciertas normas morales; los que las siguen van al Cielo, y los que las quebrantan se exponen a ir al infierno. El buscador de placeres prudente será, por consiguiente, virtuoso. Con la decadencia de creer que el pecado conduce al infierno, se ha hecho más difícil elaborar un argumento puramente personal en favor de una vida virtuosa. Bentham, libre pensador, puso al legislador humano en el lugar de Dios: correspondía a las leyes e instituciones sociales establecer una armonía entre los intereses públicos y los privados, de modo que cada hombre, al perseguir su propia felicidad, se viera impelido a trabajar por la felicidad general. Pero esto es menos satisfactorio que la conciliación de los intereses públicos y privados efectuada por medio de Cielo e infierno, pues los legisladores no son siempre sabios o virtuosos y los gobiernos humanos no son omniscientes.

---

[15] Las citas anteriores son del lib. II, cap. XX.

Locke debe admitir, lo que es notorio, que los hombres no actúan siempre de suerte que, conforme a un cálculo racional, obtengan el máximo de placer. Nosotros valoramos el placer presente más que el futuro, y el placer del futuro próximo más que el del futuro remoto. Puede decirse —esto no lo dijo Locke— que la proporción del interés es una medida cuantitativa del descuento general de placeres futuros. Si la perspectiva de gastar mil libras al año fuera tan deliciosa como el pensamiento de gastarlas hoy, yo no tendría que pagar por aplazar mi placer. Locke admite que creyentes devotos cometan a menudo pecados que, conforme a su credo, los ponen en peligro de ir al infierno. Todos conocemos a personas que tardan en ir al dentista más tiempo que si estuvieran empeñadas en la búsqueda racional del placer. De este modo, aun en el caso de que el placer de evitar el dolor sea nuestro motivo, debe añadirse que los placeres pierden su atractivo y los dolores su aspecto terrorífico en proporción a su distancia en el futuro.

Puesto que es sólo a la larga como, según Locke, coinciden el interés particular y el general, es importante que los hombres se guíen, en cuanto sea posible, por sus intereses a larga distancia. Es decir, los hombres debían ser prudentes. La prudencia es la única virtud que debe seguir predicándose, pues cada decadencia de la virtud es una falta de prudencia. La insistencia en la prudencia es característica del liberalismo. Esto se relaciona con la aparición del capitalismo, pues el prudente se hace rico mientras que el imprudente se empobrece. También se relaciona con ciertas formas de piedad protestante: la virtud con perspectivas de Cielo, psicológicamente se asemeja mucho a ahorrar con vistas a una inversión.

La creencia en la armonía entre los intereses públicos y privados es característica del liberalismo, y persistió con mucho al fundamento teológico que tenía en Locke.

Locke afirma que la libertad se basa en la necesidad de perseguir la verdadera felicidad y en el dominio de nuestras pasiones. Esta opinión la deduce de su doctrina de que los intereses privados y públicos son idénticos a la larga, aunque no necesariamente en períodos cortos. Se sigue de esta doctrina que, dada una comunidad de ciudadanos en la que todos sean piadosos y prudentes, actuarán, admitida la libertad, de modo que fomente el bien general. No habrá ninguna necesidad de leyes humanas para coaccionarlos, puesto que las divinas serán suficientes. El hasta ahora hombre virtuoso que se siente tentado a convertirse en un forajido, se dirá a sí mismo: «Yo podría evadirme del castigo del juez humano, pero no del castigo del Divino Juez». En vista de ello renunciará a sus planes perversos o vivirá tan virtuosamente como si tuviera la seguridad de ser cogido por la policía. La libertad jurídica, por tanto, sólo es completamente posible cuando la prudencia y la piedad sean universales; en otro caso las coerciones impuestas por la ley penal son indispensables.

Locke afirma repetidamente que la moral es susceptible de demostración, pero no desarrolla su idea todo lo plenamente que fuera de desear. El pasaje más importante es:

«*La moral, susceptible de demostración.* La idea de un Ser Supremo, infinito en poder, bondad y sabiduría, cuya obra somos y del cual dependemos, y la idea de nosotros mismos como seres racionales, capaces de entendimiento, estando como está tan clara en nosotros, proporcionarían, supongo, si fueran debidamente consideradas y proseguidas, tales fundamentos de nuestro deber y de las normas de nuestras acciones, que podrían colocar la moral entre las ciencias susceptibles de demostración; donde, no me cabe duda, por proposiciones evidentes, por consecuencias necesarias, tan incontestables como las de las matemáticas, las medidas de lo lícito y de lo ilícito aparecerían claras para cualquiera que las aplicara con la misma indiferencia y atención a ella, con que lo hace en las demás ciencias. La relación de otros modos puede ciertamente captarse, tanto como las del número y extensión, y no puedo comprender por qué no serían tan capaces de demostración, si se idearan los métodos debidos para examinar su acuerdo o desacuerdo. "Donde no hay propiedad, no hay injusticia", es una proposición tan cierta como una demostración de Euclides, pues siendo la idea de propiedad un derecho a algo, y siendo la idea a que se da el nombre de *injusticia* la invasión o violación de ese derecho, es evidente que, establecidas así estas ideas y vinculados estos nombres a ellas, yo puedo conocer tan ciertamente que esta proposición es cierta como la de que un triángulo tiene tres ángulos que valen dos rectos. Asimismo: "Ningún Gobierno permite la libertad absoluta"; siendo la idea de Gobierno el establecimiento de la sociedad sobre ciertas normas o leyes, que requieren la conformidad a las mismas, y siendo la idea de libertad absoluta la de que cada uno haga lo que le plazca, soy tan capaz de percatarme de la certeza de la verdad de esta proposición como de cualquier proposición matemática» [16].

Este pasaje es desconcertante porque, al principio, parece hacer las normas morales dependientes de los decretos de Dios, mientras que los ejemplos sugieren que las normas morales son analíticas. Supongo que, de hecho, Locke consideraba algunas partes de la ética, analíticas, y otras dependientes de los decretos de Dios. Otro enigma es que los ejemplos dados no parecen ser proposiciones morales.

Hay otra dificultad que desearíamos examinar. Se sostiene, generalmente, por los teólogos que los decretos de Dios no son arbitrarios, sino que están inspirados por Su bondad y sabiduría. Esto requiere que haya algún concepto de bondad anterior a los decretos de Dios, que le haya llevado a dar justamente esos decretos y no otros. Lo que este concepto pueda ser, es imposible descubrirlo en Locke. Lo que dice es que un hombre prudente obrará de tal y cual manera, pues de otro modo Dios lo castigaría, pero nos deja completamente a oscuras por qué el castigo está vinculado a ciertos actos más que a sus contrarios.

Las doctrinas éticas de Locke no son, desde luego, defendibles. Aparte del hecho de que hay algo que choca en un sistema que considera la prudencia como la única virtud, hay otras objeciones, menos emocionales, a sus teorías.

En primer lugar, decir que los hombres sólo desean el placer es poner el carro delante del caballo. Desee lo que se me ocurra, sentiré placer en obtenerlo; pero en general, el placer se debe al deseo, no el deseo al placer. Es posible, como les ocurre a los masoquistas, desear el dolor; en ese caso, hay placer aun en la satisfacción del deseo, pero está mezclado con su contrario. Incluso

---

[16] *Op. cit.*, lib. IV, cap. III, sec. 18.

en la propia doctrina de Locke, no es el placer como tal lo que es deseado, puesto que un placer próximo es más deseado que un placer remoto. Si la moral ha de derivarse de la psicología del deseo, como Locke y sus discípulos intentan, no puede haber ninguna razón para pedir la privación de los placeres ausentes o para presentar la prudencia como un deber moral. Su argumento, en pocas palabras, es: «Nosotros sólo deseamos el placer. Pero de hecho, muchos hombres desean, no el placer como tal, sino el placer próximo. Esto contradice nuestra doctrina de que ellos desean el placer como tal, y es, por consiguiente, malo». Casi todos los filósofos, en sus sistemas éticos, presentan primero una falsa doctrina y luego arguyen que la perversión consiste en actuar de un modo que prueba que ésta es falsa, lo que sería imposible si la doctrina fuera verdadera. Locke ofrece un ejemplo de este tipo.

CAPÍTULO XIV

LA FILOSOFÍA POLÍTICA DE LOCKE

a) *El principio hereditario*

En los años 1689 y 1690, justamente después de la revolución de 1688, Locke escribió sus dos *Tratados sobre el Gobierno,* el segundo especialmente, muy importante en la historia de las ideas políticas. El primero de estos dos tratados es una crítica de la doctrina del Poder hereditario. Es una réplica al libro de Robert Filmer: *Patriarcha, o el poder natural de los reyes,* publicado en 1680, pero escrito bajo Carlos I. Robert Filmer, apasionado defensor del derecho divino de los reyes, tuvo la desgracia de vivir hasta 1653, y debió de haber sufrido terriblemente por la ejecución de Carlos y la victoria de Cromwell. Pero *Patriarcha* fue escrito antes de estos tristes acontecimientos, no antes de la guerra civil, de suerte que se muestra conocedor de las doctrinas subversivas. Tales doctrinas, según Filmer señala, no eran nuevas en 1640. En efecto, tanto los teólogos protestantes como los católicos, en sus discusiones con los monarcas católicos y protestantes, respectivamente, habían afirmado vigorosamente el derecho de los súbditos a resistir a los príncipes tiránicos, y sus agitaciones suministraron a Robert Filmer abundante material para la controversia.

Robert Filmer fue instituido caballero por Carlos I, y se dice que su casa fue saqueada por los parlamentarios diez veces. Cree que no es improbable que Noé navegara por el Mediterráneo y repartiera África, Asia y Europa a Cam, Sem y Jafet, respectivamente. Sostenía que, por la Constitución inglesa, los lores eran los únicos que daban consejo al rey, según dice, el único que hace las leyes, que proceden exclusivamente de su voluntad. El rey, según Filmer, está perfectamente libre de todo control humano y no puede considerarse obligado por los actos de sus predecesores, ni siquiera por los suyos propios, pues es «imposible por naturaleza que un hombre pueda darse una ley a sí mismo».

Filmer, como estas opiniones muestran, pertenecía a la parte más extrema del partido del Derecho Divino.

Patriarcha empieza combatiendo la «opinión corriente» de que «la humanidad está dotada de modo natural y nace libre de toda sujeción, y libertad para elegir la forma de Gobierno que le plazca, y el poder que un hombre tiene sobre los otros se le concedió primeramente de acuerdo con la discreción de la multitud». «Este principio —dice— se concibió primero en las escuelas». La verdad, según él, es totalmente distinta; es que originariamente Dios concedió el Poder real a Adán, del cual descendió a sus herederos y, por último, llegó a los diversos monarcas de los tiempos modernos. Ahora, los reyes, nos asegura, «o son, o tienen que ser considerados como los herederos próximos de aquellos primeros padres que fueron al principio los padres naturales de todo el mundo». Nuestro primer padre, según parece, no apreció adecuadamente su privilegio como monarca universal, pues «el deseo de libertad fue la primera causa de la caída de Adán». El deseo de libertad es un sentimiento que Robert Filmer considera impío.

Las pretensiones formuladas por Carlos I, y por sus representantes en nombre suyo, excedían de lo que los tiempos antiguos hubieran concedido a los reyes. Filmer indica que Parsons, el jesuita inglés, y Buchanan, el calvinista escocés, que no coincidían en casi nada más, mantenían que los soberanos podían ser depuestos por el pueblo por su mal gobierno. Parsons, naturalmente, pensaba en la protestante reina Isabel, y Buchanan, en la católica reina María de Escocia. La doctrina de Buchanan fue sancionada por el éxito, pero la de Parsons la refutó su colega de ejecución Campion.

Incluso antes de la Reforma, los teólogos tendían a creer en la limitación del Poder real. Esto formaba parte de la batalla entre la

Iglesia y el Estado que ardió en Europa durante la mayor parte de la Edad Media. En esta batalla el Estado se apoyaba en la fuerza armada, la Iglesia en la inteligencia y la santidad. Mientras la Iglesia tuvo estos méritos, ganó; cuando llegó a tener solamente la inteligencia, perdió. Pero las cosas que los hombres eminentes y santos habían dicho contra el Poder de los reyes permanecieron en la memoria. Aunque fueron dichas en defensa de los intereses del Papa, podían emplearse para apoyar los derechos del pueblo a gobernarse por sí mismo. «Los sutiles escolásticos —dice Filmer— para estar seguros de arrojar al rey a los pies del Papa, pensaron que el modo más seguro era colocar al pueblo por encima del rey, de modo que el Poder papal pudiese ocupar el lugar del Poder real». Cita al teólogo Belarmino, quien dice que el Poder secular es concedido por los hombres (es decir, no por Dios) y «está en el pueblo, a menos que éste lo conceda a un príncipe»; así, Belarmino, según Filmer, «hace a Dios el autor inmediato de un Estado democrático»; lo que le suena a él de modo tan chocante como sonaría a un plutócrata moderno decir que Dios es el autor inmediato del bolchevismo.

Filmer deriva el Poder político, no de un contrato, ni siquiera de ninguna consideración relativa al bien público, sino enteramente de la autoridad de un padre sobre sus hijos. Su opinión es que la fuente de la autoridad real es la sujeción de los hijos a los padres; que los patriarcas del Génesis eran monarcas; que los reyes son los herederos de Adán, o por lo menos, deben ser considerados como tales; que los derechos naturales de un rey son los mismos que los de un padre, y que, por naturaleza, los hijos no están nunca libres del poder paterno, ni siquiera cuando el hijo es adulto y el padre está chocheando.

Toda la teoría parece tan fantástica a una mente moderna que es difícil creer que fuera sostenida en serio. Nosotros no estamos acostumbrados a derivar los derechos políticos de la historia de Adán y Eva. Admitimos como evidente que la patria potestad debe cesar completamente cuando hijo o hija alcanzan la edad de veintiún años, y que antes de esa edad debe estar muy estrictamente limitada por el Estado y por el derecho de la iniciativa independiente que la juventud ha ido adquiriendo de modo gradual.

Reconocemos que la madre tiene unos derechos iguales, por lo menos, a los del padre. Mas aparte de todas estas consideraciones, no se le ocurriría a ningún hombre moderno, salvo en el Japón de antes de la Segunda Guerra Mundial, suponer que el Poder político debía ser asimilado al de los padres sobre los hijos. Es verdad que en el Japón se sostenía aún una teoría semejante a la de Filmer, y había de ser enseñada por todos los profesores y maestros de escuela. El Mikado puede perfilar su genealogía desde la Diosa Sol, cuyo heredero es; otros japoneses descienden también de ella, pero pertenecen a las ramas menores de su familia. Por consiguiente, el Mikado es divino, y toda resistencia es impía. Dicha teoría fue, en lo esencial, inventada en 1868, pero se alega en el Japón que ha sido transmitida por la tradición desde la creación del mundo.

El intento de imponer sobre Europa una teoría semejante —de cuyo intento forma parte el *Patriarcha* de Filmer— fue un fracaso. ¿Por qué? La aceptación de tal teoría no repugna, de ningún modo, a la naturaleza humana; por ejemplo, fue sostenida, aparte del Japón, por los antiguos egipcios, y por los mexicanos y peruanos, antes de la conquista española. En cierta etapa del desarrollo humano es natural. La Inglaterra de los Estuardos había pasado esta etapa, no el Japón moderno.

La derrota de las teorías del derecho divino, en Inglaterra, se debió a dos causas principales. Una, la pluralidad de religiones; otra, la lucha por el Poder entre la monarquía, la aristocracia y la alta burguesía. En cuanto a la religión, el rey, desde el reinado de Enrique VIII, era la cabeza de la Iglesia en Inglaterra, opuesta a Roma y a la mayoría de las sectas protestantes. La Iglesia de Inglaterra alardeaba de ser una transacción: el Prefacio a la Versión Autorizada empieza diciendo que «ha sido sabiduría de la Iglesia de Inglaterra, desde la primera compilación de su liturgia pública, guardar la posición media entre dos extremos». En conjunto, este compromiso agradó a la mayoría. La reina María y el rey Jacobo II trataron de arrastrar el país hacia Roma, y los vencedores de la guerra civil trataron de arrastrarla hacia Ginebra, pero estos intentos fracasaron, y después de 1688 el Poder de la Iglesia de Inglaterra fue indiscutido. No obstante, sus adversarios sobrevivieron. Los no conformistas, particularmente, eran hombres vigorosos, y había muchos entre los comerciantes ricos y los banqueros, cuyo poder aumentaba continuamente.

La posición teológica del rey era algo peculiar, pues no sólo se trataba del jefe de la Iglesia de Inglaterra, sino también del jefe de la de Escocia. En Inglaterra, tenía que creer en los obispos y rechazar el calvinismo; en Escocia, tenía que rechazar a los obispos y creer en el calvinismo. Los Estuardos tenían sinceras convicciones religiosas, que hicieron imposible para ellos esta actitud ambigua y les ocasionaron aún más molestias en Escocia que en Inglaterra. Pero después de 1688, la conveniencia política llevó a los reyes a prestar su asentimiento a la profesión de las dos religiones a la vez. Esto militaba contra el celo religioso y hacía difícil considerarlos como personas divinas. En todo caso, ni los católicos ni los no conformistas podían asentir a ninguna pretensión religiosa por parte de la monarquía.

Los tres partidos del rey, de la aristocracia y de la clase media rica hicieron diferentes combinaciones en distintos tiempos. Bajo Eduardo IV y Luis XI, el rey y la clase media se unieron contra la aristocracia; bajo Luis XIV, el rey y la aristocracia se unieron contra la clase media; en Inglaterra, en 1688, la aristocracia y la clase media se unieron contra el rey. Cuando éste tenía a su lado a una de las otras partes era fuerte; cuando éstas se unían contra él era débil.

Por estas razones, entre otras, Locke no encontró ninguna dificultad para deshacer los argumentos de Filmer. En lo que respecta a la argumentación, Locke se encontró, naturalmente, con una tarea fácil. Señala que si nos referimos a la patria potestad, el poder de la madre debía ser igual al del padre. Carga el acento sobre la injusticia de la primogenitura, que es inevitable si la herencia ha de ser la base de la monarquía. Bromea con el absurdo de suponer que los monarcas actuales sean, en ningún sentido real, los herederos de Adán. Adán puede tener solamente un heredero pero nadie sabe quién es. ¿Mantendría Filmer —se pregunta— que, si fuera descubierto el verdadero heredero de Adán, todos los monarcas existentes deberían poner las Coronas a sus pies? Si la base de Filmer respecto a la monarquía fuera aceptada, todos los reyes, salvo uno a lo más, serían usurpadores, y no tendrían ningún derecho a exigir la obediencia de sus súbditos *de facto*. Además, la patria potestad es temporal, dice, y no se extiende a la vida ni a la propiedad.

Por tales razones, aparte de motivos más fundamentales, la herencia no puede, según Locke, ser aceptada como la base del Poder político legítimo. En vista de ello, en su segundo tratado sobre el Gobierno busca una base más defendible.

El principio hereditario casi ha desaparecido de la política. Durante mi vida, los emperadores del Brasil, China, Rusia, Alemania y Austria han desaparecido, para ser reemplazados por dictadores que no se proponen la fundación de una dinastía hereditaria. La aristocracia ha perdido sus privilegios en toda Europa, excepto en Inglaterra, donde se ha convertido en poco más que en una forma histórica. Todo esto, en la mayor parte de los países, es muy reciente y tiene mucho que ver con el advenimiento de las dictaduras, puesto que la base tradicional del Poder ha sido eliminada y los hábitos de la mente exigidos para la práctica normal de la democracia no han tenido tiempo para desarrollarse. Hay una gran institución que nunca ha tenido ningún elemento hereditario: la Iglesia católica. Podemos hacer la excepción de las dictaduras, si sobreviven, en el desarrollo gradual de una forma de gobierno análoga a la de la Iglesia. Esto ha ocurrido ya en el caso de las grandes corporaciones de América, que tienen, o tenían, hasta Pearl Harbour, poderes casi iguales a los del Gobierno.

Es curioso que el repudio del principio hereditario en política no haya tenido casi ningún efecto, en la esfera económica, en los países democráticos. (En los Estados totalitarios, el Poder económico ha sido absorbido por el Poder político). Todavía consideramos natural que un hombre deba dejar sus propiedades a sus hijos, es decir, aceptamos el principio hereditario en lo que se refiere al Poder económico, mientras lo rechazamos respecto al Poder político. Las dinastías políticas han desaparecido, pero las económicas persisten. Por el momento, no estoy razonando ni en pro ni en contra de este diferente trato de las dos formas de Poder; indico simplemente que existe y que la mayoría de los hombres no se han fijado en ello.

Si pensáramos en lo natural que nos parece que el Poder sobre las vidas de los demás, resultante de la gran riqueza, deba ser hereditario, se comprendería mejor cómo hombres del temple de Robert Filmer podían adoptar la misma posición en lo referente al Poder de los reyes, y cuán importante fue la innovación representada por los hombres que pensaban como Locke.

Para comprender cómo podía creerse la teoría de Filmer y cómo la teoría contraria de Locke pudo parecer revolucionaria, solamente tenemos que pensar que un reino era considerado entonces lo mismo que se considera ahora una propiedad territorial. El propietario de la tierra tiene varios derechos legales importantes, el principal escoger a quienes se quedarán con ella. La propiedad puede ser transmitida por herencia, y estimamos que quien ha heredado una finca tiene un justo título a todos los privilegios que la ley le concede en consecuencia. Sin embargo, en el fondo, su posición es la misma que la de los monarcas cuyas pretensiones defiende Robert Filmer. Hay en la actualidad, en California, una cantidad de enormes posesiones cuyos títulos derivan de las concesiones reales o supuestas hechas por el rey de España. Él era el único que podía hacer tales concesiones, a) porque España aceptaba un criterio semejante al de Filmer, y b) porque los españoles eran capaces de derrotar a los indios en la guerra. No obstante, nosotros mantenemos que los herederos de aquellos que recibieron las concesiones tienen un título justo a las mismas. Quizá en el futuro esto parecerá tan fantástico como parece ahora Filmer.

b) *El estado de naturaleza y el derecho natural*

Locke comienza su segundo *Tratado sobre el Gobierno* diciendo que, habiendo demostrado la imposibilidad de derivar la autoridad del Gobierno de la del padre, expondrá lo que él cree su verdadero origen. Empieza suponiendo que lo que él llama un «estado de naturaleza», es anterior a todo Gobierno humano. En este estado hay una «ley de la naturaleza», pero la ley de la naturaleza consiste en mandatos divinos y no es impuesta por ningún legislador humano. No está claro hasta qué punto es el estado de naturaleza, para Locke, una mera hipótesis ilustrativa y hasta qué punto supone que ha tenido una existencia histórica; pero me temo se inclinaba a pensar que era una etapa que realmente había tenido vigencia. Los hombres salieron de este estado de naturaleza por medio de un contrato social que instituyó el gobierno civil. Esto lo consideraba también como más o menos histórico. Pero por el momento es el estado de naturaleza lo que nos interesa.

Lo que Locke tiene que decirnos acerca del estado de naturaleza y de la ley de la naturaleza no es, en lo esencial, original, sino una repetición de las doctrinas escolásticas medievales. Así, Santo Tomás de Aquino dice:

«Toda ley concebida por el hombre lleva el carácter de la ley exactamente en la medida en que se deriva de la ley de la naturaleza. Pero si en algún punto está en pugna con ella, cesa en el acto de ser ley; es una mera perversión de la ley» [17].

Durante la Edad Media, la ley de la naturaleza se argüía para condenar la usura, es decir, el préstamo de dinero por interés. La propiedad de la Iglesia estaba casi íntegramente formada por tierras y los terratenientes han sido siempre prestatarios más que prestamistas. Pero cuando surge el protestantismo, su apoyo —en especial el apoyo del calvinismo— viene principalmente de la clase media rica, prestamista más que prestataria. Por consiguiente, primero Calvino, luego los otros protestantes y, por último, la Iglesia católica, sancionaron la usura. De esta suerte, la ley natural vino a ser concebida de modo distinto, pero nadie dudaba de que era tal cosa.

Muchas doctrinas que sobrevivieron a la creencia en la ley natural deben su origen a ella; por ejemplo, el *laissez-faire* y los derechos del hombre. Estas doctrinas están emparentadas y ambas tienen su origen en el puritanismo. Dos citas aducidas por Tawney lo ilustrarán. Un comité de la Cámara de los Comunes, en 1604, afirmaba:

«Todos los súbditos libres nacen con derecho a heredar, en lo tocante a su tierra y también en lo tocante al libre ejercicio de

---

[17] Citado por Tawney en *La religión y el advenimiento del capitalismo.*

su industria, en aquellas artes a que se aplican y de las cuales viven».

Y en 1656, Joseph Lee escribe:

«Es una máxima innegable que cada uno por la luz de la naturaleza y de la razón hará lo que hace en su mayor beneficio... El mejoramiento de los particulares repercutirá en beneficio del público».

Con la excepción de las palabras «por la luz de la naturaleza y de la razón», esto podía haber sido escrito en el siglo XIX.

En la teoría del Gobierno de Locke, repito, hay poca originalidad. En esto se parece Locke a la mayoría de los hombres que han adquirido fama con sus ideas. En general, el hombre que piensa por vez primera una idea nueva se adelanta tanto a su tiempo que todo el mundo lo cree tonto, de modo que permanece en la oscuridad y es pronto olvidado. Luego, gradualmente, el mundo va madurando para la idea, y el hombre que la proclama en el momento afortunado obtiene toda la fama. Así ocurrió, por ejemplo, con Darwin; el pobre lord Monboddo fue un hazmerreír.

En lo referente al estado de naturaleza, Locke fue menos original que Hobbes, que le consideraba como aquel en que la situación era la guerra de todos contra todos y donde la vida era sucia, brutal y corta. Pero Hobbes tenía fama de ateo. La opinión del estado de naturaleza y de la ley natural que Locke aceptaba de sus predecesores, no puede desprenderse de su base teológica; donde sobrevive sin ella, como en gran parte del liberalismo moderno, carece de claro fundamento lógico.

La creencia en un feliz «estado de naturaleza» en el pasado remoto deriva parcialmente del relato bíblico de la edad de los patriarcas y en parte del mito clásico de la edad de oro. La creencia general en la maldad del pasado remoto sólo surge con la doctrina de la evolución.

Lo más próximo a una definición del estado de naturaleza en Locke es:

«Los hombres, que viven juntos conforme a la razón, sin un superior común en la Tierra con autoridad para juzgar entre ellos, es propiamente el estado de naturaleza».

Esto no es una descripción de la vida de los salvajes, sino la de una imaginaria comunidad de anarquistas virtuosos, que no necesitan ni policía ni tribunales porque siempre obedecen a la *razón*, que es lo mismo que la «ley natural», la cual a su vez consiste en aquellas normas de conducta que se suponen de origen divino. (Por ejemplo: «No matarás», es parte de la ley natural, pero el reglamento de las carreteras no lo es).

Unas cuantas citas aclararán más el sentido de la doctrina de Locke: «Para comprender bien el Poder político —dice— y la procedencia de su origen, tenemos que considerar aquel estado en que los hombres están naturalmente: estado de libertad perfecta para ordenar sus acciones y disponer de sus propiedades y personas según estimen conveniente, dentro de los límites de la ley de la naturaleza; sin pedir permiso ni depender de la voluntad de ningún hombre.

»Un estado asimismo de igualdad, en el que todo el Poder y jurisdicción son recíprocos, no teniendo ninguno más que los otros; no habiendo nada más evidente que criaturas de la misma especie y rango, promiscuamente nacidas con las mismas ventajas de la naturaleza y el uso de las mismas facultades, deban también ser iguales entre sí sin subordinación ni sujeción; a menos que el señor y el dueño de todas ellas haya puesto, por una declaración manifiesta de su voluntad, a una sobre otra y le haya conferido, por una evidente y clara designación, un derecho indudable al dominio y a la soberanía.

»Pero, aunque el estado de naturaleza sea un estado de libertad, no es, sin embargo, un estado de licencia; aunque el hombre en ese estado tiene una libertad incontrolable para disponer de su persona o bienes, no tiene, sin embargo, libertad para destruirse a sí mismo ni a ninguna criatura que se halle en su posesión, donde algún uso más noble que su mera conservación lo requiere. El estado de naturaleza tiene una ley natural que lo gobierna, que obliga a todos; y la razón, que es esa ley, enseña a toda la humanidad, que sólo tiene que consultarla, que siendo todos iguales e independientes, nadie debe causar daño a otro en su vida, salud, libertad o propiedades [18] (pues todos nosotros somos propiedad de Dios) [19]».

---

[18] Cfr. *La Declaración de Independencia.*

[19] «Ellos son su propiedad, cuya obra son, hecha para durar a gusto suyo, no de los otros».

Ocurre, sin embargo, que donde la mayor parte de los hombres están en estado de naturaleza puede haber algunos que no vivan de acuerdo con la ley natural y esta ley provee, hasta cierto punto, lo que puede hacerse para resistir a tales criminales. En un estado de naturaleza, se nos dice, todo hombre puede defender su persona y lo que es suyo. «La sangre de aquel que vierte la sangre de otro, por mano de hombre debe ser vertida», forma parte de la ley natural. Yo puedo incluso matar a un ladrón mientras está robando mis bienes y este derecho sobrevive a la institución del Gobierno, aunque donde hay Gobierno, si el ladrón se escapa, yo debo renunciar a la venganza privada y acudir a la ley.

La gran objeción contra el estado de naturaleza es que, mientras persiste, cada hombre es el juez de su propia causa, puesto que tiene que confiar en sí mismo para defensa de sus derechos. Para este mal, el Gobierno es el remedio, pero no es un remedio *natural*. El estado de naturaleza, según Locke, fue abandonado por medio de un pacto destinado a crear un gobierno. Ningún pacto termina el estado de naturaleza, salvo aquel que hace a un organismo político. Los diversos gobiernos de Estados independientes se hallan ahora en estado de naturaleza entre sí.

El estado de naturaleza, se nos dice en un pasaje probablemente dirigido contra Hobbes, no es lo mismo que un estado de guerra, sino lo más próximo a su contrario. Después de explicar el derecho a matar a un ladrón, basándose en que al ladrón puede considerársele haciéndonos la guerra, Locke dice:

«Y aquí tenemos la clara diferencia entre el estado de naturaleza y el estado de guerra, los cuales, por más que algunos los hayan confundido, se hallan tan distantes como un estado de paz, buena voluntad, asistencia y defensa mutua y un estado de enemistad, malicia, violencia y destrucción recíproca lo están uno de otro».

Quizá la *ley* de naturaleza deba ser considerada como poseedora de un radio más amplio que el *estado* de naturaleza, puesto que la primera trata de ladrones y asesinos, mientras que en el segundo no hay tales malhechores. Esto por lo menos sugiere una evidente contradicción en Locke, consistente en que a veces representa el estado de naturaleza como un estado en el que todo el mundo es virtuoso y otras veces discute lo que puede hacerse lícitamente en un estado de naturaleza para resistir las agresiones de los malvados.

Algunas partes de la ley natural de Locke son sorprendentes. Por ejemplo, dice, que los prisioneros de una guerra justa son esclavos por la ley natural. También dice que por naturaleza todo hombre tiene derecho a castigar los ataques contra sí mismo o contra sus bienes, incluso con la muerte. Y no hace ninguna distinción, de modo que si sorprendo a una persona haciendo una fechoría, tengo, evidentemente, por la ley natural derecho a matarla.

La propiedad tiene mucho relieve en la filosofía política de Locke y es, según él, la principal razón para la institución del gobierno civil:

«El grande y principal fin de la unión de los hombres en comunidades y de que se pongan bajo un Gobierno es la defensa de su propiedad; para lo cual, en el estado de naturaleza, faltan muchas cosas».

El conjunto de su teoría del estado de naturaleza y de la ley natural es en un sentido claro, pero en otro muy oscuro. Está claro lo que Locke pensaba, pero no está claro cómo puede haberlo pensado. La ética de Locke, como hemos visto, es utilitaria, pero en su consideración de los *derechos* no se basa en consideraciones utilitarias. Algo de esto penetra toda la filosofía del Derecho, según es enseñada por los juristas. Los derechos *legales* pueden definirse: hablando en general, un hombre tiene un derecho legal cuando puede apelar a la ley para que le proteja contra una ofensa. Un hombre tiene, en general, un derecho legal a su propiedad, pero si tiene (por ejemplo) un depósito ilícito de cocaína, no tiene ningún remedio legal contra otro que le robe. Pero el legislador tiene que decidir los derechos legales que han de crearse y se remonta naturalmente a la concepción de los derechos *naturales,* como aquellos que la ley debe proteger.

Estoy intentando llegar en lo posible a una exposición de algo semejante a la teoría de Locke en términos no teológicos. Si se da por supuesto que la ética y la clasificación de los actos como *lícitos* e *ilícitos* es lógicamente anterior a la ley real, se hace posible reproducir la teoría en términos que no impliquen la historia mítica. Para llegar a la ley natural, podemos plantear la cuestión de este modo: cuando no hay ley ni Gobierno, ¿qué clases de actos de A contra B justifican la venganza de B contra A, y qué clase de venganza está justificada en los distintos casos? Generalmente se sostiene que nadie puede ser censurado por defenderse contra un ataque contra su vida, incluso, si es necesario, hasta el extremo de matar al atacante. Puede igualmente defender a su mujer e hijos o a cualquier miembro de la comunidad. En tales casos, la existencia de la ley contra el asesinato pierde su importancia si, como puede ocurrir fácilmente, el hombre atacado es muerto antes de poder invocar la ayuda de la policía; tenemos, por consiguiente, que remontarnos al derecho *natural.* Un hombre tiene también derecho a defender su propiedad, aunque las opiniones varían respecto a la cuantía del castigo que puede infligirse a un ladrón.

En las relaciones entre Estados, como Locke señala, la *ley natural* es suficiente. En tales circunstancias, ¿está justificada la guerra? Mientras no exista un Gobierno internacional, la respuesta a esta pregunta es puramente ética, no legal; debe darse la misma respuesta que a un individuo en un estado de anarquía.

La teoría legal estará basada en el criterio de que los *derechos* de los individuos deben ser protegidos por el Estado. Es decir, cuando un individuo sufre la clase de ofensa que justificaría la venganza, según los principios de la ley natural, la ley positiva debería disponer que la venganza la ejecutase el Estado. Si vemos que un hombre está agrediendo gravemente a un hermano nuestro, tenemos derecho a matarlo si de otro modo no podemos salvar a nuestro hermano. En un estado de naturaleza —esto al menos es lo que sostiene Locke—, si un hombre ha matado a vuestro hermano, tenéis el derecho de matarlo. Pero donde existe la ley, perdéis ese derecho, que es asumido por el Estado. Y si matáis en defensa propia o en defensa de otro, tendréis que probar ante un tribunal que ésa fue la razón de vuestra acción.

Podemos, pues, identificar la *ley natural* con las normas morales en cuanto son independientes de las disposiciones legales positivas. Es preciso existan tales normas si ha de haber alguna distinción entre leyes buenas y malas. Para Locke, la cuestión es sencilla, puesto que las normas morales han sido establecidas por Dios y se hallan en la Biblia. Cuando eliminamos esta base teológica, la cuestión es más difícil. Pero mientras se sostenga que hay una distinción ética entre las acciones lícitas y las ilícitas, podemos decir: La ley natural decide qué acciones serán moralmente lícitas y cuáles no, en una comunidad que carece de Gobierno; y la ley positiva debe ser, en todo lo posible, guiada e inspirada por la ley natural.

En su forma absoluta, la doctrina de que un individuo tiene ciertos derechos inalienables es incompatible con el utilitarismo, es decir, con la doctrina de que los actos lícitos son los que fomentan más la felicidad general. Mas para que una doctrina pueda ser una base adecuada para la ley, no es necesario que haya de ser verdadera en todos los casos posibles, sino únicamente en una mayoría abrumadora. Todos podemos imaginar casos en los que el asesinato estaría justificado, pero son raros y no proporcionan un argumento contra la ilegalidad del mismo. De modo análogo, puede ser —no digo que lo sea— deseable, desde un punto de vista utilitario, reservar a cada individuo cierta esfera de libertad personal. Si es así, la doctrina de los Derechos del Hombre será una base apropiada para las leyes adecuadas, aun en el caso de que estos derechos admitan excepciones. Un utilitario tendrá que examinar la doctrina, considerada como base de la ley, desde el punto de vista de sus efectos prácticos; no puede condenarla *ab initio* como contraria a su propia ética.

c) *El contrato social*

En la especulación política del siglo XVII, había dos tipos principales de teorías respecto al origen del Gobierno. De uno de ellos hemos visto un ejemplo en Robert Filmer, quien sostenía que Dios había concedido el Poder a ciertas personas, y éstas, o sus herederos, constituían el Gobierno legítimo, constituyendo la rebelión contra el mismo no sólo una traición, sino una impiedad. Este criterio estaba sancionado por sentimientos de antigüedad inmemorial: en casi todas las civilizaciones primitivas el rey era una persona sagrada. Los reyes, como es natural, consideraban admirable esta teoría. Las aristocracias tenían motivos para apoyarla y motivos para combatirla. En su favor estaba el hecho de que exaltaba el principio hereditario y apoyaba extraordinariamente la resistencia contra la advenediza clase mercantil. Allí donde la clase media era más temida u odiada que el rey, estos motivos prevalecían. Donde ocurría lo contrario, y especialmente donde la aristocracia tenía una posibilidad de obtener para sí el Poder supremo, tendía a oponerse al rey y, por consiguiente, a rechazar las teorías del derecho divino.

El otro tipo de teorías —del que Locke es un representante— sostenía que el gobierno civil es el resultado de un contrato, y es un asunto puramente de este mundo y no algo establecido por la autoridad divina. Algunos escritores consideraban el contrato social como un hecho histórico; otros, como una ficción legal; lo importante, para todos ellos, era hallar un origen terreno para la autoridad gubernamental. De hecho, no podían encontrar otra alternativa al derecho divino que el supuesto contrato. Sentían todos, excepto los rebeldes, que debía hallarse *alguna* razón para obedecer a los gobiernos, y no se creía suficiente decir que para la mayoría de la gente la autoridad de aquél era una cosa conveniente. El Gobierno ha de tener *derecho,* en algún sentido, a exigir la obediencia, y el derecho conferido por un contrato parecía ser la única alternativa al mandato divino. En consecuencia, la doctrina de que el Gobierno fue instituido por un contrato se hizo popular, prácticamente entre todos los adversarios del derecho divino de los reyes. Hay un indicio de esta teoría en Tomás de Aquino, pero el primer desarrollo serio de la misma se halla en Grocio.

La doctrina del contrato fue capaz de adoptar formas que justificaban la tiranía. Hobbes, por ejemplo, sostenía que hubo un contrato entre los ciudadanos para transmitir todo el Poder al soberano escogido, pero que el soberano no era parte del contrato y, por lo tanto, adquirió una autoridad ilimitada. Esa teoría, al principio, podía haber justificado el Estado totalitario de Cromwell; después de la Restauración, justificaba a Carlos II. En la forma que la doctrina adoptó en Locke, el Gobierno es una parte del contrato, y puede hacérsele frente con justicia si deja de cumplir sus obligaciones. La doctrina de Locke es, en esencia, más o menos democrática, pero el elemento democrático está limitado por el criterio (implícito, más que expreso) de que los que no tienen propiedades no son reconocidos como ciudadanos.

Veamos lo que Locke tiene que decir sobre esta cuestión. Hay primero una definición del Poder político: «Considero que el Poder político es el derecho de hacer leyes, con pena de muerte y, consiguientemente, todas las penas menores, para la regulación y defensa de la propiedad, y el derecho de emplear la fuerza de la comunidad en la ejecución de tales leyes y en la defensa de la comunidad contra la agresión extranjera, y todo esto solamente por el bien común».

El Gobierno, se nos dice, es un remedio para los inconvenientes que surgen, en el estado de naturaleza, del hecho de que, en tal estado, cada hombre es el juez de su propia causa. Pero donde el monarca es una parte de la disputa, no hay ningún remedio, puesto que el monarca es, a la vez, juez y parte. Estas consideraciones inclinan al criterio de que los gobiernos no deben ser absolutos y que el Poder Judicial debe ser independiente del Ejecutivo. Tales argumentos tenían un importante porvenir en Inglaterra y América, pero por el momento no nos interesan.

«Por naturaleza —dice Locke— todo hombre tiene derecho a castigar los ataques contra su persona o su propiedad, incluso con la muerte». Hay una sociedad política allí, y sólo allí, donde los hombres hayan cedido este derecho a la comunidad o a la ley.

La monarquía absoluta no es un forma de gobierno civil, porque no hay ninguna autoridad neutral que decida las disputas entre el monarca y un súbdito; de hecho, el monarca, en relación con sus súbditos, está aún en un estado de naturaleza. Es inútil esperar que el hecho de ser rey haga un hombre virtuoso de un hombre que por naturaleza es violento.

«Aquel que hubiera sido insolente y agresivo en los bosques de América lo sería, de modo probable, mucho más en un trono, donde quizá se encuentre ciencia y religión para justificar todo lo que haga a sus súbditos y donde la espada es posible que reduzca al silencio a los que se atrevan a discutirlo».

La monarquía absoluta es como si los hombres se protegieran contra las mofetas y las zorras, «pero estuvieran contentos, es decir, se creyeran seguros, de ser devorados por leones».

La sociedad civil implica la regla de la mayoría, a menos que se convenga en exigir una cifra mayor. (Como, por ejemplo, en los Estados Unidos, para cambiar la Constitución o para la ratificación de un tratado). Esto suena a democrático, pero debe recordarse que Locke da por supuesta la exclusión de las mujeres y de los pobres del derecho de ciudadanía. «El comienzo de la sociedad política depende del consentimiento de los individuos para unirse y formar una sociedad». Se arguye —sin mucha fuerza— que tal consentimiento debió ocurrir realmente en alguna época, si bien se admite que el origen del Gobierno antecede a la Historia en todas partes, excepto entre los judíos.

El convenio civil que instituye el Gobierno obliga sólo a los que lo hicieron; el hijo tiene que prestar su asentimiento de nuevo a un convenio hecho por su padre. (Está claro que esto se sigue de los principios de Locke, pero no es muy realista. Un joven americano que, al llegar a los veintiún años, anunciara: «Me niego a considerarme obligado por el convenio que dio origen a Estados Unidos», se encontraría con dificultades).

El Poder del Gobierno, por el contrato, se nos dice, nunca se extiende más allá del bien común. Hace un momento cité una frase respecto a los poderes del Gobierno, que terminaba: «y todo esto sólo para el bien público». Parece no habérsele ocurrido a Locke preguntar quién sería el juez del bien común. Evidentemente, si el Gobierno es el juez siempre decidirá en su favor. Probablemente, Locke diría que la mayoría de los ciudadanos ha de ser el juez. Pero muchas cuestiones han de decidirse demasiado rápidamente para que sea posible averiguar la opinión del electorado; de éstas, la paz y la guerra son quizá las más importantes. El único remedio en tales casos es conceder a la opinión pública o a sus representantes algún poder —tal como presentar una acusación— para castigar luego a los miembros del Poder Ejecutivo cuyos actos se consideren impopulares. Pero, con frecuencia es un remedio muy inadecuado.

He citado ya una frase que debo citar ahora de nuevo: «El grande y principal fin de que los hombres se unan en comunidades y se sometan a un Gobierno es la defensa de su propiedad». De acuerdo con esta doctrina, declara Locke: «El Poder supremo no puede despojar a un hombre de ninguna parte de su propiedad sin su propio consentimiento».

Aún más sorprendente es la afirmación de que, si bien los mandos militares pueden disponer de la vida y de la muerte de sus soldados, no tienen poder para tomar dinero. (Se sigue de esto que, en cualquier ejército, sería ilícito castigar las infracciones menores de la disciplina por medio de multas; pero estaría permitido castigarlas con castigos corporales, tales como una azotaina. Esto demuestra las absurdas consecuencias a que llega Locke por su culto a la propiedad).

Podía suponerse que la cuestión de los impuestos ofrecería dificultades para Locke, pero no ve ninguna. Los gastos del Gobierno, dice, deben soportarlos los ciudadanos, pero con su consentimiento, es decir, con el de la mayoría. Mas ¿cómo, se pregunta uno, puede bastar el consentimiento de la mayoría? Se nos ha dicho que era necesario el consentimiento de cada uno para que el Gobierno pudiera tomar cualquier parte de su propiedad. Supongo que este tácito asentimiento a los impuestos, de acuerdo con la decisión de la mayoría, se supone está implicado en su ciudadanía que, a su vez, se presume ha de ser voluntaria. Todo esto es, sin duda, totalmente contrario a los hechos. La mayor parte de los hombres no tienen ninguna libertad efectiva de elección respecto al Estado a que deban pertenecer, y ninguno tiene libertad, en nuestros días, para pertenecer a ningún Estado. Supongamos, por ejemplo, que uno es pacifista y reprueba la guerra. Dondequiera que viva, el Gobierno se apoderará de algunas de nuestras propiedades para fines de guerra. ¿Con qué derecho pueden obligarnos a someternos a esto? Puedo imaginar muchas respuestas, pero no creo que ninguna de ellas sea compatible con los principios de Locke. Confía en el principio mayoritario sin la debida consideración y no ofrece ninguna transición a ella desde sus premisas individualistas, excepto el mítico contrato social.

El contrato social, en el sentido deseado, es mítico, incluso cuando, en algún período anterior, hubiera habido realmente un contrato que creara el Gobierno en cuestión. Estados Unidos ofrece un ejemplo adecuado. Cuando se adoptó la Constitución, los hombres tenían libertad de elección. Incluso entonces, muchos votaron en contra, y no fueron, por lo tanto, partes del contrato. Podían, sin duda, haber dejado el país, y al quedarse se juzgó quedaban obligados por un contrato al que ellos no habían asentido. Pero en la práctica es habitualmente difícil dejar el país de uno. Y en el caso de los hombres nacidos después de la adopción de la Constitución, su consentimiento es aún más superficial.

La cuestión de los derechos del individuo frente al Gobierno es muy difícil. Se da por supuesto con demasiada ligereza por los demócratas que, cuando el Gobierno representa a la mayoría, tiene derecho a coaccionar a la minoría. Hasta cierto punto, esto tiene que ser cierto, puesto que la coerción pertenece a la esencia del Gobierno. Pero el derecho divino de las mayorías, si se lleva demasiado lejos, puede llegar a ser tan tiránico como el derecho divino de los reyes. Locke habla poco sobre esta cuestión en sus *Ensayos sobre el Gobierno,* pero lo trata con alguna extensión en sus *Cartas sobre la tolerancia,* donde arguye que ningún creyente en Dios debe ser castigado por sus opiniones religiosas.

La teoría de que el Gobierno fue creado por un contrato es, sin duda, preevolucionista. El Gobierno, como el sarampión y la tos ferina, debe haberse ido desarrollando gradualmente, aunque, como estas enfermedades, pudo haberse introducido de repente en nuevas regiones, tales como las islas de los mares del Sur. Antes de que los hombres hubieran estudiado antropología no tenían ninguna idea de los mecanismos psicológicos implicados en los comienzos del Gobierno, ni de las razones fantásticas que condujeron a los hombres a adoptar instituciones y costumbres que luego resultaron útiles. Pero como ficción legal, para *justificar* el Gobierno, la teoría del contrato social tiene *alguna* parte de verdad.

d) *Propiedad*

De lo que se ha dicho hasta ahora respecto al criterio de Locke sobre la propiedad, podía aparecer como el campeón de los grandes capitalistas contra sus superiores e inferiores sociales, pero esto no sería sino la verdad a medias. Hallamos en él, frente a frente e irreconciliables, doctrinas que prefiguran las del capitalismo desarrollado y doctrinas que perfilan un punto de vista más cercano al socialismo. Es fácil dar una falsa representación de él con citas unilaterales, tanto en esta cuestión como en muchas otras.

Señalaré, por orden de aparición, los principales aforismos de Locke sobre el tema de la propiedad.

Dice primero que todo hombre posee la propiedad privada de los productos de su propio trabajo o, al menos, debería tenerla. En la época preindustrial, esta máxima no era tan antirrealista como ha sido después. La producción urbana la llevaban a cabo principalmente artesanos que poseían sus instrumentos de trabajo y vendían sus productos. En cuanto a la producción agrícola, la escuela a que pertenecía Locke sostenía que la propiedad de los campesinos sería el mejor sistema. Locke afirma que un hombre puede poseer tanta tierra como pueda cultivar, pero no más. Parece desconocer que en todos los países de Europa la realización de este programa difícilmente sería posible sin una revolución sangrienta. En todas partes la inmensa mayoría de la tierra labrada pertenecía a los aristócratas, que obtenían de los campesinos o una parte fija de producto (con frecuencia la mitad) o una renta que podía variarse de vez en cuando. El primer sistema predominaba en Francia e Italia, el segundo, en Inglaterra. En el Este, en Rusia y Prusia, los trabajadores eran siervos que trabajaban para el propietario y no tenían ningún derecho. Con el viejo sistema terminaron en Francia la Revolución y en la Italia del Norte y en la Alemania occidental las conquistas de los ejércitos franceses revolucionarios. La servidumbre fue abolida en Prusia a consecuencia de la derrota infligida por Napoleón, y en Rusia a consecuencia de la derrota en la guerra de Crimea. Pero en ambos países los aristócratas conservaron sus propiedades territoriales. En el este de Prusia, tal sistema, aunque drásticamente controlado por los nazis, ha sobrevivido hasta la época actual; en Rusia y en lo que ahora son Lituania, Letonia y Estonia, los aristócratas fueron desposeídos por la revolución rusa. En Hungría, Rumania y Polonia sobrevivieron; en la Polonia oriental fueron *liquidados* por el Gobierno soviético en 1940. El Gobierno soviético, no obstante, ha hecho todo lo que ha estado en su poder para sustituirlos por granjas colectivas, en lugar de entregar la propiedad a los campesinos, en toda Rusia.

En Inglaterra, la evolución ha sido más compleja. En la época de Locke, la posición del trabajador rural estaba mitigada por la existencia de propiedades, en las cuales tenía importantes derechos, que le permitían obtener parte considerable de su alimento. Este sistema era una supervivencia de la Edad Media y lo consideraron reprobable los hombres de espíritu moderno, quienes decían que desde el punto de vista de la producción era antieconómico. De acuerdo con esto, hubo un movimiento para cercar las propiedades comunes, iniciado bajo Enrique VIII y confinado bajo Cromwell, pero no adquirió fuerza hasta aproximadamente 1750. A partir de ese tiempo, durante unos noventa años, una propiedad común tras otra se cercó y entregó a los propietarios locales. Cada cerca exigía un Acta del Parlamento, y los aristócratas que dominaban ambas Cámaras aprovecharon sin medida su poder legislativo para enriquecerse, al paso que ponían a los trabajadores agrícolas al borde del hambre. Gradualmente, debido al desarrollo de la industria, la situación de los labradores mejoró, puesto que de otro modo no hubiera podido impedirse su emigración a las ciudades. Al presente, a consecuencia de los impuestos introducidos por Lloyd George, los aristócratas se han visto obligados a desprenderse de la mayor parte de sus propiedades rurales. Pero los que poseen también propiedades urbanas o industriales han podido aferrarse a sus propiedades. No ha habido una revolución súbita, sino una transición gradual todavía en marcha. Al presente, los aristócratas todavía ricos deben su riqueza a sus propiedades urbanas o industriales.

Este prolongado desarrollo puede considerarse, salvo en Rusia, conforme con los principios de Locke. Lo extraño es que pudiera anunciar unas doctrinas que exigían tanta revolución para ponerlas en práctica y, sin embargo, no muestra ningún indicio de haber considerado injusto el sistema existente en su tiempo ni de haberse dado cuenta de que era diferente del que propugnaba.

La teoría del valor del trabajo —es decir, la doctrina de que el valor de un producto depende del trabajo empleado en él—, que algunos atribuyen a Karl Marx y otros a Ricardo, se halla en

Locke, y se la sugirió una serie de predecesores que se remonta hasta Santo Tomás. Como dice Tawney, resumiendo la doctrina escolástica:

«La esencia del argumento era que el pago propiamente lo pueden pedir los artesanos que hacen la mercancía o los comerciantes que las transportan, pues ambos trabajaban en su oficio y satisfacen la necesidad común. El pecado imperdonable es el del especulador o intermediario, que roba la ganancia privada por la explotación de las necesidades públicas. El verdadero descendiente de Aquino es la teoría del valor del trabajo. El último de los escolásticos fue Karl Marx».

La teoría del valor del trabajo tiene dos aspectos: uno ético, otro económico. Es decir, puede aseverar que el valor de un producto *debe* ser proporcional al trabajo empleado en él, o que *de hecho* el trabajo regula el precio. La segunda doctrina es verdadera sólo de un modo aproximado, según reconoce Locke. Nueve décimas partes del valor, dice, se deben al trabajo; pero de la otra décima parte no dice nada. Es el trabajo, asegura, el que establece en todo la diferencia de valor. Pone como ejemplo la tierra en la América ocupada por los indios, que casi no tiene ningún valor porque los indios no la cultivan. Parece no darse cuenta de que la tierra puede adquirir valor tan pronto como la gente esté *dispuesta* a trabajarla y antes de que realmente lo hayan hecho. Si tenemos un trozo de tierra desierta en el que otro encuentra petróleo, podemos venderlo por un buen precio sin hacer ningún trabajo en ella. Como era natural en su época, no piensa en tales contingencias, sino sólo en la agricultura. La propiedad del campesino, que favorece, es inaplicable a cosas tales como la minería en gran escala, que requiere aparatos costosos y muchos trabajadores.

El principio de que un hombre tiene derecho al producto de su propio trabajo es inútil en una civilización industrial. Supongamos que estamos empleados para hacer un trabajo en la fábrica de coches Ford: ¿cómo va nadie a calcular qué proporción del beneficio total se debe a nuestro trabajo? O supongamos que estamos empleados en una compañía ferroviaria en el transporte de mercancías: ¿quién puede decidir la parte que nos corresponde en la producción de las mercancías? Tales consideraciones han llevado a los que desean impedir la explotación del trabajo a abandonar el principio del derecho al producto de nuestro propio trabajo en favor de métodos más socialistas de la organización de la producción y de la distribución.

La teoría del valor del trabajo ha sido habitualmente defendida en oposición a una clase considerada como explotadora. Los escolásticos, en la medida en que la defendían, lo hacían por oposición a los usureros, que eran en su mayoría judíos. Ricardo la defendió en oposición a los terratenientes y Marx en oposición a los capitalistas. Pero Locke parece haberla sostenido en el vacío, sin hostilidad a ninguna clase. Su única hostilidad es contra los monarcas, pero esto no tiene relación con sus opiniones sobre el valor.

Algunas de las opiniones de Locke son tan extrañas que no veo la manera de hacerlas parecer razonables. Dice que un hombre no debe tener tantas ciruelas como para que se expongan a estropearse antes de que él y su familia se las puedan comer; pero puede tener tanto oro y tantos diamantes como pueda legalmente poseer porque el oro y los diamantes no se estropean. No se le ocurre que el hombre dueño de las ciruelas puede venderlas antes de que se le estropeen.

Insiste mucho en el carácter inalterable de los metales que, según dice, son la fuente del dinero y de la desigualdad de las fortunas. Parece, de un modo abstracto y académico, lamentar la desigualdad económica, pero ciertamente no piensa que sería más prudente tomar las medidas que pudieran impedirla. Sin duda estaba impresionado, como lo estaban todos los hombres de su tiempo, por los progresos de la civilización, debidos a los hombres ricos principalmente como protectores de las artes y de las letras. La misma actitud existe en la moderna América, donde la ciencia y el arte dependen en gran medida de la munificencia de los millonarios. Este hecho es la base de lo más respetable en el conservadurismo.

e) *Frenos y equilibrios*

La doctrina de que las funciones legislativa, ejecutiva y judicial deben mantenerse separadas, es característica del liberalismo, y surgió en Inglaterra en el curso de la resistencia contra los Estuardos y es claramente formulada por Locke, por lo menos en relación con los Poderes Legislativo y Ejecutivo. «El Legislativo y el Ejecutivo deben estar separados —dice— para evitar el abuso de Poder». Debe entenderse, como es natural, que cuando él habla de legislatura alude al Parlamento, y cuando del Ejecutivo, alude al rey; al menos esto es a lo que alude emocionalmente, sea lo que sea lo que lógicamente se proponga significar. Por consiguiente, considera al Legislativo virtuoso, mientras que el Ejecutivo es ordinariamente perverso.

«El Poder Legislativo —dice— debe ser supremo, salvo que ha de renovarlo la comunidad». Se sobreentiende que, como la Cámara inglesa de los Comunes, el Legislativo ha de ser elegido de tiempo en tiempo por voto popular. La condición de que el Legislativo ha de ser reelegido por el pueblo, si se toma en serio, condena la parte que atribuye la Constitución británica en el tiempo de Locke al rey y a los lores como partes del Poder Legislativo.

«En todos los Gobiernos bien constituidos —dice Locke— los poderes Legislativo y Ejecutivo están separados». Se presenta, por lo tanto, la cuestión: ¿qué ha de hacerse cuando se enfrentan? Si el Ejecutivo deja de convocar al Legislativo en las ocasiones señaladas, se nos dice, el Ejecutivo está en guerra con el pueblo y puede ser eliminado por la fuerza. Esto es claramente una opinión suscitada por lo ocurrido bajo Carlos I. De 1628 a 1640 éste trató de gobernar sin Parlamento; tales cosas, piensa Locke, deben impedirse, con la guerra civil si es necesario.

«La fuerza —dice— sólo debe oponerse a lo injusto y a la fuerza ilegítima». Este principio es inútil en la práctica, a menos que exista algún cuerpo con el derecho legal de pronunciar cuándo la fuerza es «injusta e ilegítima». El intento de Carlos I de cobrar el impuesto sobre los buques sin el consentimiento del Parlamento fue declarado por sus adversarios «injusto e ilegítimo», y para él era justo y legítimo. Sólo el resultado militar de la guerra civil probó que su interpretación de la Constitución fue errónea. Lo mismo ocurrió en la guerra civil americana. ¿Tenían los Estados derecho a separarse? Nadie lo sabía, y sólo la victoria del Norte decidió la cuestión. La creencia que hallamos en Locke y en muchos escritores de su tiempo, de que cualquier hombre honrado puede conocer lo que es justo y lícito, es una creencia inadmisible, o por la fuerza de los prejuicios de partido por ambos lados, o por la dificultad de establecer un tribunal, ya exteriormente o en la intimidad de la conciencia, capaz de pronunciarse autorizadamente sobre cuestiones enojosas. En la práctica, tales cuestiones, si son de suficiente importancia, se deciden simplemente por la fuerza, no por justicia ni ley.

En cierto modo, aunque en un lenguaje velado, Locke reconoce este hecho. «En una disputa entre el Legislativo y el Ejecutivo —dice— no hay, en ciertos casos, ningún juez bajo los cielos». Puesto que los cielos no hacen pronunciamientos explícitos, esto significa, en efecto, que sólo puede adoptarse una decisión por medio del combate, ya que se da por supuesto que el cielo dará la victoria a la mejor causa. Tal criterio es esencial a toda doctrina que divida el Poder gubernamental. Allí donde semejante doctrina está incorporada en la Constitución, el único modo de evitar una eventual guerra civil es practicar la transigencia y el buen sentido. Pero el compromiso y el buen sentido son hábitos de la mente y no pueden ser incorporados a una Constitución escrita.

Es sorprendente que Locke no diga nada acerca del Poder Judicial, cuestión palpitante en su tiempo. Hasta la revolución, los jueces podían ser depuestos por el rey en cualquier momento; consecuentemente, éstos condenaban a sus enemigos y perdonaban a sus amigos. Después de la revolución, los hicieron inamovibles, salvo por un mensaje de ambas Cámaras. Se pensaba que esto haría que sus decisiones estuvieran guiadas por la ley; de hecho, en los casos que implican espíritu de partido, sólo ha servido para sustituir el prejuicio del rey por el prejuicio del juez. Sea lo que sea, dondequiera que ha prevalecido el principio de frenos y equilibrios, el Poder Judicial se ha convertido en una tercera rama del Gobierno independiente, junto al Legislativo y al Ejecutivo. El ejemplo más notable es el Tribunal Supremo de Estados Unidos.

La historia de la doctrina de los frenos y equilibrios ha sido interesante.

En Inglaterra, país de su origen, se dirigía a limitar el Poder del rey, quien hasta la revolución, tenía completo dominio del ejército. Sin embargo, el Poder Ejecutivo fue haciéndose gradualmente dependiente del Parlamento, ya que era imposible que un Ministerio continuara en el Poder sin contar con una mayoría en la Cámara de los Comunes. El Ejecutivo resultó, en realidad, un comité elegido de hecho, aunque no en la forma, por el Parlamento, con la consecuencia de que los poderes Legislativo y Ejecutivo se fueron uniendo cada día más. Durante los últimos cincuenta años más o menos se efectuó un nuevo proceso, debido a la facultad de disolución del primer ministro y a la creciente rigidez de la disciplina de partido. La mayoría del Parlamento decide ahora qué partido ha de estar en el Poder, pero una vez decidido, no puede en la práctica decidir nada más. La legislación que se propone al Parlamento es difícilmente aprobada a menos que el Gobierno la presente. De este modo, el Gobierno es a la vez el Poder Legislativo y el Ejecutivo y su Poder está sólo limitado por la necesidad de celebrar elecciones generales en determinadas ocasiones. Este sistema es, sin duda, totalmente contrario a los principios de Locke.

En Francia, donde la doctrina fue predicada con gran fuerza por Montesquieu, la sostuvieron los partidos más moderados de la Revolución francesa, pero se echó en olvido temporal por la victoria de los jacobinos. Napoleón, como es natural, no tenía nada que hacer con ella, pero fue renovada en la Restauración, para desaparecer de nuevo con el advenimiento de Napoleón III. Volvió a tener vigencia otra vez en 1871 y condujo a la adopción de una Constitución en la que el presidente tenía muy poco Poder y el Gobierno no podía disolver las Cámaras. El resultado fue conceder considerable poder a la Cámara de Diputados, tanto contra el Gobierno como contra el electorado. Había más división de poderes que en la Inglaterra moderna, pero menos del que debía haber conforme a los principios de Locke, puesto que el Legislativo eclipsaba al Ejecutivo. Lo que la Constitución francesa será después de la última guerra es imposible de prever.

El principio de Locke de la división de poderes ha hallado su más plena aplicación en los Estados Unidos, donde el presidente y el Congreso son totalmente independientes entre sí y el Tribunal Supremo independiente de ambos. De modo inadvertido, la Constitución hizo del Tribunal Supremo una rama del Legislativo, puesto que nada puede llegar a ser ley si el Tribunal Supremo dice que no. El hecho de que sus poderes sean nominalmente sólo interpretativos aumenta, en realidad, dichos poderes, puesto que hace difícil criticar lo que se supone son decisiones puramente legales. Dice mucho en favor de la sagacidad política de los americanos el hecho de que su Constitución sólo haya llevado una vez a un conflicto armado.

La filosofía política de Locke fue, en conjunto, adecuada y útil hasta la revolución industrial. Desde entonces, ha sido cada vez más incapaz de resolver los problemas importantes. El Poder de la propiedad, vinculado a grandes corporaciones, ha crecido más allá de lo imaginado por Locke. Las funciones necesarias del Estado —por ejemplo, en educación— han aumentado enormemente. El nacionalismo ha producido una alianza, a veces una amalgama, del Poder económico con el político, haciendo de la guerra el principal medio de competencia. El simple ciudadano aislado no tiene ya el Poder y la independencia que tenía en las especulaciones de Locke. Nuestra época es una época de organización y sus conflictos se dan entre organizaciones, no entre individuos aislados. El estado de naturaleza, como dice Locke, existe aún entre los Estados. Es necesario un nuevo contrato social internacional para que podamos gozar los prometidos beneficios del Gobierno. Una vez que haya sido creado un Gobierno internacional, gran parte de la filosofía política de Locke será aplicable de nuevo, aunque no la de la propiedad privada.

CAPÍTULO XV

LA INFLUENCIA DE LOCKE

Desde la época de Locke hasta el presente, ha habido en Europa dos tipos principales de filosofía, uno de los cuales debe sus doctrinas y su método a Locke, mientras el otro ha derivado primero de Descartes y luego de Kant. El mismo Kant pensaba que había hecho una síntesis de la filosofía derivada de Descartes y de Locke. Pero esto no puede admitirse, al menos desde un punto de vista histórico, pues los seguidores de Kant se hallaban dentro de la tradición cartesiana, no de la lockiana. Los herederos de Locke son, primero, Berkeley y Hume; segundo, los *philosophes* franceses que no pertenecían a la escuela de Rousseau; tercero, Bentham y los radicales filosóficos; cuarto, con importantes adiciones de la filosofía continental, Marx y sus discípulos. Pero el sistema de Marx es ecléctico, y toda aseveración simple acerca del mismo es casi seguro que resulta falsa; por consiguiente, le dejaré a un lado hasta considerarlo en detalle.

En la propia época de Locke, sus principales antagonistas filosóficos eran los cartesianos y Leibniz. De un modo totalmente ilógico, la victoria de la filosofía de Locke en Inglaterra fue en gran parte debida al prestigio de Newton. La autoridad de Descartes como filósofo se puso de relieve, en su tiempo, por su obra matemática y de filosofía natural. Pero su doctrina de los vórtices era claramente inferior a la ley de la gravitación de Newton como explicación del sistema solar. La victoria de la cosmogonía newtoniana disminuyó el respeto de los hombres por Descartes y aumentó su respeto por Inglaterra. Ambas causas inclinaron a la gente favorablemente hacia Locke. En la Francia del siglo XVIII, donde los intelectuales se hallaban en rebelión contra un despotismo anticuado, corrompido y débil, consideraron a Inglaterra como la patria de la libertad y se hallaban predispuestos en favor de Locke a causa de sus doctrinas políticas. En los últimos tiempos anteriores a la Revolución, la influencia de Locke en Francia se vio reforzada por la de Hume, que había vivido algún tiempo en Francia y conocía personalmente a muchos de sus *savants* de primera fila.

El principal transmisor de la influencia inglesa a Francia fue Voltaire.

En Inglaterra, los seguidores filosóficos de Locke, hasta la Revolución francesa, no se habían interesado por sus doctrinas políticas. Berkeley era un obispo que no se interesaba mucho por la política; Hume era un conservador que seguía la jefatura de Bolingbroke. Inglaterra estaba políticamente tranquila en este tiempo y un filósofo podía contentarse con teorizar sin preocuparse del estado del mundo. La Revolución francesa cambió esta situación y obligó a las mentes mejores a oponerse al *statu quo*. No obstante, la tradición de la filosofía pura siguió ininterrumpida. La *Necesidad del ateísmo,* de Shelley, por la que fue expulsado de Oxford, está plenamente influida por Locke[20].

Hasta la publicación de la *Crítica de la razón pura,* de Kant, en 1781, pudo parecer como si la vieja tradición filosófica de Descartes, Spinoza y Leibniz hubiera sido anulada definitivamente por el nuevo método empírico. Sin embargo, este nuevo método no había prevalecido nunca en las universidades alemanas y después de 1792 se le hizo responsable de los horrores de la Revolución. Los revolucionarios desilusionados, como Coleridge, encontraron en Kant un apoyo intelectual para su oposición al ateísmo francés. Los alemanes, en su resistencia contra los franceses, se complacieron en contar con una filosofía alemana que los apoyara. Hasta los mismos franceses, después de la

[20] Considérese, por ejemplo, el aforismo de Shelley: «Cuando se presenta a la mente una proposición, capta el acuerdo o desacuerdo de las ideas que la componen».

caída de Napoleón, recibían con alegría cualquier arma contra el jacobinismo. Todos esos factores favorecieron a Kant.

Kant, como Darwin, dio origen a un movimiento que habría detestado. Kant era un liberal, un demócrata, un pacifista, pero los que declaraban seguir su filosofía no eran ninguna de estas cosas. O, si se seguían llamando liberales, lo eran de una nueva especie. Desde Rousseau y Kant ha habido dos escuelas de liberalismo, que pueden distinguirse como la obstinada y la sensible. La obstinada desembocó por etapas lógicas, a través de Bentham, Ricardo y Marx, en Stalin; la blanda, por otras etapas lógicas, a través de Fichte, Byron, Carlyle y Nietzsche, en Hitler. Esta explicación es, sin duda, demasiado esquemática para ser totalmente verdadera, pero puede servir como plano y signo mnemotécnico. Las etapas de la evolución de las ideas han tenido casi la cualidad de la dialéctica hegeliana: las doctrinas han desembocado, y cada una de las cuales parece natural, en sus contrarios. Pero los desarrollos no se han debido solamente al movimiento inherente de las ideas; han sido dirigidos, en todo su curso, por circunstancias externas y por el reflejo de estas circunstancias en las emociones humanas. Que esto es así puede evidenciarlo un hecho destacado: las ideas del liberalismo no han experimentado ninguna alteración en su desarrollo en América, donde permanecen hasta hoy como en Locke.

Dejando la política a un lado, examinemos las diferencias entre las dos escuelas de filosofía que pueden señalarse generalmente como la continental y la británica.

Hay ante todo una diferencia de método. La filosofía británica es más detallada y fragmentaria que la del continente; cuando se permite algún principio general, se lanza a probarlo inductivamente, examinando sus varias aplicaciones. Así, Hume, después de anunciar que no hay ninguna idea sin una impresión previa, procede en seguida a examinar la siguiente objeción: supongamos que estamos viendo dos matices de color semejantes, pero no idénticos, y supongamos que no hemos visto nunca un matiz intermedio entre los dos, ¿podremos, no obstante, imaginar tal matiz? Él no decide la cuestión y considera que una decisión adversa a su principio general no sería fatal para él, porque su principio no es lógico, sino empírico. Cuando —para establecer un contraste— Leibniz quiere establecer su monadología, razona, aproximadamente, de esta forma: todo lo que es complejo tiene que estar compuesto de partes simples; lo que es simple no puede ser extenso; por consiguiente, todo está compuesto de partes carentes de extensión. Pero lo inextenso no es materia. Por consiguiente, los constituyentes últimos de las cosas no son materiales y, si no lo son, resultan entonces mentales. Por consiguiente, una mesa es, en realidad, una colonia de almas.

La diferencia de método, aquí, puede caracterizarse como sigue: en Locke o Hume una conclusión relativamente modesta se saca de un amplio examen de muchos hechos, mientras que en Leibniz un gran edificio deductivo se asienta sobre una minúscula base de principio lógico. En Leibniz, si el principio es completamente cierto y las deducciones son enteramente válidas, todo está bien; pero la estructura es inestable y la menor falla en cualquier sitio provoca el derrumbamiento de todo el edificio. En Locke o Hume, por el contrario, la base de la pirámide se asienta sobre el terreno sólido del hecho observado y la pirámide se afila hacia arriba, no hacia abajo; en consecuencia, el equilibrio es estable y una falla aquí o allá puede ser rectificada sin un desastre total. Esta diferencia de método sobrevivió al intento de Kant de incorporar algo de la filosofía empírica: desde Descartes hasta Hegel, por un lado, y desde Locke hasta John Stuart Mill, por el otro, sigue invariable.

La diferencia de método está relacionada con otras varias diferencias. Comencemos por la metafísica. Descartes ofreció pruebas metafísicas de la existencia de Dios, de las cuales la más importante había sido inventada por San Anselmo, arzobispo de Canterbury, en el siglo XI. Spinoza admitía un Dios panteísta, que al ortodoxo no le parecía Dios; sea lo que sea, los argumentos de Spinoza eran esencialmente metafísicos y pueden relacionarse (aunque puede no haberse dado cuenta de ello) con la doctrina de que toda proposición ha de tener un sujeto y un predicado. La metafísica de Leibniz tenía la misma fuente.

En Locke, la dirección filosófica, que inició, no está aún plenamente desarrollada; acepta como válidos los argumentos de

Descartes respecto a la existencia de Dios. Berkeley inventó un argumento totalmente nuevo; pero Hume —en quien la nueva filosofía llega a su culminación— rechazó la metafísica por completo y sostenía que nada puede descubrirse por el razonamiento de las cuestiones de que se ocupa la metafísica. Este criterio persistió en la escuela empírica, mientras que la tesis contraria, algo modificada, persistió en Kant y en sus discípulos.

En ética, hay una división semejante entre las dos escuelas. Locke, como hemos visto, creía que el placer era el bien y este fue el criterio predominante entre los empiristas durante los siglos XVIII y XIX. Sus adversarios, por el contrario, despreciaban el placer como innoble y tenían varios sistemas de moral que parecían más exaltados. Hobbes valoraba el Poder y Spinoza, hasta cierto punto, coincidía con Hobbes. Hay en Spinoza dos puntos de vista irreconciliables sobre la moral: uno, el de Hobbes; otro, el bien consiste en la unión mística con Dios. Leibniz no hizo ninguna aportación importante a la ética, pero Kant hizo de ella lo supremo y derivó su metafísica de premisas morales. La ética de Kant es importante porque es antiutilitaria, *a priori,* y lo que se llama *noble.*

Kant dice que si uno es bueno con su hermano, porque le tiene cariño, no tiene ningún mérito moral: un acto sólo tiene valor moral cuando se realiza porque la ley moral lo ordena. Aunque el placer no es el bien es, sin embargo, injusto —sostiene Kant— que el virtuoso sufra. Como esto ocurre a menudo en el mundo, tiene que haber otro mundo donde sean recompensados después de la muerte y tiene que haber un Dios que garantice la justicia en la otra vida. Él rechaza todos los viejos argumentos metafísicos relativos a Dios y a la inmortalidad, pero considera su nuevo argumento ético irrefutable.

Kant, personalmente, era un hombre cuya actitud en los asuntos prácticos fue benévola y humanitaria, pero no puede decirse lo mismo de muchos de los que negaban que la felicidad era el bien. El tipo de ética llamada *noble* está menos asociada con los intentos de perfeccionamiento del mundo que el criterio más mundano de que debíamos tratar de hacer a los hombres más felices. Esto no es sorprendente. El desdén por la felicidad es más fácil cuando se trata de la felicidad de otros que cuando se trata de la nuestra. Ordinariamente, el sustitutivo de la felicidad es alguna forma de heroísmo. Éste proporciona salidas inconscientes para el afán de Poder y abundantes excusas para la crueldad. O, asimismo, lo valorado puede ser la emoción fuerte; éste fue el caso de los románticos. Ello condujo a la tolerancia de pasiones tales como el odio y la venganza; los héroes de Byron son típicos y no son nunca personas de conducta ejemplar. Los hombres que hicieron más por fomentar la felicidad humana fueron —como era de esperar— los que consideraban importante la felicidad, no los que la despreciaban en comparación con algo más *sublime.* Además, la ética de un hombre refleja habitualmente su carácter y la benevolencia lleva al deseo de la felicidad general. Así, los hombres que consideraban la felicidad como el fin de la vida tendían a ser más benévolos, mientras que los que proponían otros fines estaban a menudo dominados, inconscientemente, por el afán de Poder o por la crueldad.

Estas diferencias éticas están asociadas, habitualmente, aunque de un modo variable, con diferencias en el punto de vista político. Locke, como vimos, es transigente en sus creencias, nada autoritario, y dispuesto a dejar que toda cuestión se decida por medio de la discusión libre. El resultado, tanto en su caso como en el de sus seguidores, fue la creencia en la reforma, pero de un modo gradual. Como sus sistemas de pensamiento eran fragmentarios y eran el resultado de investigaciones separadas sobre muchas cuestiones diferentes, sus opiniones políticas tendían naturalmente a tener el mismo carácter. Evitaban los programas amplios, formados de un bloque y preferían examinar cada cuestión conforme a sus méritos. En política, como en filosofía, eran transigentes y empíricos. Sus adversarios, por otra parte, que pensaban poder «captar íntegro este triste plan de cosas» estaban mucho más dispuestos a «hacerlo pedazos y a refundirlo de nuevo en una forma más conforme con los deseos del corazón». Esto lo podían hacer como revolucionarios, o como hombres que deseaban aumentar la autoridad de los poderes que existían; en todo caso, no rechazaban la violencia para la consecución de amplios objetivos y condenaban el amor a la paz como innoble.

El gran defecto político de Locke y sus discípulos, desde un punto de vista moderno, era su adoración de la propiedad. Pero quienes los criticaban por esto, a menudo lo hacían en beneficio de clases que eran más perjudiciales que los capitalistas, tales como los monarcas, los aristócratas y los militaristas. El terrateniente aristocrático, cuyas rentas llegan a él sin esfuerzo y según una costumbre inmemorial, no se considera a sí mismo como un esquilmador y tampoco es considerado así por los que no ven bajo la superficie pintoresca. El hombre de negocios, por el contrario, está empeñado en la consciente búsqueda de la riqueza y mientras sus actividades eran más o menos nuevas suscitaban un resentimiento no experimentado respecto a las exacciones señoriales del terrateniente. Es decir, éste era el caso de los escritores de la clase media y de los que los leían; no el de los campesinos, según se vio en las Revoluciones francesa y rusa. Pero los campesinos están desunidos.

La mayoría de los antagonistas de la escuela de Locke sentían admiración por la guerra, como algo heroico y que implica desdén hacia lo cómodo y fácil. Los que adoptaban una moral utilitaria tendían, por el contrario, a considerar la mayor parte de las guerras como una locura. Esto, asimismo, por lo menos en el siglo XIX, los llevó a aliarse con los capitalistas, que odiaban las guerras porque obstaculizaban el comercio. El motivo de los capitalistas era, sin duda, puro egoísmo, pero inducía a una actitud más en consonancia con el interés general que la de los militaristas y sus defensores literarios. La actitud de los capitalistas respecto a la guerra ha fluctuado, es cierto. Las guerras de Inglaterra del siglo XVIII excepto la guerra con América, fueron en conjunto provechosas y las apoyaban los hombres de negocios; pero durante el siglo XIX, hasta sus años últimos, los comerciantes favorecieron la paz. En los tiempos modernos, los grandes negocios, en todas partes, han llegado a tener relaciones tan estrechas con el Estado nacional que la situación ha cambiado extraordinariamente. Pero incluso ahora, tanto en Inglaterra como en América, los grandes negocios, en general, sienten aversión por la guerra.

El egoísmo ilustrado no es, sin duda, el motivo más elevado, pero los que lo censuran lo sustituyen a menudo, casualmente o a propósito, por motivos mucho peores, tales como el odio, la envidia y el afán de Poder. En conjunto, la escuela que debió su origen a Locke, predicadora del egoísmo ilustrado, hizo más por aumentar la felicidad humana y menos por incrementar la miseria humana que las escuelas que la despreciaban en nombre del heroísmo y de la abnegación. No olvido los horrores del primitivo industrialismo, pero éstos, después de todo, fueron mitigados dentro del sistema. Y yo pongo frente a ellos los de la servidumbre rusa, los daños de la guerra y su segunda cosecha de temor y odio y el inevitable oscurantismo de los que intentan conservar los antiguos sistemas cuando han perdido su vitalidad.

CAPÍTULO XVI

BERKELEY

George Berkeley (1685-1753) es importante en la filosofía por su negación de la existencia de la materia: una negación que apoyó con una cantidad de argumentos ingeniosos. Él mantenía que los objetos materiales sólo existen al ser percibidos. A la objeción de que, en ese caso, un árbol, por ejemplo, dejaría de existir si nadie lo estuviera mirando, replicaba diciendo que Dios percibe siempre todo; si no hubiera Dios, lo que nosotros tomamos por objetos materiales tendrían una vida espasmódica, saltando súbitamente al ser cuando los miramos; pero la realidad es que, debido a las percepciones de Dios, los árboles, las rocas y las piedras tienen una existencia tan continua como el sentido común supone. Éste es, a su juicio, un argumento de peso respecto a la existencia de Dios. Un verso de Ronald Knox, con una réplica, expone la teoría de Berkeley sobre los objetos materiales:

Había un joven que decía: «A Dios
debe de parecerle muy extraño
si ve que este árbol
continúa existiendo
cuando no nay nadie en el Patio».

RESPUESTA

Querido señor:
Su asombro es singular.
Yo estoy siempre en el Patio,

y por eso es por lo que el árbol
continúa existiendo,
puesto que es observado por
Su afectísimo,

DIOS.

Berkeley era irlandés y llegó a ser miembro del Trinity College, de Dublín, a los veintidós años. Fue presentado en la corte por Swift, y la *Vanessa* de Swift le dejó la mitad de su propiedad[21]. Formó el proyecto de establecer un colegio en las Bermudas, con vistas a lo cual fue a América. Después de pasar tres años (1728-1731) en Rhode Island, volvió a su país y abandonó el proyecto. Fue el autor de la conocida estrofa:

Hacia el Oeste el curso del Imperio sus pasos encamina,

debido a la cual se le dio su nombre a la ciudad de Berkeley, en California. En 1734 le nombraron obispo de Cloyne. En la última parte de su vida, abandonó la filosofía por el agua de alquitrán, a la que atribuía maravillosas propiedades medicinales. Referente a esta agua escribió: «Éstas son las copas que alegran, pero no embriagan», sentimiento muy familiar, aplicado luego por Cowper al té.

Su mejor obra la realizó cuando era aún muy joven: *Ensayo sobre una nueva teoría de la visión*, en 1709, *Tratado sobre los principios del conocimiento humano*, en 1710, *Tres diálogos entre Hylas y Filonús*, en 1713. Sus escritos posteriores a los veintiocho años fueron de menos importancia. Es un escritor muy atractivo, con un estilo encantador.

Su argumento contra la materia lo expone de un modo más persuasivo en *Tres diálogos entre Hylas y Filonús*. De estos diálogos me propongo examinar solamente el primero y el comienzo

---

[21] Personajes del poema de Swift, de Cadenus y Vanessa, en el que el deán *(decanus,* por trasposición *cadenus)* cuenta la historia de su amor por Ester *(Essa)* Vanhomrigh (Vanessa). *(N. del T.)*

del segundo, puesto que todo lo que se dice después me parece de menor importancia. En la parte de la obra que examinaré, Berkeley anticipa argumentos válidos en favor de cierta conclusión importante, aunque no del todo en favor de la conclusión que cree está probando. Él cree demostrar que toda realidad es mental; lo que prueba es que nosotros percibimos cualidades, no cosas, y que las cualidades son relativas al percipiente.

Empezaré por una exposición no crítica de lo que me parece importante en los *Diálogos;* luego me detendré en la crítica, y, finalmente, expondré los problemas estudiados, según aparecen ante mí.

Los personajes de los *Diálogos* son dos: Hylas, que representa el sentido común educado científicamente, y Filonús, que es Berkeley.

Después de unas observaciones amables, Hylas dice que ha oído extrañas referencias de las opiniones de Filonús, relativas a que no cree en la sustancia material. «¿Puede haber nada más fantástico, más repugnante al Sentido Común, o de un escepticismo más manifiesto, como creer que la *materia* no existe?», exclama. Filonús replica que él no niega la realidad de las cosas sensibles, es decir, de lo que es percibido inmediatamente por los sentidos, sino que nosotros no vemos las causas de los colores ni oímos las causas de los sonidos. Ambos coinciden en que los sentidos no hacen ninguna clase de deducciones. Filonús señala que por la vista sólo percibimos la luz, el color y la figura; por el oído, solamente sonidos, y así sucesivamente. En consecuencia, aparte de las cualidades sensibles, no hay nada sensible, y las cosas sensibles no son nada más que cualidades sensibles o combinaciones de cualidades sensibles.

Filonús se dedica luego a probar que «la *realidad* de las cosas sensibles consiste en ser percibidas», contra la opinión de Hylas de que *«existir* es una cosa y *ser percibida* otra». Estos datos de los sentidos son mentales, tesis que Filonús apoya con una detallada consideración de los diversos sentidos. Comienza con el calor y el frío. El calor fuerte, dice, es un dolor y tiene que estar en la mente. Por consiguiente, el calor es mental; aplica al frío un argumento parecido. Esto es reforzado con el famoso argumento relativo al agua templada. Cuando tenemos una de las manos caliente y la otra fría, las ponemos en agua tibia, y parece fría a una mano y caliente a la otra; pero el agua no puede estar a la vez caliente y fría. Esto vence a Hylas, que acaba por reconocer que «el calor y el frío son sólo sensaciones que existen en nuestras mentes». Pero señala esperanzado que todavía quedan otras cualidades sensibles.

Filonús la emprende luego con los sabores. Señala que un sabor dulce es un placer y uno amargo, desagradable, y que el placer y el desagrado son mentales. El mismo argumento aplica a los olores, puesto que son agradables o desagradables.

Hylas hace un vigoroso esfuerzo para salvar el sonido que, dice, es un movimiento en el aire, como puede verse por el hecho de que no hay sonidos en el vacío. Tenemos, dice, que «distinguir entre el sonido según es percibido por nosotros y según es en sí mismo; o entre el sonido que nosotros percibimos inmediatamente y el que existe fuera de nosotros». Filonús señala que lo que Hylas llama sonido *real,* al ser un movimiento, puede posiblemente ser visto o sentido, pero que desde luego no puede ser oído; por lo tanto, no es sonido tal como nosotros lo conocemos por la percepción. Respecto a esto, Hylas concede ahora que «tampoco los sonidos tienen ser real y fuera de la mente».

Luego pasan a los colores, y aquí Hylas dice confidencialmente: «Perdóneme: el caso de los colores es muy diferente. ¿Puede haber nada más claro que el hecho de que los vemos en los objetos?». Las sustancias que existen fuera de la mente, afirma, tienen los colores que vemos en ellas. Pero Filonús no encuentra ninguna dificultad para deshacer esta opinión. Comienza con las nubes de la puesta del sol, que son rojas y doradas y señala que una nube, cuando estamos cerca de ella, no tiene tales colores. Continúa con la diferencia señalada por un microscopio y con la amarillez de todo para un hombre que tiene ictericia. Y los insectos muy pequeños, dice, podrán ver objetos mucho más pequeños que los que nosotros podemos ver. Hylas dice en vista de esto que el color no está en los objetos, sino en la luz; es, dice, una sustancia fluida fina. Filonús advierte, como en el caso del sonido, que, según Hylas, los colores *reales* son algo diferente del rojo y del azul que vemos, y esto es bastante.

En vista de ello, Hylas abandona todas las cualidades secundarias, pero sigue diciendo que las cualidades primarias, especialmente la figura y el movimiento, son inherentes a las sustancias externas no pensantes. A esto replica Filonús que las cosas parecen grandes cuando estamos cerca de ellas y pequeñas cuando estamos lejos, y que un movimiento puede parecerle rápido a un hombre y lento a otro.

En este punto intenta Hylas un nuevo camino. Cometió una equivocación, dice, al no distinguir el *objeto* de la *sensación;* admite que el acto de percibir es mental, pero no lo percibido; los colores, por ejemplo, «tienen una existencia real fuera de la mente, en alguna sustancia no pensante». A esto replica Filonús: «Que un objeto inmediato de los sentidos —es decir, una idea o combinación de ideas— tenga que existir en una sustancia no pensante, o exterior a *todas* las mentes, es en sí mismo una contradicción manifiesta». Se observará que, en este punto, el argumento se hace lógico y no es ya empírico. Unas cuantas páginas después, Filonús dice: «Lo que es percibido inmediatamente es una idea, y ¿puede una idea existir fuera de la mente?».

Después de una discusión metafísica de la sustancia, Hylas vuelve a la discusión de las sensaciones visuales, con el argumento de que ve las cosas a distancia. A ello replica Filonús que esto es igualmente cierto de las cosas vistas en sueños, que todo el mundo admite son mentales; luego, que la distancia no es percibida por la vista, sino estimada como un resultado de la experiencia y que, para un ciego de nacimiento que ahora ve por primera vez, los objetos visuales no aparecen distantes.

Al comienzo del segundo *Diálogo,* Hylas arguye que ciertas señales del cerebro son las causas de las sensaciones, pero Filonús replica que «como el cerebro es una cosa sensible sólo existe en la mente».

El resto de los *Diálogos* es menos interesante, y no es preciso examinarlo.

Hagamos ahora un análisis crítico de las opiniones de Berkeley. El argumento de Berkeley consta de dos partes. Por una, arguye que nosotros no percibimos las cosas materiales, sino solamente colores, sonidos, etc., y que éstos son *mentales* o están *en la mente.* Su razonamiento es completamente convincente en cuanto al primer punto, pero respecto al segundo se ve afectado por la ausencia de una definición de la palabra *mental.* Se apoya, de hecho, en la opinión recibida de que todo tiene que ser o material o mental y nada es ambas cosas a la vez.

Cuando dice que nosotros percibimos cualidades, no *cosas* o *sustancias materiales* y no hay ninguna razón para suponer las diferentes cualidades que el sentido común considera como pertenecientes todas a una *cosa* inherente a una sustancia distinta de todas y cada una de ellas, su razonamiento puede aceptarse. Pero cuando continúa diciendo que las cualidades sensibles —incluyendo las cualidades primarias— son *mentales,* los argumentos son de índole muy diferente y de muy distintos grados de validez. Hay algunos que intentan probar la necesidad lógica, mientras que otros son más empíricos. Empecemos por los primeros.

Filonús dice: «Todo lo que es percibido inmediatamente es una idea: ¿y puede una idea existir fuera de la mente?». Esto requeriría una larga discusión de la palabra *idea.* Si se sostuviera que pensamiento y percepción consisten en una relación entre sujeto y objeto, sería posible identificar la mente con el sujeto y mantener que no hay nada *en* la mente, sino sólo objetos *ante* ella. Berkeley discute la opinión de que hemos de distinguir el objeto percibido del acto de percibir, y que éste es mental, pero no aquél. Su argumento contra esta opinión es oscuro, y necesariamente debía ser así, puesto que para uno que cree en la sustancia mental, como Berkeley, no hay ningún medio válido de refutarlo. Dice. «Que todo objeto inmediato de los sentidos debe existir en una sustancia no pensante, o exterior a *todas* las mentes, es en sí mismo una contradicción manifiesta». Hay aquí un sofisma, análogo al siguiente: «Es imposible que exista un sobrino sin un tío; ahora bien: Mr. A. es un sobrino; por consiguiente, es lógicamente necesario que Mr. A. tenga un tío». Sin duda, esto es lógicamente necesario, dado que Mr. A. es un sobrino, pero que no descubrió por nada el análisis de Mr. A. Así, si algo es un objeto de los sentidos, alguna mente tiene que estar relacionada con ello; pero no se sigue que la misma cosa no pudo haber existido sin ser un objeto de los sentidos.

Hay un sofisma algo parecido referente a lo concebido. Hylas mantiene que puede concebir una casa que nadie percibe ni está en ninguna mente. Filonús replica que todo lo que Hylas concibe está en su mente, de suerte que la casa supuesta es, después de todo, mental. Hylas debía haber contestado: «Yo no quiero decir que tenga en la mente la imagen de una casa; cuando digo que puedo concebir una casa que nadie percibe, lo que en realidad quiero decir es que puedo entender la proposición "hay una casa que nadie percibe" o, mejor aún: "hay una casa que nadie percibe ni concibe". Esta proposición está compuesta enteramente de palabras inteligibles y las palabras están reunidas correctamente. Si la proposición es verdadera o falsa, yo no lo sé, pero estoy seguro de que no puede demostrarse que es de una contradicción manifiesta». Algunas proposiciones estrechamente similares pueden ser probadas. Por ejemplo: el número de multiplicaciones posibles de dos números enteros es infinito; por consiguiente, hay algunos que nunca han sido pensados. El argumento de Berkeley, si fuera válido, probaría que esto es imposible.

El sofisma implicado es muy corriente. Podemos, por medio de conceptos sacados de la experiencia, construir afirmaciones acerca de clases, de las cuales, alguno o ninguno de sus miembros han sido probados. Tomemos algún concepto muy corriente, por ejemplo, *guija,* concepto empírico, derivado de la percepción. Pero no se sigue de ello que todas las guijas sean percibidas, a menos que incluyamos el hecho de ser percibida en nuestra definición de *guija.* A menos que hagamos esto, el concepto *guija* no percibida no es lógicamente vituperable, a pesar del hecho de que es lógicamente imposible percibir un ejemplo de ello.

Esquemáticamente, el argumento es como sigue. Berkeley dice: «Los objetos sensibles tienen que ser sensibles. A es un objeto sensible. Luego A tiene que ser sensible». Pero si *tiene* indica necesidad lógica, el argumento es sólo válido si A *tiene* que ser un objeto sensible. El argumento no prueba que, de las propiedades de A, aparte de la de ser sensible, pueda deducirse que A es sensible. No prueba, por ejemplo, que los colores intrínsecamente indiscernibles de los que vemos no puedan existir sin ser vistos. Podemos creer por razones fisiológicas que esto no ocurre, pero tales razones son empíricas; en cuanto a la lógica se refiere, no hay ninguna razón por la que no deban existir colores donde no haya ojos o cerebros.

Llegamos ahora a los argumentos empíricos de Berkeley. Para empezar diremos que es un signo de debilidad combinar argumentos empíricos con lógicos, pues éstos, si son válidos, hacen a aquéllos superfluos [22]. Si sostengo que un cuadrado no puede ser redondo, no debo apelar al hecho de que ninguna plaza cuadrada de ninguna ciudad conocida es redonda [23]. Pero cuando hemos rechazado los argumentos lógicos, se hace necesario considerar el valor de los argumentos empíricos.

El primero de los argumentos empíricos es un argumento singular: el calor no puede estar en el objeto, porque «el grado de calor más vehemente e intenso (es) un gran dolor» y no podemos suponer «ninguna cosa imperceptible capaz de dolor o de placer». Hay una ambigüedad en la palabra *dolor* de la que se aprovecha Berkeley. Puede significar la dolorosa cualidad de una sensación o puede significar la sensación que tiene esa cualidad. Decimos que una pierna rota es dolorosa, sin significar que la pierna está en la mente; podría ocurrir análogamente que el calor *produce* dolor, y esto es todo lo que debemos dar a entender cuando decimos que *es* un dolor. Este argumento, por lo tanto, es un argumento pobre.

El argumento relativo a las manos caliente y fría en el agua templada, sólo probaría, hablando estrictamente, que lo que percibimos en este experimento no es calor y frío, sino más caliente y más frío. No hay nada que pruebe que sean subjetivos.

Respecto a los sabores se repite el argumento del placer y del dolor: la dulzura es un placer y la amargura cosa desagradable; por tanto, ambas son mentales. También se dice que una cosa que sabe dulce cuando estoy bueno puede saber amarga cuando estoy enfermo. Argumentos muy parecidos se emplean respecto a los

---

22 Por ejemplo: «Yo no estaba borracho anoche. Sólo había bebido dos vasos: además, es bien sabido que soy abstemio».

23 Cuadrado en inglés es *square* y también *square* es plaza (cuadrada). El autor juega aquí con el equívoco entre *square* (cuadrado) y *square* (plaza). *(N. del T.)*

olores: puesto que son agradables o desagradables, «no pueden existir sino en una sustancia percipiente o mente». Berkeley da por supuesto, aquí y en todas partes, que lo no inherente a una materia debe serlo a una sustancia mental y nada puede ser a la vez mental y material.

El argumento referente al sonido es *ad hominem.* Hylas dice que los sonidos son *realmente* movimientos en el aire y Filonús replica que los movimientos pueden ser vistos o sentidos, no oídos, de modo que los sonidos *reales* son inaudibles. Esto no es un argumento razonable, puesto que las percepciones de movimiento, según Berkeley son tan subjetivas como las otras. Los movimientos que Hylas exige tendrán que ser impercibidos o imperceptibles. No obstante, es válido en el punto en que indica que el sonido, en cuanto oído, no puede ser identificado con los movimientos del aire que la física considera como su causa.

Hylas, después de abandonar las cualidades secundarias, no se halla todavía dispuesto a dejar las cualidades *primarias,* a saber, la extensión, la figura, la solidez, la gravedad, el movimiento y el reposo. El argumento, como es natural, se concentra sobre la extensión y el movimiento. Si las cosas tienen tamaños reales, dice Filonús, la misma cosa no puede ser de diferentes tamaños al mismo tiempo y, sin embargo, parece más grande cuando estamos cerca de ella que cuando estamos lejos. Y si el movimiento está realmente en el objeto, ¿cómo es que el mismo movimiento puede parecer rápido a una persona y lento a otra? Tales argumentos, creo yo, tienen que ser admitidos para probar la subjetividad del espacio percibido. Pero esta subjetividad es física; es igualmente cierta de una cámara y, por lo tanto, no prueba que la forma sea *mental.* En el segundo *Diálogo,* Filonús resume la discusión, hasta el punto en que han llegado, en las palabras: «Aparte de los espíritus, todo lo que conocemos o concebimos son nuestras propias ideas». No debía, naturalmente, hacer una excepción con los espíritus, puesto que es tan imposible conocer el espíritu como conocer la materia. Los argumentos, de hecho, son casi idénticos en ambos casos.

Tratemos ahora de exponer a qué conclusiones positivas podemos llegar como resultado del tipo de argumento iniciado por Berkeley.

Las cosas tal como las conocemos son haces de cualidades sensibles: una mesa, por ejemplo, consiste en su forma visual, su dureza, el ruido que emite cuando es golpeada, y su olor (si lo tiene). Estas diferentes cualidades tienen ciertas contigüidades en la experiencia, que llevan al sentido común a considerarlas como pertenecientes a una *cosa,* pero el concepto de *cosa* o *sustancia* no añade nada a las cualidades percibidas, y es innecesario. Hasta aquí nos hallamos sobre terreno firme.

Pero debemos preguntarnos ahora qué entendemos por *percibir.* Filonús sostiene que, en lo referente a las cosas sensibles, su realidad consiste en ser percibidas; pero no nos dice lo que entiende por percepción. Hay una teoría, que él rechaza, de que la percepción es una relación entre un sujeto y un objeto percibido. Como él creía que el yo es una sustancia, podía haber adoptado perfectamente esta teoría; sin embargo, se decidió contra ella. Para los que rechazan la noción de un yo sustancial, esta teoría es imposible. ¿Qué se entiende, pues, al llamar a algo *percibido?* ¿Significa algo más que el algo en cuestión aparece u ocurre? ¿Podemos cambiar la frase de Berkeley y, en lugar de decir que la realidad consiste en ser percibida, decir que el ser percibido consiste en ser real? Sea de esto lo que sea, Berkeley sostiene como lógicamente posible que debe haber cosas no percibidas, puesto que sostiene que algunas cosas reales, a saber, las sustancias espirituales, no son percibidas. Y parece obvio que, cuando decimos que un hecho es percibido, queremos dar a entender algo más que el hecho de ocurrir.

¿Qué es este más? Una diferencia obvia entre los hechos percibidos y los no percibidos es que los primeros, pero no los segundos, pueden ser recordados. ¿Hay alguna otra diferencia?

El recuerdo es uno de todo un género de efectos más o menos peculiares a los fenómenos que naturalmente llamamos *mentales.* Estos efectos están relacionados con el hábito. Un chico quemado teme al fuego; un atizador quemado, no. El fisiólogo, sin embargo, trata el hábito y las materias afines como una característica del tejido nervioso y no tiene ninguna necesidad de salirse de una interpretación física. En lenguaje físico, podemos decir que un suceso es *percibido* si tiene efectos de ciertas clases; en este sentido podemos casi decir que un arroyo *percibe* la lluvia por la que se alimenta y que una laguna es una *memoria* de pasados aguaceros. El hábito y la memoria, cuando son descritos en términos físicos no se hallan totalmente ausentes en la materia inanimada; la diferencia a este respecto, entre la materia viva y la inanimada, es sólo de grado.

Con este criterio, decir que un acontecimiento es *percibido* equivale a decir que tiene efectos de ciertas clases, y no hay ninguna razón, lógica o empírica, para suponer que *todos* los acontecimientos tienen efectos de estas clases.

La teoría del conocimiento sugiere un punto de vista diferente. Partimos aquí, no de ciencia cabal, sino de cualquier conocimiento que sea base para nuestra creencia en la ciencia. Esto es lo que Berkeley hace. Aquí no es necesario, de antemano, definir lo *percibido.* El método, en esquema, es como sigue: reunimos las proposiciones que sentimos que conocemos sin deducción y descubrimos que la mayoría tiene que ver con acontecimientos particulares determinados. Estos acontecimientos los definimos como *percibidos.* Los percibidos, por consiguiente, son aquellos acontecimientos que conocemos sin deducción; o al menos, para admitir la memoria, tales acontecimientos fueron en un tiempo *percibidos.*

Entonces nos enfrentamos con la cuestión: ¿podemos, de nuestras propias percepciones, inferir otros acontecimientos? Aquí son posibles cuatro posiciones, de las que las tres primeras son formas del idealismo.

1) Podemos negar totalmente la validez de todas las inferencias de mis presentes percepciones y memorias a otros acontecimientos. Este punto de vista puede ser adoptado por todo el que limite la inferencia a la deducción. Cualquier acontecimiento, y cualquier grupo de acontecimientos, es capaz lógicamente de aislarse, y, por tanto, ningún grupo de acontecimientos ofrece prueba *demostrativa* de la existencia de otros acontecimientos. Si, consiguientemente, limitamos la inferencia a la deducción, el mundo conocido está confinado a aquellos acontecimientos de nuestra propia biografía que nosotros percibimos —o hemos percibido, si se admite la memoria.

2) Una segunda posición, que es solipsismo tal como se entiende ordinariamente, permite alguna inferencia de mis percepciones, pero sólo a otros acontecimientos de mi propia biografía. Sea, por ejemplo, la tesis de que, en cualquier momento de la vida de vigilia, hay objetos sensibles que no advertimos. Vemos muchas cosas sin decirnos que las vemos; al menos así parece. Manteniendo los ojos fijos en un medio en el que no percibimos ningún movimiento, podemos advertir diversas cosas sucesivamente y estamos convencidos de que eran visibles antes de nosotros haberlas advertido; pero antes de haberlas advertido no eran datos para la teoría del conocimiento. Este grado de inferencia de lo que observamos lo hace irreflexivamente todo el mundo, incluso los que más desean evitar una prolongación indebida de nuestro conocimiento más allá de la experiencia.

3) La tercera posición —fue sostenida parece ser, por ejemplo, por Eddington— es que es posible hacer inferencias a otros acontecimientos análogos a los de nuestra propia experiencia y que, por ende, tenemos derecho a creer que hay, por ejemplo, colores vistos por otras personas, pero no por nosotros, dolores de muelas sentidos por otras personas, placeres gozados y penas soportadas por otras personas, y así sucesivamente, pero que no tenemos derecho a inferir acontecimientos no experimentados por nadie y que no forman parte de ninguna *mente*. Este punto de vista puede ser defendido basándose en la razón de que toda inferencia a los acontecimientos que se hallan fuera de mi observación es por analogía, y que los acontecimientos que nadie experimenta no son suficientemente análogos a mis datos para garantizar inferencias analógicas.

4) La cuarta posición es la del sentido común y la física tradicional, según los cuales hay, también, además de mis propias experiencias y las de otras personas, acontecimientos que nadie experimenta —por ejemplo, el mobiliario de mi alcoba cuando estoy durmiendo y está muy oscuro—. G. E. Moore acusó una vez a los idealistas de sostener que los trenes sólo tienen ruedas cuando están en las estaciones, basándose en que los pasajeros no pueden ver las ruedas mientras permanecen en el tren. El sentido común se resiste a creer que las ruedas surgen repentinamente a

la existencia cuando uno las ve, pero que éstas no se molestan en existir cuando nadie las está mirando. Cuando este punto de vista es científico, basa la inferencia respecto a los acontecimientos no percibidos en leyes de causalidad.

No me propongo, por el momento, decidir entre estos cuatro puntos de vista. La decisión, si es posible, puede hacerse sólo por una detenida investigación de la inferencia no demostrativa y de la teoría de la probabilidad. Lo que me propongo hacer es señalar ciertos errores lógicos cometidos por los que han discutido estas cuestiones.

Berkeley, como hemos visto, cree que hay razones lógicas que prueban que sólo pueden existir mentes y acontecimientos mentales. Este criterio, con otras razones, es mantenido también por Hegel y sus seguidores. Creo que esto es un completo error. Una aseveración como «hubo un tiempo antes de que la vida existiera en el planeta», sea verdadera o falsa, no puede ser condenada por motivos lógicos ni un punto más que la de que «hay productos de multiplicación que nadie ha efectuado nunca». Ser observado, o ser percibido, es meramente tener efectos de ciertas clases, y no hay ninguna razón lógica por la que todos los hechos deban tener efectos de estas clases.

Hay, sin embargo, otro tipo de argumento que, aunque no establece el idealismo como metafísica, lo establece, si es válido, como política práctica. Se dice que una proposición inverificable no tiene ningún sentido; que la verificación depende de objetos percibidos y, por consiguiente, una proposición que se refiera a otra cosa que no sea a objetos percibidos reales o posibles carece de sentido. Creo que este criterio, interpretado estrictamente, nos limitaría a la primera de las cuatro teorías aludidas, y nos prohibiría hablar de nada que no hubiéramos advertido de modo explícito. Si es así, es este un criterio que nadie puede sostener en la práctica, lo cual es un defecto en una teoría defendida basándose en motivos prácticos. Toda la cuestión de la comprobación y su relación con el conocimiento, es difícil y compleja; por lo tanto, la dejaré a un lado por ahora.

La cuarta de las teorías mencionadas, la que admite acontecimientos que nadie percibe, puede ser defendida también con argumentos no válidos. Puede sostenerse que la causalidad es conocida *a priori* y que las leyes causales son imposibles a menos que haya acontecimientos no percibidos. Contra esto puede alegarse que la causalidad no es *a priori* y que toda la regularidad que pueda ser observada tiene que serlo en relación con objetos percibidos. Cualquiera que sea la razón que haya para creer en las leyes de la física, parecería que tiene que ser capaz de ser expuesta en términos de objetos percibidos. La exposición puede ser extraña y complicada; puede carecer de la característica de continuidad que, hasta hace poco se esperaba de una ley física. Pero esto difícilmente puede ser imposible.

Concluyo que no hay ninguna objeción *a priori* contra ninguna de las cuatro teorías. Es posible, sin embargo, decir que toda verdad es pragmática y no hay ninguna diferencia pragmática entre las cuatro teorías. Si esto es verdad, podemos adoptar la que nos plazca y la diferencia entre ellas es sólo lingüística. No puedo aceptar este criterio. Mas también esto es asunto a discutir más tarde.

Queda por preguntar si puede atribuirse algún sentido a las palabras *mente* y *materia.* Todo el mundo sabe que *mente* es lo que un idealista cree que es lo único que existe, y *materia,* lo que un materialista piensa que es lo único que existe. El lector sabe también, es de esperar, que los idealistas son virtuosos y los materialistas unos malvados. Pero quizá puede haber algo más que decir.

Mi propia definición de *materia* puede parecer insatisfactoria; yo la definiría como lo que satisface las ecuaciones de la física. Puede ser que nada satisfaga estas ecuaciones; en ese caso, o la física, o el concepto *materia,* es un error. Si rechazamos la sustancia, la *materia* tendrá que ser una construcción lógica. Si puede ser una construcción compuesta de acontecimientos —que pueden ser parcialmente inferidos— es una cuestión difícil, pero de ningún modo insoluble.

En cuanto a la *mente,* cuando ha sido rechazada la sustancia, tiene que ser algún grupo o estructura de acontecimientos. La agrupación debe ser efectuada por alguna relación característica del tipo de fenómenos que deseamos llamar *mentales.* Podemos tomar la memoria como típica. Podíamos —aunque esto sería simplificar demasiado— definir un acontecimiento *mental* como uno que recuerda o es recordado. Entonces, la *mente,* a la que un acontecimiento mental dado pertenece, es el grupo de acontecimientos relacionado con el acontecimiento dado por los eslabones de la memoria, hacia atrás o hacia adelante.

Se verá que, según las anteriores definiciones, una mente y un trozo de materia son, cada uno de ellos, un grupo de acontecimientos. No hay ninguna razón por la que cada acontecimiento tenga que pertenecer a un grupo de una clase o de otra, y no hay ninguna razón para que algunos acontecimientos no deban pertenecer a ambos grupos; por consiguiente, algunos acontecimientos pueden no ser ni mentales ni materiales, y otros pueden ser ambas cosas. En cuanto a esto, sólo detalladas consideraciones empíricas pueden decidir.

CAPÍTULO XVII

HUME

David Hume (1711-1776) es uno de los filósofos más importantes, porque llevó a su conclusión lógica la filosofía empírica de Locke y Berkeley, y porque, al hacerla consecuente consigo misma, la hizo increíble. Él representa, en cierto sentido, un punto muerto: en su dirección es imposible seguir adelante. Refutarlo ha sido, desde que escribió, un pasatiempo favorito entre los metafísicos. Por mi parte, no encuentro convincente ninguna de estas refutaciones; no obstante, no puedo menos de esperar que pueda descubrirse algo menos escéptico que el sistema de Hume.

Su principal obra filosófica, el *Tratado de la naturaleza humana,* fue escrita mientras se hallaba en Francia, durante los años 1734 a 1737. Los dos primeros volúmenes fueron publicados en 1739 y el tercero en 1740. Era entonces un hombre muy joven; no había llegado a los treinta; no era conocido y sus conclusiones fueron tales que casi todas las escuelas las consideraron importunas. Esperaba unos ataques vehementes, que contestaría con réplicas brillantes. En lugar de ocurrir esto, nadie se enteró del libro; según él mismo dice, «salió muerto de las prensas». «Pero —añade— como tengo un temperamento animoso y alegre, muy pronto me recobré del golpe». Se dedicó entonces a escribir ensayos, cuyo primer volumen publicó en 1741. En 1744 hizo un intento sin éxito para obtener una cátedra en Edimburgo; en vista del fracaso, se hizo primero preceptor de un lunático y luego secretario de un general. Fortalecido con estas credenciales, se aventuró de nuevo en la filosofía. Abrevió el *Tratado* excluyendo las partes mejores y la mayor parte de las razones de sus conclusiones; el resultado fue la *Investigación del entendimiento humano,* durante mucho tiempo bastante más conocida que el *Tratado.* Fue este libro el que despertó a Kant de sus «sueños dogmáticos»; éste no parece haber conocido el *Tratado.*

También escribió los *Diálogos respecto a la religión natural,* que no publicó en vida. Por indicación suya fueron publicados después de su muerte, en 1779. Su *Ensayo sobre los milagros,* que se hizo famoso, mantiene que nunca puede haber pruebas históricas adecuadas de tales acontecimientos.

Su *Historia de Inglaterra,* publicada en 1755 y años sucesivos, estuvo consagrada a probar la superioridad de los conservadores sobre los liberales y la de los escoceses sobre los ingleses; no considera la Historia digna de relieve filosófico. Visitó París en 1763 y fue muy estimado por los *philosophes.* Desgraciadamente, hizo amistad con Rousseau y tuvo una famosa querella con él. Hume se portó con una indulgencia admirable, pero Rousseau, que padecía de manía persecutoria, quiso un rompimiento violento. Hume ha descrito su propio carácter en una necrología que escribió de sí mismo, u «oración fúnebre», según la llama: «Yo era un hombre de temperamento apacible, con dominio de mis nervios, de carácter abierto, sociable y alegre, capaz de afectos, pero poco capaz de enemistades y de gran moderación en todas mis pasiones. Ni siquiera mi amor por la gloria literaria, mi pasión dominante, agrió nunca mi humor, a pesar de mis frecuentes disgustos». Todo esto lo avala cuanto se sabe de él.

El *Tratado de la naturaleza humana,* de Hume, está dividido en tres libros, que tratan respectivamente del entendimiento, las pasiones y la moral. Lo importante y nuevo está en el primer libro, al que me limitaré.

Comienza con la distinción entre *impresiones* e *ideas.* Estas dos clases de percepciones, de las que las *impresiones* son las que tienen más fuerza y violencia. «Por ideas entiendo las débiles imágenes de éstas en el pensar y en el razonar». Las ideas, por lo menos cuando son simples, son parecidas a las impresiones, pero más débiles. «Toda idea simple tiene una impresión simple, que se asemeja a ella; y toda impresión simple, una idea correspondiente». «Todas nuestras ideas simples en su primera aparición se derivan de impresiones simples, correspondientes a ellas, y que ellas representan exactamente». Las ideas complejas, por otra parte, no necesitan asemejarse a impresiones. Nosotros podemos imaginar un caballo con alas sin haber visto ninguno, pero los *constituyentes* de esta idea compleja derivan todos de impresiones. La prueba de que las impresiones vienen primero deriva de la experiencia; por ejemplo, un hombre que nace ciego no tiene ninguna idea de los colores. Entre las ideas, las que conservan un grado considerable de la vivacidad de las impresiones originales pertenecen a la *memoria;* las otras, a la *imaginación.*

Hay una sección (lib. I, parte I, sec. 7) «De las ideas abstractas», que se abre con un párrafo de enfático acuerdo con la doctrina de Berkeley de que «todas las ideas generales no son sino particulares, anejas a cierto término, que les da una significación más extensa, y las hace recordar en ocasiones a otras individuales, semejantes a ellas». Sostiene que, cuando tenemos una idea de un hombre, ésta tiene toda la particularidad que la impresión de un hombre tiene. «La mente no puede formar ninguna noción de cantidad o de cualidad sin formar una noción precisa de los grados de cada una». «Las ideas abstractas son en sí mismas individuales, por generales que puedan llegar a ser en sus representaciones». Esta teoría, que es una forma moderna del nominalismo, tiene dos defectos, uno lógico, psicológico el otro. Empezando con la objeción lógica: «Cuando hemos hallado una semejanza entre varios objetos —dice Hume— aplicamos el mismo nombre a todos ellos». Todo nominalista asentiría. Pero de hecho un nombre común, tal como *gato,* es justamente tan irreal como lo es el universal GATO. La solución nominalista del problema de los universales falla de este modo por ser insuficientemente drástica en la aplicación de sus propios principios; aplica erróneamente estos principios sólo a *cosas,* y no a las palabras.

La objeción psicológica es más grave, por lo menos en lo que se refiere a Hume. Toda la teoría de las ideas como copias de impresiones, según él la explica, se resiente de la ignorancia de la *vaguedad.* Cuando, por ejemplo, he visto una flor de cierto color y después recuerdo una imagen de ella, la imagen carece de precisión, en el sentido de que hay varios matices de color íntimamente semejantes de los cuales podía ser una imagen, o *idea,* según la terminología de Hume. No es verdad que «la mente no puede formar ninguna noción de cantidad o cualidad sin formar una noción precisa de los grados de cada una». Supongamos que hemos visto un hombre cuya altura es de seis pies y una pulgada. Conservamos una imagen del mismo, pero ésta probablemente convendría a un hombre media pulgada más alto o más bajo. La vaguedad es diferente de la generalidad, pero tiene algunas de sus características. Por no darse cuenta de ello, Hume tropieza con dificultades innecesarias; por ejemplo, respecto a la posibilidad de imaginar un matiz de color que nunca hemos visto, intermedio entre dos matices íntimamente parecidos que hemos visto. Si estos dos son suficientemente similares, cualquier imagen que podamos formar será de igual modo aplicable a los dos y al matiz intermedio. Cuando Hume dice que las ideas derivan de impresiones que ellas representan *exactamente,* va más allá de lo que es psicológicamente cierto.

Hume desterró el concepto de *sustancia* de la psicología, lo mismo que Berkeley lo había desterrado de la física. No hay, dice, ninguna *impresión* del yo y, por consiguiente, no hay ninguna idea del yo (lib. I, parte IV, sec. 6). «Por mi parte, cuando entro más íntimamente en lo que llamo mi *yo,* me encuentro siempre con una u otra percepción particular, de calor o frío, de luz o de sombra, de amor o de odio, de dolor o de placer. Nunca puedo coger al *yo* sin una percepción, y nunca puedo observar más que una percepción». Puede haber, concede irónicamente, algunos filósofos que puedan percibir sus yos, «pero quitando a algunos metafísicos de esta clase, me puedo atrever a afirmar del resto de la humanidad, que ellos no son más que un manojo o colección de diferentes percepciones, que se suceden unas a otras con inconcebible rapidez y están en perpetuo flujo y movimiento».

Este repudio de la idea del *yo* es de gran importancia. Veamos exactamente lo que mantiene y hasta dónde es válida. El yo, si tal cosa existe, no es nunca percibido y, por consiguiente, no podemos tener ninguna idea de él. Si este argumento ha de ser aceptado, debe ser expuesto con todo cuidado. Ningún hombre percibe su propio cerebro; sin embargo, en un sentido importante, tiene una *idea* de él. Tales *ideas,* que son inferencias de percepciones, no figuran entre el depósito lógicamente básico de ideas; son ideas complejas y descriptivas —éste tiene que ser el caso si Hume está en lo cierto en su principio de que todas las ideas simples derivan de impresiones, y si este principio es rechazado nos vemos obligados a volver a las ideas *innatas*—. Usando una terminología moderna, podemos decir: Las ideas de cosas no percibidas o sucesos pueden ser definidas siempre en términos de cosas percibidas o sucesos y, por consiguiente, sustituyendo la definición por el término definido, podemos siempre establecer lo que conocemos empíricamente sin introducir ninguna cosa no percibida o suceso. En lo que respecta a nuestro problema presente, todo conocimiento psicológico puede ser afirmado sin introducir el *Yo.* Además, el *yo,* según es definido, no puede ser más que un manojo de percepciones, no una nueva *cosa* simple. En esto creo que todo empirista cabal tiene que coincidir con Hume.

No se sigue de ello que no haya ningún *yo* simple; se sigue solamente que nosotros no podemos saber si hay o no, y que el *yo,* salvo como un *manojo* de percepciones, no puede penetrar en ningún hueco de nuestro conocimiento. Esta conclusión es importante en metafísica, como liberación del último uso superviviente de la *sustancia.* Es importante en teología, como abolición de todo supuesto conocimiento del *alma.* Es importante en el análisis del conocimiento, puesto que muestra que la categoría de sujeto y objeto no es fundamental. En esta cuestión del *yo,* Hume dio un importante paso sobre la posición de Berkeley.

La parte más importante de todo el *Tratado* es la sección titulada «Del conocimiento y la probabilidad». Hume no da a entender con *probabilidad* el tipo de conocimiento contenido en la teoría matemática de la probabilidad, tal como la posibilidad de sacar doble seis con dos dados es una de cada treinta y seis. Este conocimiento no es probable en ningún caso especial; tiene toda la certidumbre que el conocimiento puede tener. Lo que Hume trata es el conocimiento incierto, tal como el obtenido de datos empíricos por inferencias que no son demostrativas. Esto incluye todo nuestro conocimiento respecto al futuro y a las partes no observadas del pasado y del presente. De hecho, lo incluye todo salvo, por una parte, la observación directa y, por la otra, la lógica y las matemáticas. El análisis de tal conocimiento *probable* conduce a Hume a ciertas conclusiones escépticas que son tan difíciles de refutar como de aceptar. El resultado fue un desafío a los filósofos que, en mi opinión, no ha recibido todavía adecuada respuesta.

Hume comienza por distinguir siete clases de relación filosófica: semejanza, identidad, relaciones de tiempo y lugar, proporción en cantidad o número, grados de toda cualidad, contrariedad y causalidad. Éstas, dice, pueden ser divididas en dos clases: las que dependen sólo de las ideas y las que pueden ser cambiadas sin ningún cambio en las ideas. De la primera clase son la semejanza, la contrariedad, los grados de la cualidad y las proporciones en cuantidad o número. Pero las relaciones espacio-temporales y las causales son de la segunda clase. Sólo las relaciones de la primera clase dan conocimiento *cierto;* nuestro conocimiento respecto a las otras es solamente probable. El álgebra y la aritmética son las únicas ciencias en las que podemos llevar a cabo una larga cadena de razonamientos sin perder la certeza. La geometría no es tan cierta como el álgebra y la aritmética, porque no podemos estar seguros de la verdad de sus axiomas. Es un error suponer, como hacen muchos filósofos, que las ideas matemáticas «tienen que ser comprendidas por una visión pura e intelectual, de la que son sólo capaces las facultades superiores del alma». La falsedad de esta opinión es evidente, dice Hume, tan pronto como recordamos que «todas nuestras ideas son copia de nuestras impresiones».

Las tres relaciones que no dependen sólo de las ideas son la identidad, las relaciones espacio-temporales y la causalidad. Con las dos primeras, la mente no va más allá de lo que está inmediatamente presente a los sentidos. (Las relaciones espacio-temporales, sostiene Hume, pueden ser percibidas y pueden formar parte de impresiones). La causalidad sólo nos permite inferir alguna cosa o acontecimiento de otra cosa o acontecimiento: «Es sólo la *causalidad* la que produce tal conexión, dándonos la seguridad de la existencia o acción de un objeto, seguida o precedida por otra existencia o acción».

Surge una dificultad de la afirmación de Hume de que no hay *impresión* de una relación causal. Podemos percibir, por mera observación de A y B, que A está encima de B, o a la derecha de B, pero no que A produce a B. En el pasado, la relación de causa había sido más o menos asimilada a la de antecedente y consecuente en lógica, pero Hume se dio cuenta perfectamente de que esto era un error.

En la filosofía cartesiana, como en la escolástica, la relación de causa y efecto se suponía que era necesaria, como son necesarias las relaciones lógicas. La primera oposición seria a este criterio vino de Hume, con quien empieza la filosofía moderna de la causalidad. Junto con casi todos los filósofos hasta inclusive Bergson, supone la ley que establece que hay proposiciones de la forma «A es causa de B», donde A y B son clases de acontecimientos; el hecho de que tales leyes no aparezcan en ninguna ciencia bien desarrollada parece ser desconocido para los filósofos. Pero mucho de lo que han dicho puede ser traducido de manera aplicable a las leyes causales tal como ocurren; podemos, por tanto, ignorar este punto por ahora.

Hume comienza por observar que el poder mediante el cual un objeto produce otro no es discernible de las ideas de los dos objetos y que, por consiguiente, sólo podemos conocer causa y efecto por la experiencia, no por razonamiento o reflexión. La proposición «lo que empieza ha de tener una causa», dice, no es una proposición que tenga certeza intuitiva, como las proposiciones de la lógica. Como él dice: «No hay ningún objeto que implique la existencia de otro si consideramos los objetos en sí mismos y sin mirar nunca más allá de las ideas que nos formamos de ellos». Hume deduce de esto, que debe ser la experiencia la que da el conocimiento de causa y efecto, pero que no puede ser meramente la experiencia de los dos acontecimientos A y B, que están en una relación causal entre sí. Tiene que ser la experiencia, porque la relación no es lógica, y no puede ser meramente la experiencia de los dos acontecimientos A y B, puesto que no podemos descubrir nada en A que por sí mismo conduzca a la producción de B. La experiencia requerida, dice, es la de la constante conjunción de los acontecimientos de la clase A con los de la clase B. Señala que cuando, en la experiencia, dos objetos están constantemente unidos, *de hecho* inferimos el uno del otro. (Cuando dice *inferimos,* quiere decir que la percepción de uno nos hace esperar al otro; no da a entender una inferencia formal o explícita). «Quizá, la conexión necesaria depende de la inferencia», no viceversa. Es decir, la vista de A nos hace esperar a B, llevándonos así a creer que hay una conexión necesaria entre A y B. La inferencia no está determinada por la razón, puesto que eso nos exigiría dar por sentada la uniformidad de la naturaleza, que en sí misma no es necesaria, sino sólo inferida de la experiencia.

Hume se ve inclinado de esta suerte a pensar que, cuando decimos «A produce a B», queremos dar a entender únicamente que A y B están constantemente asociadas de hecho, no que hay alguna conexión necesaria entre ellos. «No tenemos más noción de causa y efecto que la de ciertos objetos, que han estado *siempre asociados...* Nosotros no podemos penetrar la razón de la conjunción».

Hume justifica su teoría con una definición de *creencia* «que es —sostiene—, una idea vivaz relacionada o asociada con una impresión presente». Debido a la asociación, si A y B han estado constantemente unidas en la experiencia pasada, la impresión de A produce esa idea vivaz de B que constituye la creencia en B. Esto explica por qué creemos que A y B están relacionados: la percepción de A *está* relacionada con la idea de B, y de este modo llegamos a pensar que A está relacionado con B, aunque esta opinión carece en realidad de fundamento. «Los objetos no tienen ninguna conexión discernible, ni es de otro principio distinto de la costumbre que actúa sobre la imaginación, de donde sacamos toda inferencia de la aparición de uno a la experiencia de otro». Reitera muchas veces la opinión de que lo que aparece como una conexión necesaria entre *objetos* es en realidad solamente una conexión entre las ideas de esos objetos: la mente es *determinada* por la costumbre y «es esta impresión, o *determinación,* la que me da la idea de necesidad». La repetición de ejemplos, que nos lleva a la creencia de que A produce a B, no añade nada nuevo al objeto, pero lleva la mente a una asociación de ideas; así la «necesidad es algo que existe en la mente, no en los objetos».

Preguntémonos ahora lo que debemos pensar de la doctrina de Hume. Ésta tiene dos partes: una objetiva, otra subjetiva. La parte objetiva dice: Cuando consideramos que A produce a B, lo que efectivamente ha sucedido, en lo relativo a A y a B, es que se ha observado frecuentemente que ambas estaban asociadas, es decir, que A ha sido seguida inmediata o muy rápidamente, por B; no tenemos derecho a decir que A *tiene* que ser seguida inmediatamente por B, o que será seguida por B en ocasiones futuras. Tampoco tenemos ninguna base para suponer que, por frecuente que haya sido que A fuera seguida por B, haya entre ellas otra relación distinta de la secuencia. De hecho, la causalidad es definible en términos de secuencia y no es una noción independiente.

La parte subjetiva de la doctrina dice: La conjunción frecuentemente observada de A y B *causa* la impresión de que A *causa* la idea de B. Pero si tenemos que definir la *causa* del modo sugerido en la parte objetiva de la doctrina, hemos de repetir lo anterior. Sustituyendo la definición de *causa,* lo anterior se convierte en:

«Se ha observado frecuentemente que la conjunción habitual observada de dos objetos A y B ha sido seguida a menudo por circunstancias en que a la impresión de A siguió la idea de B».

Esta aseveración podemos admitirla como cierta, pero difícilmente tiene el alcance que Hume atribuye a la parte subjetiva de su doctrina. Afirma, una y otra vez, que la conjunción frecuente de A y B no da ninguna *razón* para esperar que estén asociadas en el futuro, sino que es mera *causa* de esta suposición. Es decir: la experiencia de la frecuente conjunción va unida frecuentemente a un hábito de asociación. Pero si la parte objetiva de la doctrina de Hume se acepta, el hecho de que, en el pasado, se hayan formado frecuentemente asociaciones en tales circunstancias, no es razón para suponer que continuarán, o que se formarán nuevas asociaciones en circunstancias parecidas. El hecho es que, cuando interviene la psicología, Hume se permite creer en la causalidad en un sentido que, en general, condena. Pongamos un ejemplo. Veo una manzana y espero que, si la como, experimentaré cierta clase de sabor: la ley del hábito explica la existencia de mi esperanza, pero no la justifica. Mas la ley del hábito es una ley causal. Por consiguiente, si tomamos seriamente a Hume tenemos que decir: Aunque en el pasado la vista de una manzana ha estado unida con la esperanza de cierto tipo de sabor, no hay ninguna razón por la que haya de continuar unida de ese modo: quizá la próxima vez que vea una manzana, esperaré que sepa como la carne asada. Podemos, por el momento, pensar que esto es inverosímil, pero no hay ninguna razón para esperar que nos parezca inverosímil de aquí a cinco minutos. Si la doctrina objetiva de Hume es exacta, no tenemos ninguna razón mejor para hacer suposiciones en psicología que en el mundo físico. La teoría de Hume podía caricaturizarse de este modo: «La proposición *A causa B* significa *la impresión de A causa la idea de B*». Como definición no es un esfuerzo feliz.

Tenemos, por lo tanto, que examinar la doctrina objetiva de Hume más a fondo. Esta doctrina tiene dos partes: 1) Cuando decimos «A causa B», todo lo que tenemos derecho a decir es que, en la experiencia pasada, A y B han aparecido frecuentemente juntas o en sucesión rápida, y no se ha observado ningún caso en que A no haya estado seguida o acompañada por B. 2) Por muchos ejemplos que podamos haber observado de la conjunción de A y B, ello no nos da ninguna *razón* para esperar que estén unidas en una ocasión futura, aunque esto es una *causa* de esta esperanza, es decir, que ha sido frecuentemente observado que estaba unida con tal esperanza. Estas dos partes de la doctrina pueden exponerse así: 1) en la causalidad no hay ninguna relación indefinible, salvo la conjunción o sucesión; 2) la inducción por simple enumeración no es una forma válida de argumento. Los empiristas han aceptado en general la primera de estas tesis y han rechazado la segunda. Cuando digo que han rechazado la segunda, quiero decir: han creído que, dada una acumulación suficientemente amplia de casos de una conjunción, la probabilidad de hallar la conjunción en el próximo caso excederá de la mitad; o, si ellos no han sostenido exactamente esto, han mantenido una doctrina que tiene consecuencias semejantes.

No deseo por el momento discutir la inducción, tema largo y difícil; me contento con observar que si se admite la primera parte de la doctrina de Hume, la negación de la inducción hace irracional toda suposición sobre el futuro, incluso la esperanza de que continuaremos sintiendo esperanzas. No quiero decir simplemente que nuestras esperanzas *puedan* ser erróneas; lo que en cualquier caso tiene que ser admitido. Quiero decir que, tomando incluso nuestras esperanzas más firmes, tales como la de que el sol saldrá mañana, no hay ni una pizca de razón para suponer que es más verosímil que se produzcan, que no. Con esta salvedad, vuelvo al sentido de *causa.*

Los que están en desacuerdo con Hume sostienen que la *causa* es una relación específica, que implica secuencia invariable, pero no está implicada en ella. Para volver a los relojes de los cartesianos: dos cronómetros perfectamente exactos podrían dar las horas una después de la otra invariablemente, sin ser uno la causa del toque del otro. En general, los que adoptan este criterio sostienen que nosotros podemos a veces *percibir* relaciones causales, aunque en la mayoría de los casos nos vemos obligados a inferirlas, de un modo más o menos precario, de la constante conjunción. Veamos qué argumentos hay en pro y en contra de Hume sobre este punto.

Hume resume su argumento como sigue: «Me doy cuenta que de todas las paradojas que he tenido ocasión, o tendré de aquí en adelante, de exponer en el curso de este tratado, la presente es la más violenta, y simplemente mediante una prueba y un razonamiento sólido puedo esperar que sea admitida y supere los prejuicios inveterados de la humanidad. Antes de reconciliarnos con esta doctrina, ¿cuántas veces tenemos que repetirnos *que* la simple vista de dos objetos o acciones cualesquiera, aunque estén relacionados, no pueden nunca darnos idea de poder, o de una conexión entre ellos; *que* esta idea brota de una repetición de su unión; *que* la repetición no descubre ni produce nada en los objetos, sino que tiene solamente una influencia en la mente, por la transición consuetudinaria que produce; *que* esta transición consuetudinaria es, por consiguiente, lo mismo que el poder y la necesidad, consiguientemente sentidos por el alma, y no percibidos externamente en los cuerpos?».

A Hume se le acusa habitualmente de tener un criterio de la percepción demasiado atómico, pero permite puedan percibirse ciertas relaciones. «No debemos —dice— recibir como razonamiento ninguna de las observaciones que hacemos concernientes a la *identidad* y a las relaciones de *tiempo* y *lugar;* pues en ninguna de ellas la mente puede ir más allá de lo que está inmediatamente presente a los sentidos». La causalidad, dice, es diferente en que nos lleva más allá de las impresiones de nuestros sentidos y nos informa de existencias no percibidas. Como argumento no parece válido. Nosotros creemos en muchas relaciones de tiempo y lugar que no podemos percibir: pensamos que el tiempo se extiende hacia atrás y hacia adelante, y el espacio, más allá de las paredes de nuestra habitación. El verdadero argumento de Hume es que mientras percibimos a veces relaciones de tiempo y lugar, no percibimos nunca relaciones causales, que debe admitirse, por tanto, son inferidas de las relaciones que pueden percibirse. La controversia queda reducida de esta suerte a una de hecho empírico: ¿Percibimos a veces, o no, una relación que puede llamarse causal? Hume dice que no, sus adversarios dicen que sí, y no es fácil ver cómo pueden encontrarse pruebas por ambas partes.

Creo que quizá el argumento más fuerte por parte de Hume ha de derivarse del carácter de las leyes causales en física. Parece que las reglas simples de la forma «A causa B» no deben ser admitidas nunca en la ciencia, salvo como toscas sugerencias en las etapas primitivas. Las leyes causales por las que tales reglas simples son reemplazadas en las ciencias adelantadas, son tan complejas que nadie puede suponer se dan en la percepción; son todas, notoriamente, inferencias complicadas del curso observado de la naturaleza. Dejo a un lado la moderna teoría del cuanto, que refuerza la conclusión anterior. En lo que respecta a las ciencias físicas, Hume está *totalmente* en lo cierto; proposiciones tales como «A causa B» no son nunca aceptadas, y nuestra inclinación a aceptarlas tiene que explicarse por las leyes del hábito y asociación. Estas mismas leyes en su forma exacta serán tesis elaboradas respecto al tejido nervioso, primariamente su fisiología, luego su química y, últimamente, su física.

El adversario de Hume, sin embargo, aunque admita la totalidad de lo que se acaba de decir respecto a las ciencias físicas, puede no reconocerse aún decisivamente derrotado. Puede decir que hay casos en psicología donde puede percibirse una relación causal. Toda la concepción de causa probablemente se deriva de la volición, y puede decirse que podemos percibir una relación entre una volición y el acto consecuente, que es algo más que una secuencia invariable. Lo mismo podía decirse de la relación entre un dolor súbito y un grito. Tales concepciones las ha hecho muy difíciles, sin embargo, la fisiología. Entre la voluntad de mover mi brazo y el movimiento consiguiente hay una larga cadena de intermediarios causales, consistentes en procesos de los nervios y de los músculos. Nosotros sólo percibimos los términos finales de este proceso, la volición y el movimiento, y si creyéramos percibir una conexión causal directa entre éstos, estaríamos equivocados. Dicho argumento no es decisivo respecto a la cuestión general, pero muestra que es temerario suponer que percibimos relaciones causales cuando creemos hacerlo. El balance, pues, se inclina en favor del criterio de Hume de que no hay nada en la *causa,* salvo una sucesión invariable. La prueba no es, sin embargo, tan concluyente como Hume suponía.

Hume no se contenta con limitar la evidencia de una conexión causal a la experiencia de la conjunción frecuente; afirma que tal experiencia no justifica la esperanza de conjunciones similares en el futuro. Por ejemplo: cuando (para repetir un ejemplo anterior) veo una manzana, la experiencia pasada me hace esperar que sabrá como una manzana y no como carne asada. Pero no hay ninguna justificación racional para esta esperanza. Si existiera tal justificación tendría que proceder del principio de «que estos casos que no hemos experimentado se asemejan a los que hemos comprobado». Este principio no es lógicamente necesario, puesto que podemos, por lo menos, concebir un cambio en el curso de la naturaleza. Debe ser, por consiguiente, un principio de probabilidad. Pero todos los argumentos probables adoptan este principio y, por lo tanto, no puede ser probado por ningún argumento probable, ni siquiera hecho probable por ningún argumento de esta clase. «La suposición *de que el futuro se parece al pasado* no está fundada en argumentos de ninguna clase, sino que deriva enteramente del hábito»[24]. La conclusión es de un escepticismo completo:

«Todo razonamiento probable no es más que una especie de sensación. Esto no ocurre solamente en poesía y música, donde tenemos que seguir nuestro gusto y sentimientos, sino igualmente en filosofía. Cuando estoy convencido de un principio, éste es solamente una idea que golpea con más fuerza sobre mí. Cuando doy la preferencia a una serie de argumentos sobre otra, no hago más que decidir según mi sentimiento respecto a la superioridad de su influencia. Los objetos no tienen entre sí ninguna conexión discernible; ni es de otro principio distinto de la costumbre que actúa sobre la imaginación de donde podemos sacar cualquier inferencia de la aparición de uno a la existencia de otro»[25].

El último resultado de la investigación de Hume de lo que pasa por conocimiento, no es el que debemos suponer que hubiera deseado. El subtítulo de su libro es: «Un intento de introducir el método experimental de razonamiento en las cuestiones morales». Es evidente que empezó con una creencia de que el método científico produce la verdad, toda la verdad y nada más que la verdad; terminó, sin embargo, con la convicción de que la creencia no es nunca racional, puesto que no sabemos nada. Después de exponer los argumentos para el escepticismo (lib. I, parte IV, sec. 1), continúa, no refutando los argumentos, sino recurriendo a la credibilidad natural.

«La naturaleza, por una necesidad incontrolable y absoluta, nos ha determinado a juzgar, lo mismo que a respirar y sentir; no podemos ya dejar de contemplar ciertos objetos bajo una luz más fuerte y plena, debido a su habitual conexión con una impresión presente, que lo que podemos abstenernos de pensar mientras estamos despiertos, o de ver los cuerpos que nos rodean, cuando volvemos los ojos hacia ellos en pleno día. Quienquiera que se haya tomado el trabajo de refutar este escepticismo *total,* ha disputado en realidad sin tener adversario y se ha esforzado por me-

---

[24] Lib. I, parte III, sec. 4.

[25] Lib. I, parte III, sec. 8.

dio de argumentos en establecer una facultad, que la naturaleza ha implantado con anterioridad en la mente, haciéndola inevitable. Mi intención, pues, al exponer con tanta minuciosidad los argumentos de esa fantástica secta, es sólo hacer más tangible al lector la verdad de mi hipótesis, *de que todos nuestros razonamientos sobre las causas y efectos se derivan nada más que de la costumbre; y que la creencia es más propiamente un acto de la parte sensitiva que de la parte reflexiva de nuestras naturalezas*».

«El escéptico —prosigue (lib. I, parte IV, sec. 2)— todavía continúa razonando y creyendo, aunque afirme que no puede defender su razón por la razón; y por la misma regla tiene que asentir al principio concerniente a la existencia del cuerpo, aunque no puede pretender, por ningún argumento filosófico, mantener su veracidad... Podemos preguntar perfectamente: *¿qué es lo que nos hace creer en la existencia del cuerpo?* Pero es vano preguntar *si hay cuerpo o no.* Éste es un punto que tenemos que dar por sentado en todos nuestros razonamientos».

Lo anterior es el principio de una sección, «Del escepticismo respecto a los sentidos». Después de una larga discusión, este apartado termina con la conclusión siguiente:

«Esta duda escéptica, con respecto a la razón y a los sentidos, es una enfermedad que nunca puede curarse radicalmente, sino que ha de recaer sobre nosotros a cada momento, por más que la expulsemos y parezca a veces que estamos enteramente libres de ella... La despreocupación y la distracción es lo único que puede proporcionarnos algún remedio. Por esta razón, me confío completamente a ellas; y doy por sentado, cualquiera que sea la opinión del lector en este momento, que de aquí a una hora estará persuadido de que existen el mundo exterior y el interior».

No hay ninguna razón para estudiar filosofía —sostiene Hume—, excepto la de que, para ciertos temperamentos, es una manera agradable de pasar el tiempo. «En todos los incidentes de la vida debemos, sin embargo, conservar nuestro escepticismo. Si creemos que el fuego calienta o que el agua refresca, es sólo porque nos cuesta mucho trabajo pensar de otro modo. Es más: si somos filósofos, debía ser únicamente sobre principios escépticos, y por una inclinación que sentimos a ocuparnos así». Si yo abandonara la especulación, «*siento* que saldría perdiendo en cuanto a placer; y éste es el origen de mi filosofía».

La filosofía de Hume, verdadera o falsa, representa la bancarrota del racionalismo del siglo XVIII. Parte, como Locke, con la intención de ser razonable y empírico, sin confiar en nada, y buscando toda la enseñanza que pudiera obtener de la experiencia y de la observación. Pero con un intelecto mejor que el de Locke, mayor agudeza en el análisis y menor capacidad para aceptar las contradicciones cómodas, llega a la desastrosa conclusión de que de la experiencia y de la observación no hay qué aprender. La creencia racional no existe: «Si creemos que el fuego calienta o que el agua refresca, es sólo porque nos cuesta mucho trabajo pensar de otro modo». No podemos dejar de creer, pero ninguna creencia puede fundarse en la razón. Tampoco puede ser una línea de conducta más razonable que otra, puesto que todas se hallan igualmente basadas en convicciones irracionales. Esta última conclusión, sin embargo, no parece haberla sacado Hume. Aun en su capítulo más escéptico, en el que resume las conclusiones del libro I, dice: «Hablando en términos generales, los errores en religión son peligrosos; en filosofía son solamente ridículos». Él no tiene derecho a decir esto. *Peligroso* es una palabra causal, y un escéptico en cuanto a la causalidad no puede saber si algo es *peligroso.*

De hecho, en las últimas partes del *Tratado,* Hume olvida todas sus dudas fundamentales y escribe tanto como podía haber escrito cualquier otro moralista esclarecido de su tiempo; aplica a sus dudas el remedio que recomienda, es decir «la despreocupación y la distracción». En un sentido, su escepticismo es insincero, puesto que no puede mantenerlo en la práctica. Tiene, sin embargo, esta espantosa consecuencia: que paraliza todo esfuerzo para probar que una línea de conducta es mejor que otra.

Era inevitable que tal refutación del racionalismo fuera seguida por un gran brote de fe irracional. La querella entre Hume y Rousseau es simbólica: Rousseau era loco, pero influyente; Hume era cuerdo, pero no tenía seguidores. Los empiristas británicos posteriores rechazaron su escepticismo sin refutarlo; Rousseau y sus seguidores coincidían con Hume en que ninguna creencia está basada en la razón, pero consideraban el corazón superior a la razón y le permitían que los llevara a convicciones muy diferentes de las que Hume conservaba en la práctica. Los filósofos alemanes, desde Kant a Hegel, no habían asimilado los argumentos de Hume. Digo esto de un modo deliberado, a pesar de la creencia que muchos filósofos comparten con Kant, de que su *Crítica de la razón pura* respondía a Hume. De hecho, estos filósofos —al menos Kant y Hegel— representan un tipo de racionalismo prehumiano y pueden ser refutados por los argumentos humianos. Los filósofos que no pueden ser refutados de este modo son los que no pretenden ser racionales, como Rousseau, Schopenhauer y Nietzsche. El desarrollo de lo irracional durante el siglo XIX y lo que ha transcurrido del XX es una secuela natural de la destrucción por Hume del empirismo.

Es importante, por consiguiente, descubrir si hay alguna respuesta a Hume dentro del armazón de una filosofía que es total o principalmente empírica. Si no, no hay ninguna diferencia intelectual entre la cordura y la locura. El lunático que cree que es un huevo escalfado, será condenado únicamente por la razón de que está en minoría, o más bien —puesto que no tenemos que dar por sentada la democracia— por la razón de que el Gobierno no está de acuerdo con él. Éste es un punto de vista desesperado y debemos esperar que haya algún modo de eludirlo.

El escepticismo de Hume se apoya enteramente en el repudio del principio de inducción. El principio de inducción, tal como se aplica a la causalidad, dice: si se ha visto que A ha estado con mucha frecuencia acompañada o seguida por B, y no se conoce ningún caso en que A no haya estado acompañada o seguida por B, entonces es probable que en la próxima ocasión en que A sea observada, será acompañada o seguida por B. Si el principio es adecuado, un número suficiente de casos hará que la probabilidad no esté muy lejos de la certeza. Si este principio, o cualquier otro del cual pueda ser deducido, es verdadero, entonces las inferencias causales que Hume rechaza son válidas, no porque proporcionen la certeza, desde luego, sino por dar una suficiente probabilidad para fines prácticos. Si este principio no es verdadero, todo intento de llegar a leyes científicas generales desde observaciones particulares es sofístico, y es imposible para un empirista esquivar el escepticismo de Hume. El principio mismo no puede, sin duda, sin incurrir en círculo vicioso, ser inferido de uniformidades observadas, puesto que se requiere para justificar tal inferencia. Por consiguiente, ha de ser deducido de un principio independiente no basado en la experiencia. Hasta este momento Hume ha probado que el empirismo puro no es una base suficiente para la ciencia. Pero si este principio es admitido, todo lo demás puede proceder de acuerdo con la teoría de que todo nuestro conocimiento está basado en la experiencia. Debe darse por sentado que ésta es una seria desviación del empirismo puro, y los que no son empiristas pueden preguntar por qué, si se permite una desviación, han de prohibirse otras. Sin embargo, éstas son cuestiones no suscitadas directamente por los argumentos de Hume. Lo que estos argumentos prueban —y no creo que la prueba pueda ponerse en duda— es que la inducción es un principio lógico independiente, incapaz de ser inferido de la experiencia o de otros principios lógicos. Y sin este principio, es imposible la ciencia.

PARTE SEGUNDA

DESDE ROUSSEAU HASTA NUESTROS DÍAS

CAPÍTULO XVIII

EL MOVIMIENTO ROMÁNTICO

Desde la última parte del siglo XVIII hasta el presente el arte, la literatura y la filosofía, han sido influidos, positiva o negativamente por una forma de sentir característica de lo que, en un sentido amplio, puede llamarse el movimiento romántico. Incluso los que percibieron repulsa por esta manera de sentir se vieron obligados a tenerla en cuenta y, en muchos casos, se dejaron influir por ella más de lo que creían. Me propongo hacer en este capítulo una breve reseña del punto de vista romántico, principalmente en las cuestiones no taxativamente filosóficas, pues éste es el fondo cultural de la mayor parte del pensamiento filosófico en el período que ahora nos ocupa.

El movimiento romántico no estuvo, en sus comienzos, relacionado con la filosofía, aunque mucho antes llegó a tener conexiones con ella. Con la política, a través de Rousseau, estuvo vinculado desde el principio. Mas para lograr entender sus efectos políticos y filosóficos tenemos que considerarlo en su forma más esencial, o sea, como una rebelión contra las normas éticas y estéticas establecidas.

La primera gran figura del movimiento es Rousseau, pero en cierta medida sólo expresó tendencias ya existentes. Las gentes cultivadas de la Francia del siglo XVIII admiraban sobremanera lo que llamaban *la sensibilité,* es decir, una predisposición a la emoción y más particularmente, a la emoción de la simpatía. Para ser totalmente satisfactoria la emoción ha de ser directa y violenta y no informada por el pensamiento. El hombre de sensibilidad llegaría hasta las lágrimas ante la vista de una sola familia campesina desamparada, pero se quedaría frío ante los planes bien concebidos para mejorar la suerte de los campesinos como clase social. Se suponía que los pobres tenían más virtud que los ricos; se pensaba que el sabio era un hombre que se retira de la corrupción de las cortes para disfrutar de los pacíficos placeres de una existencia rural sin ambiciones. En cuanto moda pasajera, tal actitud se encuentra en poetas de casi todas las épocas. El duque exiliado de *Como gustéis* lo expresa, aunque vuelve a su ducado tan pronto como puede; sólo el melancólico Jacques prefiere sinceramente la vida de la selva. Hasta Pope, el perfecto ejemplar de todo aquello contra lo que se rebeló el movimiento romántico, dice:

> Feliz el hombre cuyo cuidado y afán
> unos cuantos acres paternos limitan,
> contento de respirar su nativo aire
> en su propio campo.

El pobre, en las imaginaciones de los que cultivaban la sensibilidad, siempre tenía unos cuantos acres paternos y vivía del producto de su propio trabajo sin necesidad del comercio ajeno. En realidad, siempre estaban perdiendo sus acres en circunstancias patéticas, porque el padre anciano no podía ya trabajar, la hermosa hija iniciaba ya su decadencia y el malvado usurero o el perverso lord estaban dispuestos a meter mano en los acres o en la virtud de la hija. El pobre, para los románticos, no era nunca habitante de las ciudades ni obrero industrial; el proletario es un concepto del siglo XIX, quizá tan romántico, pero totalmente distinto.

Rousseau apeló al culto ya existente de la sensibilidad y le dio un aliento y un alcance que de otro modo no podía haber poseído. Era demócrata, no sólo en sus teorías, sino en sus gustos. Durante largos períodos de su vida fue un pobre vagabundo, que recibía liberalidades de gente casi tan desamparada como él. Recompensó estas liberalidades, en la práctica, a menudo con la más negra ingratitud, pero en cuanto a la emoción, su respuesta fue todo lo que el más ardiente defensor de la sensibilidad hubiera podido desear. Con los gustos de un vagabundo, le molestaban los convencionalismos de la sociedad parisiense. De él aprendieron los románticos el desdén por las trabas de lo convencional, primero en el vestido y las maneras, en el minueto y en la estrofa heroica, luego en el arte y en el amor y, por último, en toda la esfera de la moral tradicional.

Los románticos no carecían de moral. Por el contrario, sus juicios morales eran tajantes y vehementes. Pero la basaban en principios totalmente distintos de los que habían parecido buenos a sus predecesores. El período que va desde 1660 hasta Rousseau está dominado por recuerdos de las guerras de religión y de las guerras civiles de Francia, Inglaterra y Alemania. Los hombres tenían plena conciencia del peligro del caos, de las tendencias anárquicas de todas las pasiones fuertes, de la importancia de la seguridad y de los sacrificios necesarios para lograrla. La prudencia era considerada como la virtud suprema; el intelecto era valorado como el arma más eficaz contra los fanáticos subversivos; las maneras corteses eran elogiadas como una barrera contra la barbarie. El ordenado cosmos de Newton, en el que los planetas se movían uniformemente alrededor del Sol en órbitas predeterminadas, se convirtió en un símbolo imaginativo del buen gobierno. El freno en la exteriorización de la pasión fue el principal objetivo de la educación, y la señal más segura de un caballero. En la Revolución, los aristócratas franceses prerrománticos murieron tranquilamente; madame Rolland y Danton, que eran románticos, murieron retóricamente.

En tiempos de Rousseau, muchas gentes se habían cansado de la seguridad y empezaban a desear algo excitante. La Revolución francesa y Napoleón les dieron todo lo que querían. Cuando, en 1815, el mundo político volvió a la tranquilidad, fue una tranquilidad tan muerta, tan rígida, tan hostil a toda vida vigorosa, que sólo los conservadores aterrorizados podían soportarla. Consiguientemente, no hubo la aquiescencia intelectual al *statu quo* que había caracterizado a Francia bajo el Rey Sol y a Inglaterra hasta la Revolución francesa. La rebelión del siglo XIX contra el sistema de la Santa Alianza adoptó dos formas. Por una parte hubo la rebelión del industrialismo, tanto capitalista como proletaria, contra la monarquía y la aristocracia, lo que casi no tocó el Romanticismo, y fue como un salto atrás, en muchos aspectos, al siglo XVIII. Este movimiento está representado por los radicales filosóficos, el movimiento librecambista y el socialismo marxista. Completamente distinto de esto fue la rebelión romántica, en parte reaccionaria y en parte revolucionaria. Los románticos no deseaban la paz y la quietud, sino una vida individual vigorosa y apasionada. No tenían ninguna simpatía por el industrialismo porque era feo, porque la búsqueda de dinero les parecía indigna de un alma inmortal y porque el crecimiento de las modernas organizaciones económicas interfería la libertad individual. En el período posrevolucionario se vieron comprometidos en la política, gradualmente, por el nacionalismo: cada nación había caído en la cuenta de que tenía un alma corpórea, que no podía ser libre mientras los límites de los Estados fueran diferentes de los de las naciones. En la primera mitad del siglo XIX el nacionalismo era el más vigoroso de los principios revolucionarios y muchos románticos lo apoyaron con todo entusiasmo.

El movimiento romántico se caracteriza, en conjunto, por la sustitución de las normas utilitarias por las estéticas. La lombriz de tierra es útil, pero no bella; el tigre es bello, pero no útil. Darwin (que no era romántico) elogiaba la lombriz; Blake elogiaba al tigre. La moral de los románticos tiene, primordialmente, motivos estéticos. Mas para caracterizar a los románticos es necesario tener en cuenta, no sólo la importancia de los motivos estéticos, sino también el cambio de gusto que diferenciaba su sentido de la belleza del de sus predecesores. Uno de los ejemplos más notorios de ello es su preferencia por la arquitectura gótica. Otro es su gusto por los escenarios naturales. El doctor Johnson prefería Fleet Street a cualquier paisaje rural y sostenía que un hombre cansado de Londres tiene que estar cansado de la vida. Si admiraban algo en el campo los predecesores de Rousseau era una escena de abundancia, con ricos pastos y mugidos de vacas. Rousseau, por suizo, admiraba naturalmente los Alpes. En las novelas y leyendas de sus discípulos encontramos torrentes impetuosos, precipicios terribles, selvas no holladas, tormentas, tempestades en el mar y, generalmente, lo inútil, destructor y violento. Este cambio parece ser más o menos permanente: casi todo el mundo prefiere hoy el Niágara y el Gran Cañón a los verdes prados y a los campos ondulantes de trigo. Los hoteles de turistas facilitan estadísticas del gusto por los escenarios naturales.

El temperamento de los románticos está mejor estudiado en las obras imaginativas. Amaban lo extraño: espectros, viejos castillos en ruinas, los últimos melancólicos descendientes de las antiguas grandes familias, los practicantes del mesmerismo y de las ciencias ocultas, los tiranos caídos y los piratas levantiscos. Fielding y Smollett describieron gentes corrientes en circunstancias que podían haber ocurrido muy bien; lo mismo hicieron los realistas que reaccionaron contra el Romanticismo. Mas para los románticos tales temas eran demasiado pedestres; ellos sólo se sentían inspirados por lo grande, remoto y terrorífico. La ciencia, de un tipo algo dudoso, podía ser utilizada si conducía a algo asombroso. Pero en lo fundamental, la Edad Media, y lo que el presente tenía de más medieval, era lo que más gustaba a los románticos. Con mucha frecuencia cortaban sus amarras con la realidad, pasada o presente. *El marinero antiguo* es típico a este respecto, y *Kubla Kan,* de Coleridge, difícilmente es el monarca histórico de Marco Polo. La geografía de los románticos es interesante: desde Xanadú hasta «la solitaria playa Chorasmiana», los lugares que les interesan son remotos, asiáticos o antiguos.

El movimiento romántico, pese a que debe su origen a Rousseau, fue al principio principalmente alemán. Los románticos alemanes eran jóvenes en los últimos años del siglo XVIII y fue durante su juventud cuando dieron expresión a lo más característico de su sentir. Los que no tuvieron la suerte de morir jóvenes, permitieron al final que su individualidad quedara oscurecida en la uniformidad de la Iglesia católica. (Un romántico podía hacerse católico si había nacido protestante, pero de otra manera era difícil que fuera católico, puesto que era necesario combinar el catolicismo con la rebelión). Los románticos alemanes influyeron en Coleridge y Shelley e, independientemente de la influencia alemana, la misma actitud se hizo corriente en Inglaterra durante los primeros años del siglo XIX. En Francia, aunque en forma debilitada, floreció después de la Restauración, hasta Víctor Hugo. En América, podemos verlo casi puro en Melville, Thoreau y Brook

Farm y, algo amortiguado, en Emerson y Hawthorne. Aunque los románticos tendían al catolicismo, había algo radicalmente protestante en el individualismo de su actitud, y sus permanentes triunfos en la transformación de costumbres, opiniones e instituciones estuvieron casi totalmente limitados a los países protestantes.

Los comienzos del Romanticismo en Inglaterra pueden hallarse en los escritos de los satíricos. En *Rivales,* de Sheridan (1775), la heroína está resuelta a casarse por amor con un pobre antes que hacerlo con un rico para complacer a su tutora y a los padres de éste; pero el rico que éstos han elegido gana el amor de la heroína, cortejándola con un nombre supuesto y haciéndose pasar por pobre. Jane Austen se burla de los románticos en *La abadía de Northanger* y *Sense and Sensibility* (1797-1798). *La abadía de Northanger* tiene una heroína que es seducida por la ultrarromántica obra de Mrs. Radcliffe, *Mysteries of Udolpho,* publicada en 1794. La primera obra romántica inglesa *buena* —aparte de Blake, que fue un swedenborgiano solitario y apenas formó parte del movimiento— fue *El marinero antiguo,* de Coleridge, publicada en 1799. Al año siguiente, habiendo sido desgraciadamente provisto de fondos por los Wedgwoods, marchó a Göttingen y se engolfó en Kant, lo que no mejoró su poesía.

Después de que Coleridge, Wordsworth y Southey se hicieran reaccionarios, el odio a la Revolución y a Napoleón puso un freno temporal al romanticismo inglés. Pero pronto lo renovó Byron, Shelley y Keats y, en cierta medida, dominó toda la época victoriana.

Frankenstein, de Mary Shelley, escrito bajo la inspiración de las conversaciones con Byron en el escenario romántico de los Alpes, contiene lo que puede ser casi considerado como una alegórica historia profética del desenvolvimiento del Romanticismo. El monstruo de Frankenstein no es, como el lenguaje vulgar lo ha hecho, un simple monstruo: al principio es un ser amable, deseoso del afecto humano, pero es arrojado al odio y a la violencia por el horror que su fealdad inspira en aquellos cuyo amor intenta ganar. Sin ser visto, observa a una virtuosa familia de pobres aldeanos y subrepticiamente asiste a sus labores. Por último decide darse a conocer: «Cuanto más los veía, mayor se hacía mi deseo de aspirar a su protección y cariño; mi corazón suspiraba por ser conocido y amado por estas amables criaturas; ver sus dulces miradas vueltas hacia mí con afecto era el límite máximo de mi ambición. No me atrevía a pensar que se apartarían de mí con desdén y horror».

Pero lo hicieron. En vista de ello, solicitó primero de su creador una hembra como él, y cuando se le negó esta petición, se dedicó a asesinar, uno a uno, a todos los seres que amaba. Pero incluso entonces, cuando todos sus crímenes están realizados y mientras contempla el cadáver de Frankenstein, los *sentimientos* del monstruo siguen siendo nobles:

«¡Éste es también mi víctima!; con su asesinato se consuman mis crímenes; ¡el miserable genio de mi ser está herido en sus entrañas! ¡Oh, Frankenstein!, generoso y abnegado ser. ¿De qué sirve que ahora te pida que me perdones? Yo, que irreparablemente he destruido todo lo que tú amas. ¡Ay! Está frío, no puede contestarme... Cuando recorro el espantoso catálogo de mis pecados, no puedo creer que yo sea la misma criatura cuyos pensamientos estuvieron un tiempo llenos de las sublimes y trascendentes visiones de la belleza y majestad de la bondad. Pero así es; el ángel caído se convierte en un demonio maligno. Pero aun ese enemigo de Dios y del hombre tenía amigos y asociados en su desolación; yo estoy solo».

Despojada de su forma romántica, no hay nada irreal en esta psicología, y es innecesario ir a buscar piratas o reyes vándalos para establecer comparaciones. Ante un visitante inglés, el ex káiser se lamentaba en Doorn de que los ingleses no le amaban ya. El doctor Burt, en su libro sobre la delincuencia juvenil, menciona a un muchacho de siete años que ahogó a otro en el Regent's Canal. Su razón era que ni su familia ni sus vecinos le mostraban afecto. El doctor Burt fue amable con él y el muchacho se convirtió en un ciudadano respetable, pero ningún doctor Burt se propuso la reforma del monstruo Frankenstein.

No es la psicología de los románticos la culpable: es su patrón de valores. Ellos admiran las grandes pasiones, de la clase que sea, y cualesquiera que sean sus consecuencias sociales. El amor romántico, especialmente cuando es desgraciado, tiene bastante fuerza para ganar su aprobación, pero la mayoría de las pasiones fuertes son destructoras: el odio, el resentimiento y los celos, el remordimiento y la desesperación, el orgullo herido y el furor de los oprimidos injustamente, el ardor bélico y el desdén por los esclavos y los cobardes. De aquí que el tipo de hombre alentado por el Romanticismo, especialmente por la variedad byroniana, sea violento y antisocial: un rebelde anárquico o un tirano conquistador.

Esta actitud apela a algo cuyas razones radican en lo hondo del corazón humano y de las circunstancias humanas. Por egoísmo, el hombre se ha hecho gregario, pero instintivamente ha continuado siendo, en gran medida, solitario; de aquí la necesidad de la religión y de la moral para reforzar el interés propio. Mas la costumbre de renunciar a las satisfacciones presentes por amor a las conveniencias futuras es pesado, y cuando las pasiones están excitadas, las limitaciones prudentes de la conducta social se hacen difíciles de soportar. Quienes en tales épocas se desprenden de ellos, adquieren una energía nueva y un sentimiento de fuerza por la terminación del conflicto interior y, aunque al final pueden llegar a un desastre, gozan mientras tanto de un sentimiento de exaltación divina que, aunque conocido de los grandes místicos, no puede ser experimentado nunca por una virtud meramente pedestre. La parte solitaria de su naturaleza se reafirma, pero si el intelecto sobrevive la reafirmación se cubre con el ropaje del mito. El místico se hace uno con Dios y en la contemplación del infinito se siente dispensado del deber respecto a su prójimo. El rebelde anárquico lo hace aún mejor: se siente, no uno con Dios, sino Dios. La verdad y el deber, que representan nuestra sujeción a la materia y a nuestros prójimos, no existen ya para el hombre que se ha convertido en Dios; para los otros la verdad es lo que él *afirma,* el deber es lo que *él* ordena. Si todos pudiéramos vivir solitarios y sin trabajar, todos podríamos gozar este éxtasis de independencia; como no podemos, sus delicias sólo están al alcance de los locos y de los dictadores.

La rebelión de los instintos solitarios contra los lazos sociales es la clave de la filosofía, la política y los sentimientos, no sólo de lo que comúnmente se llama el movimiento romántico, sino de sus descendientes hasta la época actual. La filosofía, bajo la influencia del idealismo alemán, se hizo solipsista, y el desenvolvimiento propio fue considerado como el principio fundamental de la ética. En lo que respecta al sentimiento, ha tenido que haber un desabrido compromiso entre la búsqueda del aislamiento y las necesidades de la pasión y de la economía. El relato de D. H. Lawrence, *El hombre que amaba las islas,* tiene un héroe que desdeñaba tal compromiso en una medida gradualmente creciente y murió, por último, de hambre y de frío, pero gozando del aislamiento más completo. Mas este grado de consecuencia no ha sido logrado por los escritores que elogian la soledad. Las comodidades de la vida civilizada no son asequibles a un ermitaño y un hombre que desea escribir libros o producir obras de arte tiene que someterse a los servicios de los otros si ha de sobrevivir mientras realiza su obra. Con el fin de continuar *sintiéndose* solitario, tiene que ser capaz de impedir a los que le sirven que choquen con su yo, lo que se logra mejor si ellos son esclavos. El amor apasionado, sin embargo, es una cuestión más difícil. Mientras los amantes apasionados son considerados como en rebelión contra las trabas sociales, son admirados; pero en la vida real, la misma relación amorosa se convierte en seguida en una traba social y el copartícipe en el amor llega a ser odiado, con tanta mayor vehemencia si el amor es bastante fuerte para hacer difícil romper el lazo. De aquí que el amor llegue a ser concebido como una batalla, en la que cada uno intenta destruir al otro, irrumpiendo a través de los muros protectores del yo de él o de ella. Este punto de vista se ha hecho familiar a través de los escritos de Strindberg y, todavía más, de D. H. Lawrence.

No sólo el amor apasionado, sino hasta la relación amistosa, es posible solamente, para este modo de sentir, mientras los otros puedan ser considerados como una proyección del propio yo de uno. Esto es factible si los otros son consanguíneos, y cuanto más cercano sea el parentesco, es más fácilmente posible. De aquí la importancia que se da a la raza, que conduce, como en el caso de los Tolomeos, a la endogamia. Sabemos lo que esto influyó en Byron; Wagner sugiere un sentimiento semejante en el amor de Siegmund y Sieglinde. Nietzsche, aunque no escandalosamente, prefería su hermana a todas las demás mujeres: «Con qué fuerza siento —escribía a su hermana— en todo lo que dices y haces, que pertenecemos al mismo linaje. Tú me comprendes más que los demás, porque venimos del mismo tronco. Esto viene muy bien con mi *filosofía*».

El principio de nacionalidad, del que Byron fue un protagonista, es una extensión de la misma *filosofía*. Se supone que una nación es una raza, descendiente de antepasados comunes, y que comparte algo así como una «conciencia de la sangre». Mazzini, que constantemente culpa a los ingleses por no haber apreciado a Byron, concebía las naciones como poseedoras de una individualidad mística y les atribuía el tipo de anárquica grandeza que otros románticos buscaban en los héroes. La libertad de las naciones llegó a ser considerada, no sólo por Mazzini, sino por estadistas relativamente prudentes, como algo absoluto que, en la práctica, hacía imposible la cooperación internacional.

La creencia en la sangre y en la raza está asociada naturalmente al antisemitismo. Al mismo tiempo, la actitud romántica, en parte porque es aristocrática y en parte porque prefiere la pasión al cálculo, tiene un vehemente desprecio por el comercio y las finanzas. De este modo se ve llevada a proclamar una oposición al capitalismo totalmente distinta de la del socialista que representa los intereses del proletariado, puesto que es una oposición basada en la repugnancia por las preocupaciones económicas y fortalecida por la sugerencia de que el mundo capitalista está gobernado por los judíos. Este punto de vista lo expresa Byron en las raras ocasiones en que condesciende en fijarse en algo tan vulgar como el poder económico:

¿Quién mantiene el equilibrio del mundo? ¿Quién reina
sobre los conquistadores, sean realistas o liberales?
¿Quién levanta a los descamisados patriotas de España?
(Con lo que todos los periódicos de la vieja Europa chillan y farfullan).
¿Quién mantiene al mundo, Viejo y Nuevo, en el dolor
o en el placer? ¿Quién manda toda la política?
¿La sombra de la noble audacia de Bonaparte?
El judío Rothschild y su colega el cristiano Baring.

El verso no es quizá muy musical, pero el sentimiento es totalmente de nuestro tiempo y ha sido repetido por todos los seguidores de Byron.

El movimiento romántico, en su esencia, se dirigía a libertar la personalidad humana de los grilletes de las convenciones sociales y de la moral social. En parte, estos grilletes eran un obstáculo simplemente inútil para formas de actividad deseables, pues cada comunidad antigua ha desarrollado normas de conducta de las que no hay que decir otra cosa sino que son tradicionales. Pero las pasiones egoístas, una vez sueltas, no son fácilmente sometidas de nuevo a las necesidades de la sociedad. El cristianismo ha logrado, en cierta medida, domesticar el Yo, pero causas económicas, políticas e intelectuales estimularon la rebelión contra las Iglesias, y el movimiento romántico llevó la rebelión a la esfera moral. Fomentando un nuevo Yo sin leyes hizo imposible la cooperación social y dejó enfrentados a sus discípulos con el dilema de anarquía o despotismo. Al principio, el egoísmo hizo a los hombres esperar de los demás una ternura paternal, mas cuando descubrieron, con indignación, que los otros tenían también su Yo, el frustrado deseo de ternura se convirtió en odio y violencia. El hombre no es un animal solitario, y mientras subsista la vida social, la realización de sí mismo no puede ser el principio supremo de la moral.

CAPÍTULO XIX

ROUSSEAU

Juan-Jacobo Rousseau (1712-1778), aunque *philosophe* en el sentido francés del siglo XVIII, no fue lo que ahora se llamaría un *filósofo.* No obstante, tuvo una poderosa influencia en la filosofía, lo mismo que en la literatura, en el gusto, en las maneras y en la política. Cualquiera que sea nuestra opinión sobre sus méritos como pensador, tenemos que reconocer su inmensa importancia como fuerza social. Esta importancia procede principalmente de su apelación al corazón y a lo que en su tiempo se llamaba la *sensibilidad.* Es el padre del movimiento romántico, el iniciador de sistemas de pensamiento que deducen hechos no humanos de emociones humanas, y el inventor de la filosofía política de las dictaduras seudodemocráticas, en oposición a las monarquías absolutas tradicionales. A partir de su tiempo, los que se han considerado reformadores han estado divididos en dos grupos: los que le han seguido y los que siguen a Locke. A veces han cooperado y muchos individuos no veían ninguna incompatibilidad. Pero poco a poco, ésta se ha ido haciendo cada vez más notoria. En nuestros días Hitler ha sido consecuencia de Rousseau; Roosevelt y Churchill, de Locke.

La biografía de Rousseau nos la cuenta en sus *Confesiones* con gran detalle, pero sin demasiada sujeción a la verdad. Gozaba pintándose como un gran pecador y a veces exageraba en este aspecto. Pero hay bastantes pruebas externas de que carecía de las virtudes corrientes. Esto no le preocupó, porque consideraba que había tenido siempre un corazón ardoroso, lo que no le impidió nunca, sin embargo, cometer acciones villanas con sus mejores amigos. Me limitaré a relatar la parte de su biografía necesaria para comprender su pensamiento y su influencia.

Nació en Ginebra y se educó como calvinista ortodoxo. Su padre, que era pobre, alternaba las profesiones de relojero y maestro de baile; su madre murió cuando él era niño y fue criado por una tía. Abandonó la escuela a los doce años y fue aprendiz de varios oficios, pero los odiaba todos, y a los dieciséis años huyó de Ginebra a Saboya. No teniendo medios de subsistencia, fue a casa de un sacerdote católico y se presentó a él como si deseara convertirse. La conversión formal ocurrió en Turín, en una institución para catecúmenos; el proceso duró nueve días. Expone sus motivos totalmente interesados: «Yo no podía ocultarme a mí mismo que el acto sagrado que iba a realizar era en el fondo el acto de un bandolero». Pero esto fue escrito después de haber vuelto al protestantismo, y no hay ninguna razón para creer que durante algunos años no fuera un sincero católico creyente. En 1742 atestiguó que una casa en la que estaba viviendo en 1730 había sido salvada milagrosamente de un incendio por las oraciones de un obispo.

Habiendo vuelto de la institución de Turín con veinte francos en el bolsillo, entró de lacayo con una dama llamada madame de Vercelli, que murió tres meses después. A su muerte estaba en posesión de una cinta que había pertenecido a ella y que le había robado. Afirmó que se la había dado una sirvienta, a la que él amaba; su afirmación fue creída y ésta castigada. Su excusa es singular: «Nunca estuvo la maldad más lejos de mí que en este cruel momento; y cuando acusé a la pobre muchacha, es contradictorio y, sin embargo, es verdad, que mi afecto por ella fue la causa de lo que hice. Estaba presente a mi espíritu y yo arrojé la culpa mía al primer objeto que se presentó». Éste es un buen ejemplo de la forma en que, en Rousseau, la *sensibilidad* ocupa el lugar de las virtudes ordinarias.

Después de este incidente, fue amparado por madame de Warens, una conversa del protestantismo como él, dama encantadora que disfrutaba de una pensión del rey de Saboya por los servicios que había prestado a la religión. Durante nueve o diez años la mayor parte del tiempo la pasó en su casa; la llamaba *mamá,* incluso después de convertirse en su amante. Durante un tiempo, la compartía con el factótum de ella; los tres vivían en la mayor armonía y cuando el factótum murió, Rousseau se sintió apesadumbrado, pero se consoló pensando: «Bien, al menos tendré sus trajes».

En sus primeros años hubo varios períodos en que vivió como vagabundo, viajando a pie, y proveyendo malamente a su subsistencia lo mejor que podía. Durante uno de estos intervalos, un amigo, con quien viajaba, sufrió un ataque epiléptico en las calles de Lyón; Rousseau se aprovechó de la aglomeración para abandonar a su amigo bajo los efectos del ataque. En otra ocasión fue secretario de un hombre que se presentaba como archimandrita en peregrinación al Santo Sepulcro; todavía en otra tuvo un lance con una dama rica, haciéndose pasar por jacobita escocés con el nombre de Dudding.

Sin embargo, en 1743, con ayuda de una gran dama se hizo secretario del embajador francés en Venecia, un borrachín llamado Montaigu, que dejaba el trabajo a Rousseau, pero se olvidaba de pagarle el sueldo. Rousseau desempeñó bien sus obligaciones y la inevitable querella no se debió a su culpa. Fue a París a tratar de obtener justicia; todo el mundo reconocía que tenía razón, pero durante mucho tiempo no se hizo nada. Las vejaciones de este período tuvieron mucho que ver en la actitud adoptada por Rousseau contra el Gobierno existente en Francia, aunque al final le fueron pagados los sueldos que se le debían.

Por esta época (1745) se fue a vivir con Thérèse le Vasseur, sirvienta de su hotel en París. Vivió con ella el resto de su vida (no sin otros lances); tuvo con ella cinco hijos, los cuales llevó al hospicio. Nadie ha podido comprender qué es lo que le atrajo hacia ella. Era fea e ignorante; no sabía leer ni escribir (él le enseñó a escribir, pero no a leer); no sabía los nombres de los meses ni sumar. La madre de ella era codiciosa y avara; las dos utilizaban a Rousseau y a sus amigos como fuentes de ingresos. Rousseau afirma (con verdad o mentira) que nunca sintió un destello de amor por Thérèse; en sus últimos años, ésta se dio a la bebida y a ir detrás de los mozos de caballos. Es probable que le gustase sentirse indudablemente superior a ella, tanto desde el punto de vista intelectual como del económico, y ver que dependía por completo de él. Se sintió siempre incómodo en compañía de los grandes y prefería sinceramente la gente sencilla; en este aspecto su sentimiento democrático era totalmente sincero. Aunque no se llegó a casar con ella, la trataba casi como su mujer, y todas las grandes damas que le protegieron tenían que soportarla.

Su primer éxito literario le llegó algo tarde. La Academia de Dijon ofrecía un premio para el mejor ensayo sobre la cuestión: «¿Han traído las artes y las ciencias beneficios a la humanidad?». Rousseau mantuvo la posición negativa y ganó el premio (1750). Sostenía que la ciencia, las letras y las artes eran los peores enemigos de la moral y que, al crear necesidades, son fuentes de esclavitud; pues ¿cómo pueden imponerse cadenas a los que andan desnudos, como los americanos salvajes? Como era de esperar, defendía a Esparta, frente a Atenas. Había leído las *Vidas* de Plutarco a los siete años y habían influido mucho sobre él; admiraba particularmente la vida de Licurgo. Como los espartanos, tomaba el éxito en la guerra como prueba del mérito; no obstante, admiraba al «buen salvaje», al que los adulterados europeos podían derrotar en la guerra. La ciencia y la virtud, sostenía, son incompatibles, y todas las ciencias tienen un origen innoble. La astronomía viene de la superstición de la astrología; la elocuencia, de la ambición; la geometría, de la avaricia; la física, de la vana curiosidad; incluso la moral tiene su origen en el orgullo humano. La educación y la imprenta deben lamentarse; todo lo que distingue al hombre civilizado del salvaje es el mal.

Habiendo ganado el premio y logrado súbita fama con este ensayo, Rousseau se puso a vivir de acuerdo con sus máximas. Adoptó la vida sencilla y vendió su reloj, diciendo que ya no tenía ninguna necesidad de saber la hora.

Las ideas del primer ensayo fueron reelaboradas en un segundo, un «discurso sobre la desigualdad» (1754), que, sin embargo, no obtuvo premio. Sostenía que «el hombre es naturalmente bueno y que sólo las instituciones lo han hecho malo»: la antítesis de la doctrina del pecado original y de la salvación por medio de la Iglesia. Como muchos teorizantes políticos de su época, hablaba de un estado de naturaleza, aunque algo hipotéticamente, como «un estado que ya no existe, quizá nunca existió, probablemente no existirá nunca, y del cual, a pesar de todo, es necesario tener ideas justas con el fin de juzgar bien nuestro estado actual». La ley natural debe ser deducida del estado de naturaleza, pero mientras no conozcamos al hombre natural es imposible determinar la ley originariamente prescrita o más adecuada para él. Todo lo que podemos saber es que las voluntades de los sometidos a ella tienen que ser conscientes de su sometimiento y tienen que venir directamente de la voz de la naturaleza. No hace objeción a la desigualdad *natural,* respecto a la edad, salud, inteligencia, etc., sino solamente a la desigualdad resultante de los privilegios autorizados por la convención.

El origen de la sociedad civil y de las desigualdades sociales consiguientes ha de hallarse en la propiedad privada. «El primer hombre que, habiendo cercado un pedazo de tierra, pensó en decir *esto es mío* y encontró gente bastante simple para creerle, fue el verdadero fundador de la sociedad civil». Luego dice que una revolución deplorable introdujo la metalurgia y la agricultura; el grano es el símbolo de nuestra desventura. Europa es el continente más desgraciado porque tiene más grano y más hierro. Para deshacer el mal sólo es necesario abandonar la civilización, pues el hombre es naturalmente bueno y el salvaje, *cuando ha comido,* está en paz con toda la naturaleza y es amigo de todos sus compañeros (el subrayado es mío).

Rousseau envió este ensayo a Voltaire, quien replicó (1755): «He recibido su nuevo libro contra la especie humana y le doy las gracias por él. Nunca se ha empleado tanta inteligencia en el designio de hacernos a todos estúpidos. Leyendo su libro se ve que deberíamos andar a cuatro patas. Pero como he perdido el hábito hace más de sesenta años, me veo desgraciadamente en la imposibilidad de reanudarlo. Tampoco puedo embarcarme en busca de los salvajes del Canadá, porque las enfermedades, a que estoy condenado, me hacen necesario un médico europeo; porque la guerra continúa en esas regiones; y porque el ejemplo de nuestras acciones ha hecho a los salvajes casi tan malos como nosotros».

No es sorprendente que Rousseau y Voltaire riñeran por último; lo asombroso es que no riñeran antes.

En 1754, habiéndose hecho famoso, le recordó su ciudad nativa y se le invitó a visitarla. Él aceptó, pero como solamente los calvinistas podían ser ciudadanos de Ginebra, se reconvirtió a su fe original. Ya había adoptado la costumbre de hablar de sí mismo como ginebrino puritano y republicano, y después de su reconversión pensó vivir en Ginebra. Dedicó su *Discurso sobre la desigualdad* a los Padres de la Ciudad, pero a éstos no les gustó; no tenían ningún deseo de ser considerados solamente como iguales de los ciudadanos corrientes. La oposición de éstos no era el único inconveniente para vivir en Ginebra; había otro, aún más grave: Voltaire había ido a vivir allí. Voltaire era un autor de obras de teatro y un entusiasta de la escena, pero Ginebra, por motivos puritanos, prohibió todas las representaciones dramáticas. Cuando Voltaire trató de conseguir que se retirara la prohibición, Rousseau entró en el partido de los puritanos. Los salvajes no representan nunca comedias; Platón las desaprueba; la Iglesia católica se niega a casar o a enterrar a los actores; Bossuet califica el drama de «escuela de concupiscencia». La oportunidad para lanzar un ataque contra Voltaire era demasiado buena para perderla y Rousseau se convirtió en campeón de la virtud ascética.

Éste no era el primer desacuerdo público de ambos hombres eminentes. El primero fue provocado por el terremoto de Lisboa (1755), por cuyo motivo escribió Voltaire un poema en el que ponía en duda el gobierno providencial del mundo. Rousseau se indignó. Comentaba: «Voltaire, que parecía siempre creer en Dios, no ha creído nunca en realidad sino en el diablo, puesto que su pretendido Dios es un ser malhechor que, según él, encuentra su placer en hacer daño. Lo absurdo de esta doctrina es especialmente indignante en un hombre colmado de cosas buenas de toda clase y que desde el centro de su felicidad trata de llenar de desesperación a sus semejantes por medio de la cruel y terrible imagen de las graves calamidades de que él mismo está libre».

Rousseau, por su parte, no veía ningún motivo para armar tal zalagarda con ocasión del terremoto. Es una cosa perfectamente buena que cierto número de personas mueran de vez en cuando.

Además, el pueblo de Lisboa ha sufrido este desastre porque vivía en casas de siete pisos; si sus habitantes hubieran vivido dispersos por los bosques, como debía vivir la gente, hubieran salido indemnes.

Las cuestiones de la teología de los terremotos y de la moralidad de las obras teatrales produjeron una agria enemistad entre Voltaire y Rousseau, en la que todos los *philosophes* tomaron partido. Voltaire trató a Rousseau como a un loco perverso; Rousseau hablaba de Voltaire, calificándolo de «esa trompeta de impiedad, ese fino genio y esa alma baja». Los bellos sentimientos tuvieron que hallar expresión, sin embargo, y Rousseau escribió a Voltaire (1760): «Os odio, en efecto, porque así lo habéis querido; pero os odio como a un hombre digno aún de ser amado, si lo hubierais deseado. De todos los sentimientos de que mi corazón estaba lleno respecto a vos, sólo queda la admiración que no puedo negar a vuestro hermoso genio y mi amor por vuestros escritos. Si no hay nada en vos que pueda honrar, a excepción de vuestro talento, no es mía la culpa».

Llegamos ahora al período más fecundo de la vida de Rousseau. Su novela *La nueva Eloísa* apareció en 1760; *Emilio* y *El contrato social,* en 1762. *Emilio,* que es un tratado sobre la educación conforme a los principios *naturales,* podía haber sido considerado inocuo por las autoridades si no hubiera contenido «La profesión de fe de un vicario saboyano», que expone los principios de la religión natural según son entendidos por Rousseau, molestos tanto para la ortodoxia católica como para la protestante. *El contrato social* era aún más peligroso, pues defendía la democracia y negaba el derecho divino de los reyes. Los dos libros, a la par que aumentaron mucho su fama, le acarrearon la tormenta de la condena oficial. Se vio obligado a huir de Francia; Ginebra no quería nada con él[1]; Berna le negó asilo. Por último, Federico el Grande se apiadó de él y le permitió vivir en Motiers, cerca de Neuchatel, que formaba parte de los dominios del rey-fi-

---

[1] El Consejo de Ginebra ordenó quemar los dos libros y dio instrucciones para detener a Rousseau si venía a Ginebra. El Gobierno francés había ordenado su arresto: la Sorbona y el Parlamento de París condenaron el *Emilio.*

lósofo. Allí vivió tres años, pero al cabo de ese tiempo (1765) los aldeanos de Motiers, guiados por el pastor, le acusaron de envenenador y trataron de asesinarle. Huyó a Inglaterra, donde Hume, en 1762, había propuesto sus servicios.

En Inglaterra, al principio todo fue bien. Tuvo un gran éxito social y Jorge III le concedió una pensión. Veía a Burke casi a diario, pero su amistad se enfrió pronto hasta el punto de decir Burke: «No abriga otro principio, para influir en su corazón o para guiar su inteligencia, que la vanidad». Hume le fue más tiempo fiel, diciendo que lo quería mucho y que podría vivir con él toda su vida en mutua estimación y amistad. Mas por esta época Rousseau, no sin motivo, había empezado a sufrir la manía persecutoria que últimamente le llevó a la locura, y sospechaba que Hume era autor de conspiraciones contra su vida. En ocasiones se daba cuenta de lo absurdo de tales sospechas y abrazaba a Hume, exclamando: «No, no, Hume no es un traidor», a lo que Hume (sin duda muy desconcertado) replicaba: *Quoi, mon cher monsieur!* Pero al final su manía pudo más que él y huyó. Sus últimos años los pasó en París en medio de la mayor pobreza, y cuando murió se sospechó que se había suicidado.

Después de la ruptura, Hume dijo: «Solamente ha *sentido* durante toda su vida, y en este aspecto su sensibilidad alcanza un nivel superior a todo lo que yo he visto; pero ello le produce un sentimiento más agudo de dolor que de placer. Es como un hombre que estuviera desprovisto, no sólo de sus vestidos, sino de su piel y tuviera en esta situación que lanzarse a combatir con los rudos y tumultuosos elementos».

Éste es el más benévolo resumen de su carácter compatible con la verdad.

Hay mucha parte de la obra de Rousseau que, por importante que sea en otros aspectos, no interesa a la historia del pensamiento filosófico. Sólo hay dos partes de su doctrina que examinaré detalladamente: primero su teología y luego su teoría política.

En teología hizo una innovación aceptada ahora por la gran mayoría de los teólogos protestantes. Antes de él, todo filósofo, después de Platón, si creía en Dios, ofrecía argumentos intelectuales en favor de su creencia[2]. Los argumentos pueden no parecernos muy convincentes y podemos creer que no se lo hayan parecido a nadie que no estuviera ya seguro de la verdad de la conclusión. Pero el filósofo que proponía los argumentos creía ciertamente que eran lógicamente válidos y de tal modo que debían producir la certeza de la existencia de Dios en toda persona sin prejuicios de suficiente capacidad filosófica. Los protestantes modernos que nos instan a creer en Dios desprecian, en su mayoría, las viejas *pruebas,* y basan su fe en algún aspecto de la naturaleza humana: emociones de pavor o misterio, el sentimiento de lo lícito y de lo ilícito, el sentimiento de anhelo y así sucesivamente. Este modo de defender la creencia religiosa fue inventado por Rousseau. Se ha hecho tan familiar que su originalidad puede fácilmente no ser apreciada por un lector moderno, a menos que se tome el trabajo de comparar a Rousseau (por ejemplo) con Descartes o Leibniz.

«¡Ah, señora! —escribe Rousseau a una dama aristocrática—, a veces en la soledad de mi gabinete, apretándome los ojos con las manos o en la oscuridad de la noche, estoy convencido de que no hay Dios. Pero mirad a lo lejos: la salida del Sol, cuando dispersa las nieblas que cubren la Tierra y pone entre nosotros el maravilloso esplendor del escenario natural, disipa en un momento todas las nubes de mi alma. Hallo mi fe de nuevo, y a mi Dios y a mi creencia en Él. Yo le admiro y le adoro y me postro en Su presencia».

En otra ocasión dice: «Creo en Dios tan fuertemente como en cualquier otra verdad, porque el creer y el no creer son las últimas cosas del mundo que dependen de mí». Esta forma de argumentar tiene el inconveniente de ser personal; el hecho de que Rousseau no pueda dejar de creer algo no aporta ninguna prueba de que otra persona crea lo mismo.

Era muy intransigente en su teísmo. En una ocasión amenazó con abandonar una comida porque Saint Lambert (uno de los in-

---

[2] Tenemos que exceptuar a Pascal. «El corazón tiene razones que la mente ignora» está completamente dentro de la línea de Rousseau.

vitados) expresó una duda respecto a la existencia de Dios. «*Moi, Monsieur* —exclamó Rousseau coléricamente—, *je crois en Dieu!*». Robespierre, su fiel discípulo en todo, también le siguió en esto. La *Fête de l'Être Suprême* hubiera tenido la más ardorosa aprobación de Rousseau.

«La profesión de fe de un vicario saboyano», que es un intermedio del cuarto libro del *Emilio,* es la más explícita y formal expresión del credo de Rousseau. Aunque declara lo que la voz de la Naturaleza ha dictado a un sacerdote virtuoso que sufre las consecuencias de la falta completamente natural de haber seducido a una mujer soltera [3], el lector encuentra con sorpresa que la voz de la Naturaleza, cuando comienza a hablar, expone una mezcolanza de argumentos sacados de Aristóteles, San Agustín, Descartes, etc. Es verdad que carecen de precisión y forma lógica; se supone que sirve para disculparlos y permite al digno vicario decir que no le gusta nada la sabiduría de los filósofos.

Las últimas partes de la «Profesión de fe» tienen menos reminiscencias de pensadores anteriores que las primeras. Después de convencerse de que hay Dios, el vicario procede a examinar las normas de conducta. «Yo no deduzco estas normas —dice— de los principios de una alta filosofía, sino que las encuentro en las profundidades de mi corazón, escritas por la Naturaleza en caracteres imborrables». De aquí pasa a desarrollar la tesis de que la conciencia es en todas las circunstancias guía infalible para las acciones rectas. «Gracias le sean dadas al Cielo —concluye esta parte de su argumento— por librarnos de este modo de este pavoroso aparato de la filosofía; podemos ser hombres sin ser doctos; dispensados de malgastar nuestra vida en el estudio de la moral, tenemos a menos costo un guía más seguro en este inmenso laberinto de las opiniones humanas». Nuestros sentimientos naturales, afirma, nos llevan a servir al interés común, mientras nuestra razón nos impele al egoísmo. Por consiguiente, tenemos que seguir sólo al sentimiento más que a la razón para ser virtuosos.

---

[3] «Un prêtre en bonne règle ne doit faire des enfants qu'aux femmes mariées», aparece diciendo en otra parte un sacerdote saboyano.

La religión natural, como llama el vicario a su doctrina, no tiene necesidad de una revelación; si los hombres hubieran oído lo que Dios dice a sus corazones, sólo hubiera habido una religión en el mundo. Si Dios se ha revelado especialmente a ciertos hombres, esto sólo puede conocerse por el testimonio humano, que es falible. La religión natural tiene la ventaja de ser revelada directamente a cada individuo.

Hay un pasaje curioso sobre el infierno. El vicario no sabe si los malos van al tormento eterno y dice, algo hinchadamente, que el destino de los malos no le interesa mucho; pero, en general, se inclina a pensar que las penas del infierno no son eternas. Sea lo que sea, está seguro de que la salvación no está limitada a los miembros de ninguna Iglesia.

Fue, posiblemente, la negación de la revelación y del infierno lo que tan profundamente ofendió al Gobierno francés y al Consejo de Ginebra.

Rechazar la razón en beneficio del corazón no fue, a mi juicio, un avance. De hecho, nadie pensó en este artificio mientras la razón parecía estar del lado de la creencia religiosa. En el medio de Rousseau, la razón, como representada por Voltaire, era opuesta a la religión; por consiguiente, ¡fuera la razón! Además, la razón era abstrusa y difícil; el salvaje, incluso cuando ha comido, no puede entender el argumento ontológico y, no obstante, el salvaje es el depósito necesario de toda la sabiduría. El salvaje de Rousseau —que no era salvaje conocido por los antropólogos— era un buen marido y un buen padre; carecía de gula y tenía una religión de una benevolencia natural. Era una persona útil, pero, si era capaz de seguir las razones del buen vicario para creer en Dios, tenía que tener más filosofía de lo que su inocente candor nos permitía esperar.

Aparte del carácter ficticio del «hombre natural» de Rousseau, hay dos objeciones a la práctica de basar las creencias relativas a los hechos objetivos en las emociones del corazón. Una es que no hay ninguna razón para suponer que tales creencias sean verdaderas; la otra es que las creencias resultantes serán particulares, puesto que el corazón dice cosas distintas a las diferentes personas. Algunos salvajes están persuadidos por la «luz natural» que su deber es comerse a la gente, y ni siquiera los salvajes de Voltaire, que son llevados por la voz de la razón a sostener que sólo se deben comer jesuitas, son totalmente satisfactorios. Para los budistas, la luz de la Naturaleza no revela la existencia de Dios, pero proclama que es ilícito comer la carne de los animales. Mas, aunque el corazón dijera lo mismo a todos los hombres, no nos proporcionaría ninguna prueba de la existencia de nada fuera de nuestras emociones. Por muy ardientemente que yo, o toda la humanidad, pueda desear algo, por necesario que pueda ser a la felicidad humana, no hay razón para suponer que este algo exista. No hay ninguna ley de la Naturaleza que nos garantice que la humanidad deba ser feliz. Todo el mundo puede ver que esto es verdad respecto de nuestra vida terrena, pero por una curiosa inversión nuestros auténticos sufrimientos en esta vida han sido convertidos en argumento para la existencia de una vida mejor después. No emplearíamos tal argumento en ningún otro caso. Si hemos comprado a un hombre diez docenas de huevos y la primera docena ha salido podrida, no deducimos de ello que las nueve restantes tienen que ser de una calidad extraordinaria; no obstante, este tipo de razonamiento es el que fomenta el *corazón* como un consuelo para nuestros sufrimientos de aquí abajo.

Por mi parte prefiero el argumento ontológico, el cosmológico y los demás de la vieja serie, a la ilogicidad sentimental que ha brotado de Rousseau. Los antiguos argumentos eran, al menos, serios; si eran válidos, probaban su objeto, si no lo eran, quedaba a la crítica la posibilidad franca de demostrar que eran falsos. Pero la nueva teología del corazón prescinde del razonamiento; no puede ser refutada, porque no se propone probar sus puntos. En el fondo, la única razón que se ofrece para su aceptación es que nos permite entregarnos a sueños agradables. Ésta es una razón indigna, y si yo tuviera que escoger entre Tomás de Aquino y Rousseau, escogería al Santo sin ninguna vacilación.

La teoría política de Rousseau la expone en su *Contrato social,* publicado en 1762. Este libro difiere en carácter de la mayoría de sus escritos; contiene poco sentimentalismo y mucho apretado razonamiento intelectual. Sus doctrinas, aunque sirven insinceramente a la democracia, tienden a la justificación del Estado totalitario. Pero Ginebra y la Antigüedad se combinaron para hacerle preferir la ciudad-estado a los grandes imperios como Francia e Inglaterra. En la portada se llama a sí mismo «ciudadano de Ginebra» y, en sus frases de introducción, dice: «Como he nacido ciudadano de un Estado libre y miembro de un pueblo soberano, creo que, por débil que sea la influencia de mi voz en los asuntos públicos, tengo el deber de estudiarlos, ya que tengo el derecho de expresar mi voto sobre ellos». Hay frecuentes referencias elogiosas a Esparta, tal como aparece descrita en la *Vida de Licurgo,* de Plutarco. Dice que la democracia es mejor en los Estados pequeños, la aristocracia en los de tamaño mediano, y la monarquía en los grandes. Pero ha de entenderse que, en su opinión, son preferibles los Estados pequeños, en parte porque hacen más practicable la democracia. Cuando habla de democracia, da a entender, como los griegos, la participación directa de todos los ciudadanos; al Gobierno representativo lo llama «aristocracia electiva». Como la primera no es posible en un Estado grande, su elogio de la democracia implica siempre elogio de la ciudad-estado. Este amor por la ciudad-estado no se pone de relieve de modo suficiente en la mayor parte de las exposiciones de la filosofía política de Rousseau.

Aunque en su conjunto el libro es mucho menos retórico que la mayoría de los escritos rousseaunianos, el primer capítulo se abre con una fuerte pieza retórica: «El hombre ha nacido libre y en todas partes está encadenado. Uno de ellos se cree dueño de los otros, pero sigue siendo más esclavo que los demás». La libertad es la meta nominal del pensamiento de Rousseau, pero de hecho, es la igualdad lo que él estima y lo que trata de asegurar, incluso a expensas de la libertad.

Su concepción del contrato social parece, al principio, análoga a la de Locke, mas pronto se muestra más afín a la de Hobbes. En el desarrollo desde el estado de la naturaleza, viene un período en que los individuos no pueden mantenerse ya en la independencia primitiva; se hace entonces necesario para la propia conservación el que se unan para formar una sociedad. Pero ¿cómo puedo empeñar mi libertad sin perjudicar mis intereses? «El problema es hallar una forma de asociación que defienda y proteja con toda la fuerza común la persona y bienes de cada asociado y en la que cada uno, al paso que está unido a todos, pueda, sin embargo, obedecer sólo a sí mismo y seguir siendo tan libre como antes. Éste es el problema fundamental cuya solución facilita el contrato social».

El contrato consiste en la «enajenación total de cada asociado, junto con todos sus derechos, a toda la comunidad; pues en primer lugar, como cada uno se da absolutamente, las condiciones son iguales para todos, y siendo esto así, nadie tiene ningún interés en hacerlas pesadas para los otros». La enajenación ha de hacerse sin reservas: «Si los individuos conservasen ciertos derechos, como no habría ningún superior común que decidiera entre ellos y el público, cada uno, al ser en un punto su propio juez, pediría serlo así en todos los puntos; el estado de naturaleza continuaría de este modo y la asociación se haría necesariamente inoperante o tiránica».

Esto implica una completa abrogación de la libertad y un completo repudio de la doctrina de los derechos del hombre. Es verdad que, en un capítulo posterior, hay algo que suaviza esta teoría. Se dice en él que, si bien el contrato social da al cuerpo político poder absoluto sobre todos sus miembros, no obstante, los seres humanos tienen derechos naturales como hombres. «El soberano no puede imponer sobre sus súbditos ninguna traba inútil para la comunidad, ni puede desear tal cosa». Pero el soberano es el sólo juez de lo que es útil o inútil para la comunidad. Está claro que sólo un obstáculo muy débil se opone de este modo a la tiranía colectiva.

Debe observarse que el *soberano* significa en Rousseau, no el monarca o el Gobierno, sino la comunidad en su capacidad colectiva y legislativa.

El contrato social puede ser expuesto en las siguientes palabras: «Cada uno de nosotros pone su persona y todo su poder en común, bajo la suprema dirección de la voluntad general y, en nuestro Estado social, recibimos a cada miembro como una parte indivisible del todo». Este acto de asociación crea un cuerpo moral y colectivo, llamado el *Estado* cuando es pasivo, el *Soberano* cuando es activo, y un *Poder* en relación con otros cuerpos como él.

El concepto de la «voluntad general», que aparece en la terminología anterior del contrato, desempeña un papel importante en el sistema rousseauniano. Tendremos que decir algo más sobre ello.

Se arguye que el soberano no necesita dar garantías a sus súbditos, pues como está formado por los individuos que lo componen, no puede tener ningún interés contrario al de ellos. «El soberano, meramente en virtud de lo que es, siempre es lo que debía ser». Esta doctrina extravía al lector que no haya advertido el uso algo peculiar que hace Rousseau de los términos. El soberano no es el Gobierno que, según se reconoce, puede ser tiránico; el soberano es un ente más o menos metafísico, no incorporado del todo en ninguno de los órganos visibles del Estado. Su impecabilidad, por lo tanto, aun en el caso de ser admitida, no tiene las consecuencias prácticas que podía suponerse.

La voluntad del soberano, siempre acertada, es la «voluntad general». Cada ciudadano, en cuanto tal, participa de la voluntad general, pero puede también, como individuo, tener una voluntad particular contraria a la voluntad general. El contrato social implica que cualquiera que se niegue a obedecer la voluntad general, debe ser forzado a hacerlo. «Esto significa nada menos que será forzado a ser libre».

Este concepto de ser «forzado a ser libre» es muy metafísico. La voluntad general en la época de Galileo era ciertamente anticopernicana; ¿fue Galileo «forzado a ser libre» cuando la Inquisición le obligó a desdecirse? ¿Es incluso un malhechor «forzado a ser libre» cuando es encarcelado? Recordemos al corsario de Byron:

> Sobre las gratas aguas del profundo mar azul,
> nuestros pensamientos sin trabas y nuestros corazones tan libres...

¿Sería este hombre más libre en una mazmorra? Lo extraño es que esos nobles piratas de Byron son un producto directo de Rousseau y, sin embargo, en el pasaje anterior, Rousseau olvida su romanticismo y habla como un policía sofístico. Hegel, que debía mucho a Rousseau, adoptó su mal uso de la palabra *libertad* y la definía como el derecho a obedecer a la policía, o algo no muy diferente.

Rousseau no tiene aquel profundo respeto por la propiedad privada que caracteriza a Locke y a sus discípulos. «El Estado, en relación con sus miembros, es dueño de todos sus bienes». Tampoco cree en la división de poderes, según la predicaban Locke y Montesquieu. Sin embargo, en este respecto, como en algunos otros, sus posteriores exámenes detallados no concuerdan del todo con sus principios generales. En el libro III, capítulo I, dice que el papel del soberano se limita a hacer leyes y que el ejecutivo, o Gobierno, es un cuerpo intermediario colocado entre los súbditos y el soberano para asegurar su correspondencia mutua. Continúa diciendo: «Si el Gobierno desea gobernar, o el magistrado dar leyes, o si los súbditos se niegan a obedecer, el desorden reemplaza a la regularidad y... el Estado cae en el despotismo o en la anarquía». En esta frase, salvando la diferencia de vocabulario, parece coincidir con Montesquieu.

Abordo ahora la doctrina de la voluntad general, que es a la par importante y oscura. La voluntad general no es idéntica a la voluntad de la mayoría, ni aun a la voluntad de todos los ciudadanos. Parece ser concebida como la voluntad perteneciente al cuerpo político como tal. Si adoptamos el criterio de Hobbes, de que una sociedad civil es una persona, tenemos que suponerla dotada de los atributos de la personalidad, incluyendo la voluntad. Pero entonces nos enfrentamos con la dificultad de decidir cuáles son las manifestaciones visibles de esta voluntad, y aquí nos deja Rousseau en la oscuridad. Se nos dice que la voluntad general es siempre recta y tiende siempre al bien público, pero no se sigue de ello que las deliberaciones del pueblo sean igualmente correctas, pues hay frecuentemente una gran diferencia entre la voluntad de todos y la voluntad general. ¿Cómo, entonces, podemos saber cuál es la voluntad general? En el mismo capítulo hay una especie de respuesta: «Si, cuando el pueblo, con la información adecuada, sostenía sus deliberaciones, los ciudadanos no tenían comunicación entre sí, la mayoría de las pequeñas diferencias expresará siempre la voluntad general y la decisión será siempre buena».

La concepción en la mente de Rousseau parece ser esta: la opinión política de cada hombre está dominada por el interés propio, pero el interés propio consta de dos partes: una, de lo que es peculiar al individuo, mientras la otra es común a todos los miembros de la comunidad. Si los ciudadanos no tienen oportunidad de hacer cabildeos entre sí, sus intereses individuales, siendo divergentes, se anulan, y quedará una resultante que representará su interés común; esta resultante es la voluntad general. Quizá el concepto de Rousseau pueda aclararse con el ejemplo de la gravitación terrestre. Cada partícula de la Tierra atrae hacia sí a todas las demás partículas del Universo; el aire que nos rodea nos atrae hacia arriba mientras que la tierra que pisamos nos atrae hacia abajo. Pero todas esas atracciones *egoístas* se anulan unas a otras en cuanto son divergentes y lo que queda es una atracción resultante hacia el centro de la Tierra. Ésta podía ser imaginada como el acto de la Tierra considerada como comunidad y como la expresión de su voluntad general.

Decir que la voluntad general es siempre recta equivale a decir solamente que, por representar lo que es común entre los intereses propios de los diversos ciudadanos, ha de significar la mayor satisfacción colectiva del interés propio posible para toda la comunidad. Esta interpretación del sentido de Rousseau parece estar de acuerdo con sus palabras mejor que cualquiera de las que he sido capaz de idear[4].

En la opinión de Rousseau, lo que se interfiere en la práctica con la expresión de la voluntad general es la existencia de asociaciones subordinadas dentro del Estado. Cada una de éstas tiene su propia voluntad general, que puede pugnar con la de la comunidad como conjunto. «Puede entonces decirse que ya no hay tantos votos como hombres, sino sólo tantos como asociaciones». Esto lleva a una consecuencia importante: «Es esencial, pues, si la voluntad general ha de ser capaz de expresarse, que no haya ninguna sociedad parcial dentro del Estado, y que cada ciuda-

[4] Por ejemplo: «Hay a menudo mucha diferencia entre la voluntad de todos y la voluntad general: la última considera sólo el interés común; la primera mira al interés privado, y es sólo una suma de voluntades particulares. Pero quitemos de estas mismas voluntades el más y el menos. que se anulan entre sí, y queda la voluntad general como suma de las diferencias».

dano piense sólo sus propios pensamientos: lo cual fue, en realidad, el sublime y único sistema establecido por el gran Licurgo». En una nota al pie, Rousseau apoya su opinión con la autoridad de Maquiavelo.

Consideremos lo que tal sistema acarrearía en la práctica. El Estado tendría que prohibir las Iglesias (salvo una Iglesia estatal), los partidos políticos, los sindicatos y todas las demás organizaciones de los hombres con parecidos intereses económicos. El resultado es claramente el Estado social o totalitario, en el que el individuo no tiene poder. Rousseau parece darse cuenta que podría ser difícil prohibir todas las asociaciones y añade, como una ocurrencia tardía, que si *tenía* que haber asociaciones subordinadas, entonces, cuantas más hubiera, mejor, con el fin de que pudieran neutralizarse entre sí.

Cuando, en una parte posterior del libro, examina el Gobierno, se da cuenta de que el Poder Ejecutivo es inevitablemente una asociación que tiene un interés y una voluntad general propios, que pueden fácilmente pugnar con los de la comunidad. Dice que, mientras el Gobierno de un Estado grande necesita ser más fuerte que el de un Estado pequeño, hay también más necesidad de refrenar al Gobierno por medio del soberano. Un miembro del Gobierno tiene tres voluntades: su voluntad personal, la voluntad del Gobierno y la voluntad general. Estas tres debían formar un *crescendo,* pero, de hecho, ordinariamente forman un *diminuendo.* Asimismo: «Todo conspira para arrancar de un hombre al que se otorga autoridad sobre los demás, el sentido de la justicia y de la razón».

De esta suerte, a pesar de la infalibilidad de la voluntad general, que es «siempre constante, inalterable y pura», todos los viejos problemas de eludir la tiranía quedan en pie. Lo que Rousseau tiene que decir sobre estos problemas es, o una repetición subrepticia de Montesquieu, o una insistencia sobre la supremacía del Poder Legislativo que, si es democrático, es idéntico a lo que él llama el soberano. Los amplios principios generales de que parte y que presenta como si resolvieran los problemas políticos, desaparecen cuando desciende a consideraciones detalladas, las cuales no aportan ninguna contribución a la solución de aquéllos.

La condena del libro por los reaccionarios de su tiempo induce al lector moderno a esperar encontrar en él mucha más demoledora doctrina revolucionaria de la que en realidad contiene. Podemos ilustrar esto con lo que dice acerca de la democracia. Cuando Rousseau emplea este término, alude, como hemos visto ya, a la democracia directa del antiguo Estado-ciudad. Ésta, señala, no puede realizarse nunca por completo, porque el pueblo no puede estar reunido siempre y ocupándose siempre de los asuntos públicos. «Si hubiera un pueblo de dioses, su Gobierno sería democrático. Un Gobierno tan perfecto no es para hombres».

Lo que nosotros llamamos democracia lo llama él aristocracia electiva; éste, dice, es el mejor de todos los gobiernos, pero no es conveniente para todos los países. El clima tiene que ser ni muy caliente ni muy frío; la producción no debe exceder mucho de lo necesario, pues donde eso ocurre, el mal del lujo es inevitable, y es mejor que este mal esté limitado a un monarca y su corte que no se halle difundido por toda la población. En virtud de estas limitaciones, se deja un amplio campo para el Gobierno despótico. A pesar de todo, su alegato en pro de la democracia, no obstante estas limitaciones, fue sin duda una de las cosas que hizo que el Gobierno francés fuera implacablemente hostil al libro; la otra, probablemente, fue la negación del derecho divino de los reyes, que está implícita en la doctrina del contrato social como origen del Gobierno.

El contrato social se convirtió en la Biblia de la mayoría de los cabecillas de la Revolución francesa, pero sin duda, como es el destino de las Biblias, no fue leído con cuidado y menos aún entendido por muchos de sus discípulos. Reintrodujo el hábito de las abstracciones metafísicas entre los teóricos de la democracia y por su doctrina de la voluntad general hizo posible la identificación mística de un caudillo con su pueblo, la cual no tiene ninguna necesidad de ser confirmada por un aparato tan mundano como la urna electoral. Gran parte de su filosofía pudo ser utilizada por Hegel[5] en su de-

---

[5] Hegel dedica especiales elogios a la distinción entre la voluntad general y la voluntad de todos. Dice: «Rousseau habría hecho una contribución más sólida a la teoría del Estado si hubiera tenido siempre en cuenta esta distinción» (*Lógica*, sec. 163).

fensa de la autocracia prusiana. Su primer fruto en la práctica fue el reinado de Robespierre; las dictaduras de Rusia y Alemania (especialmente la última) son en parte un resultado de la doctrina de Rousseau. No me aventuro a predecir qué nuevos triunfos tiene que ofrecer el futuro al espíritu de Jean-Jacques.

CAPÍTULO XX

KANT

a) *El idealismo alemán en general*

La filosofía estuvo dominada en el siglo XVIII por los empiristas británicos, de los que Locke, Berkeley y Hume pueden tomarse como representantes. En estos hombres había un conflicto, que ellos mismos parecen haber ignorado, entre su disposición de espíritu y la tendencia de sus doctrinas teóricas. Por la índole de su espíritu eran ciudadanos de inclinación social, nada individualistas, sin injusta ansia de Poder, predispuestos en favor de un mundo tolerante donde, dentro de los límites del código penal, cada hombre pudiera hacer lo que gustara. Eran tranquilos, hombres de mundo, urbanos y amables. Pero mientras su naturaleza era social, su filosofía teórica los llevaba al subjetivismo. No era una tendencia nueva; había existido en la Antigüedad tardía, muy acentuadamente en San Agustín; había sido reavivada en los tiempos modernos por el *cogito* de Descartes y, culminó momentáneamente en las mónadas sin ventanas de Leibniz. Éste creía que todo en su experiencia seguiría inmutable si el resto del mundo fuera aniquilado; no obstante, se consagró a la unión de las Iglesias católica y protestante. Una inconsecuencia similar aparece en Locke, Berkeley y Hume.

En Locke la inconsecuencia está incluso en la teoría. Vimos en un capítulo anterior que Locke dice, por una parte: «Puesto que la mente, en todos sus pensamientos y razonamientos, no tiene más objeto inmediato que sus ideas, que sólo ella contempla o puede contemplar, es evidente que nuestro conocimiento versa únicamente acerca de ellas». Y: «El conocimiento es la percepción del acuerdo o desacuerdo de dos ideas». No obstante, sostiene que tenemos tres clases de conocimiento de la existencia real: intuitivo, de nuestra propia existencia; demostrativo, de la existencia de Dios; y sensible, de las cosas presentes a los sentidos. Las ideas *simples*, sostiene, son «el producto de cosas que operan en la mente de un modo natural». Cómo sabe esto, no lo explica; ciertamente rebasa «el acuerdo o desacuerdo de dos ideas».

Berkeley dio un paso importante para determinar esta inconsecuencia. Para él sólo hay mentes y las ideas de éstas; el mundo *físico* externo queda abolido. Pero tampoco llegó a captar todas las consecuencias de los principios epistemológicos que había tomado de Locke. Si hubiera sido completamente consecuente, hubiera negado el conocimiento de Dios y de todas las mentes, excepto la suya propia. De tal negación se vio cohibido por sus sentimientos como sacerdote y como ser social.

Hume no eludió nada en la búsqueda de la consecuencia teórica, pero no sintió el impulso de conformar su práctica con su teoría. Negó el yo y arrojó la duda sobre la inducción y la causalidad. Aceptó la abolición berkeleyana de la materia, pero no el sustituto que Berkeley ofreció en la forma de ideas de Dios. Es cierto que, como Locke, no admitía ninguna idea simple sin una impresión antecedente, y sin duda *imaginaba* una *impresión* como un estado de la mente producido de modo directo por algo externo a ella. Pero no podía admitir esto como una definición de la *impresión*, puesto que ponía en duda la noción de *causa*. Pongo en duda que él o sus discípulos se dieran plena cuenta de este problema respecto a las impresiones. Es obvio que, conforme a su criterio, una *impresión* hubiera tenido que ser definida por algún carácter intrínseco que le distinguiera de una *idea*, puesto que no podía ser definida causalmente. No podía, por lo tanto, argüir que las impresiones dan conocimiento de las cosas exteriores a nosotros, como había hecho Locke y, en una forma modificada, Berkeley. Debía, por consiguiente, haberse creído encerrado en un mundo solipsístico e ignorante de todo, salvo de sus propios estados mentales y de sus relaciones.

Hume, por su consecuencia, mostró que el empirismo, llevado a su conclusión lógica, conducía a resultados que pocos seres humanos podían ser persuadidos a aceptar, y abolía, en todo el dominio de la ciencia, la distinción entre la creencia racional y la credulidad. Locke había previsto este peligro. Pone en boca de un supuesto crítico el argumento: «Si el conocimiento consiste en el acuerdo de ideas, el entusiasta y el moderado están a un mismo nivel». Locke, que vivió en un tiempo en que los hombres se habían cansado del *entusiasmo,* no halló ninguna dificultad para persuadir a éstos de la validez de su réplica a esta crítica. Rousseau, que llega en un momento en que la gente estaba, a su vez, cansada de la razón, reavivó el *entusiasmo* y, aceptando la bancarrota de la razón, permitió al corazón decidir cuestiones que la cabeza dejaba en duda. De 1750 a 1794, el corazón fue hablando cada vez más alto: por último, Termidor puso fin, por un tiempo, a sus feroces pronunciamientos, por lo menos en lo que respecta a Francia. Bajo Napoleón el corazón y la cabeza fueron reducidos al silencio.

En Alemania, la reacción contra el agnosticismo de Hume adoptó una forma más profunda y sutil que la que Rousseau le había dado. Kant, Fichte y Hegel desarrollaron un nuevo tipo de filosofía destinado a defender el conocimiento y la virtud de las doctrinas subversivas de finales del siglo XVIII. En Kant, y más aún en Fichte, la tendencia subjetivista que empieza en Descartes fue llevada a nuevos extremos; en este aspecto, no hubo al principio ninguna reacción contra Hume. En lo que se refiere al subjetivismo, la reacción empezó con Hegel, quien buscó, por medio de su lógica, el modo de establecer una nueva vía de escape del individuo al mundo.

Todo el idealismo alemán tiene afinidades con el movimiento romántico. Éstas son notorias en Fichte y todavía más en Schelling; son menores en Hegel.

Kant, el fundador del idealismo alemán, no es importante políticamente, aunque escribió algunos ensayos interesantes sobre cuestiones políticas. Fichte y Hegel, por el contrario, expusieron doctrinas políticas que tuvieron, y tienen todavía, una profunda influencia en el curso de la Historia. Ninguno puede ser entendido sin un estudio previo de Kant, del que trataremos en este capítulo.

Hay ciertas características comunes de los idealistas alemanes, que pueden mencionarse sin necesidad de entrar en detalles.

La crítica del conocimiento, como medio de llegar a conclusiones filosóficas, la pone de relieve Kant y es aceptada por sus seguidores. Se carga el acento sobre el espíritu como opuesto a la materia, lo que conduce al final a la afirmación de que sólo existe el espíritu. Hay una negación vehemente de la moral utilitaria en favor de sistemas que se sostiene están demostrados por argumentos filosóficos abstractos. Hay un tono escolástico que hallamos ausente en los primeros filósofos franceses e ingleses; Kant, Fichte y Hegel fueron profesores universitarios que se dirigían a auditorios versados, no caballeros ociosos que se dirigían a aficionados. Aunque sus efectos fueron en parte revolucionarios, no eran intencionadamente subversivos; Fichte y Hegel estaban interesados claramente en la defensa del Estado. Las vidas de todos ellos fueron ejemplares y académicas, sus opiniones sobre las cuestiones morales eran estrictamente ortodoxas. Hicieron innovaciones en teología, pero las hicieron en interés de la religión.

Con estas indicaciones preliminares, pasemos al estudio de Kant.

b) *Bosquejo de la filosofía de Kant*

Immanuel Kant (1724-1804) es considerado generalmente como el más grande de los filósofos modernos. No estoy de acuerdo con esta apreciación, pero sería estúpido no reconocer su gran importancia.

Durante toda su vida, Kant vivió en o cerca de Koenigsberg, en la Prusia oriental. Su vida exterior fue académica y sin incidentes, aunque vivió la guerra de los Siete Años (durante parte de la cual ocuparon los rusos la Prusia oriental), la Revolución francesa y la primera parte de la carrera de Napoleón. Se educó en la versión wolfiana de la filosofía de Leibniz, pero la abandonó por dos influencias: Rousseau y Hume. Hume, con su crítica del concepto de causalidad, le despertó de sus sueños dogmáticos —al menos eso dice él—, pero el despertar fue sólo temporal y pronto inventó un soporífero que le permitió dormir de nuevo. Hume, para Kant, fue un adversario que había que refutar, pero la influencia de Rousseau tuvo mayor profundidad. Kant era un hombre de unas costumbres tan regulares que la gente acostumbraba a poner sus relojes en hora cuando pasaba por sus puertas dando su paseo, pero en una ocasión su normalidad se vio interrumpida por unos días; fue cuando estaba leyendo el *Emilio.* Decía que debía leer los libros de Rousseau varias veces, porque, a la primera lectura, la belleza del estilo le impedía enterarse del asunto. Aunque había sido educado como pietista, era liberal, tanto en política como en teología; simpatizó con la Revolución francesa hasta el momento del Terror, y era un creyente en la democracia. Su filosofía, como veremos, permitía una apelación al corazón contra los fríos dictados de la razón teórica, que podía, con un poco de exageración, considerarse como una versión pedantesca del vicario saboyano. Su principio de que cada hombre debe ser considerado como un fin en sí mismo es una forma de la doctrina de los derechos del hombre; y su amor a la libertad se muestra en su frase (tanto respecto a los niños como a los adultos) de que «no puede haber nada más espantoso que el que las acciones de un hombre deban estar sometidas a la voluntad de otro».

Las primeras obras de Kant se refieren más a la ciencia que a la filosofía. Después del terremoto de Lisboa escribió sobre la teoría de los terremotos; escribió un tratado sobre el viento y un corto ensayo sobre la cuestión de si el viento del Oeste, en Europa, es húmedo porque ha cruzado el Atlántico. La geografía física fue una cuestión que le interesó mucho.

El más importante de sus escritos científicos es su *Historia natural general y Teoría de los cielos* (1755), que anticipa la hipótesis nebular de Laplace y expone un posible origen del sistema solar. Algunas partes de la obra tienen una notable sublimidad miltoniana. Tiene el mérito de haber inventado lo que resultó ser una hipótesis fecunda, pero no expuso, como Laplace, argumentos importantes en su favor. Hay trozos que son puramente fantásticos, por ejemplo, la doctrina de que todos los planetas están habitados y que los planetas más distantes son los que tienen mejores habitantes; un criterio elogiable por su modestia terrestre, pero que no está apoyado por razones científicas.

En un período en que se hallaba más preocupado por los argumentos de los escépticos de cuanto estuvo antes o después, escribió una curiosa obra titulada *Sueños de un espíritu vidente, ilustrados por los sueños de la metafísica* (1766). El «espíritu vidente» es Swedenborg, cuyo sistema místico había sido presentado al mundo en una enorme obra de la que se vendieron cuatro ejemplares, tres a compradores desconocidos y uno a Kant. Éste, medio en serio y medio en broma, sugiere que el sistema de Swedenborg, que él llama *fantástico,* no lo es quizá más que la metafísica ortodoxa. Sin embargo, no desdeña totalmente a Swedenborg. Su lado místico, que existía, aunque no apareciera mucho en sus escritos, admiraba a Swedenborg, a quien califica de «verdaderamente sublime».

Como casi todo el mundo en su tiempo, escribió un tratado sobre lo bello y lo sublime. La noche es sublime, el día es bello; el mar es sublime, la tierra es bella; el hombre es sublime, la mujer es bella, y así sucesivamente.

La *Enciclopedia Británica* señala que «como no se casó, conservó los hábitos de su juventud estudiosa hasta la vejez». Yo me pregunto si el autor de este artículo era soltero o casado.

La obra más importante de Kant es la *Crítica de la razón pura* (primera edición, 1781; segunda edición, modificada, 1787). La finalidad de esta obra es probar que, si bien nada de nuestro conocimiento puede trascender la experiencia, es, no obstante, en parte *a priori* y no inferido inductivamente de la experiencia. La parte de nuestro conocimiento *a priori* abarca, según él, no sólo la lógica, sino mucho que no puede ser incluido en la lógica ni deducido de ella. Separa dos distinciones que en Leibniz están confundidas. Por una parte, hay la distinción entre proposiciones *analíticas* y *sintéticas;* por otra parte, la distinción entre proposiciones *a priori* y proposiciones empíricas. Tenemos que decir algo sobre estas distinciones.

Una proposición *analítica* es aquella en la que el predicado forma parte del sujeto; por ejemplo, «un hombre alto es un hombre» o «un triángulo equilátero es un triángulo». Tales proposiciones se deducen del principio de contradicción; sostener que un hombre alto no es un hombre sería contradictorio. Una proposición *sintética* es la no analítica. Todas las proposiciones que conocemos sólo por la experiencia son sintéticas. No podemos, por un mero análisis de conceptos, descubrir verdades tales como: «El martes fue un día húmedo», o «Napoleón fue un gran general». Pero Kant, a diferencia de Leibniz y todos los filósofos anteriores, no admite la inversa: todas las proposiciones sintéticas sólo son conocidas por medio de la experiencia. Esto nos lleva a la segunda de las distinciones aludidas.

Una proposición *empírica* es aquella que no podemos conocer, salvo con ayuda de la percepción sensitiva, bien sea nuestra o de alguien cuyo testimonio aceptamos. Los hechos de la historia y de la geografía son de este tipo; lo mismo ocurre con las leyes de la ciencia, siempre que nuestro conocimiento de su verdad se basa en datos de la observación. Una proposición *a priori,* por otra parte, es la que, si bien puede ser *educida* por experiencia, se ve, cuando es conocida, que tiene otra base distinta de la experiencia. A un niño que está aprendiendo aritmética se le puede ayudar mostrándole dos bolas y otras dos, y observando que en total está viendo cuatro. Pero cuando ha comprendido la proposición general «dos y dos son cuatro» ya no necesita demostrarla con ejemplos; la proposición tiene una certeza que la inducción no puede dar a una ley general. Todas las proposiciones de las matemáticas puras son en este sentido *a priori.*

Hume había probado que la ley de la causalidad no es analítica y había inferido que no podíamos estar ciertos de su verdad. Kant aceptó la tesis de que es sintética, pero, a pesar de ello, mantenía que es conocida *a priori.* Sostenía que la aritmética y la geometría son sintéticas, pero que son, igualmente, *a priori.* De este modo, se vio inducido a formular el problema en estos términos:

¿Cómo son posibles los juicios sintéticos *a priori?*

La respuesta a esta pregunta, con sus consecuencias, constituye el tema principal de la *Crítica de la razón pura.*

Kant tenía gran confianza en la solución que dio al problema. Se pasó doce años buscándola, pero sólo tardó unos meses en escribir su larga obra después de que su teoría había tomado forma. En el prefacio a la primera edición dice: «Me atrevo a asegurar que no hay un solo problema metafísico que no haya sido resuelto, o para cuya solución no se haya dado, al menos, la clave». En el prefacio a la segunda edición se compara con Copérnico, y dice que ha efectuado en la filosofía una revolución copernicana.

Según Kant, el mundo exterior sólo produce la materia de la sensación, pero nuestro aparato mental ordena esta materia en espacio y tiempo y proporciona los conceptos por medio de los cuales entendemos la experiencia. Las cosas en sí mismas, que son las causas de nuestras sensaciones, son incognoscibles; no están en el espacio o en el tiempo, no son sustancias, ni pueden ser expresadas por ninguno de esos conceptos generales que Kant llama *categorías*. El espacio y el tiempo son subjetivos, son parte de nuestro aparato de percepción. Pero justamente por eso podemos estar seguros de que, cualquier cosa que sea lo que experimentemos, mostrará las características de que se ocupan la geometría y la ciencia del tiempo. Si uno llevara siempre gafas azules, podría estar seguro de verlo todo azul (éste no es un ejemplo de Kant). De modo semejante, como llevamos siempre gafas especiales en nuestra mente, estamos seguros de verlo todo en el espacio. Así, la geometría es *a priori*, en el sentido de que tiene que ser verdad de todo lo experimentado, pero no tenemos ninguna razón para suponer que nada análogo es cierto de las cosas en sí mismas que no experimentamos.

Espacio y tiempo, según Kant, no son conceptos; son formas de *intuición*. (La palabra alemana es *Anschauung*, que significa literalmente «mirando a» o *mirar. Intuición*, aunque es la traducción aceptada, no es totalmente satisfactoria). Hay también conceptos *a priori;* éstos son las doce *categorías* que deriva Kant de las formas del silogismo. Las doce categorías están divididas en cuatro series de tres: 1) de cantidad: unidad, pluralidad, totalidad; 2) de cualidad: realidad, negación, limitación; 3) de relación: sustancia y accidente, causa y efecto, reciprocidad; 4) de modalidad: posibilidad, existencia, necesidad. Éstas son subjetivas en el mismo sentido que el espacio y el tiempo, es decir, que nuestra constitución mental es de tal naturaleza que son aplicables a todo lo que experimentamos, pero no hay ninguna razón para suponerlas aplicables a las cosas en sí mismas. En lo que respecta a la causa hay, no obstante, una inconsecuencia, pues las cosas en sí mismas son consideradas por Kant como causas de las sensaciones y sostiene que las voliciones libres son causas de sucesos en el espacio y en el tiempo. Esta inconsecuencia no es una inadvertencia accidental; es una parte esencial de su sistema.

Una gran parte de la *Crítica de la razón pura* se ocupa en mostrar los errores que surgen de aplicar el espacio, o el tiempo, o las categorías a las cosas no experimentadas. Cuando esto ocurre, sostiene Kant, nos encontramos turbados por las *antinomias,* es decir, por proposiciones mutuamente contradictorias, cada una de las cuales puede aparentemente ser probada. Kant da cuatro de estas antinomias, consistentes cada una de ellas en tesis y antítesis.

En la primera, la tesis dice: «El mundo tiene un principio en el tiempo y es también limitado en lo que respecta al espacio». La antítesis dice: «El mundo no tiene principio en el tiempo, ni límites en el espacio; es infinito en lo que respecta al tiempo y al espacio».

La segunda antinomia prueba que toda sustancia compuesta está, a la par, formada, y no formada, por partes simples.

La tesis de la tercera antinomia mantiene que hay dos clases de causalidad: una, conforme a las leyes de la Naturaleza; otra, la de la libertad; la antítesis mantiene que sólo hay una causalidad conforme a las leyes de la Naturaleza.

La cuarta antinomia prueba que hay, y no hay, un Ser absolutamente necesario.

Esta parte de la *Crítica* influyó grandemente en Hegel, cuya dialéctica procede totalmente por antinomias.

En una sección famosa, Kant se dedicó a deshacer todas las pruebas puramente intelectuales de la existencia de Dios. Pone de relieve que tiene otras razones para creer en Dios; éstas las expone más tarde en la *Crítica de la razón práctica.* Mas por ahora, su propósito es puramente negativo.

Hay, dice, sólo tres pruebas de la existencia de Dios por la pura razón; éstas son la prueba ontológica, la cosmológica y la fisicoteológica.

La prueba ontológica, según la expone él, define a Dios como el *ens realissimum,* el ser más real; es decir, el sujeto de todos los predicados que pertenecen al ser absolutamente. Se afirma por los que creen válida la prueba que, como el de *existencia* es uno de esos predicados, este sujeto tiene que tener el predicado de *existencia,* es decir, tiene que existir. Kant objeta que existencia no es un predicado. Cien táleros imaginados, dice, tienen todos los mismos predicados que cien táleros reales.

La prueba cosmológica afirma: si algo existe, tiene que existir también un Ser absolutamente necesario; ahora bien: yo sé que existo; por consiguiente, un Ser absolutamente necesario existe, y éste tiene que ser el *ens realissimum.* Kant mantiene que el último paso de este argumento es el argumento ontológico otra vez, y que éste está refutado por lo que se ha dicho ya.

La prueba fisicoteológica es el argumento familiar del designio, pero con un ropaje metafísico. Mantiene que el universo muestra un orden que es prueba de finalidad. Este argumento lo trata Kant con respeto, pero señala que, en el mejor de los casos, demuestra sólo la existencia de un arquitecto, pero no de un Creador, y por tanto, no puede dar un concepto adecuado de Dios. Concluye que «la única teología de razón posible es la que está basada en leyes morales o que trata de guiarse por ellas».

Dios, libertad e inmortalidad, dice, son las tres «ideas de razón». Pero aunque la razón pura nos lleva a *formar* estas ideas, no puede probar su realidad. La importancia de estas ideas es práctica, es decir, relacionada con la moral. El uso puramente intelectual de la razón conduce a sofismas; su único uso recto está dirigido a fines morales.

El uso práctico de la razón se desarrolla brevemente cerca del final de la *Crítica de la razón pura,* y con más extensión en la *Crítica de la razón práctica* (1786). El argumento es que la ley moral requiere justicia, es decir, felicidad proporcional a la virtud. Sólo la Providencia puede asegurar esto, y evidentemente no lo ha asegurado en *esta* vida. Por consiguiente, hay un Dios y una vida futura; y tiene que haber libertad, pues de otro modo no habría virtud.

El sistema ético de Kant, según lo expone en su *Metafísica de la moral* (1785), tiene considerable importancia histórica. Este libro contiene el «imperativo categórico» que, al menos como frase, es familiar fuera del círculo de los filósofos profesionales. Como era de esperar, Kant no tiene nada que hacer con el utilitarismo, ni con ninguna doctrina que dé a la moral una finalidad exterior a ella misma. Necesita, dice, «una metafísica de la moral completamente aislada, que no esté mezclada con ninguna teología, física o hiperfísica». Todos los conceptos morales, continúa, tienen su asiento y origen totalmente *a priori* en la razón. El valor moral existe solamente cuando un hombre actúa por sentimiento del deber; no es bastante que el acto se realice tal como el deber *pudiera* haberlo prescrito. El comerciante que es honrado por interés propio o el hombre que es amable por impulso benévolo, no son virtuosos. La esencia de la moral ha de derivarse del concepto de ley, pues aunque todo en la Naturaleza actúa conforme a leyes, sólo un ser racional tiene la facultad de actuar conforme a la idea de una ley, es decir, por voluntad. La idea de un principio objetivo, en cuanto impele a la voluntad, se llama un mandato de la razón y la fórmula del mandato se llama *imperativo.*

Hay dos clases de imperativos: el imperativo hipotético, que dice: «Debes obrar así y así si quieres lograr tal y tal fin», y el imperativo *categórico,* que dice que cierta clase de acción es objetivamente necesaria, sin consideración a ningún fin. El imperativo categórico es sintético y *a priori.* Su carácter lo deduce Kant del concepto de ley:

«Si pienso en un imperativo categórico, sé en seguida lo que contiene. Pues como imperativo contiene, además de la ley, sólo la necesidad de que la máxima esté de acuerdo con esta ley, pero la ley no contiene ninguna condición que la limite, no queda nada más que la generalidad de una ley en general, a la que ha de conformarse la máxima de las acciones, y que al conformarse, sólo presenta el imperativo como necesario. Por tanto, el imperativo categórico es singular y, de hecho, es este: *Actúa sólo conforme a una máxima que puedas al mismo tiempo desear se convierta en ley general. O: Actúa como si la máxima de tu acción fuera a convertirse por tu voluntad en una ley natural general*».

Kant da como ejemplo de la acción del imperativo categórico lo ilícito de pedir dinero prestado, porque si todos nos propusiéramos hacerlo no habría ningún dinero que prestar. Del mismo modo podemos mostrar que el robo y el asesinato están condenados por el imperativo categórico. Mas hay algunos actos que Kant juzgaría, sin duda, ilícitos, pero que no puede demostrarse lo sean conforme a sus principios: por ejemplo, el suicidio; sería totalmente posible que un melancólico deseara que todo el mundo se suicidara. Su máxima parece, en efecto, dar un criterio necesario de virtud, pero no un criterio suficiente. Para obtener un criterio *suficiente,* tendríamos que abandonar el punto de vista puramente formal de Kant y tener en cuenta los efectos de las acciones. Kant asevera enfáticamente, sin embargo, que la virtud no depende del resultado deseado de una acción, sino sólo del principio que la informa; si esto se admite, no hay posibilidad de nada más concreto que esta máxima.

Kant sostiene, aunque su principio no parece implicar esta consecuencia, que deberíamos actuar de tal modo que consideráramos a cada hombre como un fin en sí mismo. Esto puede considerarse como una forma abstracta de la doctrina de los derechos del hombre, y está expuesto a las mismas objeciones. Si es tomado en serio, sería imposible llegar a una decisión dondequiera que se hallen en pugna los intereses de dos personas. Las dificultades son particularmente obvias en filosofía política, que requiere algún principio, tal como la preferencia por la mayoría, por el cual los intereses de algunos pueden, cuando sea necesario, ser sacrificados a los de otros. Si ha de haber alguna moral de Gobierno, el fin de éste tiene que ser uno, y el único fin compatible con la justicia es el bien de la comunidad. Sin embargo, es posible interpretar el principio kantiano como que significa, no que cada hombre es un fin absoluto, sino que todos los hombres debían contar igualmente en la determinación de las acciones que afectan a muchos. Interpretado así, puede estimarse que el principio da una base moral a la democracia. Con esta interpretación no queda expuesto a la objeción aludida.

El vigor y frescura de la mente de Kant en su vejez se pueden observar a través de su tratado sobre *La paz perpetua* (1795). En esta obra aboga por una federación de Estados libres, unidos por un convenio que prohíba la guerra. Dice que la razón condena la guerra con todas sus fuerzas y que la guerra sólo puede evitarse con un Gobierno internacional. La constitución política de los Estados componentes debía ser, dice, la *republicana,* pero define esta palabra como la forma en que el Poder Ejecutivo y el Legislativo están separados. No quiere decir que no deba haber ningún rey; en efecto, afirma que es más fácil lograr un Gobierno perfecto bajo una monarquía. Como escribe bajo la impresión del reinado del Terror, recela de la democracia; dice que ésta es por necesidad un despotismo, puesto que establece un Poder Ejecutivo. «El llamado *todo el pueblo,* que lleva a cabo sus medidas, no es realmente todo el pueblo, sino sólo una mayoría: de modo que aquí la voluntad universal está en contradicción consigo misma y con el principio de libertad». La fraseología muestra la influencia de Rousseau, pero la importante idea de una federación mundial como medio de asegurar la paz no deriva de Rousseau.

A partir de 1933 —a causa del nazismo— este tratado fue motivo de que Kant cayese en desgracia en su país.

c) *La teoría de Kant del espacio y del tiempo*

La parte más importante de la *Crítica de la razón pura* es la doctrina del espacio y del tiempo. En este apartado me propongo hacer un examen crítico de tal doctrina.

Explicar con claridad la doctrina kantiana del espacio y del tiempo no es cosa fácil, porque la misma teoría no es clara. Ésta aparece expuesta en la *Crítica de la razón pura* y en los *Prolegómenos;* la segunda exposición es más fácil, pero es menos completa que la de la *Crítica.* Trataré primero de exponer la teoría, haciéndolo lo mejor que pueda; sólo después de hacerlo, intentaré la crítica.

Kant sostiene que los objetos inmediatos de la percepción se deben en parte a las cosas exteriores y en parte a nuestro propio aparato perceptor. Locke había acostumbrado al mundo a la idea de que las cualidades secundarias —colores, sonidos, sabores, etc.— son subjetivas y que no pertenecen al objeto tal como es en sí mismo. Kant, como Berkeley y Hume, aunque no totalmente del mismo modo, va más allá y hace también subjetivas las cualidades primarias. Kant no pone en duda muchas veces que nuestras sensaciones tengan causas, que él llama «cosas en sí mismas» o *noumena.* Lo que aparece en la percepción, que él llama un *fenómeno,* consta de dos partes: la debida al objeto, que llama *sensación,* y la debida a nuestro aparato subjetivo que, según dice, hace que lo múltiple se ordene en ciertas relaciones. Esta última parte la llama la *forma* del fenómeno. Esta parte no es la sensación y, por tanto, no depende del accidente del contorno; es siempre la misma, puesto que la llevamos con nosotros, y está *a priori* en el sentido, sin depender de la experiencia. Una forma pura de sensibilidad es llamada una «intuición pura» *(Anschauung);* hay dos formas de esta clase, el espacio y el tiempo, una para el sentido exterior y una para el interior.

Para probar que el espacio y el tiempo son formas *a priori,* tiene Kant dos clases de argumentos: uno, metafísico; otro, epistemológico o, según lo llama él, trascendental. Los argumentos de la primera clase los toma directamente de la naturaleza del espacio y del tiempo; los de la segunda, indirectamente de la posibilidad de la matemática pura. Los argumentos relativos al espacio están más desarrollados que los del tiempo, porque piensa que los segundos son esencialmente lo mismo que los primeros.

En lo que se refiere al espacio, los argumentos metafísicos son cuatro:

1) El espacio no es un concepto empírico, abstraído de las experiencias externas, pues el espacio se presupone al referir las sensaciones a algo *externo,* y la experiencia externa es sólo posible mediante la representación del espacio.

2) El espacio es una representación necesaria *a priori,* que está debajo de todas las percepciones externas, pues no podemos imaginar que no haya espacio, aunque podemos imaginar que no haya nada en el espacio.

3) El espacio no es un concepto discursivo o general de las relaciones de las cosas en general, pues hay solamente *un* espacio, del cual son partes, no casos, lo que llamamos *espacios.*

4) El espacio se presenta como una magnitud infinita *dada,* que contiene dentro de sí todas las partes del espacio; esta rela-

ción es diferente de la de un concepto con sus casos y, por consiguiente, el espacio no es un concepto sino una *Anschauung*.

El argumento trascendental referente al espacio se deduce de la geometría. Kant sostiene que la geometría euclidiana es conocida *a priori*, aunque es sintética, es decir, no deducible de la lógica sola. Las pruebas geométricas, piensa él, dependen de las figuras; podemos *ver*, por ejemplo que, dadas dos líneas rectas que se cortan perpendicularmente en su punto de intersección, sólo puede trazarse una recta perpendicular a ambas. Este conocimiento —piensa Kant— no está deducido de la experiencia. Pero el único modo en que mi intuición puede anticipar lo que se hallará en el objeto es si contiene solamente la forma de mi sensibilidad, que preceda en mi subjetividad a todas las impresiones reales. Los objetos de los sentidos tienen que obedecer a la geometría, porque la geometría está relacionada con nuestras formas de percibir y, por lo tanto, no podemos percibir de otra manera. Esto explica el por qué la geometría, aunque sintética, es *a priori* y apodíctica.

Los argumentos relativos al tiempo son en esencia los mismos, excepto que la aritmética sustituye a la geometría con la suposición de que el contar emplea el tiempo.

Examinemos ahora los argumentos uno a uno.

El primero de los argumentos metafísicos relativos al espacio dice: «El espacio no es un concepto empírico abstraído de experiencias externas. Pues con el fin de que ciertas sensaciones puedan ser referidas a algo fuera de mí [es decir, a algo que se halla en una posición en el espacio distinta de aquella en que yo me encuentro] y, además, con el fin de que yo pueda percibirlas como aparte y al lado unas de otras, y no como meramente distintas, sino en lugares diferentes, la representación del espacio tiene que dar ya el fundamento *[zum Grande liegen]*». Por tanto, la experiencia externa es sólo posible por medio de la representación del espacio.

La frase «fuera de mí [es decir, en un lugar diferente de aquel en que yo me encuentro]» es una frase difícil. Como cosa —en sí—, no estoy en ninguna parte, y nada está especialmente fuera de mí; es solamente mi cuerpo como fenómeno lo que puede aludirse con ello. Así, todo lo que está realmente implicado viene en la segunda parte de la frase, es decir, que yo percibo diferentes objetos como situados en sitios distintos. La imagen que surge en nuestra mente es la de un encargado de un guardarropa que cuelga diferentes prendas en ganchos distintos; los ganchos tienen que existir ya, pero la subjetividad del encargado ordena las prendas.

Hay aquí, como en toda la teoría kantiana de la subjetividad de espacio y tiempo, una dificultad que él parece no haber sentido nunca. ¿Qué me induce a mí a ordenar los objetos de la percepción tal como lo hago y no de otro modo? ¿Por qué, por ejemplo, veo siempre los ojos de las personas por encima de sus bocas y no por debajo? Según Kant, los ojos y la boca existen como cosas en sí y producen mis actos de percepción separados, pero nada en ellas corresponde a la ordenación espacial que existe en mi percepción. Contrastemos con esto la teoría física de los colores. No suponemos que en la materia hay colores en el sentido en que nuestros objetos percibidos tienen colores, sino que creemos que los diferentes colores corresponden a diferentes longitudes de onda. Como las ondas, sin embargo, implican espacio y tiempo, no puede haber, para Kant, ondas en las causas de nuestros objetos percibidos. Si, por otra parte, el espacio y el tiempo de nuestros objetos percibidos tienen contrapartidas en el mundo de la materia, como supone la física, entonces la geometría es aplicable a estas contrapartidas, y los argumentos de Kant fallan. Kant sostiene que la mente ordena la materia prima de la sensación, pero nunca cree necesario decir por qué la ordena como lo hace, y no de otro modo.

Respecto al tiempo, esta dificultad es aún mayor, debido a la intrusión de la causalidad. Yo percibo el relámpago antes de percibir el trueno; una cosa-en-sí A motiva mi percepción del relámpago y otra cosa-en-sí B motiva mi percepción del trueno. Pero A no fue anterior a B, puesto que el tiempo existe solamente en las relaciones de los objetos percibidos. ¿Por qué, entonces, las dos cosas intemporales A y B producen efectos en tiempos distintos? Esto tiene que ser totalmente arbitrario si Kant tiene razón, y no debe haber ninguna relación entre A y B correspondiente al hecho de que el objeto percibido motivado por A es anterior al motivado por B.

El segundo argumento metafísico mantiene que es posible imaginar un espacio sin nada, pero imposible imaginar la inexistencia del espacio. Me parece que no puede basarse ningún argumento serio en lo que podemos o no podemos imaginar; pero yo negaría enérgicamente que podemos imaginar el espacio sin nada en él. Podemos imaginarnos mirando al cielo en una noche oscura nubosa, pero entonces uno mismo está en el espacio e imagina las nubes que no puede ver. El espacio de Kant, como señalaba Vaihinger, es absoluto, como el de Newton, y no meramente un sistema de relaciones. Pero no veo cómo puede imaginarse el espacio vacío absoluto.

El tercer argumento metafísico dice: «El espacio no es un concepto discursivo o, según se dice, un concepto general de las relaciones de cosas en general, sino una intuición pura. Pues en primer lugar, podemos solamente imaginar *[sich vorstellen]* un solo espacio, y si hablamos de *espacios* queremos solamente decir partes de uno y mismo espacio único. Y estas partes no pueden preceder al todo como partes suyas..., sino solamente pueden ser pensadas como *en él.* Éste [espacio] es esencialmente único; lo múltiple en él se apoya solamente en limitaciones». De esto se concluye que el espacio es una intuición *a priori.*

El quid de este argumento es la negación de pluralidad en el espacio. Lo que llamamos *espacios* no son ni casos del concepto general «un espacio» ni partes de un agregado. No sé del todo cuáles son, según Kant, las posiciones lógicas de éstos, pero en todo caso son lógicamente subsiguientes al espacio. Para los que adoptan, como ocurre prácticamente a todos los modernos, un criterio relacional del espacio, este argumento se hace imposible de expresar, puesto que ni el *espacio* ni los *espacios* pueden sobrevivir como un sustantivo.

El cuarto argumento metafísico se ocupa principalmente de probar que el espacio es una intuición, no un concepto. Su premisa es que el «espacio es imaginado [o representado, *vorgestellt]* como una magnitud infinita *dada*». Éste es el criterio de una persona que vive en una región llana, como la de Koenigsberg, no me imagino cómo podría adoptarla un habitante de un valle alpino. Es difícil ver cómo algo infinito puede ser *dado*. Yo hubiera creído obvio que la parte del espacio dada, es la poblada de objetos de percepción, y respecto a las otras partes sólo tenemos un sentimiento de posibilidad de movimiento. Si un argumento tan vulgar pudiera ser incluido aquí, lo que los astrónomos modernos sostienen no es, en efecto, infinito, sino que da vueltas y vueltas como la superficie del globo.

El argumento trascendental (o epistemológico), que está mejor expuesto en los *Prolegómenos,* es más preciso que los argumentos metafísicos y es también refutable con más precisión. *Geometría,* como sabemos ahora, es un nombre que cubre dos estilos diferentes. Por una parte está la geometría pura, que deduce consecuencia de axiomas, sin inquirir si los axiomas son *verdaderos;* ésta no contiene nada que no se siga por lógica y no es *sintética* ni tiene ninguna necesidad de figuras como las que se usan en los textos de geometría. Por otra parte, está la geometría como una rama de la física, según aparece, por ejemplo, en la teoría general de la relatividad; ésta es una ciencia empírica, en la que los axiomas son deducidos de medidas y se ha visto que difieren de los de Euclides. Así, de las dos clases de geometría una es *a priori* pero no sintética, mientras la otra es sintética pero no *a priori.* Esto deshace el argumento trascendental.

Tratemos de examinar las cuestiones suscitadas por Kant respecto al espacio de una forma más general. Si adoptamos la tesis, que en la física se da por sentada, de que nuestros objetos de percepción tienen causas externas que son (en algún sentido) materiales, nos vemos llevados a la conclusión de que todas las cualidades reales de los objetos de percepción son diferentes de las de sus causas no percibidas, pero hay una cierta semejanza estructural entre el sistema de objetos de percepción y el sistema de sus causas. Hay, por ejemplo, una correlación entre los colores (según son percibidos) y las longitudes de onda (según son inferidas por los físicos). De modo análogo tiene que haber una correlación entre el espacio como ingrediente de los objetos de percepción y el espacio como ingrediente del sistema de las causas no percibidas de los objetos de percepción. Todo esto se basa en la máxima «a igual causa, igual efecto», con su anverso «a diferentes efectos, diferentes causas». De este modo, verbigracia, cuando un objeto de percepción visual A aparece a la izquierda de un objeto de percepción visual B, debemos suponer que hay alguna relación correspondiente entre la causa de A y la causa de B.

Tenemos, conforme a esta tesis, dos espacios, uno subjetivo y otro objetivo, uno conocido por la experiencia y el otro meramente inferido. Pero no hay ninguna diferencia a este respecto entre el espacio y otros aspectos de la percepción, tales como los colores y sonidos. Todos, en sus formas subjetivas, son conocidos empíricamente; todos, en sus formas objetivas, son inferidos por medio de una máxima relativa a la causalidad. No hay ninguna clase de razón para considerar nuestro conocimiento del espacio como diferente en ningún aspecto de nuestro conocimiento del color, del sonido y del olor.

En relación con el tiempo, la cuestión es diferente, puesto que, si nos adherimos a la creencia en las causas no percibidas de los objetos de percepción, el tiempo objetivo tiene que ser idéntico al tiempo subjetivo. Si no, nos encontramos con las dificultades ya consideradas en relación con el relámpago y el trueno. O tomemos un caso como el siguiente: oímos hablar a un hombre, le contestamos, y él nos oye. Su hablar y su escuchar nuestra respuesta se hallan, en lo que a nosotros se refiere, en el mundo no percibido; y en ese mundo, lo primero precede a lo segundo. Además, su hablar precede a nuestra acción de escuchar en el mundo objetivo de la física; nuestro escuchar precede a nuestra réplica en el mundo subjetivo de los objetos de percepción; y nuestra réplica precede al acto suyo de escuchar en el mundo objetivo de la física. Está claro que la relación *precede* debe ser la misma en todas estas proposiciones. Mientras que hay, por lo tanto, un importante sentido en el que el espacio perceptual es subjetivo, no hay ningún sentido en el que el tiempo perceptual sea subjetivo.

Los argumentos mencionados dan por supuesto, como hace Kant, que los objetos de percepción son causados por «cosas-en-sí» o, como diríamos, por sucesos del mundo físico. Esta suposición, sin embargo, no es lógicamente necesaria en modo alguno. Si la abandonamos, los objetos de percepción dejan de ser en cualquier sentido importante *subjetivos,* puesto que no hay nada con qué contrastarlos.

La «cosa-en-sí» era un elemento pavoroso de la filosofía de Kant, y fue abandonada por sus inmediatos sucesores, que consiguientemente cayeron en algo muy semejante al solipsismo. Las contradicciones de Kant eran tales como para hacer inevitable que los filósofos que fueran influidos por él se desarrollaran rápidamente en la dirección empírica o en la del absoluto; fue, en efecto, en la segunda dirección en la que se movió la filosofía alemana hasta después de la muerte de Hegel.

El inmediato sucesor de Kant, Fichte (1762-1814), abandonó las «cosas-en-sí» y llevó el subjetivismo a un extremo que parece casi implicar una especie de locura. Sostiene que el Yo es la única realidad última, y que existe porque se afirma a sí mismo; el no-yo, que tiene una realidad subordinada, existe también porque el Yo lo afirma. Fichte no es importante como filósofo puro, sino como fundador teórico del nacionalismo alemán, con sus *Discursos a la nación alemana* (1807-1808), hechos con la intención de levantar la resistencia alemana contra Napoleón después de la batalla de Jena. El Yo como concepto metafísico fue confundido fácilmente con el Fichte empírico; puesto que el Yo era alemán, se siguió de ello que los alemanes eran superiores a todas las demás naciones. «Tener carácter y ser alemán —dice Fichte— significa indudablemente lo mismo». Sobre esta base, elaboró toda una filosofía de totalitarismo nacionalista que tuvo gran influencia en Alemania.

Su inmediato sucesor, Schelling (1775-1854), era más amable, pero no menos subjetivo. Estuvo estrechamente asociado con los románticos alemanes; filosóficamente, aunque famoso en su tiempo, no es importante. El desarrollo importante de la filosofía de Kant fue el de Hegel.

CAPÍTULO XXI

CORRIENTES DE PENSAMIENTO EN EL SIGLO XIX

La vida intelectual del siglo XIX fue más compleja que la de ninguna época precedente. Esto se debió a varias causas. Primera: el espacio actuante era mayor que nunca; América y Rusia hicieron aportaciones importantes, y Europa tuvo un conocimiento mayor de las filosofías indias, antiguas y modernas. Segunda: la ciencia, que había sido una fuente principal de novedades desde el siglo XVII, hizo nuevas conquistas, especialmente en geología, biología y química orgánica. Tercera: la producción maquinista alteró profundamente la estructura social y dio a los hombres un nuevo concepto de sus fuerzas en relación con el medio físico. Cuarta: una profunda rebelión, filosófica y política, contra los sistemas tradicionales de pensamiento en política y economía dio origen a ataques contra muchas creencias e instituciones que hasta entonces habían sido miradas como inatacables. Esta rebelión tuvo dos formas diferentes: una romántica, racionalista la otra. (Uso estas palabras en un sentido liberal). La rebelión romántica pasa de Byron, Schopenhauer y Nietzsche a Mussolini y Hitler; la rebelión racionalista comienza con los filósofos franceses de la Revolución, pasa luego, algo suavizada, a los radicales filósofos de Inglaterra, adquiere después una forma más profunda en Marx y desemboca en la Rusia soviética.

El predominio intelectual de Alemania es un nuevo factor que comienza con Kant. Leibniz, aunque alemán, escribió casi siempre en latín o en francés, y fue muy poco influido por Alemania en su filosofía. El idealismo alemán después de Kant, lo mismo que la filosofía alemana posterior, estaba, por el contrario, profundamente influido por la historia alemana; mucho de lo que parece extraño en la especulación filosófica alemana refleja el estado de espíritu de una vigorosa nación, privada, por accidentes históricos, de su porción natural de Poder. Alemania había debido su posición internacional al Sacro Imperio Romano, pero el emperador había perdido gradualmente el dominio de sus nominales súbditos. El último emperador poderoso fue Carlos V y éste debió su Poder a sus posesiones españolas y a los Países Bajos. La Reforma y la guerra de los Treinta Años destruyeron lo que había quedado de unidad alemana, dejando un cierto número de pequeños principados que estaban a merced de Francia. En el siglo XVIII, sólo un Estado alemán, Prusia, había resistido con éxito a los franceses; por esto es por lo que Federico fue llamado el Grande. Pero la misma Prusia había caído ante Napoleón, al ser derrotada en la batalla de Jena. La resurrección de Prusia bajo Bismarck apareció como una restauración del pasado heroico de Alarico, Carlomagno y Barbarroja. (Para los alemanes, Carlomagno es alemán, no francés). Bismarck mostró su sentido de la Historia cuando dijo: «Nosotros no iremos a Canosa».

Sin embargo, aunque predominante políticamente, Prusia estaba en lo cultural menos adelantada que gran parte de la Alemania occidental; esto explica por qué muchos alemanes eminentes, incluyendo a Goethe, no lamentasen el éxito de Napoleón en Jena. Alemania, a principios del siglo XIX, presentaba una extraordinaria diversidad cultural y económica. En la Prusia oriental persistía la servidumbre; la aristocracia rural estaba en gran parte sumida en una bucólica ignorancia y los labradores carecían por completo hasta de los rudimentos de la educación. La Alemania occidental, por otra parte, había estado parcialmente sometida a Roma en la Antigüedad; había estado bajo la influencia francesa desde el siglo XVII; había sido ocupada por los ejércitos franceses revolucionarios y había adoptado instituciones tan liberales como las de Francia. Algunos de los príncipes eran inteligentes protectores de las artes y de las ciencias, imitando en sus cortes a los príncipes del Renacimiento; el ejemplo más notable era Weimar, donde el gran duque era protector de Goethe. Los príncipes, como es natural, eran en su mayor parte opuestos a la unidad alemana, puesto que ello destruiría su independencia. Eran, por lo tanto, antipatriotas, lo mismo que muchos de los hombres eminentes que dependían de ellos, ante quienes aparecía Napoleón como el misionero de una cultura más alta que la de Alemania.

Gradualmente, durante el siglo XIX, la cultura de la Alemania protestante se hizo cada vez más prusiana. Federico el Grande, como librepensador y admirador de la filosofía francesa, se había esforzado por hacer de Berlín un centro cultural; la Academia de Berlín tenía como presidente perpetuo a un francés eminente, Maupertuis, que no obstante fue desgraciadamente víctima de la mortal ridiculización de Voltaire. Los esfuerzos de Federico, como los de los demás déspotas ilustrados de su época, no incluían la reforma económica o política; todo lo que se logró en realidad fue un coro de intelectuales alquilados. Después de su muerte, fue en Alemania donde se hallaron de nuevo la mayor parte de los hombres de cultura.

La filosofía alemana estaba más vinculada a Prusia que la literatura y el arte. Kant fue súbdito de Federico el Grande; Fichte y Hegel fueron profesores en Berlín. Kant fue poco influido por Prusia; en realidad, tuvo dificultades con el Gobierno prusiano por su filosofía liberal. Pero Fichte y Hegel fueron intérpretes filosóficos de Prusia e hicieron mucho para preparar el camino a la posterior identificación del patriotismo alemán con la admiración a Prusia. Su obra en este aspecto la continuaron los grandes historiadores alemanes, particularmente Mommsen y Treitschke. Bismarck persuadió por último a la nación alemana a aceptar la unificación bajo Prusia y dio de este modo la victoria a los elementos de menos espíritu internacional de la cultura alemana.

Durante todo el período posterior a la muerte de Hegel, la mayor parte de la filosofía académica siguió siendo tradicional y, por consiguiente, no muy importante. La filosofía empírica británica predominó en Inglaterra hasta casi finales del siglo, y en Francia hasta una época un poco anterior; luego, gradualmente, Kant y Hegel fueron conquistando las universidades de Francia e Inglaterra, en lo que respecta a sus maestros de filosofía técnica. El público general educado fue poco influido, sin embargo, por este movimiento, que tuvo pocos adeptos entre los hombres de ciencia. Los escritores que continuaban la tradición académica —John Stuart Mill, por el lado empirista; Lotze, Sigwart, Bradley y Bosanquet, por el lado del idealismo alemán— no podían colocarse en el rango de los filósofos, es decir, no eran ninguno de ellos iguales a los hombres cuyos sistemas, en general, habían adoptado. La filosofía académica permaneció con frecuencia al margen del pensamiento más vigoroso de la época; por ejemplo, en los siglos XVI y XVII, cuando era todavía principalmente escolástico. Siempre que ocurre esto, el historiador de la filosofía tiene que ocuparse menos de los profesores que de los herejes no profesionales.

Muchos de los filósofos de la Revolución francesa combinaban la ciencia con las creencias vinculadas a Rousseau. Helvecio y Condorcet pueden considerarse como ejemplos típicos en su combinación del racionalismo y del entusiasmo.

Helvecio (1715-1771) tuvo el honor de que su libro *De l'Esprit* (1758) fuera condenado por la Sorbona y quemado por el verdugo. Bentham lo leyó en 1769 e inmediatamente determinó consagrar su vida a los principios de la legislación, diciendo: «Lo que Bacon fue para el mundo físico, lo fue Helvecio para la moral. El mundo moral ha tenido, por consiguiente, su Bacon, pero aún le falta su Newton». James Mill tomó a Helvecio por guía suyo en la educación de su hijo John Stuart.

Siguiendo la doctrina de Locke de que la mente es una *tabula rasa,* Helvecio consideró que las diferencias entre los individuos se debían enteramente a las diferencias de educación: en todo individuo sus talentos y sus virtudes son el resultado de su educación. El genio, sostiene, se debe con frecuencia al azar: si Shakespeare no hubiera sido sorprendido robando, habría sido un comerciante de lana. Su interés por la legislación procede de la doctrina de que los principales instructores de la adolescencia son las formas de gobierno y las consiguientes maneras y costumbres. Los hombres nacen ignorantes, no estúpidos; la educación es la que los hace estúpidos.

En moral, Helvecio era utilitario; consideraba que el placer era el bien. En religión era deísta y ardorosamente anticlerical. En teoría del conocimiento adoptó una versión simplificada de Locke:

«Iluminados por Locke, sabemos que debemos nuestras ideas a los órganos de los sentidos y, consiguientemente, a nuestra mente». La sensibilidad física, dice, es la sola causa de nuestras acciones, de nuestros pensamientos, de nuestras pasiones y de nuestra sociabilidad. Difiere fuertemente de Rousseau en cuanto al valor del conocimiento, que reputa muy alto.

Su doctrina es optimista, ya que sólo se necesita una perfecta educación para que los hombres sean perfectos. Se encuentra en ella la insinuación de que sería fácil hallar una educación perfecta si se apartara a los sacerdotes de este camino.

Condorcet (1743-1794) tiene opiniones parecidas a las de Helvecio, pero está más influido por Rousseau. Los derechos del hombre, dice, derivan todos de esta sola verdad, de que es un ser sensible, capaz de hacer razonamientos y de adquirir ideas morales, de lo que se desprende que los hombres no pueden estar ya divididos en gobernantes y súbditos, en engañadores y engañados. Estos principios, por los que el generoso Sydney dio su vida, y a los que Locke vinculó la autoridad de su nombre, fueron más tarde desarrollados con más precisión por Rousseau. Locke, dice éste, fue el primero que mostró los límites del conocimiento humano. Su «método se convirtió pronto en el de todos los filósofos y ha sido aplicándolo a la moral, a la política y a la economía como han logrado éstos alcanzar en esas ciencias una vía casi tan segura como la de las ciencias naturales».

Condorcet admira mucho la revolución americana. «El simple sentido común enseñó a los habitantes de las colonias británicas que los ingleses nacidos al otro lado del Atlántico tenían precisamente los mismos derechos que los nacidos en el meridiano de Greenwich». La Constitución de los Estados Unidos, dice, está basada en los derechos naturales, y la revolución americana hizo que los derechos del hombre fueran conocidos por toda Europa, desde el Neva hasta el Guadalquivir. Sin embargo, los principios de la Revolución francesa son «más puros, más precisos, más profundos que los que guiaron a los americanos». Estas palabras fueron escritas cuando estaba ocultándose de Robespierre; poco después fue prendido y encarcelado. Murió en la prisión, pero hay duda sobre la forma en que murió.

Creía en la igualdad de las mujeres. Fue también el inventor de la teoría de la población de Malthus, que, sin embargo, no tuvo para él las sombrías consecuencias que tuvo para Malthus, porque la adaptó a la necesidad del control de nacimientos. El padre de Malthus fue discípulo de Condorcet y de este modo conoció Malthus la teoría.

Condorcet es aún más entusiasta y optimista que Helvecio. Cree que con la difusión de los principios de la Revolución francesa desaparecerían pronto las enfermedades sociales más importantes. Quizá tuvo suerte en no vivir después de 1794.

Las doctrinas de los filósofos revolucionarios franceses, convertidas en algo menos entusiasta y preciso, fueron llevadas a Inglaterra por los radicales filósofos, de los que Bentham fue el jefe reconocido. Bentham estuvo al principio casi exclusivamente interesado en el derecho; gradualmente, según se fue haciendo viejo, sus intereses fueron ampliándose y sus opiniones haciéndose menos subversivas. Después de 1808 fue republicano, creía en la igualdad de las mujeres, era enemigo del imperialismo y demócrata decidido. Algunas de estas opiniones las debía a James Mill. Ambos creían en la omnipotencia de la educación. La adopción por Bentham del principio de «la mayor felicidad del mayor número» se debió sin duda al sentimiento democrático, pero esto implicaba oposición a la doctrina de los derechos del hombre, que él caracterizaba lisa y llanamente de *desatino.*

Los radicales filosóficos diferían de hombres como Helvecio y Condorcet en muchos aspectos. Por temperamento eran pacientes y aficionados a realizar sus teorías con detalles prácticos. Concedían gran importancia a la economía, de la que creían haber hecho una ciencia. Las tendencias al entusiasmo, que existían en Bentham y John Stuart Mill, pero no en Malthus o James Mill, fueron mantenidas severamente en jaque por esta *ciencia* y particularmente por la sombría versión malthusiana de la teoría de la población, según la cual la mayoría de los asalariados tenían siempre —salvo inmediatamente después de una epidemia— que ganar la cantidad mínima estrictamente indispensable para vivir ellos y sus familias. Otra gran diferencia entre los benthamistas y sus predecesores franceses fue que en la Inglaterra industrial hubo un violento conflicto entre los patronos y los asalariados, que dio origen al sindicalismo y al socialismo. En este conflicto, los benthamistas, en general, se pusieron al lado de los patronos frente a los trabajadores. Sin embargo, su último representante, John Stuart Mill, fue gradualmente dejando de prestar adhesión a los rígidos principios de su padre y se fue haciendo, a medida que iba madurando en edad, menos hostil al socialismo y menos convencido de la eterna verdad de la economía clásica. Según su autobiografía, este proceso se lo sugirió la lectura de los poetas románticos.

Los benthamistas, aunque al principio revolucionarios de un modo suave, gradualmente dejaron de serlo, en parte por haber logrado convertir al Gobierno británico a algunas de sus opiniones, y en parte por la oposición a la creciente fuerza del socialismo y del sindicalismo. Los hombres contrarios a la tradición, según hemos mencionado ya, eran de dos clases, racionalistas y románticos, aunque, en hombres como Condorcet, ambos elementos estaban combinados. Los benthamistas eran casi totalmente racionalistas, lo mismo que los socialistas que se rebelaron contra ellos al mismo tiempo que contra el orden económico existente. Este movimiento no adopta una filosofía completa hasta que llegamos a Marx, al que examinaremos en un capítulo posterior.

La forma romántica de la rebelión es muy diferente de la forma racionalista, aunque ambas derivan de la Revolución francesa y de los filósofos que inmediatamente la precedieron. La forma romántica se ve en Byron con ropaje no filosófico, pero en Schopenhauer y en Nietzsche ha aprendido el lenguaje de la filosofía. Tiende a destacar la voluntad a expensas del intelecto, a sentir impaciencia ante las cadenas del razonamiento y a glorificar la violencia de ciertas clases. En la política práctica es importante como aliada del nacionalismo. En tendencia, aunque no siempre de hecho, es claramente hostil a lo que comúnmente se llama razón y tiende a ser anticientífica. Algunas de sus formas más extremas se hallan entre los anarquistas rusos, pero en Rusia fue la forma racionalista de la rebelión la que prevaleció finalmente. Fue Alemania, siempre más susceptible al romanticismo que ningún otro país, la que proporcionó una salida gubernamental a la filosofía antirracional de la voluntad pura.

Hasta aquí, las filosofías que hemos examinado han tenido una inspiración tradicional, literaria o política. Pero había otras dos fuentes de criterio filosófico: la ciencia y la producción maquinista. La segunda de estas fuentes comenzó su influencia teórica con Marx y desde entonces ha ido creciendo en importancia. La primera ha sido importante desde el siglo XVII, pero adoptó formas nuevas durante el siglo XIX.

Lo que Galileo y Newton fueron respecto al siglo XVII, lo fue Darwin respecto al XIX. La teoría de Darwin tenía dos partes. Por una, tenemos la doctrina de la evolución, que sostenía que las diferentes formas de vida se habían desarrollado gradualmente a partir de un origen común. Esta doctrina, aceptada generalmente ahora, no era nueva. Había sido mantenida por Lamarck y por el precursor de Darwin, Erasmo, para no mencionar a Anaximandro. Darwin aportó una inmensa masa de pruebas para la doctrina y en la segunda parte de su teoría creyó haber descubierto la causa de la evolución. De esta suerte dio a la doctrina una popularidad y una fuerza científica que no había tenido anteriormente, pero, desde luego, no la había inventado él.

La segunda parte de la teoría de Darwin era la lucha por la existencia y la supervivencia del más apto. Todos los animales y plantas se multiplican con más rapidez que los medios con que la Naturaleza puede atenderlos; por consiguiente, en cada generación perecen muchos antes de llegar a la edad de la reproducción. ¿Qué es lo que determina la supervivencia? En cierta medida, sin duda alguna, la pura casualidad, pero hay otra causa de más importancia. Animales y plantas no son, por lo general, exactamente iguales a sus padres, sino que difieren ligeramente por exceso o por defecto en alguna característica mensurable. En un medio dado, los miembros de la misma especie compiten por la supervivencia, y los mejor adaptados al medio tienen las mayores probabilidades. Por consiguiente, entre las variaciones fortuitas, las que son favorables predominarán entre los adultos en cada generación. De este modo, de época en época, el venado corre más aprisa, los gatos acechan su presa más silenciosamente y los cuellos de las jirafas van siendo más largos. Darwin pensaba que, dado un margen de tiempo suficiente, este mecanismo podía explicar en su totalidad el largo desarrollo existente desde los protozoos hasta el *homo sapiens.*

Esta parte de la teoría de Darwin ha sido muy discutida y muchos biólogos estiman que está sujeta a muchas cualificaciones importantes. Esto, sin embargo, no es lo que más interesa al historiador de las ideas del siglo XIX. Desde el punto de vista histórico, lo interesante es la extensión, hecha por Darwin, a la totalidad de la vida de la economía que caracterizaba a los radicales filosóficos. La fuerza motriz de la evolución, según él, es una especie de economía biológica en un mundo de competencia libre. Fue la doctrina de la población de Malthus la que sugirió a Darwin la lucha por la existencia y la supervivencia del más apto como origen de la evolución.

Darwin era liberal, pero sus teorías tuvieron consecuencias en cierto grado hostiles al liberalismo tradicional. La doctrina de que todos los hombres nacen iguales y que las diferencias entre los adultos se deben totalmente a la educación era incompatible con su acentuación de las diferencias congénitas entre miembros de la misma especie. Si, como sostiene Lamarck, y como el mismo Darwin estaba dispuesto a conceder hasta cierto punto, las características adquiridas se heredaban, esta oposición a criterios como el de Helvecio podía suavizarse un poco. Mas aparecía que sólo las características congénitas se heredan, aparte de ciertas excepciones no muy importantes. De este modo, las diferencias congénitas entre los hombres adquieren una importancia fundamental.

Hay otra consecuencia de la teoría de la evolución, independiente del mecanismo particular sugerido por Darwin. Si hombres y animales tienen un origen común, y si los hombres se han desarrollado en unas etapas de tal lentitud que hay criaturas que no sabemos si clasificar como humanas o no, se suscita la cuestión: ¿en qué estadio de la evolución comenzaron los hombres, o sus antepasados semihumanos, a ser todos iguales? ¿Habría llevado a cabo el *Pithecantropus erectus,* si hubiera sido educado de un modo conveniente, una obra tan buena como la de Newton? ¿Habría escrito el Hombre de Piltdown la poesía de Shakespeare si hubiera habido alguien que le hubiera sorprendido robando? Un decidido igualitario que responda a estas preguntas en sentido afirmativo se verá obligado a considerar a los monos como los iguales de los seres humanos. ¿Y por qué hemos de detenernos en los monos? No veo de qué forma puede oponerse a un argumento en favor del voto para las ostras. Un partidario de la doctrina de la evolución puede mantener, no sólo que la doctrina de la igualdad de todos los hombres, sino asimismo la de los derechos del hombre, tiene que ser condenada como antibiológica, puesto que hace una distinción demasiado acentuada entre los hombres y los demás animales.

Sin embargo, hay otro aspecto del liberalismo que afianzó mucho la doctrina de la evolución: la creencia en el progreso. Mientras el estado del mundo permitía el optimismo, la evolución fue acogida con entusiasmo por los liberales, tanto por este motivo como porque daba nuevos argumentos contra la teología ortodoxa. El mismo Marx, aunque sus doctrinas son en algunos aspectos predarwinianas, deseaba dedicar su libro a Darwin.

El prestigio de la biología hizo que los hombres cuyo pensamiento estaba influido por la ciencia, aplicaran al mundo categorías biológicas en vez de mecanicistas. Se supuso que todo evolucionaba y era fácil imaginar una meta inmanente. A pesar de Darwin, muchos hombres consideraron que la evolución justificaba la creencia en una finalidad cósmica. El concepto de organismo vino a ser considerado como la clave de las explicaciones científicas y filosóficas de las leyes naturales y el pensamiento atomístico del siglo XVIII se consideró superado. Este punto ha acabado por influir hasta en la física teórica. En política conduce naturalmente a destacar la comunidad en oposición al individuo. Esto se halla en armonía con el Poder creciente del Estado; así como con el nacionalismo, que puede apelar a la doctrina darwiniana de la supervivencia del más apto, aplicada, no a los individuos, sino a las naciones. Pero aquí estamos pasando a la región de las opiniones extracientíficas sugeridas a un público amplio por doctrinas científicas entendidas de modo imperfecto.

Mientras la biología ha militado contra un concepto mecánico del mundo, la moderna técnica económica ha tenido un efecto opuesto. Hasta finales del siglo XVIII, la técnica científica, como opuesta a las doctrinas científicas, no tuvo ningún efecto importante sobre la opinión. Sólo con el auge del industrialismo empezó la técnica a influir en el pensamiento de los hombres. E incluso entonces, durante mucho tiempo, el efecto fue más o menos indirecto. Los hombres que producen teorías filosóficas tienen poco contacto, por lo general, con la maquinaria. Los románticos advirtieron y odiaron la fealdad que el industrialismo estaba introduciendo en lugares hasta entonces bellos y la vulgaridad (así la consideraban) de los que hacen dinero con el comercio. Esto los enfrentó con la clase media, lo que los llevó en ocasiones a algo parecido a una alianza con los campeones del proletariado. Engels elogiaba a Carlyle, sin darse cuenta de que lo que éste deseaba no era la emancipación de los asalariados, sino su sometimiento al tipo de patronos que habían tenido en la Edad Media. Los socialistas acogieron bien al industrialismo, pero deseaban liberar a los obreros industriales del sometimiento al poder de los patronos. Fueron influidos por el industrialismo en los problemas que consideraban, pero no mucho en las ideas que empleaban en la solución de sus problemas.

El efecto más importante de la producción maquinista sobre el panorama imaginativo del mundo es un inmenso aumento en el sentimiento del poder humano. Esto es sólo una aceleración del proceso que comenzó antes del alborear de la Historia, cuando los hombres temieron menos a los animales salvajes con la invención de las armas, y su temor al hambre con la invención de la agricultura. Pero la aceleración ha sido tan grande como para elaborar un concepto radicalmente nuevo en los que manejan las fuerzas que la técnica moderna ha creado. En los tiempos anteriores, las montañas y las cataratas eran fenómenos naturales; ahora una montaña molesta puede ser demolida y puede crearse una catarata necesaria. Antes había desiertos y regiones fértiles; ahora el desierto puede convertirse en tierra fértil, si la gente cree que vale la pena, y las regiones fértiles se convierten en desiertos por los optimistas con insuficiente base científica. Antes los campesinos vivían como habían vivido sus padres y sus abuelos, y creían en lo que sus padres y sus abuelos habían creído; todo el Poder de la

Iglesia no había podido desarraigar las ceremonias paganas, que habían comenzado a tener un ropaje cristiano al ser relacionadas con los santos locales. Ahora las autoridades pueden decretar lo que los hijos de los campesinos tienen que aprender en la escuela y pueden transformar la mentalidad de los labradores en el período de una generación; creemos que esto se ha logrado en Rusia.

De este modo surge, en los que dirigen los negocios o en los que están en contacto con ellos, una nueva creencia en el Poder: primero, en el poder del hombre en sus conflictos con la Naturaleza, y, luego en el poder de los gobernantes frente a los seres humanos, cuyas creencias y aspiraciones tratan de controlar por la propaganda científica, especialmente la educación. El resultado es una disminución de la fijeza; ningún cambio parece imposible. La Naturaleza es una materia prima; lo mismo es la parte de la raza humana que no participa efectivamente en el Gobierno. Hay ciertos conceptos viejos que representan la creencia de los hombres en los límites del poder humano; los dos principales son Dios y la verdad. (No quiero decir que estos dos estén *lógicamente* relacionados). Tales conceptos tienden a disolverse; si no explícitamente negados, pierden importancia y se conservan sólo de un modo superficial. Toda esta ciudad es nueva y es imposible decir cómo se adaptará la humanidad a ella. Ya ha producido inmensos cataclismos y sin duda producirá otros en el futuro. Idear una filosofía capaz de contender con los hombres intoxicados por la perspectiva de un Poder casi ilimitado y también con la apatía de los que no tienen ningún Poder es la tarea más apremiante de nuestro tiempo.

Aunque muchos creen aún sinceramente en la igualdad humana y en la democracia teórica, la imaginación de la gente moderna está profundamente influida por el tipo de organización social sugerido por la organización de la industria en el siglo XIX, que es esencialmente antidemocrático. De una parte están los capitanes de industria y de la otra la masa de los trabajadores. Este quebrantamiento de la democracia desde dentro no es reconocido aún por los ciudadanos corrientes de los países democráticos, pero ha sido una preocupación de muchos filósofos a partir de Hegel, y la tajante oposición que descubrieron entre los intereses de los muchos y los de los pocos ha encontrado expresión práctica en el fascismo. Entre los filósofos, Nietzsche estaba descaradamente de la parte de los pocos. Marx, con todo entusiasmo, al lado de los muchos. Quizá Bentham fue el único que intentó una reconciliación de los intereses en pugna; por consiguiente, incurrió en la hostilidad de ambas partes.

Para formular cualquier ética moderna satisfactoria de las relaciones humanas será esencial reconocer las necesarias limitaciones del poder de los hombres sobre el medio no humano y las deseables limitaciones de los poderes de unos hombres sobre otros.

CAPÍTULO XXII

HEGEL

Hegel (1770-1831) fue la culminación del movimiento en la filosofía alemana que se inició con Kant; aunque a menudo criticó a Kant, su sistema no hubiera podido surgir nunca si el de Kant no hubiera existido. Su influencia, aunque ahora decreciente, ha sido muy grande, no sólo en Alemania. A finales del siglo XIX, los principales filósofos académicos, tanto en América como en Gran Bretaña, eran muy hegelianos. Fuera de la filosofía pura, muchos teólogos protestantes adoptaron sus doctrinas, y su filosofía de la Historia influyó profundamente en la teoría política. Marx, como todo el mundo sabe, fue discípulo de Hegel en su juventud y conservó en su propio sistema algunos rasgos hegelianos importantes. Aunque casi todas las doctrinas de Hegel (como yo creo) sean falsas, sin embargo, conserva una importancia que no es meramente histórica, como el mejor representante de cierta clase de filosofía que, en otros, es menos coherente y menos comprensiva.

Su vida contiene pocos sucesos de importancia. En la juventud se sintió muy atraído por el misticismo y sus opiniones posteriores pueden ser consideradas, en cierto modo, como una intelectualización de lo que había aparecido primero ante él como percepción mística. Enseñó filosofía, primero como *Privatdozent* en Jena —cuenta que acabó aquí su *Fenomenología de la mente* el día antes de la famosa batalla—, luego en Nuremberg, después como profesor en Heidelberg (1816-1818), y finalmente en Berlín, desde 1818 hasta su muerte. En su vida posterior fue un prusiano patriota, un leal servidor del Estado, que disfrutó cómodamente de su reconocida preeminencia filosófica. Mas en su juventud despreciaba a Prusia y admiraba a Napoleón, hasta el extremo de alegrarse de la victoria francesa en Jena.

La filosofía de Hegel es muy difícil; es, diría yo, el más difícil de entender de todos los grandes filósofos. Antes de entrar en detalles, puede ser útil una caracterización general.

De su primitivo interés por la mística conservó la creencia en la irrealidad de la separación; a su juicio, el mundo no era una colección de unidades rigurosas, átomos o almas, cada una de las cuales subsistía por sí. La aparente subsistencia propia de las cosas finitas se le aparecía como una ilusión; nada, sostenía, es última y completamente real, salvo el todo. Pero difería de Parménides y Spinoza en la concepción del todo, que imaginaba, no como una sustancia simple, sino como un sistema complejo, del tipo de lo que llamamos un organismo. Las cosas aparentemente separadas, de que el mundo parece estar compuesto, no son simplemente una ilusión; cada una tiene un grado mayor o menor de realidad, y su realidad consiste en un aspecto del todo, que es lo que se ve, cuando se mira verdaderamente. Con este criterio va aneja una incredulidad en la realidad del tiempo y del espacio como tales, pues éstos, si se toman completamente reales, implican separación y multiplicidad. Todo esto tuvo que llegar a él la primera vez como *visión* mística; la elaboración intelectual que da en sus libros tuvo que venir después.

Hegel afirma que lo real es racional y que lo racional es real. Pero cuando dice esto no significa con *lo real* lo que un empirista daría a entender. Él admite, e incluso indica, que lo que para el empirista parecen ser hechos es, y tiene que ser, irracional; sólo después que su carácter aparente ha sido transformado al contemplarlos como aspectos del todo, es cuando se ve que son algo racional. No obstante, la identificación de lo real y lo racional conduce inevitablemente a la complacencia inseparable de la creencia de que «todo lo que es, es razonable».

El todo, en toda su complejidad, lo llama Hegel *lo Absoluto.* Lo Absoluto es espiritual; el criterio de Spinoza, de que tiene los atributos de extensión y pensamiento, es rechazado.

Dos cosas distinguen a Hegel de los demás hombres que han tenido un criterio metafísico más o menos parecido. Una de éstas es la importancia que da a la lógica: piensa Hegel que la naturaleza de la Realidad puede deducirse de la sola consideración de que tiene que ser no contradictoria. El otro rasgo destacado (estrechamente asociado con el primero) es el movimiento triple llamado la *dialéctica*. Sus libros más importantes son sus dos *Lógicas,* que es preciso comprender para poder entender adecuadamente sus puntos de vista sobre otras cuestiones.

La lógica, en el sentido que Hegel entiende esta palabra, la considera lo mismo que la metafísica; es algo totalmente distinto de lo que comúnmente se llama lógica. Su tesis es que cualquier predicado ordinario, si se toma como calificativo del todo de la Realidad, se vuelve contradictorio. Podíamos tomar como ejemplo tosco la teoría de Parménides, de que lo Uno, que es lo único real, es esférico. Nada puede ser esférico a menos que tenga un límite y no puede tener un límite a menos que haya algo (por lo menos espacio vacío) fuera de él. Por consiguiente, suponer el Universo como un todo esférico es contradictorio. (Este argumento podría ser puesto en duda introduciendo la geometría no euclidiana, pero sirve como ejemplo). O tomemos otro ejemplo, aún más tosco —mucho más aún para ser usado por Hegel—. Podemos decir, sin contradicción aparente, que el señor A es un tío; pero si dijéramos que el Universo es un señor, nos meteríamos en dificultades. Un tío es un hombre que tiene un sobrino, y el sobrino es una persona separada del tío; por consiguiente, un tío no puede ser el todo de la Realidad.

Esta ilustración podría emplearse también para ilustrar la dialéctica, que consta de tesis, antítesis y síntesis. Primero decimos: «La Realidad es un tío». Ésta es la tesis. Pero la existencia de un tío implica la de un sobrino. Como nada existe realmente con excepción de lo Absoluto y tenemos que admitir la existencia de un sobrino, tenemos que concluir: «Lo Absoluto es un sobrino». Ésta es la antítesis. Pero hallamos contra esto la misma objeción que contra la afirmación de que lo Absoluto es un tío; por consiguiente, nos vemos arrastrados a la opinión de que lo Absoluto es un todo compuesto de tío y sobrino. Ésta es la síntesis. Pero esta síntesis es todavía insatisfactoria, porque un hombre sólo puede ser tío si tiene un hermano o una hermana que tienen un hijo, sobrino de aquél. Desde aquí nos vemos llevados a ensanchar nuestro Universo para incluir el hermano o la hermana, con su mujer o su marido. De esta forma —así se afirma—, podemos ser llevados, por la mera fuerza de la lógica, desde cualquier predicado sugerido de lo Absoluto a la conclusión final de la dialéctica, llamada la «Idea Absoluta». Durante todo el proceso, hay una suposición subyacente de que nada puede ser realmente verdadero, a menos que se refiera a la Realidad como un todo.

Para esta suposición subyacente hay una base en la lógica tradicional, que da por sentado que toda proposición tiene un sujeto y un predicado. Según este criterio, todo hecho consiste en algo que tiene alguna propiedad. Se sigue de ello que las relaciones no pueden ser reales, puesto que implican *dos* cosas, no una. *Tío* es una relación, y un hombre puede convertirse en tío sin saberlo. En ese caso, desde un punto de vista empírico, el hombre queda inafectado al convertirse en tío; no tiene ninguna cualidad que no poseyera antes, si por *cualidad* entendemos algo necesario al describirlo como es en sí mismo, aparte de sus relaciones con otras personas y cosas. La única forma en que el sujeto-predicado lógico puede evitar esta dificultad es diciendo que la verdad no es una propiedad del tío solamente, o del sobrino solamente, sino del todo compuesto de tío-y-sobrino. Como todo, excepto el Todo, tiene relaciones con las cosas exteriores, se sigue que nada completamente verdadero puede decirse de las cosas separadas y que de hecho, sólo el Todo es real. Esto se sigue más directamente del hecho de que «A y B son dos» no es una proposición de sujeto-predicado y, por consiguiente, conforme a la base de la lógica tradicional, no puede haber tal proposición. Por lo tanto, no puede haber tal proposición. Por lo tanto, no hay dos cosas en el mundo; por consiguiente, el Todo, considerado como unidad, es lo único real.

El anterior argumento no se halla explícito en Hegel, pero está implícito en su sistema, como en el de otros muchos metafísicos.

Unos pocos ejemplos del método dialéctico de Hegel pueden servir para hacerlo más inteligible. Comienza el argumento de su lógica con la suposición de que «lo Absoluto es el Ser Puro»; damos por sentado que *es,* sin asignarle ninguna cualidad. Pero el ser puro sin ninguna cualidad es nada; por consiguiente, somos llevados a la antítesis: «Lo Absoluto es Nada». De estas tesis y antítesis pasamos a la síntesis: «La unión del Ser y el No-Ser es el Devenir», y así diremos: «Lo Absoluto es el Devenir». Esto tampoco sirve, sin duda, porque tiene que haber algo que devenga. De este modo, nuestras opiniones de la Realidad se desarrollan por la continua corrección de errores previos, todos los cuales surgen de la abstracción indebida, al tomar algo finito o limitado como si pudiera ser el todo. «Las limitaciones de lo finito no proceden meramente de afuera; su propia naturaleza es la causa de su abrogación y por su propio acto pasa a ser su contrapartida».

El proceso, según Hegel, es esencial para el entendimiento del resultado. Cada etapa posterior de la dialéctica contiene todas las etapas anteriores, en solución, como si dijéramos; ninguna de ellas es *totalmente* sobreseída, sino que se le da su lugar adecuado como un momento del Todo. Es, por lo tanto, imposible alcanzar la verdad, salvo recorriendo todos los pasos de la dialéctica.

El conocimiento como conjunto tiene su movimiento trino. Comienza con la percepción sensorial, en la que sólo hay noticia del objeto. Luego, por la crítica escéptica de los sentidos, se hace puramente subjetivo. Por último, alcanza la etapa del conocimiento de sí mismo, en la que sujeto y objeto no son ya distintos. Así, la conciencia de sí mismo es la forma más elevada de conocimiento. Éste, desde luego, debe ser el caso en el sistema de Hegel, pues el tipo más alto de conocimiento tiene que ser el poseído por lo Absoluto, y como lo Absoluto es el Todo, nada hay fuera de él mismo por conocer.

En el mejor pensar, según Hegel, los pensamientos se hacen fluidos y fluyen entremezclados. La verdad y la falsedad no son contrarios definidos de modo tajante, como comúnmente se supone; nada es totalmente falso y nada de lo que *nosotros* podemos conocer es totalmente verdadero. «Nosotros podemos conocer de un modo que es falso»; esto ocurre cuando atribuimos la verdad absoluta a alguna pieza de información aislada. Una pregunta como «¿Dónde nació César?» tiene una respuesta directa, que es verdad en un sentido, pero no en el sentido filosófico. Para la filosofía, «la verdad es el Todo», y nada parcial es *totalmente* verdadero.

«La razón —dice Hegel— es la certeza consciente de ser toda la realidad». Esto no quiere decir que una persona aislada es toda la realidad; en su separación no es totalmente real, pero lo que es real en ella es su participación en la Realidad como un todo. En la proporción en que nos vamos haciendo más racionales, esta participación va aumentando.

La Idea Absoluta, con que termina la Lógica, es algo parecida al Dios de Aristóteles. Es el pensamiento que se piensa a sí mismo. Claramente, lo Absoluto no puede pensar más que en sí mismo, puesto que no *hay* nada más, excepto para nuestros modos parciales y erróneos de aprehender la realidad. Se nos dice que el Espíritu es la única realidad y que su pensamiento se refleja en sí mismo por la conciencia de sí. Las palabras con que la Idea Absoluta es definida son muy oscuras. Wallace las traduce de este modo:

«La Idea Absoluta. La idea, como unidad de la idea subjetiva y objetiva, es la noción de la Idea —una noción cuyo objeto *(Gegenstand)* es la Idea como tal, y para la cual lo objetivo *(Objekt)* es Idea— un Objeto que abraza todas las características en su unidad».

El original alemán es aún más difícil [6]. La esencia de la cuestión es, no obstante, algo menos complicada de lo que Hegel hace ver. La Idea Absoluta es el pensamiento puro que piensa en el pensamiento puro. Esto es todo lo que Dios hace a través de las edades —en verdad un Dios de profesor—. Hegel continúa diciendo: «Esta unidad es consiguientemente la absoluta y total verdad, la Idea que se piensa a sí misma».

Llegamos ahora a un rasgo singular de la filosofía de Hegel, que la distingue de la filosofía de Platón, de Plotino o de Spinoza.

---

[6] La definición en alemán es: *«Der Begriff der Idee, dem die Idee als solche der Gegenstand, dem das Objekt sie ist».* Salvo en Hegel *Gegenstand* y *Objekt* son sinónimos.

Aunque la realidad última es intemporal y el tiempo es meramente una ilusión originada por nuestra incapacidad para ver el Todo, el proceso temporal tiene, sin embargo, una relación íntima con el proceso puramente lógico de la dialéctica. La Historia del mundo, en efecto, ha avanzado a través de las categorías, desde el Ser Puro en China (de la que Hegel no sabía nada, salvo que existía) a la Idea Absoluta, que parece haber sido casi, si no del todo, realizada en el Estado prusiano. No puedo ver ninguna justificación, sobre la base de su propia metafísica, para el criterio de que la Historia del mundo repite las transiciones de la dialéctica, aunque ésta es la tesis que él desarrolló en su *Filosofía de la Historia.* Era una tesis interesante, que daba unidad y sentido a las revoluciones de los negocios humanos. Como otras teorías históricas, requería, si había de hacerse aceptable, alguna tergiversación de los hechos y una ignorancia considerable. Hegel, como Marx y Spengler más tarde, poseyó ambas condiciones. Es extraño que un proceso, que se representa como cósmico, haya debido ocurrir todo él en nuestro planeta, y la mayor parte cerca del Mediterráneo. Tampoco hay ninguna razón, si la realidad es intemporal, para que las partes posteriores del proceso tengan que incorporar categorías más altas que las primeras —a menos que adoptáramos la suposición blasfema de que el Universo fue aprendiendo gradualmente la filosofía de Hegel.

El proceso temporal, según Hegel, va de lo menos a lo más perfecto, tanto en el sentido ético como en el lógico. En realidad, estos dos sentidos no son para él realmente diferenciables, pues la perfección lógica consiste en ser un todo estrechamente ligado, sin aristas rotas, sin partes independientes, sino unidas, como un cuerpo humano o, mejor aún, como una mente razonable, en un organismo cuyas partes son interdependientes y actúan todas juntas dirigidas a un solo fin; y esto constituye también la perfección ética. Unas cuantas citas servirán para aclarar la teoría hegeliana:

«Como el conductor Mercurio, la Idea es, en verdad, el conductor de los pueblos y del mundo; y el Espíritu, la voluntad necesaria y racional de ese conductor, es y ha sido el director de los acontecimientos de la Historia del mundo. Llegar a conocer este

Espíritu en este su oficio de guía, es el objeto de nuestra presente empresa».

«El único pensamiento que la filosofía trae consigo a la contemplación de la Historia es el simple concepto de la Razón; que la Razón es el soberano del mundo; que la Historia del mundo, por consiguiente, se nos presenta con un proceso racional. Esta convicción e intuición es una hipótesis en el dominio de la Historia como tal. En el de la filosofía no es ninguna hipótesis. En ella está probado por el conocimiento especulativo que la Razón —y este término puede bastarnos aquí, sin investigar la relación sostenida por el Universo con el Ser Divino— es *Sustancia,* así como *Poder Infinito;* su propia *materia infinita* está debajo de toda la vida natural y espiritual que origina, como también la *Forma Infinita,* que pone la materia en movimiento. La Razón es la *sustancia* del Universo».

«Que esta *Idea* o *Razón* es lo *Verdadero,* lo *Eterno,* la esencia absolutamente *poderosa;* que se revela en el mundo, y que en ese mundo no es revelado nada más que ésta y su honor y gloria —es la tesis que, como hemos dicho, se ha probado en filosofía y se considera aquí como demostrada».

«El mundo de inteligencia y volición consciente no está abandonado al azar, sino que tiene que mostrarse a la luz de la Idea que se conoce a sí misma». Éste es «un resultado conocido por *mí,* porque he atravesado todo el campo».

Todas estas citas son de la introducción a *La filosofía de la Historia.*

El espíritu y el curso de su desenvolvimiento es el objeto sustancial de la filosofía de la Historia. La naturaleza del Espíritu puede ser entendida si se la contrasta con su opuesto, o sea la Materia. La esencia de la Materia es la Gravedad; la esencia del Espíritu es la Libertad. La Materia está fuera de sí, mientras que el Espíritu tiene su centro en sí mismo. «El Espíritu es la existencia contenida en sí misma». Si esto no resulta claro, la siguiente definición puede dar mayor luz.

«Pero ¿qué es el Espíritu? Es el único Infinito inmutablemente homogéneo —la pura Identidad— que en su segunda fase se separa de sí mismo y hace de este segundo aspecto su propio opuesto polar, o sea, la existencia por y en Sí como contrastada con lo Universal».

En el desenvolvimiento histórico del Espíritu ha habido tres fases principales: los orientales, los griegos y romanos, y los germanos. «La Historia del mundo es la disciplina de la voluntad natural incontrolada, llevándola a obedecer a un principio universal y confiriéndole libertad subjetiva. El Oriente supo, y sabe hasta hoy, que sólo lo *Uno* es libre; el mundo grecorromano, que *algunos* son libres; el mundo germano sabe que *todos* son libres». Podía haberse supuesto que la democracia debía ser la forma de gobierno apropiada donde todos son libres, pero no es así. La democracia y la aristocracia pertenecen a la par al estadio en que algunos son libres; el despotismo a aquel estadio en que uno es libre; y la monarquía a aquel en que todos son libres. Esto está relacionado con el sentido verdaderamente singular en que usa Hegel la palabra *libertad.* Para él (y hasta aquí podemos coincidir) no hay libertad sin ley; pero él tiende a convertir esto y a argüir que, dondequiera que hay ley, hay libertad. De este modo, *libertad,* para él, significa poco más que el derecho a obedecer la ley.

Como era de esperar, asigna a los alemanes el papel más alto en el desenvolvimiento terreno del Espíritu. «El espíritu alemán es el espíritu del mundo nuevo. Su objetivo es la realización de la Verdad absoluta como autodeterminación ilimitada de la libertad —*esta* libertad que tiene su propio absoluto desde sí misma como significado».

Éste es un tipo muy superfino de libertad. No significa que pueda uno salir de un campo de concentración. No implica la democracia, ni una prensa libre[7], ni ninguna de las usuales consignas liberales, que Hegel rechaza con desdén. Cuando el Espíritu se da leyes a sí mismo, lo hace libremente. Para nuestra visión terrena puede parecer que el Espíritu que da leyes está incorporado en el monarca y que el Espíritu al que se dan leyes está incorporado en sus súbditos. Pero desde el punto de vista de lo Abso-

---

[7] La libertad de prensa, dice, no consiste en permitir que se escriba lo que uno quiera: este criterio es tosco y superficial. Por ejemplo, no se debe permitir a la prensa que haga despreciables el Gobierno o la policía.

luto, la distinción entre monarca y súbditos, como todas las demás distinciones, es ilusoria, y cuando el monarca encarcela a un súbdito de tendencia liberal es aún el Espíritu que se determina libremente. Hegel elogia a Rousseau por distinguir entre la voluntad general y la voluntad de todos. Colegimos que el monarca incorpora la voluntad general, mientras que una mayoría parlamentaria sólo incorpora la voluntad de todos. Una doctrina muy conveniente.

La historia alemana la divide Hegel en tres períodos: el primero, hasta Carlomagno; el segundo, desde Carlomagno hasta la Reforma; el tercero, a partir de la Reforma. Estos tres períodos se distinguen como los Reinos del Padre, del Hijo y del Espíritu Santo, respectivamente. Parece un poco extraño que el Reino del Espíritu Santo haya comenzado con las sangrientas y espantosamente abominables atrocidades cometidas al sofocar la guerra de los Campesinos, pero Hegel, como es natural, no menciona tan trivial incidente. En vez de esto, se deshace, como era de esperar, en elogios a Maquiavelo.

La interpretación que hace Hegel de la Historia desde la caída del Imperio romano es en parte el efecto y en parte la causa de la enseñanza de la Historia universal en las escuelas alemanas. En Italia y Francia, al mismo tiempo que ha habido una romántica admiración por los germanos por parte de unos cuantos hombres, tales como Tácito y Maquiavelo, éstos han sido considerados, en general, como los autores de la invasión *bárbara* y como los enemigos de la Iglesia, primero bajo los grandes emperadores y luego como promotores de la Reforma. Hasta el siglo XIX, las naciones latinas miraban a los germanos como sus inferiores en civilización. Los protestantes alemanes tenían, naturalmente, un criterio distinto. Miraban a los últimos romanos como carcomidos y consideraban la conquista del Imperio de Occidente por los germanos como un paso esencial hacia la renovación. Respecto al conflicto del Imperio y del Papado durante la Edad Media, adoptaron un punto de vista gibelino; hasta hoy, los escolares alemanes son educados en una ilimitada admiración por Carlomagno y Barbarroja. En los tiempos posteriores a la Reforma, la debilidad política y la desunión de Alemania eran deploradas y el auge gradual de Prusia fue acogido con alborozo por hacer fuerte a Alemania bajo una dirección protestante, y no bajo la dirección católica y débil de Austria. Hegel, al filosofar acerca de la Historia, tenía en la mente hombres como Teodorico, Carlomagno, Barbarroja, Lutero y Federico el Grande. Tiene que ser interpretado a la luz de las hazañas de éstos y a la luz de la entonces reciente humillación de Alemania por Napoleón.

Tanto se glorifica a Alemania que podía esperarse hallarla como incorporación final de la Idea Absoluta, más allá de lo cual no sería posible ningún desarrollo posterior. Pero éste no es el criterio de Hegel. Por el contrario, dice que América es la tierra del porvenir, «donde, en las épocas que se hallan ante nosotros, el peso de la Historia del mundo deberá revelarse, quizá (añade característicamente), en una pugna entre las Américas del Norte y del Sur». Parece pensar que todo lo importante toma la forma de guerra. Si se le hubiera indicado que la contribución de América a la Historia universal podía ser el desarrollo de una sociedad sin extrema pobreza, no le hubiera interesado. Por el contrario, dice que no hay todavía ningún verdadero Estado en América, porque un verdadero Estado requiere una división de clases en ricas y pobres.

Las naciones desempeñan, en el concepto de Hegel, el papel que las clases tienen en el de Marx. El principio del desenvolvimiento histórico, dice, es el genio nacional. En cada edad, hay alguna nación encargada de la misión de llevar al mundo hacia la etapa de la dialéctica que ella ha alcanzado. En nuestra época, naturalmente, esta nación es Alemania. Pero además de las naciones, tenemos que tener en cuenta también los individuos de Historia universal; son éstos hombres en cuyos objetivos están incorporadas las transiciones dialécticas que han debido acontecer en sus épocas. Estos hombres son héroes, y pueden contravenir las normas morales corrientes. Alejandro, César y Napoleón se dan como ejemplos. Dudo si, en el criterio de Hegel, puede un hombre ser un *héroe* sin ser un conquistador militar.

El acento puesto por Hegel sobre las naciones, junto con su peculiar concepto de la *libertad,* explican su glorificación del Estado —un aspecto muy importante de su filosofía política, al que tenemos que dedicar ahora nuestra atención—. Su filosofía del

Estado la desarrolla en su *Filosofía de la Historia* y en su *Filosofía del Derecho.* Es en lo fundamental compatible con su metafísica general, pero no necesaria para ésta; en ciertos puntos, sin embargo —por ejemplo, en lo referente a las relaciones entre Estados—, su admiración por el Estado nacional la lleva tan lejos hasta hacerla incompatible con su preferencia general de los todos a las partes.

La glorificación del Estado, en lo que se refiere a los tiempos modernos, comienza con la Reforma. En el Imperio romano, el emperador era deificado y el Estado adquiría como consecuencia un carácter sagrado, pero los filósofos de la Edad Media, con pocas excepciones, eran eclesiásticos y, por consiguiente, colocaron a la Iglesia por encima del Estado. Lutero, con el apoyo de los príncipes protestantes, inició la práctica contraria; la Iglesia luterana, en su totalidad, fue erastiana. Hobbes, que políticamente era protestante, desarrolló la doctrina de la supremacía del Estado, y Spinoza, en general, coincidió con él. Rousseau creía, como hemos visto, que el Estado no debía tolerar otras organizaciones políticas. Hegel era ardorosamente protestante, de la sección luterana; el Estado prusiano era una monarquía absoluta erastiana. Estas razones hacían esperar que el Estado fuera altamente valorado por Hegel, pero aun así, llega a extremos asombrosos.

Se nos dice en *La filosofía de la Historia* que «el Estado es la vida moral realizada que existe en realidad», y que toda la realidad espiritual poseída por un ser humano la posee sólo a través del Estado. «Pues su realidad espiritual consiste en esto, en que su propia esencia —la Razón— está objetivamente presente a él, en que ésta posee existencia objetiva inmediata por él... Pues la verdad es la unidad de la Voluntad universal y subjetiva, y lo universal ha de hallarse en el Estado, en sus leyes, en sus ordenaciones universales y racionales. El Estado es la Idea Divina, según existe sobre la Tierra». Asimismo: «El Estado es la incorporación de la libertad racional, realizándose y reconociéndose en una forma objetiva... El Estado es la Idea del Espíritu en la manifestación externa de la Voluntad humana y de su Libertad».

La filosofía del Derecho, en el apartado del Estado, desarrolla la misma doctrina con alguna mayor amplitud. «El Estado es la realidad de la idea moral —el espíritu moral—, como la visible voluntad sustancial, evidente para sí mismo, que piensa y se conoce, y realiza lo que conoce en la medida en que lo conoce». El Estado es lo racional en y por sí mismo. Si el Estado existiera sólo para los intereses de los individuos (como creen los liberales) un individuo podía ser, o no, miembro del Estado. Éste tiene, sin embargo, una relación totalmente distinta respecto al individuo: como es Espíritu objetivo, el individuo sólo tiene objetividad, verdad y moralidad en cuanto es miembro del Estado, cuyo verdadero contenido y finalidad es la unión como tal. Se admite que puede haber Estados malos, pero éstos existen meramente, y no tienen ninguna realidad, mientras que un Estado racional es infinito en sí mismo.

Se verá que Hegel pretende para el Estado casi la misma posición que San Agustín y sus sucesores católicos pretendían para la Iglesia. Sin embargo, hay dos aspectos en que la pretensión católica es más razonable que la de Hegel. En primer lugar, la Iglesia no es una fortuita asociación geográfica, sino un cuerpo unido por un credo común, al que sus miembros atribuyen una importancia suprema; hay, pues, en su misma esencia, la incorporación de lo que Hegel llama la *Idea.* En segundo lugar, hay sólo una Iglesia católica, mientras que hay muchos Estados. Cuando cada Estado, en relación con sus súbditos, es tan absoluto como Hegel lo hace, es difícil hallar un principio filosófico con que regular las relaciones entre los diferentes Estados. En efecto, en este punto abandona Hegel su lenguaje filosófico, recayendo en el estado de naturaleza y en la guerra de todos contra todos de Hobbes.

El hábito de hablar de «el Estado», como si hubiera solamente uno, es perturbador en cuanto no hay ningún Estado mundial. Siendo el deber, para Hegel, únicamente una relación del individuo en conexión con el Estado, no se deja ningún principio con que regular moralmente las relaciones entre Estados. Hegel lo reconoce. En las relaciones exteriores, dice, el Estado es un individuo, y cada Estado es independiente respecto de los otros. «Como tiene su existencia en esta independencia del ser-por-sí del espíritu real, es la primera libertad y el honor más alto de un pueblo». Sigue arguyendo contra cualquier tipo de Sociedad de Naciones con que pudiera limitarse la independencia de los Estados separados. El deber de un ciudadano se reduce enteramente (en lo que se refiere a las relaciones exteriores de su Estado) a sostener la sustancial individualidad, independencia y soberanía de su propio Estado. Se sigue de ello que la guerra no es totalmente un mal, ni algo que debiéramos tratar de abolir. La finalidad del Estado no es simplemente defender la vida y la propiedad de los ciudadanos, y este hecho da la justificación moral de la guerra, que no ha de ser considerada como un mal absoluto o accidental, o como algo que tiene su causa en algo que no debía existir.

Hegel no da solamente a entender que, en algunas situaciones, una nación no puede lícitamente dejar de ir a la guerra. Quiere decir mucho más que esto. Se opone a la creación de instituciones —tales como un Gobierno mundial— que impedirían que tales situaciones surgieran, porque cree que es bueno que haya guerras de tiempo en tiempo. La guerra, dice, es el estado en el que tomamos en serio la vanidad de los bienes y cosas temporales. (Esta guerra debe contrastarse con la teoría contraria: todas las guerras tienen causas económicas.) La guerra tiene un valor moral positivo: «La guerra tiene el más alto significado de que mediante ella la salud moral de los pueblos se mantiene en su indiferencia a la estabilización de las determinaciones finitas». La paz es la osificación; la Santa Alianza y la Liga para la Paz, de Kant, son errores, porque una familia de Estados necesita un enemigo. Los conflictos entre Estados sólo pueden decidirse por medio de la guerra; como los Estados se hallan entre sí en estado de naturaleza, sus relaciones no son legales o morales. Sus derechos tienen sus realidades en sus voluntades particulares y el interés de cada Estado es su propia ley más alta. No hay ningún contraste de la moral y de la política, porque los Estados no están sujetos a las leyes morales ordinarias.

Tal es la doctrina del Estado de Hegel —una doctrina que, si es aceptada, sirve para justificar todas las tiranías internas y todas las agresiones exteriores que puedan imaginarse—. La fuerza de su prejuicio se muestra en el hecho de que su teoría es extraordinariamente incompatible con su propia metafísica, y que las inconsecuencias son todas de tal índole, que tienden a justificar la crueldad y el bandolerismo internacionales. Podemos perdonar a un hombre si la lógica le obliga a llegar de mala gana a conclusiones que deplora, pero no puede perdonársele que se aparte de la lógica para tener libertad en defender crímenes. La lógica de Hegel le lleva a creer que hay más realidad o excelencia (las dos son para él sinónimas) en los todos que en sus partes, y que un todo aumenta en realidad y excelencia a medida que se hace más organizado. Esto justificaba su preferencia de un Estado a una colección anárquica de individuos, pero debía haberle llevado del mismo modo a preferir un Estado mundial a una colección anárquica de Estados. Dentro del Estado, su filosofía general debía haberle llevado a sentir más respeto por el individuo que el que sentía, pues los todos de que trata su *Lógica* no son como el Uno de Parménides, ni siquiera como el Dios de Spinoza: son todos en que el individuo no desaparece, sino que adquiere una realidad más plena por medio de su armoniosa relación con un organismo mayor. Un Estado donde se ignora al individuo no es un modelo en pequeña escala del Absoluto hegeliano.

Tampoco hay ninguna razón de peso, en la metafísica de Hegel, para esa exaltación exclusiva del Estado frente a las otras organizaciones sociales. No puedo ver más que un prejuicio protestante en su preferencia del Estado frente a la Iglesia. Además, si es bueno que la sociedad sea lo más orgánica posible, como cree Hegel, entonces son necesarias muchas organizaciones sociales, aparte del Estado y de la Iglesia. Debía seguirse de los principios de Hegel que todo interés que no sea perjudicial para la comunidad, y que pueda ser promovido por la cooperación, deba tener su organización apropiada, y que cada organización de este tipo deba tener su porción de limitada independencia. Puede objetarse que la autoridad última tiene que residir en alguna parte y no puede residir sino en el Estado. Pero incluso en ese caso, puede ser deseable que esta autoridad última no sea irresistible cuando intenta ser opresora más allá de cierto límite.

Esto nos lleva a una cuestión que es fundamental al juzgar toda la filosofía de Hegel: ¿hay más realidad, y más valor, en un todo que en sus partes? Hegel contesta a ambas preguntas con la afirmativa. La cuestión de la realidad es metafísica, la del valor es ética. Son tratadas comúnmente como si apenas pudieran distinguirse, pero para mi mente es importante mantenerlas separadas. Empecemos por la cuestión metafísica.

La opinión de Hegel, y la de otros muchos filósofos, es que el carácter de cualquier porción del Universo es afectado tan profundamente por sus relaciones con las otras partes y con el todo, que no puede hacerse ninguna declaración verdadera respecto a ninguna parte, salvo asignándole su lugar en el todo. Como este lugar en el todo depende de todas las demás partes, una declaración verdadera respecto a su lugar en el todo asignará al mismo tiempo el lugar de todas las demás partes en el todo. De esta suerte, sólo puede haber una declaración verdadera; no hay más verdad que la verdad total. Y, de modo análogo, no hay nada totalmente real, salvo el todo, pues cada parte, cuando está aislada, cambia de carácter al estar separada y, por ende, no aparece ya del todo como lo que verdaderamente es. Por un lado, cuando se mira una parte en relación con el todo, como debía ser, se ve que no subsiste por sí misma y que es incapaz de existir, salvo como parte de justamente aquel todo, lo único verdaderamente real. Ésta es la doctrina metafísica.

La doctrina ética sostiene que el valor reside en el todo más que en las partes, y tiene que ser verdadera si la doctrina metafísica lo es, pero no tiene que ser falsa si la doctrina metafísica es falsa. Puede, además, ser verdadera de algunos todos y no de otros. Esto es notoriamente cierto, en algún sentido, de un cuerpo vivo. El ojo no tiene valor cuando está separado del cuerpo; una colección de *disjecta membra,* aunque esté completa, no tiene el valor que perteneció un tiempo al cuerpo de donde han sido sacados. Hegel concibe la relación ética del ciudadano en relación con el Estado como análoga a la del ojo con el cuerpo: en su lugar, el ciudadano es parte de un cuerpo valioso, pero aislado es tan inútil como un ojo separado. La analogía está expuesta a objeciones, sin embargo; de la importancia ética de algunos todos no se sigue la de todos los todos.

La anterior exposición del problema ético es defectuosa en un aspecto importante, a saber: no tiene en cuenta la distinción entre fines y medios. Un ojo en un cuerpo vivo es *útil,* es decir, tiene valor como medio; pero no tiene más valor *intrínseco* que cuando se halla separado del cuerpo. Una cosa tiene valor intrínseco cuando es apreciada por su valor propio, no como medio para otra cosa. Estimamos el ojo como medio para ver. El ver puede ser un medio o un fin; es un medio cuando nos muestra alimentos o enemigos; es un fin cuando nos muestra algo que encontramos bello. El Estado es evidentemente valioso como medio: nos protege contra los ladrones y los asesinos, nos proporciona caminos y escuelas, etc. Puede también, desde luego, ser malo como medio, por ejemplo, al emprender una guerra injusta. La pregunta verdadera que tenemos que formularnos en relación con Hegel no es ésta, sino si el Estado es bueno *per se,* como fin: ¿Existen los ciudadanos para el Estado o el Estado para los ciudadanos? Hegel sostiene la primera tesis; la filosofía liberal que procede de Locke sostiene la segunda. Está claro que sólo atribuiremos valor intrínseco al Estado si lo consideramos con vida propia, como algo que en algún sentido es una persona. En este punto, la metafísica de Hegel es pertinente respecto a la cuestión del valor. Una persona es un todo complejo, con una vida individual; ¿puede haber una super-persona, compuesta de personas, lo mismo que el cuerpo está compuesto de órganos, y que tenga una vida singular que no es la suma de las vidas de las personas componentes? Si puede haber una persona de esa clase, como cree Hegel, entonces el Estado puede ser de ese tipo, y puede ser tan superior a nosotros como lo es todo el cuerpo con relación al ojo. Pero si consideramos esta super-persona como una mera monstruosidad metafísica, entonces diremos que el valor intrínseco de una comunidad es derivado del de sus miembros y que el Estado es un medio, no un fin. Así, volveremos de la cuestión ética a la metafísica. La misma cuestión metafísica, como veremos, es realmente una cuestión de lógica.

La cuestión que se discute es mucho más amplia que la verdad o falsedad de la filosofía de Hegel; es la cuestión que separa a los amigos del análisis de sus enemigos. Tomemos un ejemplo. Supongamos que digo «Juan es el padre de Jaime». Hegel, y todos los que creen en lo que el mariscal Smuts llama *totalismo,* dirán «Para poder entender esta proporción, tiene usted que saber quiénes son Juan y Jaime. Pero saber quién es Juan es saber todas sus características, pues aislado de ellas no sería distinguible de ningún otro. Pero todas sus características implican otras personas o cosas. Él está caracterizado por sus relaciones con sus padres, con su mujer, con sus hijos, por si es buen o mal ciudadano y por el país a que pertenece. Todas estas cosas las tiene usted que saber para poder decir que conoce a quien alude la palabra *Juan.* Paso a paso, en su esfuerzo para decir lo que entiende por la palabra *Juan,* se verá impulsado a tener en cuenta todo el Universo, y su proposición original se convertirá en una que le haga decir algo referente al Universo, no respecto a dos personas aisladas, Juan y Jaime».

Todo esto está muy bien, pero reclama una objeción inicial. Si el anterior razonamiento fuera razonable, ¿cómo podía empezar el conocimiento? Conozco muchas proposiciones de la forma «A es el padre de B», pero no conozco todo el Universo. Si todo conocimiento fuera conocimiento del Universo como un todo, no habría ningún conocimiento. Esto es suficiente para hacernos sospechar un error en alguna parte.

El hecho es que, para usar la palabra *Juan* correcta e inteligentemente, no necesito saberlo *todo* respecto a Juan, sino sólo conocerle. Sin duda, él tiene relaciones, próximas o remotas, con todo lo del Universo, pero se puede hablar de él verdaderamente sin tenerlas en cuenta, excepto las que son objeto directo de lo que se dice. Él puede ser el padre de Juana así como de Jaime, pero no es necesario para mí saber esto, para saber que es el padre de Jaime. Si Hegel tuviera razón, no podríamos declarar plenamente lo que se da a entender con «Juan es el padre de Jaime» sin mencionar a Juana; deberíamos decir: «Juan, el padre de Juana, es el padre de Jaime». Esto sería todavía inadecuado; tendríamos que seguir mencionando a sus padres y abuelos y todo Quién es Quién. Pero esto nos lleva a absurdos. La posición hegeliana podía exponerse así: «La *palabra* Juan significa todo lo que es verdadero de Juan». Pero, como definición, ésta es circular, puesto que la palabra *Juan* aparece en la frase definitoria. En efecto, si Hegel estuviera en lo cierto, ninguna palabra podría empezar a tener un significado, puesto que necesitaríamos conocer ya los significados de todas las demás palabras, con objeto de expresar todas las propiedades de lo que la palabra designa que, según la teoría, son lo que la palabra significa.

Para exponer la cuestión en forma abstracta: tenemos que distinguir propiedades de diferentes clases. Una cosa puede tener una propiedad que no implique ninguna otra cosa; esto se llama una *cualidad.* O puede tener una propiedad que implique otra cosa; tal propiedad es la de ser casado. O puede tener una que implique otras dos cosas, como la de ser cuñado. Si una cosa determinada tiene cierta colección de cualidades y ninguna otra cosa tiene justamente esta colección de cualidades, entonces puede ser definida como «la cosa que tiene tales y tales cualidades». De la posesión de estas cualidades no puede deducirse, por lógica pura, nada respecto a sus propiedades relacionales. Hegel pensaba que si se sabía lo suficiente de una cosa para distinguirla de todas las demás cosas, entonces todas sus propiedades podían ser inferidas por lógica. Esto era un error y de este error surgió todo el imponente edificio de su sistema. Esto ilustra una importante verdad, a saber: que cuanto peor es vuestra lógica más interesantes son las consecuencias a que da origen.

CAPÍTULO XXIII

BYRON

El siglo XIX, en comparación con el presente, aparece racional, progresivo y satisfecho; sin embargo, las cualidades opuestas de nuestro tiempo las poseyeron muchos de los hombres más notables durante la época del optimismo liberal. Cuando consideramos los hombres, no como artistas o descubridores, ni como simpáticos o antipáticos para nuestro gusto, sino como fuerzas, como causas de cambios en la estructura social, en los juicios de valor o en la actitud intelectual, encontramos que el curso de los acontecimientos en los tiempos recientes ha exigido mucho reajuste en nuestras apreciaciones, haciendo que muchos hombres sean menos importantes de lo que habían parecido y otros mucho más. Entre aquellos cuya importancia es mayor de lo que parecía, Byron merece un alto lugar. En el continente, tal opinión no parecerá sorprendente, pero en el mundo de habla inglesa puede considerarse extraña. Fue en el continente donde Byron tuvo influencia y no es en Inglaterra donde ha de buscarse su progenie espiritual. Para muchos de nosotros, sus versos parecen con frecuencia pobres y su sentimiento a menudo chillón, mas en el extranjero, su manera de sentir y su actitud ante la vida se transmitieron y desarrollaron hasta tener tal difusión que fueron factores de los grandes acontecimientos.

El rebelde aristócrata, cuyo modelo fue Byron en su tiempo, es un tipo muy diferente del cabecilla de una sublevación campesina o proletaria. Los que tienen hambre no necesitan una filosofía complicada para estimular o excusar el descontento, y todo lo de esta especie les parece simplemente un entretenimiento del rico perezoso. Ellos quieren lo que otros tienen, no un bien metafísico e intangible. Aunque pueden predicar el amor cristiano, como los rebeldes comunistas medievales, sus verdaderas razones para hacerlo son muy simples: la falta de este amor en el rico y poderoso causa los sufrimientos del pobre, y la presencia de este amor entre los compañeros de rebelión se considera esencial para el éxito. Pero la experiencia de la lucha lleva a desesperar del poder del amor, quedando el odio puro como fuerza impulsora. Un rebelde de este tipo, si, como Marx, inventa una filosofía, inventa una solamente destinada a demostrar la victoria final de su partido, no una filosofía interesada por los valores. Sus valores siguen siendo primitivos: lo bueno es tener bastante que comer, lo demás son palabras. Ningún hombre hambriento es probable que hable de otro modo.

El rebelde aristócrata, como tiene bastante que comer, tiene que tener otras causas de descontento. No incluyo entre los rebeldes los simples cabecillas de las facciones que se hallan temporalmente fuera del Poder; sólo incluyo a los hombres cuya filosofía requiere algún cambio mayor que su propio éxito personal. Puede ser que el afán de poder sea la fuente subterránea de su descontento, pero en su pensamiento consciente hay una crítica del Gobierno del mundo que, cuando es bastante profunda, adopta la forma de una autoafirmación cósmica de tipo titánico o, en los que conservan alguna superstición, de satanismo. Ambos se han de encontrar en Byron. Ambos, debido en gran parte a hombres en quienes influyó, se hicieron frecuentes en grandes sectores de la sociedad que difícilmente podía considerarse aristocrática. La filosofía aristocrática de la rebelión, creciendo, desarrollándose y cambiando al aproximarse a la madurez, ha inspirado una larga serie de movimientos revolucionarios, desde los carbonarios, después de la caída de Napoleón, hasta el golpe de Hitler en 1933; y en cada etapa ha inspirado una correspondiente manera de pensar y de sentir entre los intelectuales y artistas.

Es obvio que un aristócrata no se convierte en un rebelde a menos que su temperamento y circunstancias sean en algún modo peculiares. Las circunstancias de Byron fueron muy peculiares.

Sus primeros recuerdos eran de querellas entre sus padres; su madre era una mujer a quien él temía por su crueldad y despreciaba por su vulgaridad; su aya combinaba la perversión con la teología calvinista más estricta; su cojera le llenaba de vergüenza y le impidió ser uno de tantos en la escuela. A los diez años, después de vivir en la pobreza, se encontró de pronto con que era lord y propietario de Newstead. Su tío-abuelo el «malvado lord» de quien heredó, había matado a un hombre en duelo hacía treinta y tres años y había sido condenado al ostracismo por sus vecinos desde entonces. Los Byron habían sido una familia sin ley y los Gordon, los antepasados de su madre, aún más. Después de la suciedad de una calle apartada de Aberdeen, el muchacho sintió una alegría natural al verse con su título y con su abadía y estaba dispuesto a adoptar el carácter de sus antepasados en gratitud a sus tierras. Y si, en años recientes, la belicosidad de los mismos les había traído perturbaciones, él sabía que siglos atrás les había traído el renombre. Uno de sus primeros poemas, «Al dejar la abadía de Newstead», relata sus emociones de esta época, que son de admiración por sus antepasados que combatieron en las cruzadas, en Crecy y en Marston Moor. Termina con la pía resolución:

> Como vosotros vivirá, o como vosotros morirá:
> Cuando muera, que pueda mezclar su polvo con el vuestro.

Éste no es el estilo de un rebelde, pero insinúa a *Childe Harold,* el moderno par que imita a los barones medievales. Como un estudiante sin grado alguno, cuando por primera vez tuvo una renta propia, escribió que se sentía tan independiente como «un príncipe alemán que acuña su propia moneda, o como un jefe cherokee que no acuña ninguna moneda, pero que goza de lo que es más precioso: la libertad. Hablo con embeleso de esa diosa porque mi amable mamá fue tan despótica». Más tarde escribió muchos versos nobles en elogio de la libertad, pero debe entenderse que la libertad, que elogiaba, era la de un príncipe alemán o la de un jefe cherokee; no la del tipo inferior, que pueden gozar los ordinarios mortales.

A pesar de su linaje y de su título, sus deudos aristocráticos le esquivaban, haciéndole sentir que socialmente no pertenecía a su sociedad. A su madre la miraban con intenso desagrado y a él le miraban con recelo. Él sabía que ella era vulgar y temía oscuramente un defecto semejante en sí mismo. De aquí surgió esa mezcla peculiar de esnobismo y rebeldía que le caracterizaba. Si no podía ser un *gentleman* en el estilo moderno, sería un atrevido barón en el estilo de sus antepasados cruzados, o quizá en el estilo más feroz, pero más romántico todavía, de los jefes gibelinos, malditos de Dios y del Hombre cuando marchaban altaneros a una espléndida decadencia. Los romances y las historias medievales eran sus libros de etiqueta. Pecaba como los Hohenstaufen y, como los cruzados, moría combatiendo a los mahometanos.

Su timidez y el sentimiento de desamparo le hicieron buscar el consuelo en los lances amorosos, pero como inconscientemente buscaba una madre más que una amante, todas le desilusionaron, excepto Augusta. El calvinismo, que nunca abandonó —a Shelley, en 1816, le dice, describiéndose, que es «metodista, calvinista, agustiniano»—, le hizo sentir que su modo de vida era perverso. Pero la perversión, se dice a sí mismo, era una maldición hereditaria en su sangre, un destino malo al que estaba predestinado por el Todopoderoso. Si ese era realmente su caso, como él *tiene* que ser notable, sería notable como pecador, y cometería transgresiones que rebasarían el valor de los libertinos a la moda, a quienes deseaba despreciar. Amó sinceramente a Augusta porque era de su sangre —de la raza ismaelita de los Byron— y también, más simplemente, porque ésta tenía una hermana mayor que se preocupaba amablemente del diario bienestar de Byron. Mas esto no era todo lo que ella tenía que ofrecerle. Con su sencillez y su agradable carácter, se convirtió en el medio de proporcionarle el más encantador y enorgullecedor remordimiento. Así podía sentirse el igual de los mayores pecadores: el par de Manfredo, de Caín, casi del mismo Satán. El calvinista, el aristócrata y el rebelde se sentían todos igualmente satisfechos, y lo mismo el amante romántico, cuyo corazón se sintió roto con la pérdida del único ser terreno capaz aún de suscitar en él las suaves emociones de la piedad y del amor.

Byron, aunque se sentía el igual de Satán, nunca se aventuró del todo a ponerse en el lugar de Dios. Este siguiente paso en el desarrollo del orgullo fue dado por Nietzsche, quien dice: «Si hubiera dioses, ¿cómo iba yo a soportar el no ser Dios? *Por consiguiente,* no hay dioses». Obsérvese la premisa suprimida de este silogismo: «Todo lo que humille mi orgullo tiene que considerarse falso». Nietzsche, como Byron, e incluso en un grado más alto, tenía una educación piadosa, pero poseedor de un intelecto mejor, halló una salida mejor que el satanismo. No obstante, continuó mirando con mucha simpatía a Byron. Dice: «La tragedia es que no podemos creer los dogmas de la religión y de la metafísica si tenemos los métodos estrictos de la verdad en el corazón y en la cabeza, mas por otra parte, el desarrollo de la humanidad nos ha hecho tan dolorosamente sensitivos que necesitamos el tipo más elevado de medios de salvación y de consuelo: de donde surge el peligro de que el hombre pueda morir desangrado por la verdad que reconoce. Byron expresa esto en versos inmortales:

> La pena es conocimiento: los que saben más
> tienen que deplorar más la verdad fatal;
> el Árbol de la Ciencia no es el de la Vida».

A veces, aunque raramente, Byron se aproxima más al punto de vista de Nietzsche. Pero en general, la teoría ética de Byron, como cosa opuesta a su práctica, se mantiene en una línea estrictamente convencional.

El hombre grande, para Nietzsche, es divino; para Byron, usualmente, un titán en guerra consigo mismo. Sin embargo, a veces describe a un sabio no muy diferente de Zaratustra —el *Corsario,* en sus tratos con sus seguidores,

> Aún inclina sus almas con ese imperioso arte
> que fascina, guía, aunque hiela al corazón vulgar.

Y este mismo héroe «odiaba demasiado al hombre para sentir remordimiento». Una nota nos asegura que el *Corsario* está realmente en la naturaleza humana, puesto que rasgos similares se encuentran en Genserico, rey de los vándalos; en Ezzelino, el tirano gibelino, y en cierto pirata de Luisiana.

Byron no tuvo que reducirse al Levante y a la Edad Media en su busca de héroes, pues no fue difícil investir a Napoleón con un ropaje romántico. La influencia de Napoleón en la imaginación de la Europa del siglo XIX fue muy profunda; inspiró a Clausewitz, a Stendhal, a Heine, el pensamiento de Fichte y Nietzsche y los actos de los patriotas italianos. Su fantasma se pasea por la época, único Poder bastante fuerte para enfrentarse con el industrialismo y el comercio, vertiendo desprecio sobre el pacifismo y los tenderos. *La guerra y la paz,* de Tolstoi, es un intento para exorcizar el espectro, pero resultó vano, pues éste no ha sido nunca tan poderoso como hoy.

Durante los Cien Días, Byron proclamó su deseo de que Napoleón triunfara, y cuando supo lo de Waterloo, exclamó: «Lo siento terriblemente». Sólo una vez, y por un momento, se volvió contra su héroe: en 1814, cuando (así creía él) el suicidio hubiera sido más decoroso que la abdicación. En este momento buscó consuelo en la virtud de Washington, pero el retorno de la isla de Elba hizo que este esfuerzo no fuera ya necesario. En Francia, cuando murió Byron, «se hizo observar en muchos periódicos que los dos hombres más grandes del siglo, Napoleón y Byron, habían desaparecido casi al mismo tiempo» [8]. Carlyle, que en un tiempo consideró a Byron «el espíritu más noble de Europa» y sintió como si hubiera «perdido a un hermano», prefirió luego a Goethe, pero todavía emparejaba a Byron con Napoleón:

«Para vuestros más nobles espíritus, la publicación de alguna de estas obras de arte, en uno u otro idioma, se convierte casi en una necesidad. Pues ¿qué es propiamente, sino un altercado con el diablo, antes de empezar honestamente a combatirle? Vuestro Byron publica sus *Cuitas de lord George,* en verso y prosa, y de otros muchos modos; vuestro Bonaparte presenta su ópera de las *Cuitas de Napoleón,* en un estilo todo él estupendo; con música de cañonazos y gritos de espanto de todo un mundo; sus candile-

---

[8] Maurois, *Vida de Byron.*

jas son los resplandores del incendio; su ritmo y sus recitados son el pisar de sus huestes en tropel y el sonido de las ciudades conquistadas»[9].

Es verdad que tres capítulos después, da la enfática orden: «Cierra tu *Byron;* abre tu *Goethe*». Pero Byron estaba en su sangre, mientras Goethe siguió siendo una aspiración.

Para Carlyle, Goethe y Byron eran antítesis; para Alfredo de Musset, eran cómplices en la perversa obra de verter el veneno de la melancolía en la alegre alma gala. La mayoría de los jóvenes franceses de esa época sólo conocieron a Goethe, a lo que parece, a través de *Las cuitas de Werther,* y de ningún modo como el olímpico. Musset censuraba a Byron por no haberse consolado con el Adriático y la condesa Guiccioli —erróneamente, pues, luego de haberla conocido, no escribió más *Manfredos*—. Pero *Don Juan* fue tan poco leído en Francia como la más alegre poesía de Goethe. A pesar de Musset, muchos poetas franceses, desde entonces, han hallado en la infelicidad byroniana el mejor motivo para sus versos.

Para Musset, sólo después de Napoleón, fueron Byron y Goethe los mayores genios del siglo. Nacido en 1810, Musset pertenecía a la generación de los que describe como *conçus entre deux batailles,* en una evocación lírica de las glorias y desastres del imperio. En Alemania el sentimiento respecto a Napoleón estaba más dividido. Había los que, como Heine, le veían como el poderoso misionero del liberalismo, el destructor de la servidumbre, el enemigo de la legitimidad, el hombre que hacía temblar a los principados hereditarios; había otros que veían en él al Anticristo, al presunto destructor de la noble nación alemana, al antimoralista que había demostrado de una vez para siempre que la virtud teutónica sólo podía preservarse con el odio inquebrantable a Francia. Bismarck efectuó una síntesis: Napoleón seguía siendo el Anticristo, pero un Anticristo que había que imitar y no meramente aborrecer. Nietzsche, que aceptaba el compromiso, observó con regocijo de vampiro que llegaba la edad clásica de la

---

9 *Sartor Resartus,* lib. II, cap. VI.

guerra y que debíamos esta bendición, no a la Revolución francesa, sino a Napoleón. Y de este modo, el nacionalismo, el satanismo y el culto a los héroes, el legado de Byron, pasó a formar parte de la compleja alma de Alemania.

Byron no es suave, sino violento como un trueno. Lo que dice de Rousseau es aplicable a él mismo. Rousseau era, dice:

> El que arrojó
> el hechizo sobre la pasión, y del dolor
> extrajo una elocuencia abrumadora...
> No obstante, supo
> cómo hacer bella la locura y arrojar
> sobre hechos y pensamientos errados un celeste matiz.

Pero hay una profunda diferencia entre los dos hombres. Rousseau es patético; Byron es feroz; la timidez de Rousseau es notoria, la de Byron está oculta; Rousseau admira la virtud siempre que sea sencilla, mientras que Byron admira el pecado con tal que sea elemental. La diferencia, aunque sea sólo la que hay entre dos estadios de la rebelión de los instintos antisociales, es importante, y muestra la dirección en que va desarrollándose el movimiento.

El romanticismo de Byron, preciso es confesarlo, era sólo sincero a medias. A veces decía que la poesía de Pope era mejor que la suya, pero este juicio, también, era probablemente sólo lo que pensaba de ciertos aspectos. El mundo ha insistido en simplificarlo, omitiendo el elemento de *pose* en su desesperación cósmica y en su declarado desprecio por la humanidad. Como muchos otros hombres eminentes, fue más importante como mito que como lo que realmente era. Como mito, su importancia, especialmente en el continente, fue enorme.

CAPÍTULO XXIV

SCHOPENHAUER

Schopenhauer (1788-1860) es, en muchos aspectos, peculiar entre los filósofos. Es pesimista, mientras casi todos los demás son optimistas en algún sentido. No es plenamente académico, como Kant y Hegel, ni se halla completamente fuera de la tradición académica. Siente aversión por el cristianismo, prefiriendo las religiones de la India, el hinduismo a la par que el budismo. Es un hombre de amplia cultura, con tanto interés por el arte como por la moral. Se halla libre, de modo inusitado, del nacionalismo, y se halla tan a gusto con escritores ingleses y franceses como con los de su país. Su llamamiento se ha dirigido siempre menos a los filósofos profesionales que a los artistas y literatos que andan en busca de una filosofía en que poder creer. Comenzó esa acentuación de la voluntad que es característica de mucha filosofía de los siglos XIX y XX; pero para él, la voluntad, aunque fundamental metafísicamente, es un mal moralmente —una oposición sólo posible para un pesimista—. Reconoce tres fuentes de su filosofía: Kant, Platón y los Upanishads. Pero no creo que deba a Platón tanto como él piensa. Su actitud tiene cierta temperamental afinidad con la de la época helenística; es fatigado y valetudinario, estima la paz más que la victoria y el quietismo más que los intentos de reforma, que considera inevitablemente vanos.

Sus padres pertenecían a destacadas familias de comerciantes de Danzig, donde nació. Su padre era volteriano; consideraba a Inglaterra como la tierra de la libertad y de la inteligencia. En común con la mayoría de los ciudadanos principales de Danzig, odiaba las intromisiones de Prusia en la independencia de la ciudad libre y se indignó cuando fue incorporada a Prusia en 1793; tanto se indignó, que se trasladó a Hamburgo, con considerable pérdida pecuniaria. Schopenhauer vivió allí con su padre desde 1793 a 1797; luego pasó dos años en París, al cabo de los cuales su padre sintió la satisfacción de ver que su hijo casi había olvidado el alemán. En 1803 se le envió a un colegio de internos en Inglaterra, donde odió la gazmoñería y la hipocresía. Dos años después, para complacer a su padre, entró de empleado en una casa comercial de Hamburgo, pero detestaba la perspectiva de una carrera comercial y anhelaba una vida literaria y académica. Esto se hizo posible con la muerte de su padre, probablemente por suicidio; su madre se mostró propicia a que abandonara el comercio por el colegio y la universidad. Podía suponerse que, en consecuencia, él la preferiría a su padre, pero sucedió lo contrario; no quería a su madre y conservó un afectuoso recuerdo de su padre.

La madre de Schopenhauer era una dama de aspiraciones literarias, que se estableció en Weimar dos semanas antes de la batalla de Jena. Allí abrió un salón literario, escribió libros y gozó de la amistad de los hombres de cultura. Sentía poco afecto por su hijo y hacía una crítica dura de sus defectos. Le daba consejos contra la ampulosidad y el sentimentalismo vacío; él se sentía molesto con los galanteos de ella. Al llegar a la mayoría de edad heredó una modesta renta; después de ello, él y su madre se hicieron más incompatibles cada día. Su mala opinión de las mujeres se debe, sin duda, al menos en parte, a sus desavenencias con su madre.

Ya en Hamburgo había caído bajo la influencia de los románticos, especialmente Tieck, Novalis y Hoffmann, de los que aprendió a admirar a Grecia y a menospreciar los elementos hebreos del cristianismo. Otro romántico, Friedrich Schlegel, le confirmó en su admiración por la filosofía india. Cuando llegó a la mayoría de edad (1809) fue a la Universidad de Göttingen, donde aprendió a admirar a Kant. Dos años después fue a Berlín, donde se dedicó principalmente al estudio de la ciencia; oyó a Fichte, pero le despreció. Permaneció indiferente a la agitación producida por la guerra de liberación. En 1819, fue *Privatdozent* en Berlín, y tuvo la presunción de poner sus clases a la misma hora que las de Hegel; no habiendo logrado seducir a los oyentes de Hegel, pronto dejó sus conferencias. Por último, llevó la vida de un solterón en Dresde. Tenía un perro de lanas llamado *Atma* (el alma del mundo), paseaba dos horas al día, se fumaba una gran pipa, leía el *Times* de Londres y empleaba corresponsales para que le recogiesen pruebas de su fama. Era antidemócrata y odiaba la revolución de 1848; creía en el espiritualismo y en la magia; en su gabinete tenía un busto de Kant y un Buda de bronce. En su modo de vivir trató de imitar a Kant, excepto en lo de levantarse temprano.

Su obra principal, *El mundo como voluntad y como representación,* se publicó a finales de 1818. La consideraba de gran importancia y llegó hasta decir que algunos párrafos habían sido dictados por el Espíritu Santo. Con gran mortificación suya cayó en el vacío. En 1844, convenció al editor para que publicara una segunda edición; pero tardó dos años más en empezar a recibir algo del reconocimiento que anhelaba.

El sistema de Schopenhauer es una adaptación del de Kant, pero destaca aspectos de la *Crítica* totalmente distintos de los destacados por Fichte o Hegel. Éstos se desembarazaron de la cosa-en-sí, haciendo de tal manera el conocimiento metafísicamente fundamental. Schopenhauer retuvo la cosa-en-sí, pero la identificó con la voluntad. Sostenía que lo que aparece ante la percepción como mi cuerpo es realmente mi voluntad. Había más que decir respecto a esta tesis como desarrollo de la tesis kantiana, de lo que muchos kantianos estaban dispuestos a reconocer. Kant había mantenido que un estudio de la ley moral puede llevarnos detrás de los fenómenos y darnos un conocimiento que la percepción sensorial no puede darnos; también sostenía que la ley moral está esencialmente vinculada con la voluntad. La diferencia entre un hombre bueno y un hombre malo es, para Kant, una diferencia en el mundo de las cosas-en-sí y, también, una diferencia en cuanto a las voliciones. Se sigue de esto que, para Kant, las voliciones tienen que pertenecer al mundo real, no al mundo de los fenómenos. El fenómeno correspondiente a una volición es un movimiento corporal; por esto es por lo que, según Schopenhauer, el cuerpo es la apariencia de aquello de que la voluntad es la realidad.

Pero la voluntad, que se halla detrás de los fenómenos, no puede consistir en una cantidad de voliciones diferentes. El tiempo y el espacio, según Kant —y en esto coincide con él Schopenhauer—, pertenecen solamente a los fenómenos; la cosa-en-sí no está en el espacio ni en el tiempo. Por lo tanto, mi voluntad, en el sentido en que es real, no puede estar fechada, ni puede estar compuesta de actos de voluntad separados, porque son el espacio y el tiempo los que resultan la fuente de la pluralidad —el «principio de individualización», para usar la frase escolástica que prefiere Schopenhauer—. Mi voluntad, por consiguiente, es una e intemporal. Aún más, debe ser identificada con la voluntad de todo el Universo; mi separación es una ilusión, resultante de mi aparato subjetivo de percepción espacio-temporal. Lo que es real es una vasta voluntad, que se muestra en todo el curso de la Naturaleza, tanto en la animada como en la inanimada.

Hasta aquí, podía esperarse que Schopenhauer identificara su voluntad cósmica con Dios y enseñara una doctrina panteísta no distinta de la de Spinoza, en la que la virtud consistiría en la conformidad con la voluntad divina. Pero en este punto, su pesimismo lleva a un desarrollo diferente. La voluntad cósmica es perversa; la voluntad, en conjunto, es perversa o, en todo caso, es la fuente de todo nuestro sufrimiento sin límites. El sufrimiento es esencial a toda vida y aumenta con todo aumento del saber. La voluntad no tiene ningún fin determinado, que si se lograra, trajera el contento. Aunque la muerte debe vencer al fin, perseguimos nuestros vanos empeños «lo mismo que soplamos una pompa de jabón todo lo más posible, aunque sabemos perfectamente que estallará». La felicidad no existe, pues un deseo no colmado causa pena y el logro sólo produce saciedad. El instinto incita a los hombres a la procreación, lo que trae a la existencia nuevas ocasiones de sufrimiento y muerte; por esto va asociada la vergüenza con el acto sexual. El suicidio es inútil; la doctrina de la transmigración, aunque no sea literalmente verdadera, trae la verdad en la forma de mito.

Todo esto es muy triste, pero hay un modo de eludirlo y fue descubierto en la India.

El mejor de los mitos es el del nirvana (que Schopenhauer interpreta como una extinción). Esto, admite, es contrario a la doctrina cristiana, pero «la antigua sabiduría de la raza humana no será desplazada por lo que haya ocurrido en Galilea». La causa del sufrimiento es la intensidad de la voluntad; cuanto menos ejercitemos la voluntad, menos sufriremos. Y aquí el conocimiento se vuelve útil después de todo, siempre que sea conocimiento de cierta clase. La distinción entre un hombre y otro es parte del mundo fenoménico y desaparece cuando el mundo es visto de verdad. Para el hombre bueno, el velo de Maya (ilusión) se ha hecho transparente; ve que todas las cosas son una y que distinción entre él y otro es sólo aparente. Alcanza esta visión por el amor, que es siempre simpatía, y tiene que ver con el dolor de los demás. Cuando el velo de Maya ha sido levantado, un hombre carga con el sufrimiento de todo el mundo. En el hombre bueno, el conocimiento del todo aquieta toda volición; su voluntad se aparta de la vida y niega su propia naturaleza. «Surge dentro de él un horror a la Naturaleza de la que es una expresión su propia existencia fenoménica, el núcleo y la naturaleza íntima de ese mundo que se reconoce está lleno de miseria».

De aquí es llevado Schopenhauer a un completo acuerdo, por lo menos en lo relativo a la práctica, con el misticismo ascético. Eckhart y Angelo Silesio son mejores que el Nuevo Testamento. Hay algunas cosas buenas en el cristianismo ortodoxo, especialmente la doctrina del pecado original según es predicada, contra «el vulgar pelagianismo», por San Agustín y Lutero, pero los Evangelios son tristemente deficientes en metafísica. El budismo, dice, es la religión más elevada, y sus doctrinas morales son ortodoxas en toda Asia, salvo donde prevalece la «detestable doctrina del Islam».

El hombre bueno practicará la castidad absoluta, la pobreza voluntaria, el ayuno y la mortificación. En todo tratará de doblegar su voluntad individual. Pero no lo hace, como los místicos occidentales, para lograr la armonía con Dios; no se busca ningún bien positivo. El bien buscado es total y enteramente negativo:

«Debemos desterrar la oscura impresión de esa nada que discernimos detrás de toda virtud y santidad como la meta final, y que tememos lo mismo que los niños temen la oscuridad; no debemos siquiera eludirlo como los indios, con mitos y palabras sin sentido, tales como la reabsorción en Brahma, o el nirvana de los budistas. Más bien debemos reconocer libremente que, cuanto queda después de la entera abolición de la voluntad, es para todos los que aún están llenos de voluntad, ciertamente nada; mas inversamente, para aquellos en quienes la voluntad se ha vuelto y se ha negado a sí misma, este mundo nuestro, que es tan real, con todos sus soles y vías lácteas, es nada».

Hay una vaga insinuación aquí de que el santo ve algo positivo que otros hombres no ven, pero no hay en ninguna parte una indicación respecto a lo que es esto, y me parece que la insinuación es puramente retórica. «El mundo y todos sus fenómenos —dice Schopenhauer— son solamente la objetivación de la voluntad. Con la supresión de la voluntad, todos estos fenómenos quedan abolidos también; esa tensión y esfuerzo constantes sin fin y sin descanso en todos los grados de la objetividad en los que, y gracias a los que, el mundo consiste; las múltiples formas que se suceden en graduaciones; toda la manifestación de la voluntad y, finalmente, todas las formas universales de esta manifestación, tiempo y espacio, y también su última forma fundamental, sujeto y objeto; todas son abolidas. Ninguna voluntad: ninguna idea, ningún mundo. Ante nosotros, hay ciertamente sólo la nada».

No podemos interpretar esto de otro modo sino significando que el fin de los santos es llegar lo más aproximadamente posible a la no-existencia, la cual, por alguna razón nunca explicada claramente, no pueden lograr por medio del suicidio. Por qué es preferible el santo a uno que esté siempre borracho, no es fácil de averiguar; quizá Schopenhauer pensaba que los momentos de sobriedad estaban destinados a ser tristemente frecuentes.

El evangelio schopenhaueriano de la resignación no es muy consistente ni muy sincero. Los místicos a quienes apela creían en la contemplación; en la Visión Beatífica había de lograrse el tipo más profundo de conocimiento, y esta clase de conocimiento era el supremo bien. Desde Parménides, el conocimiento engañoso de la apariencia fue contrastado con otro tipo de conocimiento, no con algo de una clase totalmente distinta. El cristianismo enseña que en el *conocimiento* de Dios estriba nuestra vida eterna. Pero Schopenhauer no tiene que ver con nada de esto. Está de acuerdo en que lo que comúnmente pasa por conocimiento pertenece al reino de Maya, pero, cuando atravesamos el velo, contemplamos, no a Dios, sino a Satán, la omnipotente voluntad perversa, perpetuamente ocupada en tejer una red de sufrimiento para mortificación de sus criaturas. Aterrorizado por la Visión Diabólica, el sabio grita: «¡Atrás!», y busca refugio en el no-ser. Es un insulto a los místicos suponerlos creyentes de esta mitología. Y la insinuación de que, sin lograr una completa no-existencia, puede el sabio alcanzar, sin embargo, una vida de algún valor, no es posible reconciliarla con el pesimismo de Schopenhauer. Mientras el sabio existe, existe porque conserva la voluntad, que es el mal. Puede disminuir la cantidad de mal debilitando su voluntad, pero no puede adquirir nunca un bien positivo.

Tampoco es sincera esta doctrina, si hemos de juzgarla por la vida de Schopenhauer. Habitualmente comía bien, en un buen restaurante; tuvo muchos lances amorosos triviales, sensuales, pero no apasionados; era excesivamente quisquilloso y de una avaricia insólita. En esta ocasión se sintió molesto con una vieja costurera que estaba hablando con una amiga por fuera de la puerta de su departamento. La arrojó escaleras abajo, causándole una lesión perpetua. Ésta obtuvo una sentencia que lo condenaba a pagarle cierta suma (15 táleros) cada trimestre, mientras viviera. Cuando, al cabo murió, después de veinte años de cobrar la indemnización, el filósofo anotó en su cuaderno: *Obit anus, abit onus* [10]. Es difícil encontrar en su vida muestras de ninguna virtud, excepto la benevolencia para los animales, que llevaba hasta el extremo de oponerse a la vivisección con fines científicos. En todos los demás aspectos era completamente egoísta. Es difícil de creer que un hombre que estuviera profundamente convencido de la virtud del ascetismo y de la resignación no hubiera hecho ningún intento para llevar sus convicciones a la práctica.

---

[10] «La vieja muere, la carga termina».

Históricamente, hay dos cosas importantes en Schopenhauer: su pesimismo y su doctrina de que la voluntad es superior al conocimiento. Su pesimismo hizo posible que los hombres se aficionaran a la filosofía sin tener que persuadirse de que todo el mal puede ser explicado y en este sentido, como antídoto, fue útil. Desde un punto de vista científico, tanto el pesimismo como el optimismo son objetables: el optimismo supone, o intenta probar, que el Universo existe para darnos placer, y el pesimismo afirma que existe para producirnos daño. Científicamente, no hay ninguna prueba de que tenga una intención ni la otra. La creencia en el pesimismo o en el optimismo es una cuestión de temperamento, no de razón, pero el temperamento optimista ha sido mucho más corriente en los filósofos occidentales. Un representante del partido opuesto, es, por tanto, probable que sea útil al expresar puntos de vista que de otro modo serían pasados por alto.

Más importante que el pesimismo es la doctrina de la primacía de la voluntad. Es obvio que esta doctrina no tiene necesaria conexión lógica con el pesimismo, y los que la han mantenido después de Schopenhauer hallaron frecuentemente en ella una base para el optimismo. En una forma u otra, la doctrina de que la voluntad es superior ha sido mantenida por muchos filósofos modernos, especialmente Nietzsche, Bergson, James y Dewey. Además, ha alcanzado cierta boga fuera de los círculos filosóficos profesionales. Y en la proporción en la que la voluntad ha ascendido en la escala, ha descendido el conocimiento. Éste es, creo yo, el cambio más notable quc ha ocurrido en la filosofía en nuestro tiempo. Fue preparado por Rousseau y Kant, pero el primero que lo proclamó en toda su pureza fue Schopenhauer. Por esta razón, a pesar de la inconsecuencia y de cierta superficialidad, su filosofía tiene considerable importancia como una etapa del desenvolvimiento histórico.

CAPÍTULO XXV

NIETZSCHE

Nietzsche (1844-1900) se consideró a sí mismo, con acierto, como el sucesor de Schopenhauer, al que, sin embargo, es superior en muchos aspectos, particularmente en la solidez y coherencia de su doctrina. La moral oriental de Schopenhauer de la renunciación no parece concordar con su metafísica de la omnipotencia de la voluntad; en Nietzsche, la voluntad tiene primacía ética y metafísica. Nietzsche, aunque profesor, fue un filósofo literario más que académico. No inventó nuevas teorías técnicas en ontología o epistemología; su importancia radica principalmente en la ética y, en segundo lugar, como crítico histórico agudo. Me limitaré casi exclusivamente a su ética y a su crítica de la religión, puesto que éste fue el aspecto de sus escritos que le dio influencia.

Su vida fue sencilla. Su padre era pastor protestante y su educación fue muy piadosa. Se destacó brillantemente en la universidad como clasicista y estudiante de filología, de tal modo que en 1869, antes de haberse graduado, le fue ofrecido un puesto de profesor de filología en Basilea, que aceptó. Su salud no fue nunca buena, y después de varios períodos de permiso por enfermedad se vio obligado a retirarse finalmente en 1879. Después de esto, vivió en sanatorios suizos; en 1888 se volvió loco, siguiendo así hasta su muerte. Tenía una admiración apasionada por Wagner, pero riñó con él, nominalmente por el *Parsifal,* que creía era demasiado cristiano y demasiado lleno de renunciación. Después de la pelea criticó a Wagner ferozmente, llegando incluso a acusarle de judío. Su criterio general continuó siendo, sin embargo, muy semejante al de Wagner en el *Anillo;* el superhombre de Nietzsche es muy parecido a Siegfried, excepto en que sabe griego. Esto puede parecer extraño, pero la culpa no es mía.

Nietzsche no fue de modo consciente un romántico; efectivamente, critica a menudo a los románticos. Conscientemente, su actitud era helénica, pero sin el componente órfico. Admiraba a los presocráticos, a excepción de Pitágoras. Tiene una estrecha afinidad con Heráclito. El hombre magnánimo de Aristóteles es muy parecido a lo que Nietzsche llama el «hombre noble», pero en lo principal considera a los filósofos griegos, posteriores a Sócrates, inferiores a sus predecesores. No puede perdonarle a Sócrates su origen humilde; le llama *roturier*[11], y le acusa de corromper a la juventud ateniense noble con un prejuicio moral democrático. Platón, especialmente, es condenado a su gusto por la edificación moral. No obstante, Nietzsche no quiere condenarle del todo y sugiere, para excusarle, que quizá era insincero, y que sólo predicaba la virtud como un medio para que las clases inferiores se mantuvieran en orden. Habla de él en una ocasión como de «un gran Cagliostro». Le gustan Demócrito y Epicuro, pero su afición por el último parece algo ilógica, a menos que sea interpretada realmente como una admiración por Lucrecio.

Como era de esperar, tiene una baja opinión de Kant, al que llama «fanático moral a lo Rousseau».

A pesar de la crítica que hace Nietzsche de los románticos, su actitud debe mucho a ellos; es la del anarquismo aristocrático, como la de Byron, y se sorprende uno al ver que admira a éste. Intenta combinar dos series de valores que no armonizan fácilmente: por un lado, le gustan la rudeza, la guerra y el orgullo aristocrático; por otro, ama la filosofía, la literatura y las artes, especialmente la música. Históricamente, estos valores coexistieron en el Renacimiento; el papa Julio II, peleando por Bolonia y empleando a Miguel Ángel, podía tomarse como la clase de hombre que Nietzsche hubiera deseado ver gobernar a los pueblos. Es na-

---

[11] Plebeyo, villano. *(N. del E.)*

tural que se compare a Nietzsche con Maquiavelo, a pesar de las importantes diferencias que hay entre ellos. En cuanto a las diferencias: Maquiavelo fue un hombre de negocios, cuyas opiniones se habían formado en estrecho contacto con los asuntos públicos y estaban en armonía con su época; no era pedantesco ni sistemático y su filosofía de la política apenas forma un conjunto coherente; Nietzsche, por el contrario, era un profesor, un hombre esencialmente libresco y un filósofo en oposición consciente a lo que parecía ser la línea política y ética dominante en su tiempo. Las semejanzas son, sin embargo, más profundas. La filosofía política de Nietzsche es análoga a la de *El príncipe* (no a la de *Los discursos),* aunque está elaborada y aplicada a un dominio más amplio. Nietzsche y Maquiavelo tienen una moral que apunta al Poder y es deliberadamente anticristiana, aunque Nietzsche es más franco en este aspecto. Lo que César Borgia fue para Maquiavelo, lo fue Napoleón para Nietzsche: un gran hombre derrotado por adversarios minúsculos.

La crítica nietzscheana de las religiones y de las filosofías está dominada enteramente por motivos éticos. Admira ciertas cualidades que cree (quizá con razón) que sólo son posibles en una minoría aristocrática; en su opinión, la mayoría debía ser solamente un medio para la perfección de los pocos y no había de atribuírsele ningún derecho independiente a la felicidad o al bienestar. Alude de modo habitual a los seres humanos ordinarios como los «remendados y chapuceados», y no ve ninguna objeción a sus sufrimientos si son necesarios para la producción de un gran hombre. Así, toda la importancia del período que va desde 1789 a 1815 está compendiada en Napoleón: «La Revolución hizo posible a Napoleón: ésa es su justificación. Debíamos desear el colapso anárquico de toda nuestra civilización si tal recompensa iba a ser su resultado. Napoleón hizo posible el nacionalismo: ésa es la excusa del segundo». Casi todas las más altas esperanzas de este siglo, dice, se deben a Napoleón.

Es aficionado a expresarse paradójicamente y a sorprender a los lectores convencionales. Lo logra empleando las palabras *bien* y *mal* con sus significados ordinarios y diciendo luego que prefiere el *mal* al *bien.* Su libro *Más allá del bien y del mal,* intenta realmente cambiar la opinión del lector sobre lo que es bueno y malo, pero se dedica, salvo algunos momentos, a elogiar lo que es *malo* y a desdeñar lo que es *bueno*. Dice, por ejemplo, que es un error considerar como deber aspirar a la victoria del bien y a la aniquilación del mal; este criterio es inglés y típico de «ese tonto, John Stuart Mill», por quien siente un desdén especialmente virulento. Dice de él:

«Aborrezco la vulgaridad del hombre cuando dice: «Lo que es lícito para un hombre es lícito para otro»; «No hagas a los otros lo que no quisieras que hicieran contigo» [12]. Tales principios establecerían de buena gana todas las relaciones humanas sobre *la norma del servicio mutuo*, de suerte que cada acción aparecería como el pago de algo que nos han hecho. Esta hipótesis es innoble hasta el último grado: se da por sentado que hay alguna clase de *equivalencia de valor entre mis acciones y las tuyas*» [13].

La verdadera virtud, como cosa opuesta a la convencional, no es para todos, sino que debe seguir siendo la característica de una minoría aristocrática. No es provechosa ni prudente; aísla a su poseedor de los demás hombres; es hostil al orden, y perjudica a los inferiores. Es necesario para los hombres más elevados el hacer la guerra con las masas y resistir a las tendencias democráticas de la época, pues en todas las direcciones la gente mediocre junta las manos para hacerse los dueños. «Todo lo que mima, lo que ablanda, lo que trae al *pueblo* o a la *mujer* a primer plano opera en favor del sufragio universal, es decir, del dominio de los hombres *inferiores*». El seductor fue Rousseau, que hizo a la mujer interesante; luego vinieron Harriet Beecher Stowe y los esclavos; luego los socialistas con su defensa de los trabajadores y del pobre. Todos éstos tienen que ser combatidos.

La moral de Nietzsche no es de indulgencia consigo misma en ningún sentido corriente; cree en la disciplina espartana y en la capacidad de soportar el dolor, lo mismo que en la de causarlo, para fines importantes. Admira la fuerza de voluntad por encima

---

12 Me parece recordar que alguien dijo esto antes que Mill.

13 En todas las citas de Nietzsche, los subrayados están en el original.

de todo. «Pruebo el *poder de una voluntad* —dice— por la cantidad de resistencia que puede ofrecer y la cantidad de dolor y de mortificación que puede soportar y por la forma de saberlo redundar en beneficio propio; no señalo el mal y el dolor de la existencia con el dedo del reproche, sino más bien mantengo la esperanza de que un día pueda la vida llegar a ser más mala y más llena de sufrimiento de lo que ha sido nunca». Mira la compasión como una debilidad que hay que combatir. «El objeto es alcanzar esa enorme *energía de grandeza* que puede modelar al hombre del futuro por medio de la disciplina y también por medio de la aniquilación de millones de desharrapados y que pueda, no obstante, evitar el desplomarse ante la vista del sufrimiento creado por ello, de lo que no se ha visto nunca una cosa semejante». Profetizaba con cierto gozo una era de grandes guerras; uno se pregunta si hubiera sido feliz, de haber vivido bastante para ver el cumplimiento de su profecía.

Sin embargo, no es un adorador del Estado; lejos de ello, es un individualista apasionado, un creyente en el héroe. La miseria de toda una nación, dice, tiene menos importancia que el sufrimiento de un gran individuo: «Las desventuras de toda esta pequeña gente no constituyen una suma total, salvo en los sentimientos de los hombres *poderosos*».

Nietzsche no es nacionalista y no muestra una excesiva admiración por Alemania. Necesita una raza gobernante internacional, que sea la dueña de la Tierra: «una nueva aristocracia basada en la más severa auto-disciplina, en la que la voluntad de los hombres de poder filosófico y de los artistas-tiranos quede impresa en miles de años».

Tampoco es decididamente antisemita, aunque cree que Alemania contiene tantos judíos como es capaz de asimilar y que no debe permitirse ninguna nueva influencia de judíos. No le gusta el Nuevo Testamento, pero sí el Viejo, del que habla en términos de la más alta admiración. Haciéndole justicia a Nietzsche, es preciso recalcar que muchos modernos desarrollos, que tienen cierta relación con su criterio ético general, son contrarios a sus opiniones claramente expresadas.

Dos aplicaciones de su ética merecen mención: primero, su desprecio por las mujeres; segundo, su agria crítica del cristianismo.

No se cansa nunca de menospreciar a las mujeres. En su obra seudo-profética *Así hablaba Zaratustra,* dice que las mujeres no son, todavía, capaces de amistad; son aún gatos, o pájaros o, a lo más, vacas. «Los hombres deben ser adiestrados para la guerra y las mujeres para el recreo de los guerreros. Toda otra cosa es tontería». El recreo del guerrero ha de ser de una forma peculiar si hemos de confiarnos en su enfático aforismo sobre este particular: «¿Vas con una mujer? No olvides el látigo».

No siempre es tan feroz, aunque siempre es igualmente desdeñoso. En *La voluntad de Poder* dice: «Nos complacemos en la mujer como quizá la más exquisita, delicada y etérea clase de criatura. ¡Qué gusto es encontrar criaturas que sólo tienen en la cabeza bailes, tonterías y finuras! Ellas han sido siempre la delicia de toda alma varonil tensa y profunda». Sin embargo, incluso estas gracias sólo se encuentran en las mujeres mientras son mantenidas en orden por hombres varoniles; tan pronto logran alguna independencia se vuelven intolerables. «La mujer tiene muchos motivos para avergonzarse; en la mujer hay mucha pedantería, superficialidad, suficiencia, presunciones ridículas, licencia, e indiscreción oculta... que hasta aquí ha sido en realidad mejor refrenada y dominada por el *miedo* al hombre». Así habla en *Más allá del bien y del mal,* donde añade que debíamos considerar a las mujeres como una propiedad, como los orientales. Todo su juicio sobre las mujeres es ofrecido como una verdad axiomática; no está respaldado por pruebas históricas o por su propia experiencia, que, en lo que respecta a las mujeres, casi se redujo a su hermana.

La objeción de Nietzsche contra el cristianismo es que éste dio como resultado la aceptación de lo que él llama «moral de esclavo». Es curioso observar el contraste entre sus argumentos y los de los *philosophes* franceses que precedieron a la Revolución. Éstos sostenían que los dogmas cristianos no eran verdaderos; que el cristianismo enseña la sumisión a lo que se juzga ser la voluntad de Dios, mientras los seres humanos que se respeten no deben inclinarse ante ningún Poder más alto, y que las Iglesias cristianas se han hecho aliadas de los tiranos y ayudan a los enemigos de la democracia a negar la libertad y a continuar oprimiendo al pobre. A Nietzsche no le interesa la verdad metafísica del cristianismo ni de ninguna religión; convencido de que ninguna religión es realmente verdadera, juzga todas las religiones enteramente por sus efectos sociales. Coincide con los *philosophes* en la objeción contra la sumisión a la supuesta voluntad de Dios, pero él la sustituiría por la voluntad de los terrenos «artistas-tiranos». La sumisión es lícita, salvo para los superhombres, pero no la sumisión al Dios cristiano. En cuanto a que las Iglesias cristianas «sean aliadas de los tiranos y enemigas de la democracia», eso, dice, es el verdadero reverso de la verdad. La Revolución francesa y el socialismo son, según él, esencialmente idénticos en espíritu al cristianismo; a todo ello se opone, y por la misma razón: él no tratará a todos los hombres como iguales en ningún aspecto.

El budismo y el cristianismo, dice, son las dos religiones *nihilistas,* en el sentido de que niegan cualquier diferencia última de valor entre un hombre y otro, pero el budismo es con mucho la menos refutable de las dos. El cristianismo produce la degeneración, está lleno de elementos de decadencia y excrementicios; su fuerza conductora es la rebelión de los desharrapados. Esta rebelión fue iniciada por los judíos y traída al cristianismo por los «santos epilépticos», como San Pablo, que no tenía ninguna honestidad. «El Nuevo Testamento es el evangelio de una especie de hombre completamente *innoble».* El cristianismo es la mentira más fatal y seductora que ha existido jamás. Ningún hombre de nota se ha parecido nunca al ideal cristiano; considérese, por ejemplo, los héroes de las *Vidas* de Plutarco. El cristianismo debe ser condenado por negar el valor del «orgullo, el sentimiento de las distancias, la gran responsabilidad, el humor exuberante, el animalismo espléndido, los instintos de guerra y conquista, la deificación de la pasión, la venganza, la cólera, la voluptuosidad, la aventura, el conocimiento». Todas estas cosas son buenas y todas éstas dice el cristianismo que son malas, afirma Nietzsche.

El cristianismo, continúa, se propone domesticar el corazón del hombre, pero esto es un error. Un animal salvaje tiene cierto esplendor, que pierde cuando se le domestica. Los criminales de Dostoiewski eran mejores que él, porque tenían más respeto por sí mismos. A Nietzsche le dan náuseas el arrepentimiento y la redención, lo que califica de *folie circulaire.* Es difícil librarnos de este modo de pensar respecto a la conducta humana: «somos herederos de la vivisección de la conciencia y la auto-crucifixión de dos mil años». Hay un pasaje muy elocuente acerca de Pascal, que merece ser citado, porque muestra del modo más perfecto la objeción de Nietzsche al cristianismo: «¿Qué es lo que combatimos en el cristianismo? Su aspiración a destruir a los fuertes, a quebrantar su espíritu, a explotar sus momentos de cansancio y debilidad, a convertir su orgullosa seguridad en preocupación y ansiedad; porque sabe envenenar los instintos más nobles e infectarlos con la enfermedad hasta que su fortaleza, su voluntad de Poder, se vuelven hacia dentro, contra sí mismos —hasta que los fuertes perezcan por su excesivo desprecio de sí mismos y su propia inmolación: esa horrenda forma de perecer, de la que Pascal es el ejemplo más famoso».

En el lugar del santo cristiano desea ver Nietzsche lo que llama el hombre *noble,* no, desde luego, como tipo universal, sino como aristócrata gobernante. El hombre *noble* será capaz de crueldad y, en ocasiones, de lo que vulgarmente se considera como crimen; sólo reconocerá deberes respecto a sus iguales. Protegerá a los artistas y a los poetas y a todos los que lleguen a ser maestros de alguna pericia, y los hará miembros de un orden más alto que el de quienes sólo sepan cómo se hace algo. Del ejemplo de los guerreros aprenderá a asociar la muerte con los intereses por los que se combate; a sacrificar el número y a tomar su causa suficientemente en serio para no ahorrar hombres; a practicar una disciplina inexorable, y a permitirse la violencia y la astucia en la guerra. Reconocerá el papel desempeñado por la crueldad en la perfección aristocrática: «casi todo lo que llamamos *alta cultura* está basado en la espiritualización e intensificación de la *crueldad*». El hombre *noble* es, esencialmente, la encarnación de la voluntad de Poder.

¿Qué pensar de las doctrinas de Nietzsche? ¿Hasta qué punto son ciertas? ¿Son útiles en algún grado? ¿Hay en ellas algo objetivo o son meras fantasías de Poder de un inválido?

Es innegable que Nietzsche ha tenido una gran influencia, no entre los filósofos técnicos, sino entre las personas de cultura literaria y artística. Debe reconocerse también que sus profecías en cuanto al futuro han resultado, hasta ahora, más próximas a la verdad que las de los liberales y socialistas. *Si* él es un mero síntoma de enfermedad, ésta tiene que estar muy extendida en el mundo moderno.

No obstante, hay mucho en él que debe ser descartado como meramente megalomaniaco. Hablando de Spinoza, dice: «¡Cuánta timidez y vulnerabilidad revela esta máscara de un solitario achacoso!». Exactamente lo mismo puede decirse de él, con menos repugnancia, puesto que él no ha vacilado en decirlo de Spinoza. Es obvio que en sus sueños es un guerrero, no un profesor; todos los hombres que admiraba eran militares. Su opinión de las mujeres, como la de todos los hombres, es una objetivación de su propia emoción respecto a ellas, que es claramente una sensación de temor. «No olvides tu látigo», pero de cada diez mujeres, nueve le hubieran arrebatado el látigo, y él lo sabía, por lo que se apartaba de ellas, curando su vanidad herida con observaciones desagradables.

Condena el amor cristiano porque lo considera un producto del temor: Yo temo que mi vecino me haga daño y por eso le aseguro que le amo. Si yo fuera más fuerte y más audaz, mostraría abiertamente el desprecio que, sin duda, siento hacia él. No se le ocurre a Nietzsche la posibilidad de que un hombre sienta de verdad un amor universal, notoriamente porque él mismo siente casi universal odio y temor, que trata de disimular con una indiferencia altiva. Su hombre *noble* —que es él mismo en sueños— es un ser totalmente desprovisto de simpatía, rudo, astuto, cruel, preocupado sólo de su propio Poder. El rey Lear, en el límite de la locura, dice:

> Haré tales cosas
> —no sé todavía cuáles— pero serán
> el terror de la Tierra.

Ésta es la filosofía de Nietzsche en una palabra.

No se le ocurrió nunca a Nietzsche pensar que el afán de Poder, con que adorna a su superhombre, es un producto del temor.

Los que no temen a sus vecinos no ven la necesidad de tiranizarlos. Los hombres que han vencido al miedo no tienen la cualidad frenética del «artista-tirano» de Nietzsche. Nerón, que trata de gozar de la música y de los asesinatos, mientras su corazón está lleno del temor de la inevitable revolución del palacio. No negaré que, en parte como resultado de su doctrina, el mundo real se ha convertido en algo muy parecido a una pesadilla, pero eso no la hace menos horrible.

Hay que reconocer que se da cierto tipo de moral cristiana al que puede aplicarse la severa crítica nietzscheana. Pascal y Dostoiewski —sus propios ejemplos— tienen algo abyecto en su virtud. Pascal sacrificó su magnífico talento matemático a su Dios, atribuyéndole por tanto una barbaridad que era una ampliación cósmica de sus enfermizas torturas mentales. Dostoiewski no sabía qué hacer con el *orgullo;* pecaría para arrepentirse y gozar del deleite de la confesión. No voy a discutir la cuestión de hasta qué punto pueden atribuirse justamente al cristianismo tales aberraciones, pero admito que coincido con Nietzsche en considerar despreciable la postración de Dostoiewski. Cierta rectitud y orgullo y hasta cierta afirmación de sí mismo son, he de admitirlo, elementos del mejor carácter; ninguna virtud que tenga sus raíces en el temor debe admirarse mucho.

Hay dos clases de santos: el santo por naturaleza y el santo por temor. El primero tiene un amor espontáneo a la humanidad; hace el bien porque el hacerlo lo hace feliz. El santo por temor, como el hombre que se abstiene de robar sólo por miedo a la policía, sería un malvado si no se viera refrenado por el pensamiento de los fuegos del infierno y por la venganza del prójimo. Nietzsche sólo puede imaginar esta clase de santo; se siente tan lleno de temor y de odio que el amor espontáneo a la humanidad le parece imposible. Nunca ha concebido un hombre que, con toda la ausencia de temor del superhombre y su enorme orgullo, no cause, sin embargo, ningún dolor porque no sienta el deseo de hacerlo. ¿Supone alguien que Lincoln actuara como lo hizo por temor al infierno? Sin embargo, para Nietzsche, Lincoln es abyecto y Napoleón magnífico.

Queda por examinar el principal problema ético suscitado por Nietzsche, a saber: ¿Debe nuestra moral ser aristocrática, o debe, en algún sentido, tratar a todos los hombres por igual? Ésta es una cuestión que, como acabo de exponer, no tiene un sentido muy claro y, como es natural, el primer paso es tratar de hacerla más precisa.

En primer lugar, debemos tratar de distinguir una *ética* aristocrática de una *teoría política* aristocrática. El creyente en el principio de Bentham de la mayor felicidad del mayor número tiene una moral democrática, pero puede pensar que la felicidad general se logra mejor con una forma de gobierno aristocrático. Ésta no es la posición de Nietzsche. Éste sostiene que la felicidad de la gente corriente no es parte del bien *per se.* Todo lo que es bueno o malo en sí mismo existe sólo en los pocos superiores; lo que le pasa al resto no tiene importancia.

La segunda pregunta es: ¿Cómo han de ser definidos los pocos superiores? En la práctica, han sido habitualmente una raza conquistadora o una aristocracia hereditaria —y las aristocracias han sido ordinariamente, por lo menos en teoría, descendientes de razas conquistadoras—. Creo que Nietzsche aceptaría esta definición. «Ninguna moral es posible sin un buen nacimiento», nos dice. Añade que la casta noble es siempre al principio bárbara, pero que toda elevación del Hombre se debe a la sociedad aristocrática.

No está claro si Nietzsche considera congénita la superioridad del aristócrata o debida a la educación y al medio. Si lo último, es difícil defender la exclusión de otros de las ventajas para las que, *ex hypothesi,* están igualmente cualificados. Así, pues, daré por supuesto que él considera las aristocracias conquistadoras y sus descendientes como biológicamente superiores a sus súbditos, como los hombres son superiores a los animales domésticos, aunque en un grado menor.

¿Qué entenderemos por «biológicamente superior»? Debemos entender, interpretando a Nietzsche, que los individuos de la raza superior y sus descendientes tienen más probabilidad de ser *nobles* en el sentido nietzscheano: tendrán más fuerza de voluntad, más valor, más afán de Poder, menos simpatía, menos miedo y menos suavidad.

Podemos exponer ahora la moral de Nietzsche. Creo que lo que sigue es un análisis imparcial de la misma.

Los vencedores en la guerra, y sus descendientes, son habitual y biológicamente superiores a los vencidos. Es, pues, deseable que tengan todo el Poder y que dirijan los negocios exclusivamente en su propio interés.

Aquí tenemos que analizar todavía la palabra *deseable.* ¿Qué es lo *deseable* en la filosofía de Nietzsche? Desde el punto de vista de un extraño, lo que Nietzsche llama *deseable* es lo que Nietzsche desea. Con esta interpretación, la doctrina de Nietzsche podría ser expresada más simple y honradamente en una frase: «Deseo haber vivido en la Atenas de Pericles o en la Florencia de los Médicis». Pero esto no es una filosofía; es un hecho biográfico relativo a un determinado individuo. La palabra *deseable* no es sinónima de lo «deseado por mí»; tiene alguna pretensión, por superficial que sea, a legislar universalmente. Un teísta puede decir que lo que es deseable es lo que Dios desea, pero Nietzsche no puede decir esto. El podía decir que sabe lo que es bueno por una intuición ética, pero no lo dirá, porque suena demasiado a kantiano. Lo que puede decir, como explicación de la palabra *deseable,* es esto: «Si los hombres leyeran mis obras, un tanto por ciento de ellos compartiría mis deseos en lo que respecta a la organización de la sociedad; estos hombres, inspirados por la energía y determinación que mi filosofía les diese, podrían conservar y restaurar la aristocracia, con ellos como aristócratas o (como yo) cual sicofantes de la aristocracia. De este modo, lograrían una vida más plena que la que pueden tener como servidores del pueblo».

Hay otro elemento en Nietzsche, que es íntimamente afín a la objeción planteada por los «individualistas rabiosos» contra los sindicatos. En una lucha de todos contra todos, es verosímil que el vencedor posea ciertas cualidades que Nietzsche admira, tales como el valor, la habilidad para resolver las situaciones y la fuerza de voluntad. Pero si los hombres que no poseen estas cualidades aristocráticas (que son la inmensa mayoría) se unen, pueden ganar, a pesar de su inferioridad individual. En esta lucha de la *canaille* colectiva contra los aristócratas, el cristianismo es el frente ideológico, como la Revolución francesa fue el frente combatiente. Por consiguiente, debemos oponernos a toda unión entre los individualmente débiles, por temor a que su Poder combinado supere al de los individualmente fuertes; por otra parte, debemos fomentar la unión entre los elementos vigorosos y viriles de la población. El primer paso hacia la creación de tal unión es la predicación de la filosofía de Nietzsche. Se verá que no es fácil mantener la distinción entre la moral y la política.

Supóngase que deseamos —yo, desde luego, lo deseo— hallar argumentos contra la moral y la política de Nietzsche. ¿Qué argumentos podremos hallar?

Hay argumentos prácticos de peso, que muestran que el intento de asegurar los fines que se proponía, dan, de hecho, un resultado completamente distinto. Las aristocracias de sangre están actualmente desacreditadas; la única forma practicable de aristocracia es una organización como el partido fascista o el nazi. Tal organización suscitó oposición y fue derrotada en la guerra; pero si no hubiese sido derrotada, habría tenido que convertirse, antes de mucho, en un Estado policía, donde los gobernantes viviesen con el terror de ser asesinados y los héroes en campos de concentración. En tal comunidad, la fe y el honor estarían minados por la delación, y la presunta aristocracia de superhombres degeneraría en una banda de poltrones temblorosos.

Éstos son, sin embargo, argumentos para nuestro tiempo; no hubieran sido mantenidos en épocas pasadas, cuando la aristocracia no era puesta en duda. El Gobierno egipcio se condujo durante varios milenios con arreglo a los principios nietzscheanos. Los Gobiernos de casi todos los Estados grandes fueron aristocráticos hasta las revoluciones francesa y americana. Tenemos, por tanto, que preguntarnos si hay alguna razón fuerte para preferir la democracia a una forma de gobierno que ha tenido tan larga y afortunada historia, o más bien, puesto que estamos ocupándonos de filosofía, y no de política, si hay razones objetivas para rechazar la ética con que Nietzsche apoya a la aristocracia.

La cuestión ética, como opuesta a la política, se refiere a la *simpatía*. La simpatía, en el sentido de hacernos desgraciados el sufrimiento de los otros, es en cierta medida natural a los seres humanos; los niños se disgustan cuando oyen llorar a otros niños. Pero el desarrollo de este sentimiento es muy diferente en las distintas personas. Algunos hallan placer en la imposición de castigos; otros, como Buda, sienten que no pueden ser completamente felices mientras haya un ser vivo que sufra. Mucha gente divide sentimentalmente a la humanidad en amigos y enemigos, sintiendo simpatía por los primeros, pero no por los segundos. Morales como la cristiana o la budista tienen su base emotiva en la simpatía universal; la de Nietzsche, en una ausencia total de simpatía. (Frecuentemente predica contra la simpatía, y en este aspecto sentimos que no tiene ninguna dificultad en obedecer sus propios preceptos.) La cuestión es: Si Buda y Nietzsche fueran enfrentados, ¿podría alguno de ellos esgrimir algún argumento que debiese apelar al oyente imparcial? No me refiero a argumentos políticos. Podemos imaginárnoslos apareciendo ante el Todopoderoso como en el primer capítulo del libro de Job, y ofreciendo consejo respecto a la clase de mundo que Él debía crear. ¿Qué podrían decir?

Buda iniciaría su exposición hablando de los leprosos, proscritos y miserables; del pobre, luchando con los miembros enfermos y apenas malviviendo con la alimentación escasa; de los heridos en las batallas, muriendo con una agonía lenta; de los huérfanos, maltratados por los crueles tutores, e incluso de los más afortunados, obsesionados con el pensamiento de la decadencia y de la muerte. Para todo este cargamento de penas, diría, tiene que encontrarse un camino de salvación, y esta salvación sólo puede venir por el amor.

Nietzsche, a quien sólo el Omnipotente podría impedir que interrumpiera, prorrumpiría cuando le llegara el turno: «Por Dios, hombre, debías aprender a tener más fibra. ¿Qué es eso de lloriquear porque la gente vulgar sufra? ¿O, para el caso es lo mismo, porque los grandes hombres sufran? La gente vulgar sufre vulgarmente, los grandes hombres sufren con grandeza, y los grandes sufrimientos no deben ser lamentados, porque son nobles. Tu ideal es puramente negativo: la ausencia de dolor, cosa que puede asegurarse con la inexistencia. Yo, por el contrario, tengo ideales positivos: admiro a Alcibíades, a Federico el Grande, a Napoleón. En beneficio de esos hombres cualquier dolor vale la pena. Apelo a Vos, Señor, como al más grande de los artistas creadores, para que no permitáis que Vuestros impulsos artísticos se doble-guen ante los refunfuños dominados por el temor de este desgraciado psicópata».

Buda, que en las cortes celestiales aprendió toda la historia posterior a su muerte y que ha dominado la ciencia, deleitándose en el conocimiento y apenándose ante el uso a que lo han destinado los hombres, replica con tranquila cortesía: «Estáis equivocado, profesor Nietzsche, al pensar que mi ideal es puramente negativo. Ciertamente incluye un elemento negativo, la ausencia de sufrimiento. Pero además de eso contiene tanto como de positivo pueda hallarse en vuestra doctrina. Aunque no siento ninguna especial admiración por Alcibíades y Napoleón, también tengo mis héroes: mi sucesor Jesús, porque dijo a los hombres que amaran a sus enemigos; los hombres que han descubierto la forma de dominar las fuerzas de la naturaleza y conseguir la comida con menos trabajo; los médicos que han encontrado la forma de disminuir las enfermedades; los poetas, los artistas y los músicos que han captado vislumbres de la Beatitud Divina. El amor, el conocimiento y la complacencia en la belleza no son negaciones; son suficientes para llenar las vidas de los hombres más grandes que hayan existido nunca».

«Es lo mismo —replica Nietzsche—, vuestro mundo sería insípido. Deberíais estudiar a Heráclito, cuyas obras se conservan íntegras en la biblioteca celestial. Vuestro amor es compasión, que brota del dolor; vuestra verdad, si sois honrado, es desagradable, y sólo puede conocerse a través del sufrimiento, y en cuanto a la belleza, ¿qué hay de más bello que un tigre, que debe su esplendor a su fiereza? No, si el Señor se decidiera por vuestro mundo, temo que moriríamos todos de aburrimiento».

«Vos podríais —replica Buda— porque amáis el dolor y vuestro amor a la vida es una impostura. Pero los que aman realmente la vida tendrían una felicidad que nadie puede gozar en el mundo tal como es».

Por mi parte, coincido con Buda tal como lo he imaginado. Pero no sé cómo probar que tiene razón con argumentos como los que pueden usarse en una cuestión matemática o científica. Me disgusta Nietzsche porque le gusta la contemplación del dolor, porque erige el desprecio en deber, porque los hombres que más admira son conquistadores, cuya gloria estriba en la habilidad para hacer que los hombres mueran. Pero creo que el argumento decisivo contra su filosofía, como contra cualquier ética desagradable aunque internamente coherente, radica no en una apelación a los hechos, sino en una apelación a las emociones. Nietzsche desprecia el amor universal; yo veo en él la fuerza motriz para todo lo que deseo respecto al mundo. Sus seguidores han tenido su turno en el mundo, pero podemos esperar que éste llegue rápidamente a su fin.

CAPÍTULO XXVI

LOS UTILITARISTAS [14]

Durante el período que va de Kant a Nietzsche, los filósofos profesionales de Gran Bretaña permanecieron casi en absoluto ajenos a la influencia de sus contemporáneos alemanes, con la única excepción de sir William Hamilton, que fue poco influyente. Coleridge y Carlyle, es cierto, fueron influidos profundamente por Kant, Fichte y los románticos alemanes, pero no eran filósofos en el sentido técnico. Alguien parece haber mencionado una vez a Kant delante de James Mill, quien, después de una inspección precipitada, observó: «Me doy bastante cuenta de lo que sería el pobre Kant». Pero este grado de reconocimiento es excepcional; en general, hay un silencio completo respecto a los alemanes. Bentham y su escuela derivaron su filosofía, en todas sus líneas principales, de Locke, Hartley y Helvecio; su importancia no es tanto filosófica como política, como caudillos del radicalismo británico y como los hombres que inintencionadamente prepararon el camino para las doctrinas socialistas.

Jeremías Bentham, cabeza reconocida de los «radicales filosóficos», no era el tipo de hombre que espera uno hallar a la cabeza de un movimiento como éste. Nació en 1748, pero no se hizo radical hasta 1808. Era terriblemente tímido y no podía, sin gran azoramiento, soportar la compañía de gente extraña. Escribió mu-

---

[14] Para un análisis más amplio del tema, así como de Marx, véase la parte II de mi *Libertad y organización*, 1814-1914.

cho, pero nunca se molestó en publicar; lo que se publicó con su nombre había sido amistosamente hurtado por sus amigos. Lo que más le interesaba era la jurisprudencia, campo en que reconocía a Helvecio y Beccaria como sus predecesores más importantes. A través de la teoría de la ley es como llegó a interesarse por la moral y la política.

Basa toda su filosofía en dos principios: el «principio de asociación» y el «principio de la mayor felicidad». El primero había sido puesto de relieve por Hartley en 1749; antes de él, aunque la asociación de ideas se admitía que ocurría, era considerada, por ejemplo por Locke, sólo como una fuente de triviales errores. Bentham, siguiendo a Hartley, hizo de él el principio básico de la psicología. Reconoce la asociación de ideas y lenguaje, y también la asociación de ideas e ideas. Por medio de este principio, se propone una explicación determinista de los sucesos mentales. En esencia, la doctrina es la misma que la teoría más moderna del «reflejo condicionado», basado en los experimentos de Pavlov. La única diferencia importante es que el reflejo condicionado de Pavlov es fisiológico, mientras que la asociación de ideas era puramente mental. La obra de Pavlov es, por tanto, susceptible de una explicación materialista, tal como la daban los *behavioristas,* mientras que la asociación de ideas conduce más bien a una psicología más o menos independiente de la fisiología. No puede caber ninguna duda de que, científicamente, el principio del reflejo condicionado es un avance sobre el principio anterior. El principio de Pavlov es este: Dado un reflejo según el cual un estímulo B produce una reacción C, y dado que cierto animal ha experimentado frecuentemente un estímulo A al mismo tiempo que el B, ocurre a menudo que con el tiempo el estímulo A producirá la reacción C incluso cuando B está ausente. Determinar las circunstancias bajo las cuales ocurre esto es una cuestión de experimento. Claramente, si sustituimos A, B y C por ideas, el principio de Pavlov se convierte en el de la asociación de ideas.

Ambos principios, indudablemente, son válidos hasta cierto punto; la única cuestión controvertible es la extensión de este punto. Bentham y sus seguidores exageraron la extensión del dominio del principio de Hartley, lo mismo que hicieron ciertos behavioristas en el caso del principio de Pavlov.

Para Bentham, el determinismo en psicología era importante, porque deseaba establecer un código de leyes —y, más generalmente, un sistema social— que haría automáticamente virtuosos a los hombres. Su segundo principio, el de la mayor felicidad, se hizo necesario en este punto para definir la *virtud.*

Bentham mantenía que lo que es bueno es el placer o la felicidad —empleaba estas palabras como sinónimas— y lo malo es el dolor. Por tanto, una situación es mejor que otra si implica una mayor cantidad de placer que de dolor, o una menor cantidad de dolor que de placer. De todas las situaciones posibles, la mejor es la que implica la mayor diferencia entre la cantidad de placer y la de dolor.

No hay nada nuevo en esta doctrina, que se llamó *utilitarismo.* Había sido defendida por Hutcheson en 1725. Bentham la atribuye a Priestley que, no obstante, no tiene ningún derecho especial a ella. Está virtualmente contenida en Locke. El mérito de Locke no consiste en la doctrina, sino en la vigorosa aplicación que hizo de ella a diversos problemas prácticos.

Bentham no sostuvo solamente que el bien es la felicidad en general, sino que cada individuo persigue siempre lo que cree que es su propia felicidad. El papel del legislador consiste, por tanto, en producir la armonía entre los intereses públicos y los privados. Por interés del público es por lo que debo abstenerme de robar, pero éste no es mi interés, salvo donde hay una ley penal efectiva. De esta suerte, la ley penal es un método de hacer coincidir los intereses del individuo con los de la comunidad; ésta es su justificación.

Los hombres tienen que ser castigados por la ley penal con el fin de impedir el crimen, no porque odiemos al criminal. Es más importante que el castigo sea cierto que severo. En su época, en Inglaterra, muchos delitos totalmente insignificantes estaban sujetos a la pena de muerte con el resultado de que los jurados se negaban con frecuencia a admitir la convicción del delito, porque creían excesivo el castigo. Bentham abogó por la abolición de la muerte para todos los delitos, excepto los más graves, y antes de morir él, había sido suavizada en este aspecto la ley penal.

La ley civil, dice, debe tener cuatro finalidades: la subsistencia, la abundancia, la seguridad y la igualdad. Se observará que no menciona la libertad. En efecto, se preocupó poco de la libertad. Admiraba a los autócratas benévolos que precedieron a la Revolución francesa —Catalina la Grande y el emperador Francisco—. Sentía un gran desprecio por la doctrina de los derechos del hombre. Los derechos del hombre, decía, son pura estupidez; los derechos imprescriptibles del hombre, una estupidez sobre zancos. Cuando los revolucionarios franceses hicieron su *Déclaration des droits de l'homme,* Bentham la calificó de «una obra metafísica, el non plus ultra de la metafísica». Sus artículos, dijo, pueden dividirse en tres clases: 1) los ininteligibles, 2) los falsos, 3) los que son ambas cosas.

El ideal de Bentham, como el de Epicuro, era la seguridad, no la libertad. «Las guerras y las tormentas son buenas para leídas, pero la paz y las calmas son mejores de sufrir».

Su gradual evolución hacia el radicalismo tuvo dos motivos: por un lado la creencia en la igualdad, deducida del cálculo de los placeres y de las penas; por otro, una inflexible determinación a someterlo todo al arbitrio de la razón, según él la entendía. Su amor a la igualdad le condujo en seguida a defender la división de la propiedad de un hombre en partes iguales entre sus hijos y a oponerse a la libertad testamentaria. En años posteriores le llevó a oponerse a la monarquía y a la aristocracia hereditaria, y a abogar por una democracia completa, incluso el voto de la mujer. Su negativa a creer sin bases racionales le llevó a rechazar la religión, incluyendo la creencia en Dios; esto le condujo a criticar agudamente los absurdos y anomalías de la ley, por venerable que fuera su origen histórico. No excusaba nada, basándose en que era tradicional. Desde muy joven se opuso al imperialismo, tratárase del de los ingleses en América o del de otras naciones; consideraba las colonias como una tontería.

La influencia de James Mill fue la que indujo a Bentham a tomar parte en la política práctica. James Mill tenía veinticinco años menos que él y era un ardoroso seguidor de sus doctrinas, pero también un radical activo. Bentham dio a Mill una casa (que había pertenecido a Milton) y le ayudó económicamente mientras escribía la historia de la India. Cuando terminó la historia, la Compañía de las Indias Orientales dio un puesto a James Mill, lo mismo que hicieron luego con su hijo, hasta que la Compañía fue suprimida a consecuencia de la rebelión. James Mill admiraba grandemente a Condorcet y a Helvecio. Como todos los radicales de ese período, creía en la omnipotencia de la educación. Practicó sus teorías con su hijo John Stuart Mill, con resultados en parte buenos, en parte malos. El más importante de los malos fue que John Stuart no pudo nunca desprenderse de su influencia incluso cuando se daba cuenta de que el criterio de su padre había sido estrecho.

James Mill, como Bentham, considera el placer como el único bien y el dolor como el único mal. Pero como Epicuro, estimaba mucho el placer moderado. Consideraba los goces intelectuales como los mejores, y la templanza era para él la virtud principal. «*Lo intenso* era en él una muletilla de desdeñosa desaprobación», dice su hijo, quien añade que ponía reparos a la acentuación moderna del sentimiento. Como toda la escuela utilitaria, era totalmente opuesto a toda forma de romanticismo. Pensaba que la política podía ser gobernada por la razón y esperaba que las opiniones de los hombres fueran determinadas por el peso de la evidencia. Si los lados opuestos de una controversia se presentan con igual habilidad, hay una certeza moral —sostenía— de que el mayor número juzgará rectamente. Su criterio estaba limitado por la pobreza de su naturaleza emotiva, pero dentro de sus limitaciones tenía los méritos de su trabajo, desinterés y racionalidad.

Su hijo John Stuart Mill, nacido en 1808, continuó en una forma algo amortiguada la doctrina de Bentham hasta su muerte en 1873.

Durante toda la parte central del siglo XIX, la influencia de los benthamistas en la legislación y en la política inglesa fue asombrosamente grande, teniendo en cuenta su completa carencia de atractivo emocional.

Behtham adelantó varios argumentos en favor de la tesis de que la felicidad general es el *summum bonum.* Algunos de estos argumentos eran agudas críticas de otras doctrinas éticas. En su tratado sobre los sofismas políticos dice, en un lenguaje que parece presagiar a Marx, que las morales sentimentales y ascéticas sirven a los intereses de la clase gobernante y son el producto de un régimen aristocrático. Los que enseñan la moral del sacrificio, continúa, no son víctimas del error: quieren que otros se sacrifiquen por ellos. El orden moral, dice, resulta del equilibrio de intereses. Las corporaciones gobernantes pretenden que ya hay identidad de intereses entre los gobernantes y los gobernados, pero los reformadores hacen ver con claridad que esta identidad no existe todavía, y tratan de realizarla. Sostiene que únicamente el principio de utilidad puede dar un criterio en moral y legislación y establecer la base de una ciencia social. Su principal argumento positivo en favor de su principio es que está realmente implicado en los aparentemente diversos sistemas éticos. Éste, no obstante, sólo se hace admisible restringiendo enormemente su perspectiva.

Hay una notoria laguna en el sistema de Bentham. Si todo hombre persigue siempre su propio placer, ¿cómo podemos estar seguros de que el legislador persiga el placer de la humanidad en general? La benevolencia instintiva de Bentham (que sus teorías psicológicas le impedían advertir) le ocultó el problema. Si le hubieran encargado de la redacción de un código para algún país, lo hubiera hecho conforme a lo que él creía el interés público, no para beneficiar sus propios intereses ni (conscientemente) los intereses de su clase. Pero si hubiera reconocido este hecho, habría debido modificar sus doctrinas psicológicas. Parece haber pensado que, por medio de la democracia, combinada con una adecuada vigilancia, podían estar los legisladores tan controlados que sólo podrían beneficiar sus intereses particulares, siendo útiles al público en general. En su época no había mucho material para formar un juicio respecto al funcionamiento de las instituciones democráticas, y su optimismo era, por consiguiente, quizás excusable, pero en nuestra más desilusionada época parece algo ingenuo.

John Stuart Mill, en su *Utilitarismo,* ofrece un argumento tan sofístico que es difícil de comprender cómo pudo haberlo creído válido. Dice: El placer es la única cosa que se desea; por ende, el placer es la única cosa deseable. Arguye que las únicas cosas visibles son las cosas vistas, las únicas audibles, las oídas y, de modo semejante, las únicas cosas deseables son las deseadas. No se da cuenta de que una cosa es *visible* si *puede* verse, pero *deseable* si *debe* desearse. Así, *deseable* es una palabra que presupone una teoría ética; no podemos inferir lo que es deseable de lo que es deseado.

Asimismo: si cada hombre de hecho e inevitablemente persigue su propio placer, no tiene ningún objeto decir que *debe* hacer alguna otra cosa. Kant afirmaba que «tú debes» implica «tú puedes»; inversamente, si tú no puedes, es necio decir que debes. *Si* cada hombre tiene que perseguir siempre su propio placer, la moral se reduce a la prudencia; podemos actuar bien para favorecer los intereses de los otros con la esperanza de que ellos a su vez favorezcan los nuestros. Análogamente, en política, toda cooperación es una cuestión de componendas. De las premisas de los utilitaristas no se puede deducir válidamente ninguna otra conclusión.

Hay dos cuestiones distintas implicadas en esto. Primera: ¿persigue cada hombre su propia felicidad? Segunda: ¿es la felicidad general el recto fin de la acción humana?

Cuando se dice que cada hombre desea su propia felicidad, la afirmación es susceptible de tener dos sentidos, uno de los cuales es una perogrullada y el otro es falso. En cualquier cosa que se me pueda ocurrir desear, obtendré algún placer en realizar mi deseo; en este sentido, cualquier cosa que desee es *un placer,* y puede decirse, aunque algo imprecisamente, qué placeres son los que deseo. Éste es el sentido de la doctrina, que es una perogrullada.

Pero si lo que se da a entender es que, cuando deseo algo, lo deseo a causa del placer que me dará, es habitualmente incierto. Cuando tengo hambre, deseo comida, y mientras dure mi hambre, me dará placer la comida. Pero el hambre, que es un deseo, viene primero; el placer es una consecuencia del deseo. No niego que hay ocasiones en que hay un deseo directo del placer. Si hemos decidido dedicar una tarde libre al teatro, elegiremos el teatro que pensamos que nos dará más placer. Pero las acciones determinadas, de este modo, por el deseo directo del placer son excepcionales y sin importancia. Las principales actividades de todo el mundo están determinadas por deseos que son anteriores al cálculo de placeres y dolores.

Cualquier cosa puede ser un objeto de deseo; un masoquista puede desear su propio dolor. El masoquista saca placer, sin duda alguna, del dolor que ha deseado, pero el placer se debe al deseo, no viceversa. Un hombre puede desear algo que no le afecta personalmente, salvo a causa de su deseo —por ejemplo, la victoria de una parte en una guerra en que su país es neutral—. Puede desear un aumento de la felicidad general, o una mitigación del sufrimiento general. O puede, como Carlyle, desear exactamente lo contrario. Sus placeres varían a medida que varían sus deseos.

La ética es necesaria porque los deseos de los hombres pugnan entre sí. La causa primordial del conflicto es el egoísmo: la mayoría de las gentes están más interesadas en su propio bienestar que en el de los demás. Pero los conflictos son igualmente posibles cuando no hay ningún elemento de egoísmo. Un hombre puede desear que todo el mundo sea católico y otro puede desear que todo el mundo sea calvinista. Tales deseos, no egoístas, están implicados frecuentemente en los conflictos sociales. La ética tiene un doble propósito: primero, hallar un criterio para distinguir los buenos y los malos deseos; segundo, por medio del elogio y la censura, fomentar los buenos deseos y frustrar los malos.

La parte ética de la doctrina utilitaria, que es lógicamente independiente de la parte psicológica, dice: Son buenos los deseos y acciones que fomentan efectivamente la felicidad general. Esto no tiene que ser la *intención* de una acción, sino solamente su *efecto.* ¿Hay algún argumento teórico válido en pro o en contra de esta doctrina? Nos hemos enfrentado con una cuestión parecida en relación con Nietzsche. Su ética difiere de la de los utilitaristas, puesto que ésta sostiene que sólo una minoría de la raza humana tiene importancia moral: la felicidad o infelicidad del resto debe ser ignorada. No creo que este desacuerdo pueda demostrarse con argumentos teóricos como los que podrían emplearse en una cuestión científica. Como es obvio, los excluidos de la aristocracia nietzscheana objetarán, convirtiéndose de este modo la cuestión en una cosa política más que teórica. La ética utilitaria es democrática y antirromántica. Los demócratas es probable que la acepten, pero los que prefieren un concepto del mundo más byroniano, sólo pueden, a mi juicio, ser refutados prácticamente, no con consideraciones que apelen sólo a los hechos, como cosa opuesta a los deseos.

Los radicales filosóficos fueron una escuela de transición. Su sistema dio origen a otros dos, de más importancia que él: el darwinismo y el socialismo. El darwinismo era una aplicación a toda la vida animal y vegetal de la teoría de la población de Malthus, que era una parte integral de la política y de la economía de los benthamistas: una libre competencia global, en la que la victoria recaía sobre los animales que más se parecían a los capitalistas afortunados. El mismo Darwin estaba influido por Malthus y tenía en general simpatía por los radicales filosóficos. No obstante, había una gran diferencia entre la competencia admirada por los economistas ortodoxos y la lucha por la existencia que Darwin proclamaba como la fuerza motriz de la evolución. «La libre competencia», en la economía ortodoxa, es un concepto muy artificial, saturado de restricciones legales. Puede uno vender a precios mucho más bajos que un competidor, pero no puede matarle. No se pueden emplear las fuerzas armadas de un Estado para aventajar a los fabricantes extranjeros. Los que no tienen la buena fortuna de poseer capital, no pueden mejorar su suerte por medio de la revolución. «La libre competencia», tal como la entendían los benthamistas, no era realmente libre.

La competencia darwiniana no era de esta clase limitada; no había ninguna regla que prohibiera el golpe bajo. La ley no existe entre los animales ni está excluida la guerra como método de competencia. El empleo del Estado para asegurar la victoria en la competición iba contra las reglas, según los benthamistas, pero no podía ser excluido de la lucha darwiniana. De hecho, aunque Darwin era liberal y Nietzsche no lo menciona nunca sino con desdén, «la supervivencia del más apto», de Darwin, condujo, al ser asimilada totalmente, a algo más parecido a la filosofía de Nietzsche que a la de Bentham. Estos desarrollos, sin embargo, pertenecen a un período posterior, puesto que el *Origen de las es-*

pecies, de Darwin, fue publicado en 1859, y sus consecuencias políticas no fueron captadas al principio.

El socialismo, por el contrario, comenzó en el apogeo del benthamismo y como consecuencia directa de la economía ortodoxa. Ricardo, que estaba asociado íntimamente con Bentham, Malthus y James Mill, enseñaba que el valor en cambio de un producto se debe enteramente al trabajo empleado en realizarlo. Publicó su teoría en 1817, y ocho años más tarde, Thomas Hodgskin, un ex funcionario de la marina, publicó la primera réplica socialista, *El trabajo, defendido contra las pretensiones del capital.* Argüía que si, como Ricardo enseñaba, todo el valor es conferido por el trabajo, entonces toda la recompensa debía ser para él; la parte obtenida ahora por el terrateniente y el capitalista tenían que ser una mera explotación. Mientras tanto, Robert Owen, después de mucha experiencia práctica como fabricante, se había convencido de la doctrina que pronto se llamó socialismo. (El primer empleo de la palabra *socialista* ocurre en 1827, cuando se aplica a los seguidores de Owen). Las máquinas, dice, están desplazando la mano de obra, y el *laissez-faire* no da a las clases trabajadoras ningún medio adecuado para combatir el poder de las máquinas. El método, que proponía para combatir el mal, es la forma más antigua del socialismo moderno.

Aunque Owen era amigo de Bentham, quien había invertido considerable cantidad de dinero en los negocios de Owen, los radicales filosóficos no vieron con simpatía la nueva doctrina; de hecho, el advenimiento del socialismo los hizo menos radicales y menos filosóficos de lo que habían sido. Hodgskin consiguió cierta aceptación en Londres y James Mill estaba horrorizado. Escribió: «Sus ideas de la propiedad son horribles..., parecen pensar que no debía existir, y que su existencia es un perjuicio para ellos. Entre ellos hay pícaros, sin duda alguna... Necios, que no ven que cuanto locamente desean traería sobre ellos tal calamidad que ninguna mano, salvo la suya, podría acarrearles».

Esta carta, escrita en 1831, puede considerarse como el principio de la larga lucha entre el capitalismo y el socialismo. En una carta posterior, James Mill atribuye la doctrina al «loco desatino» de Hodgskin, y añade: «Si estas opiniones se difundieran, serían la subversión de la sociedad civilizada; peor que el espantoso aluvión de hunos y tártaros».

El socialismo, en la medida en que es político o económico, no entra en el campo de una historia de la filosofía. Pero en las manos de Karl Marx se convirtió en una filosofía. La examinaremos en el capítulo siguiente.

CAPÍTULO XXVII

KARL MARX

A Karl Marx se le considera habitualmente como el hombre que ha creado el socialismo científico, y ha hecho más que nadie para crear el poderoso movimiento que, por atracción y rechazo, ha dominado la historia europea reciente. Rebasaría los límites de esta obra considerar su parte económica o política, salvo ciertos aspectos generales; sólo como filósofo, además de la influencia que ha tenido en la filosofía de otros, me propongo estudiarlo aquí. En este aspecto es difícil de clasificar. Desde un punto de vista, es una consecuencia, como Hodgskin, de los radicales filosóficos, cuyo racionalismo y oposición a los románticos continúa. En otro es un renovador del materialismo, al que da una nueva interpretación y una nueva conexión con la historia humana. En otro aspecto más es el último de los grandes constructores de sistemas, el sucesor de Hegel, creyente, como él, en una fórmula racional que resume la evolución de la humanidad. La acentuación de cualquiera de estos aspectos a expensas de los otros, da una idea falsa y desequilibrada de su filosofía.

Los acontecimientos de su vida explican en parte esta complejidad. Nació en 1818, en Tréveris, como San Ambrosio. Tréveris recibió una profunda influencia francesa durante la era revolucionaria y napoleónica y tenía un criterio mucho más cosmopolita que muchas partes de Alemania. Sus antepasados habían sido rabinos, pero sus padres se habían hecho cristianos cuando él era niño. Se casó con una gentil aristócrata, por la que sintió afecto toda su vida. En la universidad recibió la influencia del aún dominante hegelianismo, lo mismo que la de la rebelión de Feuerbach contra Hegel hacia el materialismo. Ensayó el periodismo, pero la *Rheinische Zeitung,* que editaba, fue suprimida por las autoridades a causa de su radicalismo. Después de esto, en 1843, marchó a Francia a estudiar el socialismo. Aquí se encontró con Engels, que era director de una fábrica de Manchester. Por medio de él llegó a conocer las condiciones del trabajo en Inglaterra y la economía inglesa. De este modo adquirió, antes de las revoluciones de 1848, una cultura internacional extraordinaria. Por lo que respecta a la Europa occidental, no mostraba ningún prejuicio nacional. No puede decirse lo mismo de la Europa oriental, pues siempre despreció a los eslavos.

Tomó parte en las revoluciones francesa y alemana de 1848, pero la reacción le obligó a buscar refugio en Inglaterra, en 1849. Pasó el resto de su vida, con unos pocos y breves intervalos, en Londres, abrumado por la pobreza, la enfermedad y las muertes de sus hijos, pero no obstante, escribiendo infatigablemente y acumulando conocimientos. El estímulo de su obra fue siempre la esperanza de la revolución social, si no en su vida, por lo menos en un futuro no muy distante.

Marx, lo mismo que Bentham y James Mill, no mostraba ningún interés por el Romanticismo; su intención fue siempre ser científico. Su economía es un producto de la economía británica clásica, cambiando sólo la fuerza impulsora. Los economistas clásicos, consciente o inconscientemente, procuraban siempre el bienestar del capitalista, frente al terrateniente y al asalariado; Marx, por el contrario, se lanzó a representar los intereses de los asalariados. Tuvo en su juventud —como se ve en el Manifiesto Comunista de 1848— el fuego y la pasión necesarios para un nuevo movimiento revolucionario, lo mismo que lo había tenido el liberalismo en la época de Milton. Pero siempre tuvo la preocupación de servirse de pruebas, no habiéndose apoyado nunca en ninguna intuición extracientífica.

Se califica a sí mismo de materialista, pero no del tipo del siglo XVIII. Su materialismo que, por influencia de Hegel, llamó *dialéctico,* difería en un aspecto importante del materialismo tradicional y era más afín a lo que ahora se llama instrumentalismo.

El viejo materialismo, decía Marx, consideraba erróneamente la sensación como algo pasivo, atribuyendo así primordialmente la actividad al objeto. En la tesis de Marx, toda sensación o percepción es una interacción entre sujeto y objeto; el objeto puro, aparte de la actividad del percipiente, es una mera materia prima, que se transforma mediante el proceso que la lleva a ser conocida. El conocimiento, en el antiguo sentido de contemplación pasiva, es una abstracción irreal; el proceso que se efectúa, en realidad, es un proceso de *manipulación* de cosas. «La cuestión de si la verdad objetiva pertenece al pensamiento humano no es una cuestión teórica, sino práctica», afirma. «La verdad, es decir, la realidad y el poder del pensamiento tienen que demostrarse en la práctica. La discusión en cuanto a la realidad o no realidad de un pensamiento aislado de la práctica es una cuestión puramente escolástica... Los filósofos solamente han *interpretado* el mundo de diversos modos, pero la tarea real es *alterarlo»* [15].

Creo poder interpretar a Marx afirmando su pretensión de dar a entender que el proceso llamado por los filósofos búsqueda del conocimiento, no es, como se ha pensado, un proceso en el que el objeto es constante, mientras toda la adaptación corresponde al conocedor. Por el contrario, sujeto y objeto, el conocedor y la cosa conocida, están en un continuo proceso de adaptación mutua. Llama al proceso *dialéctico* porque nunca se completa del todo.

Es esencial para esta teoría el negar la realidad de la *sensación,* tal como la conciben los empiristas británicos. Lo que ocurre, cuando se acerca más a lo que ellos entienden por *sensación,* sería mejor llamarlo *percepción,* que implica actividad. De hecho —diría Marx— sólo nos damos cuenta de las cosas como parte del proceso de su actuación, y toda teoría que separe la acción es una abstracción perturbadora.

Si no me engaño, Marx fue el primer filósofo que criticó la noción de *verdad* desde este punto de vista activista. En su obra no se destaca mucho esta crítica y, por lo tanto, no diré más de ello ahora, dejando el examen de la teoría para un capítulo posterior.

---

[15] *Once tesis sobre Feuerbach,* 1845.

La filosofía de la Historia de Marx es una mezcla de Hegel y de la economía británica. Como Hegel, cree que el mundo se desenvuelve conforme a una fórmula dialéctica, pero disiente totalmente de Hegel en cuanto a la fuerza impulsora de este desenvolvimiento. Hegel creía en una entidad mística llamada *Espíritu*, que es lo que hace que la historia humana se desarrolle de acuerdo con las etapas de la dialéctica, según se expone en su *Lógica*. Por qué tiene el Espíritu que recorrer estas etapas, no está claro. Se siente uno tentado a suponer que el Espíritu está tratando de comprender a Hegel y que a cada etapa objetiva aplica lo que ha estado leyendo. La dialéctica de Marx no tiene nada de esta cualidad, salvo cierta fatalidad. Para Marx, la materia, no el espíritu, es la fuerza impulsora. Pero la materia en el sentido peculiar que hemos examinado, no la materia totalmente deshumanizada de los atomistas. Esto significa que para Marx la fuerza impulsora es realmente la relación del hombre con la materia, de la que su parte más importante es el modo de producción de éste. En este aspecto, el materialismo de Marx, en la práctica, se convierte en económico.

La política, la religión, la filosofía y el arte de cualquier época de la historia humana son, según Marx, una consecuencia de sus métodos de producción y, en menor grado, de los de distribución. Creo que no mantendría que esto se aplica a todos los primores de la cultura, sino sólo a sus líneas generales. La doctrina se llama el «concepto materialista de la Historia». Ésta es una tesis muy importante; en particular, concierne al historiador de la filosofía. Yo no acepto la tesis tal como es, pero creo que contiene muy importantes elementos de verdad y sé que ha influido en mis ideas sobre el desenvolvimiento filosófico, tal como está expresado en este libro. Consideremos, para empezar, la historia de la filosofía en relación con la doctrina de Marx.

Subjetivamente, a cada filósofo le parece estar empeñado en la persecución de lo que puede llamarse la *verdad*. Los filósofos pueden diferir en cuanto a la definición de *verdad*, pero de todos modos, ésta es algo objetivo, algo que, en algún sentido, todo el mundo debe aceptar. Nadie se empeñaría en la persecución de la filosofía si pensara que *toda* filosofía es *meramente* una expresión de prejuicios irracionales. Pero todo filósofo estará de acuerdo en que muchos otros filósofos han sido movidos por un prejuicio y que han tenido razones extrarracionales, de las que eran habitualmente inconscientes, para muchas de sus opiniones. Marx, como el resto, cree en la verdad de sus doctrinas; no las considera sino como la expresión de los sentimientos naturales de un judío alemán rebelde de la clase media, a mediados del siglo XIX. ¿Qué puede decirse acerca de este conflicto entre los puntos de vista subjetivos y objetivos de una filosofía?

Podemos decir, de un modo amplio, que la filosofía griega hasta Aristóteles expresa la mentalidad apropiada a la Ciudad-Estado; que el estoicismo es apropiado a un despotismo cosmopolita; que la filosofía escolástica es una expresión intelectual de la Iglesia como organización; que la filosofía, desde Descartes o, en todo caso, desde Locke, tiende a incorporar los prejuicios de la clase media mercantil, y que el marxismo y el fascismo son filosofías apropiadas al moderno Estado industrial. Esto, creo yo, es verdadero e importante. Sin embargo, creo que Marx está equivocado en dos extremos. Primero, las circunstancias sociales que hay que tener en cuenta son tanto políticas como económicas; tienen que ver con el Poder, del que la riqueza es sólo una forma. Segundo, la causalidad social cesa en gran medida de aplicarse tan pronto como un problema se hace detallado y técnico. La primera de estas objeciones la he expuesto en mi libro *Poder,* y, por consiguiente, no diré más acerca de ella. La segunda interesa más íntimamente a la historia de la filosofía, y daré algunos ejemplos de su alcance. Tomemos, primero, el problema de los universales. Este problema fue discutido primero por Platón, luego por Aristóteles, por los escolásticos, por los empiristas británicos y por la mayoría de los lógicos modernos. Sería absurdo negar que el prejuicio ha influido en las opiniones de los filósofos sobre esta cuestión. Platón fue influido por Parménides y el orfismo; deseaba un mundo eterno y no podía creer en la realidad última del fluir temporal. Aristóteles era más empírico y no sentía ninguna repugnancia por el mundo cotidiano. Los empiristas modernos completos tienen un prejuicio que es opuesto al de Platón: consideran desagradable la perspectiva de un mundo suprasensible y están dispuestos a todo con tal de no tener que creer en él. Pero estos tipos opuestos de prejuicios son perennes y tienen solamente una conexión algo remota con el sistema social. Se dice que el amor a lo eterno es característico de una clase ociosa, que vive del trabajo de los demás. Dudo que esto sea verdad. Epicteto y Spinoza no eran señores ociosos. Puede argüirse, por el contrario, que el concepto del cielo como lugar de descanso es el de fatigados trabajadores que no desean otra cosa que no trabajar más. Tal argumentación puede prolongarse indefinidamente y no conduce a ninguna parte.

Por otro lado, cuando llegamos al detalle de la controversia sobre los universales, encontramos que cada parte puede inventar argumentos que la otra debe admitir como válidos. Algunas de las críticas que hizo Aristóteles de Platón sobre esta cuestión, han sido aceptadas casi universalmente. En tiempos muy recientes, aunque no se ha llegado a ninguna decisión, se ha inventado una nueva técnica y muchos problemas incidentales se han resuelto. No es insensato esperar que antes de mucho tiempo puedan llegar los lógicos a un acuerdo definitivo sobre este asunto.

Tomemos, como segundo ejemplo, el argumento ontológico. Lo inventó, como hemos visto, San Anselmo, lo rechazó Santo Tomás, lo aceptó Descartes, lo refutó Kant y lo restableció Hegel. Creo puede decirse de un modo totalmente definitivo que, como resultado del análisis del concepto de *existencia,* la lógica moderna ha demostrado que este argumento no es válido. No se trata de una cuestión de temperamento ni del sistema social; es una cuestión puramente técnica. La refutación del argumento no da, desde luego, ninguna razón para suponer que su conclusión, o sea la existencia de Dios, no sea verdadera; si así fuera, podemos suponer que Tomás de Aquino no hubiera rechazado el argumento.

O tomemos la cuestión del materialismo. Ésta es una palabra susceptible de muchos sentidos; hemos visto que Marx alteró radicalmente su significado. Las animadas controversias respecto a su verdad o falsedad han dependido en gran medida, para su continua vitalidad, de haber soslayado la definición. Cuando se define el término se ve que, según algunas posibles definiciones, el materialismo es evidentemente falso; según otras, puede ser verdadero, aunque no hay ninguna razón positiva para creerlo; según otras más, hay algunas razones en su favor, aunque no son decisivas. Todo esto depende asimismo de consideraciones técnicas y no tiene nada que ver con el sistema social.

La verdad de la cuestión es en realidad de una gran sencillez. Lo que convencionalmente se llama *filosofía* consta de dos elementos muy diferentes. Por un lado, hay cuestiones que son científicas o lógicas; éstas pueden sujetarse a métodos respecto a los cuales hay acuerdo general. Por otro, hay cuestiones de apasionado interés para mucha gente, respecto a las cuales no hay ninguna prueba sólida de ninguna forma. Entre las últimas están las cuestiones prácticas, referente a las cuales es imposible quedarse al margen. Cuando hay una guerra, tengo que ayudar a mi país o entrar en un penoso conflicto con mis amigos y con las autoridades. Muchas veces no hay ningún término medio entre apoyar u oponerse a la religión oficial. Por una razón u otra, nos parece imposible mantener una actitud de escéptico alejamiento sobre muchas cuestiones sobre las que la pura razón se mantiene muda. Una *filosofía,* en un sentido muy común del término, es un todo orgánico de tales decisiones extrarracionales. Tomada la *filosofía* en este sentido, la tesis de Marx es ampliamente verdadera. Pero incluso en este sentido, una filosofía está determinada por otras causas sociales, tanto como por las económicas. La guerra, especialmente, tiene su parte en la motivación histórica; y la victoria en la guerra no se inclina siempre hacia el lado que tiene mayores recursos económicos.

Marx acomodó su filosofía de la Historia a un molde sugerido por la dialéctica hegeliana, pero de hecho, sólo había un trío que le interesaba: el feudalismo, representado por el terrateniente; el capitalismo, representado por el propietario industrial, y el socialismo, representado por el asalariado. Hegel pensaba que las naciones eran los vehículos del movimiento dialéctico; Marx las sustituyó por las clases. Siempre repudió todas las razones éticas o humanitarias para preferir el socialismo o ponerse al lado del asalariado; mantenía, no que este partido fuera éticamente mejor, sino que era el adoptado por la dialéctica en su movimiento totalmente determinista. Podía haber dicho que él no abogaba por el socialismo, sino que sólo lo profetizaba. Sin embargo, esto no hubiera sido completamente cierto. El creía indudablemente que todo movimiento dialéctico era, en algún sentido impersonal, un progreso, y sostenía con certeza que el socialismo, una vez instaurado, haría más por la felicidad humana de lo que habían hecho el feudalismo y el capitalismo. Estas creencias, aunque debieron de dirigir su vida, se hallan sólo en el trasfondo de sus escritos. Sin embargo, a veces abandona el tranquilo tono profético para lanzarse a una vigorosa exhortación a la rebelión, y la base emotiva de sus pronósticos ostensiblemente científicos está implícita en todo lo que escribió.

Considerado puramente como filósofo, Marx tiene graves defectos. Es demasiado práctico, está atado en exceso a los problemas de su tiempo. Su perspectiva se reduce al planeta y, dentro del planeta, al Hombre. Desde Copérnico, se ha hecho evidente que el Hombre no tiene la importancia cósmica que anteriormente se le atribuyó. Nadie que haya dejado de asimilar este hecho tiene derecho a calificar su filosofía de científica.

Esta limitación a los asuntos terrenos va unida a una predisposición a creer en el progreso como ley universal. Esta predisposición caracterizó al siglo XIX y existió en Marx tanto como en sus contemporáneos. Sólo por esta creencia en la inevitabilidad del progreso creyó Marx posible prescindir de consideraciones morales. Si el socialismo tenía que venir, era preciso que fuera una mejora. Hubiera admitido con facilidad que no parecía una mejora para los terratenientes o para los capitalistas, pero añadiría que eso sólo indicaba que éstos se hallaban en desacuerdo con el movimiento dialéctico de la época. Marx se declaró ateo, pero conservaba un optimismo cósmico que sólo el teísmo podía justificar.

Hablando en términos generales, todos los elementos de la filosofía de Marx, que derivan de Hegel, no son científicos, en el sentido de que no hay ninguna razón para suponerlos verdaderos.

Quizá el ropaje filosófico que Marx dio a su socialismo no tenía en realidad mucho que ver con la base de sus opiniones. Es fácil de exponer la parte más importante de lo que tenía que decir sin hacer ninguna referencia a la dialéctica. Marx se sintió impresionado ante la terrible crueldad del sistema industrial que existía en Inglaterra hace cien años, que conoció con todo detalle por Engels y por los informes de las Comisiones Reales. Vio que el sistema iba a evolucionar probablemente de la competencia libre al monopolio, y que su injusticia tenía que producir un movimiento de rebelión en el proletariado. Sostenía que en una comunidad totalmente industrializada la única alternativa para el capitalismo privado era que el Estado fuese dueño de la tierra y del capital. Ninguna de estas proposiciones son asunto de la filosofía y, por lo tanto, no examinaré su verdad o falsedad. La cosa es que, si son verdaderas, bastan para establecer lo prácticamente importante de su sistema. El bagaje podía, por consiguiente, abandonarse provechosamente.

La historia de la fama de Marx ha sido peculiar. En su país, sus doctrinas inspiraron el programa del partido socialdemócrata, que fue creciendo continuamente hasta lograr en las elecciones generales de 1912 un tercio de los votos emitidos. Inmediatamente después de la Primera Guerra Mundial, el partido socialdemócrata estuvo durante un tiempo en el Poder, y Ebert, el primer presidente de la República de Weimar, pertenecía a él; pero entonces, el partido había dejado de seguir la ortodoxia marxista. Mientras tanto, en Rusia habían adquirido el Poder fanáticos creyentes en la doctrina marxista. En el Occidente, ningún gran movimiento obrero ha sido totalmente marxista; el partido laborista inglés ha parecido moverse, en ocasiones, en esa dirección, pero nunca se ha adherido a un tipo empírico de socialismo. Sin embargo, gran número de intelectuales han sido profundamente influidos por Marx, tanto en Inglaterra como en América. En Alemania ha sido suprimida por la fuerza toda defensa de sus doctrinas, pero es de esperar que revivan cuando los nazis sean derrocados [16].

La Europa moderna ha estado dividida, política e ideológicamente, en tres campos. Los liberales, que aún siguen a Locke o a Bentham, pero con diversos grados de adaptación a las necesidades de la organización industrial. Los marxistas, que gobiernan

[16] Escribo en 1943.

en Rusia y van camino de adquirir mayor influencia en otros varios países. Estos dos sectores de opinión no se hallan muy separados filosóficamente; ambos son racionalistas y, en la intención, científicos y empíricos. Pero desde el punto de vista de la política práctica, la división es tajante. Aparece ya en la carta de James Mill, citada en el capítulo anterior, donde dice que «sus ideas de la propiedad parecen endiabladas».

Ha de admitirse, no obstante, que hay ciertos aspectos en los que el racionalismo de Marx está sujeto a limitaciones. Aunque sostiene que su interpretación del curso del desarrollo es verdadera y que será confirmada por los acontecimientos, cree que el argumento sólo tendrá fuerza (aparte de raras excepciones) para aquellos cuyo interés de clase esté de acuerdo con él. Espera poco de la persuasión y todo de la lucha de clases. De esta forma se ve llevado a tratar del Poder político y de la doctrina de una clase dominante, aunque no la de una raza dominante. Es verdad que, como resultado de la revolución social se espera que la división de clases acabe por desaparecer, dando paso a una completa armonía política y económica. Pero éste es un ideal distante, como la segunda venida del Mesías; mientras tanto, hay guerra y dictadura e insistencia en la ortodoxia ideológica.

El tercer sector de opinión moderna, representada políticamente por nazis y fascistas, difiere filosóficamente de los dos anteriores mucho más profundamente que éstos entre sí. Es antirracional y anticientífico. Sus progenitores filosóficos son Rousseau, Fichte y Nietzsche. Destaca la voluntad, especialmente la voluntad de Poder; cree que éste debe concentrarse principalmente en ciertas razas e individuos que, por tanto, tienen derecho a mandar.

Hasta Rousseau, el mundo filosófico tuvo cierta unidad. Ésta ha desaparecido de momento, pero quizá no por mucho tiempo. Puede ser recobrada por una reconquista racionalista de las mentes humanas, pero no de ningún otro modo, puesto que las pretensiones de dominio sólo pueden engendrar la lucha.

CAPÍTULO XXVIII

BERGSON

I

Henri Bergson ha sido el primer filósofo francés del siglo actual. Influyó en William James y Whitehead y tuvo un efecto considerable en el pensamiento francés. Sorel, que era un vehemente defensor del sindicalismo y autor de un libro llamado *Reflexiones sobre la violencia,* empleó el irracionalismo bergsoniano para justificar un movimiento revolucionario obrero que no tiene ningún fin definido. Al final, Sorel abandonó el sindicalismo y se hizo monárquico. El principal efecto de la filosofía de Bergson fue conservador y armonizó fácilmente con el movimiento que culminó en Vichy. Pero el irracionalismo de Bergson tuvo una amplia acogida totalmente desligada de la política, como en Bernard Shaw, cuya *Vuelta a Matusalén* es bergsonismo puro. Olvidando la política, aquí lo consideramos en su aspecto puramente filosófico. Me ocuparé de él con más extensión porque ejemplifica admirablemente la rebelión contra la razón que, empezando en Rousseau, ha ido dominando gradualmente zonas cada vez más amplias de la vida y del pensamiento del mundo.

La clasificación de las filosofías se hace, por lo general, atendiendo a sus métodos o a sus resultados: *empírica* y *a priori* es una clasificación por métodos; *realista* e *idealista,* por resultados. El intento de adscribir la filosofía de Bergson a cualquiera de estos modos tiene pocas probabilidades de triunfo, puesto que no se acomoda a ninguna de las divisiones reconocidas.

Mas hay otra manera de clasificar las filosofías, menos precisa, pero quizá más útil para los no filosóficos; consiste en dividirlas conforme al deseo predominante que ha llevado al filósofo a filosofar. Así, tendremos filosofías del sentimiento, inspiradas por el amor a la felicidad; filosofías teóricas, inspiradas por el deseo de conocimiento, y filosofías prácticas, inspiradas por el afán de la acción.

Entre las primeras colocaremos las que son primordialmente optimistas o pesimistas, todas las que ofrecen planes de salvación, o tratan de probar que la salvación es imposible; a esta clase pertenecen la mayoría de las filosofías religiosas. Entre las teóricas colocaremos la mayoría de los grandes sistemas, pues aunque el deseo de conocimiento es raro, ha sido la fuente de lo mejor de la filosofía. Las filosofías prácticas, por otra parte, serán las que consideran la acción como el bien supremo, estimando la felicidad como un efecto y el conocimiento como un mero instrumento de la actividad triunfadora. Filosofías de este tipo hubieran sido frecuentes entre los europeos occidentales si los filósofos hubieran sido hombres corrientes; como no es así, han sido escasas hasta tiempos muy recientes; de hecho, sus principales representantes son los pragmatistas y Bergson. En la aparición de esta clase de filosofía podemos ver, como Bergson, la rebelión del moderno hombre de acción contra la autoridad de Grecia, y más particularmente de Platón; o podemos relacionarla, como el doctor Schiller, con el imperialismo y el automóvil. El mundo moderno reclama una filosofía y así el éxito que ésta ha logrado no debe sorprender.

La filosofía de Bergson, a diferencia de la mayoría de los sistemas del pasado, es dualista: para él, el mundo está dividido en dos porciones desiguales: la vida por un lado, la materia por otro, o más bien, ese algo inerte que el intelecto mira como materia. El Universo es el choque y conflicto de dos movimientos opuestos: la vida, que asciende, y la materia, que cae. La vida es una gran fuerza, un vasto impulso vital, dado de una vez para siempre desde el principio del mundo, que tropieza con la resistencia de la materia, luchando por abrirse camino a través de la materia, aprendiendo gradualmente a usar la materia por medio de la organización; dividida por los obstáculos que encuentra en corrientes divergentes, como el viento en la esquina de una calle; en parte subyugada por la materia por medio de las adaptaciones que la materia le obliga a hacer, aunque conservando siempre su capacidad para la actividad libre, luchando siempre para hallar nuevas salidas, buscando siempre una mayor libertad de movimiento entre las murallas frontales de la materia.

La evolución no es primordialmente explicable por la adaptación al medio; la adaptación explica sólo los giros y revueltas de la evolución, como las vueltas de una carretera que se aproxima a una ciudad a través de un terreno montañoso. Pero este símil no es del todo adecuado; no hay ninguna ciudad, ninguna meta definida al final del camino por donde marcha la evolución. El mecanismo y la teleología sufren del mismo defecto; ambos suponen que no hay ninguna novedad esencial en el mundo. El mecanicismo mira el futuro como implícito en el pasado, puesto que cree que el fin, que ha de alcanzarse, puede ser conocido de antemano, y niega así que esté implicada en el resultado ninguna novedad esencial.

Frente a ambos criterios, aunque con más simpatía por la teleología que por el mecanicismo, Bergson mantiene que la evolución es verdadera *creadora,* como la obra de un artista. Un impulso a la acción, un deseo indefinido, existen de antemano, pero hasta que el deseo sea satisfecho, es imposible conocer la naturaleza de lo que lo satisfará. Por ejemplo, podemos suponer algún vago deseo, en los animales que no ven, de poder tener noticia de los objetos antes de tropezar con ellos. Esto condujo a esfuerzos que finalmente trajeron por resultado la creación de los ojos. La vista satisfizo el deseo, pero no podía haber sido imaginada de antemano. Por esta razón la evolución es impredecible, y el determinismo no puede refutar a los defensores del libre albedrío.

Este amplio esquema queda completado por un relato del real desenvolvimiento de la vida en la Tierra. La primera división de la corriente fue en plantas y animales; las plantas pretendían acumular energía en un depósito y los animales pretendían usar la energía en movimientos súbitos y rápidos. Pero entre los animales apareció una nueva bifurcación en una etapa posterior: *ins-*

tinto e *intelecto* se separaron más o menos. Nunca han estado totalmente separados, mas, en lo principal, el intelecto es la desgracia del hombre, mientras que el instinto se mira como lo mejor en las hormigas, en las abejas y en Bergson. La división entre intelecto e instinto es fundamental en su filosofía: parte de ella es una especie de Sandford y Merton, donde el instinto es el buen muchacho y el intelecto el malo.

El instinto, en su forma mejor, se llama *intuición.* «Por *intuición* —dice— quiero dar a entender el instinto que se ha hecho desinteresado, consciente de sí mismo, capaz de reflexionar sobre su objeto y de ampliarlo indefinidamente». El relato de las acciones del intelecto no es siempre fácil de seguir, pero si queremos entender a Bergson tenemos que hacer lo posible por seguirlo.

La inteligencia o el intelecto, «cuando suelta las manos de la Naturaleza, tiene por objeto principal lo sólido inorgánico»; sólo puede formar una idea clara de lo discontinuo e inmóvil; sus conceptos están unos fuera de otros como objetos en el espacio y tienen la misma estabilidad. El intelecto separa en el espacio y fija en el tiempo; no está hecho para pensar la evolución, sino para representar el *devenir* como una serie de estados. «El intelecto se caracteriza por una incapacidad natural para entender la vida»; la geometría y la lógica, que son sus productos típicos, son estrictamente aplicables a los cuerpos sólidos, pero en otra parte el razonamiento tiene que ser frenado por el sentido común que, como dice Bergson con acierto, es una cosa muy diferente. Se diría que los cuerpos sólidos son algo que la mente ha creado a propósito para aplicarles el intelecto, como ha creado los tableros de ajedrez para jugar al ajedrez sobre ellos. La génesis del intelecto y la de los cuerpos materiales, se nos dice, son correlativas; ambas se han ido desarrollando por adaptación recíproca. «Un proceso idéntico tiene que haber separado materia e intelecto, al mismo tiempo, de una sustancia que contenía a ambas cosas».

Esta concepción del simultáneo desarrollo de materia e intelecto es ingeniosa y merece que la aprehendamos. Poco más o menos creo que significa: el intelecto es la facultad de ver las cosas separadas unas de otras, y la materia es lo que está separado en distintas cosas. En realidad, no hay cosas sólidas separadas, sino sólo una interminable corriente de devenir, en la que nada deviene y no hay nada que esta nada devenga. Pero el devenir puede ser un movimiento ascendente o descendente: cuando lo primero, se llama vida; cuando lo segundo, es lo que, mal entendido por el intelecto, se llama materia. Yo supongo que el Universo es como un cono, con lo Absoluto en el vértice, pues el movimiento ascendente junta las cosas, mientras que el movimiento descendente las separa o, al menos, parece hacerlo así. Con el fin de que el movimiento ascendente de la mente pueda seguir su camino a través del movimiento hacia abajo de los cuerpos que caen, con los que se encuentra, tiene que ser capaz de abrirse paso entre ellos; de este modo, al formarse la inteligencia, aparecieron esquemas y senderos, y el primitivo fluir fue dividido en cuerpos estancos. El intelecto puede compararse con un trinchador, pero tiene la peculiaridad de imaginar que el pollo siempre fue las piezas separadas en que lo divide el cuchillo del trinchador.

«El intelecto —dice Bergson— se comporta siempre como si estuviera fascinado por la contemplación de la materia inerte. Es la vida que mira hacia afuera, lanzándose fuera de sí misma, adoptando las formas de la naturaleza inorgánica en principio, con el fin de dirigirlas de hecho». Si se nos permite añadir otra imagen a las muchas con que se representa la filosofía de Bergson, podemos decir que el Universo es un inmenso tren funicular, en el que la vida es el tren que sube y la materia el que baja. El intelecto consiste en vigilar el tren descendente cuando pasa por el ascendente en que nosotros estamos. La facultad notoriamente más noble que concentra su atención sobre nuestro propio tren es el instinto o la intuición. Es posible saltar de un tren al otro; esto ocurre cuando nos convertimos en las víctimas del hábito automático, y es la esencia de lo *cómico.* O podemos dividirnos en partes, una que sube y otra que baja; entonces, sólo la parte que baja es *cómica.* Pero el intelecto no es un movimiento descendente, sino meramente una observación del movimiento descendente por el movimiento ascendente.

El intelecto, que separa las cosas es, según Bergson, una especie de sueño; no es *activo,* como toda nuestra vida debe ser, sino puramente contemplativo. Cuando soñamos, dice, nuestro yo está diseminado, nuestro pasado está roto en fragmentos, las cosas que realmente se interpenetran unas a otras se ven como unidades sólidas separadas: lo extraespacial se degrada en espacialidad, que no es nada más que separación. Así, todo intelecto, como separa, tiende a la geometría, y la lógica, que se ocupa de conceptos que están totalmente separados entre sí, es, en realidad, un producto de la geometría, siguiendo la dirección de la materialidad. La deducción y la inducción requieren detrás de sí intuición espacial; «el movimiento a cuyo final está la espacialidad traza a lo largo de su curso la facultad de inducción, así como la de deducción: de hecho, la intelectualidad íntegra». Las crea en la mente, y también el orden en las cosas que el intelecto halla allí. Así, la lógica y la matemática no representan un esfuerzo espiritual positivo, sino un mero sonambulismo, en el que la voluntad está en suspenso, y la mente no está ya activa. La incapacidad para las matemáticas, es, pues, un signo de gracia por fortuna muy corriente.

Así como el intelecto está relacionado con el espacio, el instinto o intuición está relacionado con el tiempo. Uno de los rasgos notables de la filosofía de Bergson es que, a diferencia de la mayoría de los escritores, considera el tiempo y el espacio como profundamente dispares. El espacio, la característica de la materia, surge de una disección del flujo, que es realmente ilusoria; útil, hasta cierto punto, en la práctica, pero muy perturbador en la teoría. El tiempo, por el contrario, es la característica esencial de la vida o de la mente. «Dondequiera que vive algo —dice— hay, abierto en algún sitio, un registro en que se inscribe el tiempo». Pero el tiempo, de que se habla aquí, no es el tiempo matemático, la reunión homogénea de instantes mutuamente externos. El tiempo matemático, según Bergson, es realmente una forma del espacio; el tiempo, que es la esencia de la vida, es lo que llama *duración.* El concepto de la duración es fundamental en su filosofía; aparece ya en su primer libro *Tiempo y libre albedrío* y es necesario entenderlo si queremos comprender su sistema. Sin embargo, es un concepto muy difícil. Yo mismo no lo he entendido completamente y, consiguientemente, no puedo esperar explicarlo con toda la claridad que sin duda merece.

«La duración pura —dice— es la forma que nuestros estados conscientes asumen cuando nuestro yo se permite *vivir,* cuando se abstiene de separar su estado presente de sus estados anteriores». Forma el pasado y el presente en un todo orgánico, donde hay penetración mutua, sucesión sin distinción. «Dentro de nuestro yo, hay sucesión sin exterioridad mutua; fuera del yo, en el espacio puro, hay exterioridad mutua sin sucesión».

«Las cuestiones referentes a sujeto y objeto, a su distinción y su unión, debían ponerse en términos de tiempo más bien que de espacio». En la duración en que *nos vemos actuando,* hay elementos disociados; pero en la duración en que *actuamos,* nuestros estados se funden entre sí. La duración pura es lo que está más alejado de la exterioridad y menos penetrado de exterioridad, una duración en la que el pasado está preñado con un presente absolutamente nuevo. Pero entonces nuestra voluntad experimenta una tensión extrema; tenemos que reunir el pasado, que está deslizándose, y meterlo todo e indiviso en el presente. En tales momentos, nos poseemos verdaderamente, pero estos momentos son raros. La duración es el verdadero tejido de la realidad, que está perpetuamente deviniendo y nunca es algo hecho.

Es sobre todo en la *memoria* donde la duración se muestra, pues en la memoria el pasado sobrevive en el presente. Así, la teoría de la memoria adquiere gran importancia en la filosofía de Bergson. *Materia y memoria* se ocupa de mostrar la relación entre mente y materia, de las que afirma que ambas son reales, por un análisis de la memoria, que es «justamente la intersección de mente y materia».

Hay, dice, dos cosas radicalmente diferentes, a las que comúnmente se les da el nombre de *memoria;* la distinción entre ambas es muy destacada por Bergson. «El pasado sobrevive —dice— bajo dos formas distintas: primero, en los mecanismos motores; segundo, en recuerdos independientes». Por ejemplo, se dice que un hombre recuerda un poema si lo puede repetir de memoria, es decir, si ha adquirido cierto hábito o mecanismo que le permite repetir una acción anterior. Pero podría, al menos teóricamente, ser capaz de repetir el poema sin ningún recuerdo de las ocasiones anteriores en que lo ha leído; así, no hay ninguna conciencia de los acontecimientos pasados envuelta en esta clase de memoria. El segundo tipo, que es el único que realmente merece el nombre de memoria, se muestra en los recuerdos de ocasiones separadas en que ha leído el poema, cada una de ellas única y con una fecha. Aquí, piensa Bergson, no puede tratarse de *hábito,* puesto que cada hecho sólo ocurrió una vez, y tuvo que hacer su impresión inmediatamente. Se insinúa que, de algún modo, todo lo que nos ha sucedido es recordado, mas por lo general, sólo lo que es útil pasa a la conciencia. Aparentes fallos de memoria, se arguye, no son en realidad fallos de la parte mental de la memoria, sino del mecanismo motor que pone la memoria en acción. Este criterio es apoyado por una discusión de la fisiología del cerebro y de los casos de amnesia, de la que se deduce que la verdadera memoria no es una función del cerebro. El pasado tiene que ser *actuado* por la materia, *imaginado* por la mente. La memoria no es una emanación de la materia; en realidad, lo contrario estaría más cerca de la verdad, si entendemos la materia como captada en la percepción concreta, que ocupa siempre cierta duración.

«La memoria tiene que ser, en principio, una facultad absolutamente independiente de la materia. Si, pues, el espíritu es una realidad, es aquí, en los fenómenos de la memoria, donde podemos entrar en contacto con él experimentalmente».

En el extremo opuesto de la memoria coloca Bergson la percepción pura, en relación con la cual adopta una posición ultrarrealista. «En la percepción pura —dice— somos realmente colocados fuera de nosotros mismos, tocamos la realidad del objeto en una intuición inmediata». Tan completamente identifica la percepción con su objeto que casi se niega a llamarla mental. «La percepción pura, que es el grado más bajo de la mente —mente sin memoria— es realmente parte de la materia, según entendemos la materia». La percepción pura está constituida por la acción de aparecer, su actualidad radica en su actividad. Es en este aspecto en el que el *cerebro* se hace apropiado para la percepción, pues el cerebro no es un instrumento de acción. La función del cerebro es limitar nuestra vida mental a lo prácticamente útil. Si no fuera por el cerebro —pensamos— todo sería percibido, pero de hecho sólo percibimos lo que nos interesa. «El cuerpo, vuelto siempre hacia la acción, tiene como función esencial limitar, con vistas a la acción, la vida del espíritu». Es, de hecho, un instrumento de elección.

Tenemos que volver ahora al sujeto del instinto o intuición, como opuesto al intelecto. Era necesario primero dar alguna idea de la duración y la memoria, puesto que las teorías bergsonianas de la duración y la memoria están presupuestas en esta descripción de la intuición. En el hombre, tal como existe ahora, la intuición es la orla o penumbra del intelecto; ha sido desplazada del centro por ser menos útil en la acción que el intelecto, pero tiene usos más profundos que hacen deseable volver a darle una preeminencia mayor. Bergson desea hacer que el intelecto «torne hacia sí mismo y suscite las potencias de intuición que aún dormitan en él». La relación entre instinto e intelecto es comparada a la que hay entre vista y tacto. El intelecto, se nos dice, no proporcionará conocimiento de cosas distantes; en realidad, se dice, la función de la ciencia es explicar todas las percepciones en términos del tacto. «Sólo el instinto es conocimiento a distancia. Tiene la misma relación con la inteligencia que la visión con el tacto». Podemos observar de paso que, según aparece en muchos pasajes, Bergson es un fuerte visualista, cuyo pensamiento se guía siempre por medio de imágenes visuales.

La característica esencial de la intuición es que no divide el mundo en cosas separadas, como el intelecto; aunque Bergson no emplea estas palabras, podemos calificarle de sintético más que de analítico. Aprehende una multiplicidad, pero una multiplicidad de procesos que se interpenetran, no de cuerpos espacialmente externos. En realidad, no hay *cosas:* «cosas y estados son sólo visiones, tomadas por nuestra mente, del devenir. No hay cosas; sólo hay acciones». Esta visión del mundo, que parece difícil y no natural al intelecto, es fácil y natural para la intuición. La memoria no proporciona ningún ejemplo de lo que es dado a entender, pues en ella el pasado sigue viviendo en el presente y lo interpenetra. Aparte de la mente, el mundo estaría muriendo de modo perpetuo y volviendo a nacer; el pasado no tendría realidad y, por tanto, no habría pasado. Es la memoria, con su deseo correlativo, la que hace reales el pasado y el futuro y crea, por consiguiente, la verdadera duración y el verdadero tiempo. Sólo la intuición puede comprender esta mezcla de pasado y futuro; para el intelecto siguen siendo externos, espacialmente como si dijéramos, entre sí. Guiados por la intuición, percibimos que la «forma es sólo una instantánea de una transición» y el filósofo «verá el mundo material fundido en un solo fluir».

Estrechamente relacionada con los valores de la intuición está la doctrina bergsoniana de la libertad y su elogio de la acción. «En la realidad, un ser vivo es un centro de acción. Representa cierta suma de contingencia que entra en el mundo, es decir, cierta cantidad de acción posible». Los argumentos contra el libre albedrío se basan, en parte, en el supuesto de que la intensidad de los estados físicos es una *cantidad,* capaz, por lo menos en teoría, de medida numérica; Bergson trata de refutar esta tesis en el primer capítulo de *Tiempo y libre albedrío.* El determinismo se basa, en parte, nos dice, en una confusión entre la verdadera duración y el tiempo matemático, que Bergson considera como realmente una forma de espacio. Asimismo, el determinista se apoya en el supuesto no comprobado de que, dado el estado del cerebro, el estado de la mente es teóricamente determinado. Bergson está dispuesto a admitir que lo inverso es verdad, es decir, que el estado del cerebro es determinado, dado el estado de la mente, pero cree que la mente está más diferenciada que el cerebro y sostiene, en consecuencia, que muchos estados diferentes de la mente pueden corresponder a un estado del cerebro. Concluye que la libertad real es posible: «Somos libres cuando nuestros actos brotan de toda nuestra personalidad, cuando la expresan, cuando tienen esa indefinida semejanza con ella que a veces hallamos entre el artista y su obra».

En el bosquejo anterior, me he esforzado principalmente por exponer sólo las opiniones de Bergson, sin dar las razones aducidas por él en favor de la verdad de aquéllas. Esto es más fácil con él que con la mayoría de los filósofos, ya que, por lo general, no da razones para sus opiniones, sino que se apoya en su atracción inherente y en el encanto de un magnífico estilo. Como los anunciantes, confía en la variedad y en la vivacidad, y en la explicación aparente de muchos hechos oscuros. Analogías y símiles, especialmente, constituyen una parte muy considerable de todo el procedimiento con que recomienda al lector sus puntos de vista. El número de símiles que da de la vida en sus obras exceden a los de cualquier poeta conocido por mí. La vida, dice, es como una concha que se rompe en fragmentos que. son asimismo conchas. Es como una gavilla. Inicialmente era «una tendencia a acumular en un depósito, como hacen especialmente las partes verdes de los vegetales». Pero el depósito es para llenarse con agua hirviendo de la que sale el vapor; «los chorros tienen que estar cayendo continuamente, cada uno de los cuales es un mundo». Asimismo, «la vida aparece en su integridad como una inmensa ola que, partiendo de un centro, se extiende hacia fuera, y que en la casi totalidad de su circunferencia se para y convierte en oscilación: en un solo punto ha sido forzado el obstáculo, el impulso ha pasado libremente». Luego, hay un punto culminante en el que la vida se compara con una carga de caballería. «Todos los seres organizados, desde el más humilde hasta el más alto, desde los primeros orígenes de la vida hasta la época en que nos hallamos, y en todos los lugares lo mismo que en todos los tiempos, no hacen más que evidenciar un solo impulso, el inverso del movimiento de la materia y en sí mismo indivisible. Todo lo viviente se mantiene unido, y todo se somete al mismo tremendo empuje. El animal pone su huella sobre la planta, el hombre cabalga sobre los animales, y toda la humanidad, en el espacio y en el tiempo, es un inmenso ejército galopando al lado, delante y detrás de cada uno de nosotros en una carga abrumadora capaz de quebrantar toda resistencia y eliminar muchos obstáculos, quizá incluso la muerte».

Mas un crítico frío, que se siente mero espectador, quizá un espectador no entusiasta, de la carga en que el hombre va a lomos de los animales, puede inclinarse a pensar que el pensamiento tranquilo y reflexivo es difícilmente compatible con esta clase de ejercicio. Cuando se le dice que el pensamiento es un simple medio de acción, el mero impulso para evitar obstáculos en el campo, puede creer que tal criterio es apropiado para un oficial de caballería, pero no para un filósofo, cuyo asunto es, después de todo, el pensamiento; puede creer que en la pasión y el barullo del movimiento violento no hay lugar para la suave música de la razón, ningún ocio para la contemplación desinteresada en la que la grandeza se busca, no por la turbulencia, sino por la grandeza del Universo que es reflejado. En tal caso, puede sentirse tentado a preguntar si hay razones para aceptar tal agitada visión del mundo. Y si se pregunta esto, hallará, si no me equivoco, que no hay ninguna razón para aceptar este punto de vista, ya sea en el Universo o en los escritos de Bergson.

II

Los dos fundamentos de la filosofía de Bergson, en cuanto es algo más que una visión imaginativa y poética del mundo, son sus doctrinas del espacio y del tiempo. La del espacio se requiere por su condena del intelecto, y si él falla en esta condena, el intelecto triunfará en su condena del filósofo, pues entre los dos hay una guerra a muerte. Su doctrina del tiempo es necesaria para su defensa de la libertad, para evadirse de lo que William James llamaba «un Universo bloque», para su doctrina de un perpetuo flujo en la que no hay nada que fluya, y para toda su teoría de las relaciones entre mente y materia. Será, pues, conveniente concentrar la crítica en estas dos doctrinas. Si son verdaderas, esos errores menores e inconsecuencias, de los que no se libra ningún filósofo, no tendrían importancia, pero si son falsas, no queda más que una épica imaginativa, que habría que juzgar desde el punto de vista estético más que desde el intelectual. Empezaré por la doctrina del espacio, la más sencilla de las dos.

La teoría del espacio aparece plena y explícita en su *Tiempo y libre albedrío;* pertenece, por tanto, a la parte más antigua de su filosofía. En su primer capítulo afirma que *mayor* y *menor implican* espacio, puesto que él considera lo mayor como siendo esencialmente lo que *contiene* a lo menor. No presenta ninguna razón, ni buena ni mala, en favor de esta tesis; se limita a exclamar, como si estuviera dando una evidente *reductio ad absurdum:* «¡Como si se pudiera hablar de magnitud donde no hay multiplicidad ni espacio!» Los casos notorios de lo contrario, tales como el placer y el dolor, le presentan muchas dificultades, pero nunca pone en duda ni reexamina el dogma de que parte.

En el capítulo siguiente mantiene la misma tesis respecto al número: «Tan pronto como deseamos representarnos el *número* a nosotros mismos, y no meramente cifras o palabras, nos vemos obligados a recurrir a una imagen extensa», y «toda idea clara del número implica una imagen visual en el espacio». Estas dos frases bastan para mostrar, como trataré de probar, que Bergson no sabe lo que es número ni tiene una idea clara de ello. Esto lo demuestra solamente su definición: «El número puede ser definido en general como una colección de unidades o, hablando más exactamente, como la síntesis del uno y los muchos».

Para el análisis de estas afirmaciones, tengo que rogar al lector tenga un poco de paciencia, pues he de llamar la atención respecto a algunas distinciones que pueden, al principio, parecer pedantescas, pero que son realmente vitales. Hay tres cosas enteramente distintas que son confundidas por Bergson en las frases anteriores, a saber: 1) el número, el concepto general aplicable a los diversos números particulares; 2) los diversos números particulares; 3) las diversas colecciones a que son aplicables los diversos números particulares. Es esto último lo definido por Bergson cuando dice que número es una colección de unidades. Los Doce Apóstoles, las doce tribus de Israel, los doce meses, los doce signos del zodiaco, son todas colecciones de unidades; sin embargo, ninguna de ellas es el número 12, y mucho menos el número en general, como debía ser conforme a la anterior definición. El número 12, notoriamente, es algo que todas estas colecciones tienen en común, pero que ellas no tienen en común con otras colecciones, tales como los once del cricket. De aquí que el número 12 no sea ni una colección de doce términos, ni algo que todas las colecciones tienen en común; y número en general es una propiedad del 12 o del 11 o de cualquier otro número, pero no de las diversas colecciones que tienen doce u once términos.

De aquí que, cuando, siguiendo el consejo de Bergson, «recurrimos a una imagen extensa» y representamos, por ejemplo, doce puntos como los de un doble seis de los dados, no hemos obtenido todavía una descripción del número 12. Éste, en efecto, es algo más abstracto que una representación. Para poder decir que tenemos alguna comprensión del número 12, tenemos que saber qué es lo que las diferentes colecciones de doce unidades tienen de común, y esto es algo que no puede representarse, porque es abstracto. Bergson sólo logra hacer aceptable su teoría del número, confundiendo una colección particular con el número de sus términos, y éste, a su vez, con el número en general.

La confusión es la misma que si equiparásemos a un determinado joven con la juventud, y la juventud con el concepto general «período de la vida humana», y fuéramos a argüir que, porque un joven tiene dos piernas, la juventud tiene que tener dos piernas, y el concepto general «período de la vida humana» tiene que tener dos piernas. La confusión es importante porque, tan pronto como nos damos cuenta de ella, la teoría de que el número o los números particulares pueden ser representados en el espacio, se ve que es insostenible. Esto no sólo refuta la teoría bergsoniana del número, sino también su teoría más general de que todas las ideas abstractas y toda la lógica se derivan del espacio.

Pero, aparte de la cuestión de los números, ¿podemos admitir la tesis de Bergson de que toda pluralidad de unidades separadas implica espacio? Él examina algunos de los casos que parecen contradecir esta tesis; por ejemplo, los sonidos sucesivos. Cuando oímos los pasos de un transeúnte en la calle, dice, visualizamos sus posiciones sucesivas; cuando oímos los toques de una campana, o nos la imaginamos balanceándose hacia atrás y hacia adelante, o colocamos los sonidos sucesivos en un espacio ideal. Pero éstas son meras observaciones autobiográficas de un visualista e ilustran la observación, que hicimos antes, de que las tesis de Bergson dependen del predominio en él del sentido de la vista. No hay ninguna necesidad lógica de colocar las campanadas de un reloj en un espacio imaginario: la mayoría de las personas, me imagino, las cuenta sin ningún auxiliar espacial. Bergson no alega ninguna razón en apoyo de la tesis de que el espacio es necesario. Lo sienta como algo obvio y procede en seguida a aplicarlo al caso de los tiempos. Donde parece haber diferentes tiempos separados unos de otros, dice, los tiempos son imaginados como extendiéndose en el espacio; en el tiempo real, tal como es dado por la memoria, los diferentes tiempos se interpenetran y no pueden ser contados porque no están separados.

La tesis de que toda separación implica lugar, se da ahora por establecida y es empleada deductivamente para probar que el espacio está implicado dondequiera que hay claramente separación, por pequeña que sea la razón para sospechar tal cosa. Así, las ideas abstractas, por ejemplo, se excluyen notoriamente: la blancura es diferente de la negrura, la salud es diferente de la enfermedad, la necedad es diferente de la cordura. De aquí, que todas las ideas abstractas impliquen espacio; y, por consiguiente, la lógica, que usa ideas abstractas, es un producto de la geometría, y todo el intelecto depende de un supuesto hábito de representar las cosas unas al lado de otras en el espacio. Esta conclusión, en la que se apoya toda la condena bergsoniana del intelecto, se basa, en la medida en que puede uno descubrirlo, enteramente en un error de una idiosincrasia personal, por una necesidad del pensamiento, es decir, la idiosincrasia de visualizar las sucesiones como extendiéndose sobre una línea. El ejemplo de los números muestra que, si Bergson estuviera en lo cierto, no hubiéramos podido llegar nunca a las ideas abstractas, que se suponen impregnadas de espacio e, inversamente, el hecho de que podamos entender las ideas abstractas (como cosa distinta de las cosas particulares que ejemplifican) parece suficiente para probar que se equivoca al considerar el intelecto como impregnado de espacio.

Uno de los efectos malos de una filosofía anti-intelectual, como la de Bergson, es que medra con los errores y confusiones del intelecto. De aquí que se vea llevada a preferir el pensamiento malo al bueno, a declarar insoluble toda dificultad momentánea y a considerar todo error de poca monta como revelador de la quiebra del intelecto y como un triunfo de la intuición. Hay en las obras de Bergson muchas alusiones a las matemáticas y a la ciencia, que al lector descuidado puede parecerle que fortalecen grandemente la filosofía bergsoniana. En lo referente a la ciencia, especialmente la biología y la fisiología, no tengo competencia para criticar sus interpretaciones. Pero en lo que respecta a las matemáticas, ha preferido deliberadamente los tradicionales errores de interpretación a los criterios más modernos, que han prevalecido entre los matemáticos durante los últimos ochenta años. En esta materia ha seguido el ejemplo de la mayoría de los filósofos. En los siglos XVIII y XIX, el cálculo infinitesimal, aunque bien desarrollado como método, estaba apoyado, en lo referente a sus bases, por muchos sofismas y mucho pensamiento confuso. Hegel y sus seguidores se apoderaron de estos errores y confusiones para apoyar en ellos su intento de probar que todas las matemáticas eran contradictorias. Luego el punto de vista hegeliano sobre estas cuestiones pasó al pensamiento filosófico corriente, donde ha permanecido mucho después que los matemáticos han eliminado todas las dificultades en que los filósofos se apoyaban. Y mientras el principal objeto de los filósofos ha sido mostrar que nada podía aprenderse por medio de la paciencia y del pensar minucioso, sino que más bien debíamos adorar los prejuicios del ignorante bajo el título de *razón,* si éramos hegelianos, o de *intuición,* si éramos bergsonianos; mientras tanto, repito, los filósofos han ignorado lo que los matemáticos han hecho para eliminar los errores de que Hegel se aprovechó.

Aparte de la cuestión del número, que ya hemos examinado, el punto principal en que Bergson toca las matemáticas es su repudio de lo que llama la representación *cinematográfica* del mundo. La matemática concibe el cambio, incluso el cambio continuo, como constituido por una serie de estados; Bergson, por el contrario, afirma que ninguna serie de estados puede representar lo que es continuo, y que en el cambio una cosa no está nunca en ningún estado. El criterio de que el cambio está constituido por una serie de estados cambiantes lo llama cinematográfico; este criterio, dice, es natural al intelecto, pero es radicalmente vicioso. El verdadero cambio sólo puede ser explicado por la verdadera duración; implica una interpretación de pasado y presente, no una sucesión matemática de estados estáticos. Esto es lo que llama una visión *dinámica* en lugar de una visión *estática* del mundo. La cuestión es importante y, a pesar de su dificultad, no la podemos pasar por alto.

La posición bergsoniana es ilustrada —y ese ejemplo puede servir también para la crítica— por el argumento de la flecha de Zenón. Zenón arguye que como la flecha se halla en cada momento simplemente en donde está, mientras vuela está siempre en reposo. A primera vista, este argumento puede no parecer muy fuerte. Desde luego, se dirá, la flecha está donde está en un momento, pero en otro momento se halla en algún otro sitio, y esto es justamente lo que constituye el movimiento. Ciertas dificultades surgen, es cierto, de la continuidad del movimiento, si insistimos en dar por supuesto que el movimiento es también discontinuo. Estas dificultades, así obtenidas, han sido durante mucho tiempo manejadas por los filósofos. Pero si, con los matemáticos, evitamos la suposición de que el movimiento es también discontinuo, no caeremos en las dificultades de los filósofos. Un cinematógrafo, en el que hay una cantidad infinita de cuadros —y en el que no hay nunca un cuadro *siguiente,* porque un número infinito viene entre dos cualesquiera—, representará perfectamente un movimiento continuo. ¿Dónde, pues, estriba la fuerza del argumento de Zenón?

Zenón pertenecía a la escuela eleática, cuyo objeto era probar que el cambio no podía existir. La posición natural para explicarse el mundo es que hay *cosas que cambian;* por ejemplo, hay una flecha que está ahora aquí, ahora allí. Por bisección de esta opinión, los filósofos han derivado dos paradojas. Los eleáticos decían que había cosas, pero no cambios; Heráclito y Bergson, que había cambios, pero no cosas. Los eleáticos, que había una flecha, pero no vuelo; Heráclito y Bergson, que había vuelo, pero no flecha. Cada partido conducía su razonamiento por medio de la refutación del otro partido. «¡Qué ridículo decir que no hay ninguna flecha!», decía el partido *estático.* «¡Qué ridículo, decir que no hay vuelo!», dice el partido *dinámico.* El desgraciado que se encuentra en el centro de estas posiciones y sostiene que hay flecha y vuelo es reputado por los contrincantes como enemigo de ambos; por consiguiente, es atravesado, como San Sebastián, por la flecha de un lado y por su vuelo desde el otro. Pero aún no hemos descubierto dónde radica la fuerza del argumento de Zenón.

Zenón da por supuesta, tácitamente, la esencia de la teoría bergsoniana del cambio. Es decir, daba por sentado que cuando una cosa está en un proceso de continuo cambio, aunque sólo sea de cambio de posición, tiene que haber en la cosa algún *estado* interno de cambio. La cosa tiene que ser, en cada instante, intrínsecamente diferente de lo que sería si no hubiera ningún cambio. Luego señala que en cada momento la flecha se halla simplemente donde se encuentra, lo mismo que si estuviera en reposo. Deduce de aquí que no puede haber un *estado* de movimiento y, por tanto, adhiriéndose al criterio de que un estado de movimiento es esencial al movimiento, infiere que no puede haber movimiento y que la flecha está siempre en reposo.

El argumento de Zenón, por consiguiente, aunque no aborda la explicación matemática del cambio, refuta, *prima facie,* un concepto del cambio que no difiere del de Bergson. ¿Cómo, pues, afronta Bergson el argumento de Zenón? Negando que la flecha esté nunca en alguna parte. Después de exponer el argumento de Zenón, replica: «Sí, si suponemos que la flecha puede *estar* alguna vez en un punto de su recorrido. Sí, igualmente, si la flecha, que está en movimiento, coincide alguna vez con una posición, que es inmóvil. Pero la flecha no *está* nunca en ningún punto de su recorrido». Esta réplica a Zenón, o una muy parecida referente a Aquiles y la tortuga, aparece en sus tres libros. La posición de Bergson es claramente paradójica; si es *posible,* es una cuestión que requiere una discusión de su concepto de la duración. Su único argumento en favor de ella es la afirmación de que el concepto matemático del cambio «implica la absurda proposición de que el movimiento está hecho de inmovilidades». Pero el aparente absurdo de esta posición se debe meramente a la forma verbal en que la ha expresado y se desvanece tan pronto nos damos cuenta de que el movimiento implica relaciones. Una amistad, por ejemplo, se compone de gente que es amiga, pero no de amistades; una genealogía está compuesta de hombres, pero no de genealogías. Del mismo modo, un movimiento está compuesto por lo que está moviéndose; pero no se compone de movimientos. Expresa el hecho de que una cosa puede estar en diferentes sitios en tiempos diferentes, y que los sitios pueden seguir siendo diferentes por muy próximos que se hallen los tiempos. El argumento de Bergson contra el concepto matemático del movimiento se reduce, por tanto, en último análisis, a un mero juego de palabras.

Y con esta conclusión podemos pasar a la crítica de la teoría de la duración.

Esta se halla ligada con su teoría de la memoria. Según ella, las cosas recordadas sobreviven en la memoria, interpenetrando así las cosas presentes: pasado y presente no son recíprocamente exteriores entre sí, sino que están mezclados en la unidad de conciencia. La acción, dice, es lo que constituye el ser; pero el tiempo matemático es un mero receptáculo pasivo, que no hace nada y, por ende, no es nada. El pasado, dice, es lo que ya no actúa, y el presente es lo que está actuando. Pero en esta afirmación como, en realidad, en toda su descripción de la duración, Bergson está dando por supuesto, inconscientemente, el tiempo matemático ordinario; sin éste, sus expresiones carecen de sentido. ¿Qué se indica al decir que «el pasado es esencialmente *lo que ya no actúa*» (el subrayado es suyo), sino que el pasado es aquello cuya acción ha pasado?; las palabras «ya no» son palabras expresivas del pasado; para una persona que no tenga el concepto ordinario del pasado como algo fuera del presente, estas palabras no tendrían sentido. Así, su definición es circular. Lo que dice es, en efecto, que «el pasado es aquello cuya acción está en el pasado». Como definición, no puede considerarse como un esfuerzo feliz. Y lo mismo se aplica al presente. El presente, se nos dice, es *«lo que está actuando»* (el subrayado es suyo). Pero la palabra *está* introduce justamente aquella idea del presente que iba a ser definida. El presente es aquello que *está* actuando, en oposición a lo que *estaba* actuando o a lo que *estará* actuando. Es decir, es aquello cuya acción está en el presente, no en el pasado ni en el futuro. La definición es también circular. Un pasaje anterior de la misma página aclarará mejor este sofisma. «Lo que constituye nuestra percepción pura es nuestra acción de apercibimiento... La *actualidad* de nuestra percepción radica así en su *actividad,* en el movimiento que la prolonga, y no en su mayor intensidad: el pasado es sólo idea, el presente es idea-motor». Este pasaje patentiza que, cuando Bergson habla del pasado, no alude al pasado, sino a nuestra memoria del pasado. El pasado, cuando existió, era justamente tan activo como es ahora el presente; si la versión de Bergson fuera correcta, el momento presente debía ser el único en toda la Historia del mundo que contuviera alguna actividad. En tiempos anteriores hubo otras percepciones, justamente tan activas, tan actuales en su momento, como nuestras percepciones presentes; el pasado, en su momento, no era solamente idea, sino que en su carácter intrínseco era justamente lo que ahora es el presente. Este pasado real, Bergson lo olvida sencillamente; lo que él considera es la idea presente del pasado. El pasado real no se mezcla con el presente, puesto que no es parte de él; pero esto es una cosa muy distinta.

Toda la teoría bergsoniana de la duración y del tiempo descansa totalmente en la confusión elemental entre el hecho presente de un recuerdo y el hecho pasado que se recuerda. Si no fuera por el hecho de que el tiempo nos es tan familiar, el círculo vicioso implicado en su intento de deducir el pasado como lo que ya no es activo sería patente en seguida. Tal como es, lo que Bergson da es una descripción de la diferencia entre la percepción y el recuerdo —ambos hechos *presentes*— y lo que cree haber dado es una descripción de la diferencia entre el presente y el pasado. Tan pronto como se percibe esta confusión, se ve que su teoría del tiempo es simplemente una teoría que omite totalmente el tiempo.

La confusión entre el recordar presente y el suceso pasado recordado, que parece estar en la base de la teoría bergsoniana del tiempo, es un ejemplo de una confusión más general que, si no estoy equivocado, vicia una gran parte de su pensamiento y, en realidad, una gran parte del pensamiento de la mayoría de los filósofos modernos: quiero decir, la confusión entre un acto de conocimiento y lo que es conocido. En la memoria el acto de conocer está en el presente, mientras que lo conocido está en el pasado; al confundirlos, la distinción entre pasado y presente se hace borrosa.

En toda la *Materia y memoria,* esta confusión entre el acto de conocer y el objeto conocido es indispensable. Está encerrada en el uso de la palabra *imagen,* que es explicada en el mismo comienzo de la obra. Aquí afirma Bergson que, aparte de las teorías filosóficas, todo lo que conocemos consiste en *imágenes* que, en efecto, constituyen todo el Universo. Dice: «Llamo *materia* al agregado de imágenes, y *percepción de la materia,* a estas mismas imágenes referidas a la acción eventual de una imagen determinada, mi cuerpo». Se observará que la materia y la percepción de la materia, según él, consisten en las mismas cosas. El cerebro, dice, es como el resto del Universo material, y es, por tanto, una imagen, si el Universo es una imagen.

Como el cerebro, que nadie ve, no es, en el sentido corriente, una imagen, no nos sorprende su frase de que una imagen puede *ser* sin *ser percibida;* pero explica luego que, en lo que respecta a las imágenes, la diferencia entre *ser* y *ser percibida conscientemente* es sólo una diferencia de grado. Esto quizá se explique en otro pasaje en que dice: «¿Qué puede ser un objeto material no percibido, una imagen no imaginada, a menos que sea una especie de estado mental inconsciente?». Finalmente, dice: «Toda realidad tiene una afinidad, una analogía, en una palabra, una relación con la conciencia: esto es lo que concedemos al idealismo por el hecho mismo de llamar a las cosas *imágenes.* No obstante, intenta calmar nuestra duda inicial diciendo que está empezando en un punto antes de que se haya introducido ninguno de los supuestos de los filósofos. «Supondremos por el momento que no sabemos nada de las teorías de la materia y del espíritu, nada de las discusiones respecto a la realidad o idealidad del mundo exterior. Aquí estoy en presencia de imágenes». Y en la nueva introducción que escribió para la edición inglesa, dice: «Por *imagen* quiero dar a entender una determinada existencia que es más que lo que el idealista llama una *representación,* pero menos que lo que el realista llama una *cosa,* una existencia situada a mitad del camino entre la *cosa* y la *representación».*

La distinción que Bergson tiene en la cabeza aquí no es, me parece, la distinción entre el imaginar como suceso mental y la cosa imaginada como un objeto. Está pensando en la distinción entre la cosa según es y la cosa según parece. La distinción entre sujeto y objeto, entre la mente que piensa y recuerda y tiene imágenes, por un lado, y los objetos pensados, recordados o imaginados: esta distinción, a mi entender, está totalmente ausente de su filosofía. Su ausencia es la deuda real del filósofo al idealismo, y es una deuda muy infortunada. En el caso de las *imágenes,* como acabamos de ver, le permite hablar de imágenes como cosa neutral entre mente y materia, y afirmar, luego, que el cerebro es una imagen a pesar del hecho de que nunca ha sido imaginado, y sugerir, más tarde, que la materia y la percepción de la materia son la misma cosa, pero que una imagen no percibida (como el cerebro), es un estado mental inconsciente; mientras, por último, el uso de la palabra *imagen,* aunque no implica ninguna teoría metafísica, de ninguna clase, implica, no obstante, toda esa realidad que tiene «una afinidad, una analogía, en resumen, una relación» con la conciencia.

Todas estas confusiones se deben a la confusión inicial de lo subjetivo y objetivo. El sujeto —pensamiento, imagen o memoria— es un hecho presente en mí; el objeto puede ser la ley de la gravitación o mi amigo Jones, o el viejo Campanile de Venecia. El sujeto es mental y está aquí y ahora. Por consiguiente, si sujeto y objeto son uno, el objeto es mental y está aquí y ahora; mi amigo iones, aunque se cree en Sudamérica y existiendo por su propia cuenta, está realmente en mi cabeza y existe en virtud de mi pensar en él; el Campanile de San Marcos, a pesar de su gran tamaño y del hecho de que dejó de existir hace cuarenta años, existe aún, y se halla completo dentro de mí. Esta exposición no es una parodia de las teorías bergsonianas del espacio y el tiempo; es simplemente un intento de mostrar cuál es el sentido actual concreto de las mismas.

La confusión de sujeto y objeto no es peculiar de Bergson, sino común a muchos idealistas y a muchos materialistas. Muchos idealistas dicen que el objeto es realmente el sujeto y muchos materialistas dicen que el sujeto es realmente el objeto. Coinciden en pensar que estas afirmaciones son diferentes, mientras sostienen que sujeto y objeto no son diferentes. En este aspecto, podemos admitir que Bergson tiene el mérito, pues está tan dispuesto a identificar sujeto con objeto como a identificar éste con aquél. Tan pronto se rechaza esta identificación, todo su sistema se derrumba: primero sus teorías espacio-temporales, luego su creencia en la contingencia real, luego su condena del intelecto y, finalmente, su concepto de las relaciones de mente y materia.

Sin duda, una gran parte de la filosofía de Bergson, probablemente la parte a que se debe su mayor popularidad, no se basa en argumentos y no puede rebatirla con argumentos. Su pintura imaginativa del mundo, considerada como esfuerzo poético, no es, en lo fundamental, susceptible de aprobación o de desaprobación. Shakespeare dice que la vida no es más que una sombra errabunda, Shelley dice que es como una cúpula de cristales multicolores, Bergson dice que es una concha que se quiebra en partes que son conchas a su vez. Si preferimos la imagen de Bergson, es tan justo como legítimo.

El bien que Bergson espera ver realizado en el mundo es la acción por la acción. Toda contemplación pura la llama *sueño,* condenándola con toda una serie de epítetos agrios: estática, platónica, matemática, lógica, intelectual. A los que desean alguna previsión del fin que ha de realizar la acción se les dice que un fin previsto no sería nada nuevo, porque el deseo, como la memoria, está identificado con su objeto. De este modo, estamos condenados, en la acción, a ser ciegos esclavos del instinto: la fuerza vital nos empuja desde atrás, constante e incansablemente. No hay lugar en esta filosofía para el momento de percepción contemplativa en que, elevándonos sobre la vida animal, adquirimos conciencia de los fines mayores que rediment al hombre de la vida de los brutos. Aquellos para quienes la actividad sin finalidad parece un bien suficiente, hallarán en los libros de Bergson una agradable pintura del Universo. Pero aquellos para quienes la acción, si ha de tener algún valor, tiene que estar inspirada por alguna visión, por alguna percepción imaginativa de un mundo menos doloroso, menos injusto, menos lleno de lucha que el mundo de nuestra vida cotidiana; aquellos, en una palabra, cuya acción está edificada sobre la contemplación, no hallarán en esta filosofía nada de lo que buscan, y no lamentarán que no haya ninguna razón para creer que sea verdadera.

CAPÍTULO XXIX

WILLIAM JAMES

William James (1842-1910) fue primordialmente psicólogo, pero tuvo importancia en filosofía por dos motivos: inventó la doctrina que llamó «empirismo radical» y fue uno de los tres protagonistas de la teoría llamada *pragmatismo* o *instrumentalismo.* En su madurez fue, como era justo, el jerarca reconocido de la filosofía americana. El estudio de la medicina le llevó a la consideración de la psicología; su gran libro sobre el tema, publicado en 1890, tuvo extraordinario valor. Sin embargo, no me ocuparé de él, pues su contribución fue para la ciencia, más que para la filosofía.

Hay dos aspectos en la preocupación filosófica de James, uno científico y otro religioso. En el aspecto científico, el estudio de la medicina ha dado a sus pensamientos un sesgo hacia el materialismo que, sin embargo, mantuvo a raya su emoción religiosa. Sus sentimientos religiosos eran muy protestantes, muy democráticos y muy llenos de una cálida benevolencia humana. Se negó por completo a seguir a su hermano Henry en su fastidioso esnobismo. «El príncipe de las tinieblas —decía— puede ser un *gentleman,* según nos dicen que es, pero dondequiera que esté el Dios de los Cielos y la Tierra seguramente no puede haber ningún *gentleman*». Ésta es una declaración muy característica.

Su cordialidad y su carácter encantador le hicieron casi universalmente querido. El único hombre que conozco que no sintió afecto por él es Santayana, cuya tesis doctoral había calificado James como «la perfección de la putrefacción». Había entre estos dos hombres una oposición temperamental que nada pudo vencer. Santayana sentía también apego por la religión, pero de un modo distinto. Era con un sentimiento estético e histórico, no como auxiliar para una vida moral; como era natural, prefería con mucho el catolicismo al protestantismo. Intelectualmente no aceptaba ninguno de los dogmas cristianos, pero estaba contento de que otros creyeran en ellos y apreciaba lo que consideraba como el mito cristiano. Para James, tal actitud no podía ser sino inmoral. Él conservaba de su linaje puritano una arraigada creencia de que lo más importante es la buena conducta, y su sentir democrático le impedía asentir a la idea de que hubiera una verdad para los filósofos y otra para el vulgo. La oposición temperamental entre protestante y católico persiste entre lo no ortodoxo: Santayana era un católico librepensador y William James un protestante, aunque herético.

La doctrina de James del empirismo radical fue publicada por primera vez en 1904, en un ensayo titulado: «¿Existe la *conciencia?*». El fin principal de este ensayo era negar que la relación sujeto-objeto fuera fundamental. Hasta entonces había sido dado por sentado por los filósofos que hay una especie de hecho llamado *conocer,* en el que un ente, el que conoce o sujeto, tiene noticia de otro, la cosa conocida u objeto. El que conoce era considerado como una mente o alma; el objeto conocido podía ser un objeto material, una esencia eterna, otra mente o, en la conciencia de sí mismo, idéntico al que conoce. Casi todo, en la filosofía admitida, está ligado con el dualismo de sujeto y objeto. La distinción de mente y materia, el ideal contemplativo y la idea tradicional de *verdad,* todo necesitaba ser radicalmente examinado de nuevo si la distinción de sujeto y objeto no era aceptada como fundamental.

Por mi parte, estoy convencido de que James tenía razón en esta cuestión, y sólo por esto merecería un alto lugar entre los filósofos. Yo pensaba de otro modo hasta que él, y los que coinciden con él, me convencieron de la verdad de su doctrina. Veamos ahora sus argumentos.

Conciencia, dice, «es el nombre de una entelequia y no tiene derecho a ocupar ningún lugar entre los primeros principios. Los que aún se aferran a ella se aferran a un mero eco, al leve rumor que deja el *alma* al desaparecer del aire de la filosofía». No hay, continúa, «ningún material aborigen o cualidad de ser, en contraste con aquel de que están hechos los objetos materiales, de donde vayan a formarse nuestros pensamientos». Explica que no niega que nuestros pensamientos realizan una función que es la de conocer y que esta función puede llamarse la de «ser consciente». Lo que niega puede expresarse crudamente diciendo que es el criterio de que esa conciencia es una *cosa.* Sostiene que hay «solamente un tejido primo o materia prima», del que está formado todo lo del mundo. Este tejido lo llama «experiencia pura». El conocer, dice, es un tipo particular de relación entre dos porciones de experiencia pura. La relación sujeto-objeto es derivativa: «la experiencia, creo, no tiene tal duplicidad interna». Una porción dada de experiencia indivisa puede ser en un contexto un conocedor y en otro algo conocido.

Define la «experiencia pura» como «el flujo inmediato de vida que suministra el material a nuestra reflexión posterior».

Se verá que esta doctrina suprime la distinción entre mente y materia, si se considera como una distinción entre dos clases diferentes de lo que James llama «material, o materia prima». Por consiguiente, los que coinciden con James en esta cuestión sustentan lo que llaman «monismo neutral», según el cual la materia de que está construido el mundo no es ni mente ni materia, sino algo anterior a ambos. El mismo James no desarrolla esta implicación de su teoría; por el contrario, su uso de la frase «experiencia pura» apunta a un quizá inconsciente idealismo berkeleyano. La palabra *experiencia* es una palabra usada con mucha frecuencia por los filósofos, pero rara vez definida. Consideremos por un momento lo que puede significar.

El sentido común sostiene que muchas cosas que ocurren no son *experimentadas;* por ejemplo, acontecimientos que suceden en la cara invisible de la Luna desde la Tierra. Berkeley y Hegel, por razones diferentes lo niegan y sostienen que lo que no es experimentado no es nada. Sus argumentos son considerados ahora por muchos filósofos como no válidos; a mi juicio, acertadamente. Si hemos de adherirnos al criterio de que la «materia prima» del mundo es *experiencia,* será necesario inventar explicaciones detalladas y aceptables de lo que queremos decir con cosas tales como la cara invisible de la Luna. Y a menos que podamos inferir cosas no experimentadas de cosas experimentadas, encontraremos dificultades para hallar razones para creer en la existencia de algo que no seamos nosotros mismos. Es verdad que James niega esto, pero sus razones no son muy convincentes.

¿Qué entendemos por *experiencia?* El mejor modo de hallar una respuesta es preguntar: ¿Qué diferencia hay entre un acontecimiento no experimentado y otro experimentado? La lluvia vista o sentida caer es experimentada, pero la lluvia que cae en el desierto cuando no hay en él nada vivo no es experimentada. Así llegamos a nuestro primer punto: no hay experiencia sino donde hay vida. Pero experiencia y vida no son coextensivas. Me ocurren muchas cosas de que no tengo noticia; difícilmente puedo decir que las experimento. Claramente experimento lo que recuerdo, pero algunas cosas que no recuerdo explícitamente pueden haber originado hábitos que aún persisten. El niño que se ha quemado huye del fuego, aunque no tenga ningún recuerdo de la ocasión en que se quemó. Creo que podemos decir que un suceso es *experimentado* cuando produce un hábito. (La memoria es una especie de hábito). Es obvio que los hábitos sólo se originan en los organismos vivos. Un atizador no teme al fuego, por muchas veces que se haya puesto al rojo vivo. En términos de sentido común, por lo tanto, diremos que la *experiencia* no es coextensiva con la «materia prima» del mundo. No veo ninguna razón válida para separarme del sentido común en este punto.

Salvo en esta cuestión de la *experiencia,* estoy de acuerdo con el empirismo radical de James.

No ocurre lo mismo con su pragmatismo y la «voluntad de creer». Particularmente esto último me parece destinado a facilitar una defensa especiosa, pero sofistica, de ciertos dogmas religiosos; una defensa, además, que ningún creyente de corazón podría aceptar.

La voluntad de creer se publicó en 1896; *Pragmatismo, un nuevo nombre para algunas viejas maneras de pensar* se publicó en 1907. La doctrina del último es una ampliación de la del primero.

La voluntad de creer arguye que con frecuencia nos vemos impelidos, en la práctica, a tomar decisiones para las cuales no existen adecuadas motivaciones teóricas y donde hasta el no obrar significa una decisión. Las materias religiosas, dice James, caen bajo esta rúbrica; tenemos, sostiene, derecho a adoptar una actitud creyente aunque «nuestro intelecto meramente lógico puede no haber sido impelido a ello». Ésta es, esencialmente, la actitud del vicario saboyano de Rousseau, pero el desarrollo de James es nuevo.

El deber moral de la veracidad, se nos dice, consta de dos preceptos iguales: «creer en la verdad» y «esquivar el error». El escéptico sólo atiende, erróneamente, al segundo, y de ese modo deja de creer diversas verdades que un hombre menos cauteloso creerá. Si el creer en la verdad y el evitar el error son de igual importancia, puedo entonces perfectamente, cuando se presenta una alternativa, creer una de las posibilidades a voluntad, pues en ese caso tengo una posibilidad de creer en la verdad, mientras que no tengo ninguna si suspendo el juicio.

La ética que resultaría si esta doctrina fuera tomada en serio sería muy singular. Supongamos que me encuentro en el tren con un extraño y me pregunto: «¿Es su nombre Ebenezer Wilkes Smith?». Si admito que no lo sé, ciertamente no estoy creyendo la verdad acerca de su nombre, mientras que si me decido a creer que ése es su nombre, hay una posibilidad de que esté creyendo la verdad. El escéptico, dice James, tiene miedo a ser engañado, y por su miedo puede perder verdades importantes: «¿qué prueba hay —añade— de que el engaño debido a la esperanza sea peor que el engaño debido al temor?». Parecería deducirse de ello que, si he estado esperando durante años encontrarme con un hombre llamado Ebenezer Wilkes Smith, la veracidad positiva, como opuesta a la negativa debería llevarme a creer que éste es el nombre de cada extraño con que me encuentro, hasta que adquiera una evidencia definitiva de lo contrario.

«Pero —se dirá— el ejemplo es absurdo, pues aunque usted no conoce el nombre del extraño, usted sabe que un tanto por ciento muy pequeño de gente se llaman Ebenezer Wilkes Smith. Por consiguiente, no se halla en el estado de completa ignorancia, presupuesto en su libertad de elección». Ahora bien: por extraño que parezca, James, en todo su ensayo, no menciona nunca la probabilidad y, sin embargo, hay casi siempre alguna consideración discernible de probabilidad en relación con cualquier asunto. Concédase (aunque ningún creyente ortodoxo lo concedería) que no hay ninguna prueba ni en pro ni en contra de ninguna de las religiones del mundo. Supongamos que el lector es chino, puesto en contacto con la religión de Confucio, con el budismo y con el cristianismo. Las leyes de la lógica le impiden suponer que las tres son verdaderas. Supongamos que el budismo y el cristianismo tienen cada uno una posibilidad pareja; entonces, dado que ambas no pueden ser verdaderas a la vez, una de ellas tienen que serlo y, por tanto, la religión de Confucio tiene que ser falsa. Si las tres tienen iguales posibilidades, cada una de ellas tiene que tener más probabilidades de ser falsa que verdadera. De esta forma, el principio de James se derrumba tan pronto como se nos permita entrar en consideraciones de probabilidad.

Es curioso que, a pesar de ser un psicólogo eminente, James se permitiera en este punto una singular tosquedad. Habla como si las únicas alternativas fueran la creencia completa o la completa incredulidad, ignorando todos los matices de la duda. Supongamos, por ejemplo, que estoy buscando un libro en mis estantes. Pienso: *«puede estar* en este estante», y comienzo a mirar; pero no pienso *«está* en este estante» hasta verlo. Habitualmente actuamos sobre hipótesis, pero no precisamente como cuando actuamos referente a lo que consideramos cierto; pues, cuando actuamos sobre una hipótesis, mantenemos abiertos los ojos para cualquier prueba nueva.

El precepto de veracidad me parece que no es como James lo cree. Yo diría que es: «Da a cada hipótesis, que valga la pena de examinar, justamente el grado de crédito que la prueba garantiza». Y si la hipótesis es suficientemente importante hay el deber adicional de buscar una prueba mayor. Esto es vulgar sentido común y está en armonía con el procedimiento de los tribunales, pero es totalmente distinto del procedimiento recomendado por James.

Sería injusto respecto a James considerar aisladamente su voluntad de creer; ésta fue una doctrina de transición que condujo por un desarrollo natural al pragmatismo. Éste, tal como aparece en James, es primordialmente una nueva definición de la *verdad.* Hubo otros dos protagonistas del pragmatismo: F. C. S. Schiller y el doctor John Dewey. De éste me ocuparé en el capítulo próximo; Schiller tuvo menos importancia que los otros dos. Entre James y Dewey hay una diferencia de acento. El criterio de Dewey es científico y sus argumentos derivan en gran parte de un examen del método científico, mientras James se interesa principalmente por la religión y la moral. Hablando en líneas generales, éste se halla preparado para defender cualquier doctrina que tienda a hacer a la gente virtuosa y feliz; si ésta lo logra, es *verdadera* en el sentido en que emplea esta palabra.

El principio del pragmatismo, según James, fue enunciado primeramente por C. S. Pierce, quien mantenía que, con el fin de lograr claridad en nuestros pensamientos sobre un objeto, necesitamos considerar solamente qué efectos concebibles de tipo práctico puede implicar el objeto. James dice, como aclaración, que la función de la filosofía es hallar qué diferencia se produce en ti o en mí si esta o la otra fórmula es verdadera. En este sentido, las teorías se convierten en instrumentos, no en respuestas a enigmas.

Las ideas, dice James, se hacen verdaderas en la medida en que nos ayudan a entrar en relaciones satisfactorias con otras partes de nuestra experiencia. «Una idea es *verdadera* mientras se crea que es provechosa para nuestras vidas». La verdad es una especie de bien, no una categoría separada. La verdad pertenece a una idea; queda *hecha* verdadera por los acontecimientos. Es correcto decir, con los intelectualistas, que una idea verdadera tiene que coincidir con la realidad, pero *coincidir* no significa *copiar.* Coincidir en el sentido más amplio con una realidad puede significar solamente ser guiado de modo directo a ella o a sus alrededores, o ser puesto en tal contacto actuante con ella hasta manipularla o a algo relacionado con ella mejor que si no coincidimos. Añade que «lo verdadero» es sólo el expediente en el camino de nuestro pensamiento... a la larga y en todo el recorrido. En otras palabras, «nuestra obligación de buscar la verdad forma parte de nuestra obligación general de hacer lo que compensa».

En un capítulo sobre pragmatismo y religión recoge la cosecha. «No podemos rechazar una hipótesis si derivan de ella consecuencias útiles para la vida». «Si la hipótesis de Dios obra satisfactoriamente en el más amplio sentido de la palabra, es verdadera». «Podemos perfectamente creer, con las pruebas que la experiencia religiosa aporta, que existen más altos poderes y que actúan para salvar al mundo conforme a líneas ideales semejantes a las nuestras».

Encuentro grandes dificultades intelectuales en esta doctrina. Da por supuesto que una creencia es *verdadera* cuando sus efectos son buenos. Si esta definición fuera útil —y si no lo es será condenada por la prueba pragmática— tenemos que saber: a) lo que es bueno; b) cuáles son los efectos de esta o esa creencia. Y tenemos que saber estas cosas antes de poder saber que algo es *verdadero,* puesto que sólo después de haber decidido que los efectos de una creencia son buenos es cuando tenemos derecho a llamarla *verdadera.* El resultado es una complicación increíble. Supongamos que se desea saber si Colón cruzó el Atlántico en 1492. No podemos, como hacen otras personas, mirarlo en un libro. Tenemos que inquirir primero los efectos de esta creencia y en qué difieren de los efectos de creer que lo cruzó en 1491 o en 1493. Esto es bastante difícil, pero es todavía más difícil ponderar los efectos desde un punto de vista ético. Podemos decir que es obvio que 1492 tiene los mejores efectos, puesto que nos sirve para obtener mejores notas en los exámenes. Pero nuestros competidores, que nos hubieran sobrepasado si hubiéramos dicho 1491 o 1493, pueden considerar nuestro éxito moralmente lamentable. Aparte de los exámenes, no se me ocurren otros efectos prácticos de la creencia, salvo en el caso de un historiador.

Pero no acaba aquí la dificultad. Tenemos que sostener que nuestra apreciación de las consecuencias de una creencia, éticas y de hecho, es verdadera, pues si es falsa, nuestro argumento respecto a la verdad de nuestra creencia es erróneo. Pero decir que nuestra creencia respecto a las consecuencias es verdadera, equivale a decir, según James, que *ella* tiene buenas consecuencias y esto, a su vez, es solamente verdadero si tiene buenas consecuencias, y así sucesivamente *ad infinitum.* Es obvio que esto no puede ser.

Hay otra dificultad. Supongamos que digo que existió Colón; todo el mundo estará de acuerdo conmigo en que lo que digo es verdad. Pero ¿por qué es verdad? A causa de cierto hombre de carne y hueso que vivió hace 478 años: en una palabra, debido a las causas de mi creencia, no a sus efectos. Con la definición de James podía suceder que «A existe» es verdadero aunque, de hecho, no exista A. Siempre he creído que la hipótesis de Santa Claus «obra satisfactoriamente en el más amplio sentido de la palabra», por consiguiente, «Santa Claus existe» es verdadero, aunque Santa Claus no exista. James dice (yo repito): «Si la hipótesis de Dios obra satisfactoriamente en el más amplio sentido de la palabra, es verdadera». Esto omite sencillamente, como carente de importancia, la cuestión de si Dios está realmente en Su Cielo, si Él es una hipótesis útil, que es bastante. Dios, el arquitecto del cosmos, queda olvidado; todo lo que se recuerda es la creencia en Dios, y sus efectos sobre las criaturas que habitan nuestro pequeño planeta. No es extraño que el Papa condenara la defensa pragmática de la religión.

Llegamos ahora a una diferencia fundamental entre el punto de vista religioso de James y el de la gente religiosa del pasado. James se interesa por la religión como un fenómeno humano, pero muestra poco interés por los objetos que la religión contempla. Él quiere que la gente sea feliz y, si la creencia en Dios hace a ésta feliz, la deja que crea en Dios. Hasta aquí, esto es sólo benevolencia, no filosofía; se convierte en filosofía cuando dice que si la creencia hace a la gente feliz, entonces es *verdadera.* Para el hombre que desea un objeto de adoración, esto no es satisfactorio. A éste no le interesa decir: «Si creyera en Dios, sería feliz», sino «Creo en Dios y, por consiguiente, soy feliz». Y cuando cree en Dios, cree en Él como cree en la existencia de Roosevelt o Churchill o Hitler; Dios, para él, es un Ser real, no meramente una idea humana que tiene efectos buenos. Es esta creencia auténtica lo que tiene buenos efectos, no el sustituto mutilado de James. Es obvio que si digo «Hitler existe», no quiero dar a entender que «los efectos de creer que Hitler existe son buenos». Y para el creyente genuino ocurre lo mismo respecto a Dios.

La doctrina de James es un intento de construir una superestructura de creencia sobre una base de escepticismo y, como todos los intentos de esta clase, se asienta en sofismas. En este caso, los sofismas surgen de un intento de ignorar todos los hechos extrahumanos. El idealismo berkeleyano combinado con el escepticismo le hace sustituir a Dios por la creencia en Dios y pretender que esto servirá tan bien como aquello. Pero es sólo una forma de la locura subjetivista, característica de la mayor parte de la filosofía moderna.

CAPÍTULO XXX

JOHN DEWEY

John Dewey, que nació en 1859, es reconocido generalmente como el primer filósofo viviente de América, en cuya apreciación coincido. Ha tenido una profunda influencia, no sólo entre los filósofos, sino entre los pedagogos, en la estética y en la teoría política. Es un hombre de elevado carácter, de criterio liberal, generoso y amable en el trato personal, infatigable en el trabajo. Con la mayor parte de sus opiniones estoy casi en completo acuerdo. Por el respeto y la admiración que siento por él, tanto como por mi experiencia personal de su amabilidad, quisiera estar totalmente de acuerdo con él, pero a mi pesar, me veo obligado a disentir de su doctrina filosófica más característica, o sea: la sustitución de *verdad* por *indagación (inquiry)* como concepto fundamental de la lógica y de la teoría del conocimiento.

Como William James, Dewey es originario de Nueva Inglaterra, y continúa la tradición del liberalismo de esta región, que ha sido abandonada por algunos de los descendientes de los grandes liberales de aquel país de hace algo más de cien años. Nunca ha sido lo que podía llamarse un *mero* filósofo. La educación, especialmente, fue una de sus principales preocupaciones, y su influencia en la pedagogía americana muy profunda. Yo, con mi capacidad más reducida, he intentado tener una influencia en la educación muy semejante a la suya. Quizá él, lo mismo que yo, no se ha sentido siempre satisfecho con la conducta de los que han declarado seguir su doctrina, pero toda doctrina nueva está expuesta, en la práctica, a alguna extravagancia y exceso. Sin embargo, esto no tiene tanta importancia como podría pensarse, porque los defectos de lo nuevo se ven con mucha mayor facilidad que los de lo tradicional.

Cuando Dewey fue nombrado profesor de filosofía en Chicago, en 1894, la pedagogía estaba incluida entre sus materias. Fundó una escuela progresiva y escribió mucho sobre educación. Lo que escribió en esta época quedó resumido en su libro *La escuela y la sociedad* (1899), considerado como el escrito suyo de mayor influencia. Toda su vida ha continuado escribiendo sobre educación, casi tanto como de filosofía.

Otras cuestiones sociales y políticas han absorbido también una gran parte de su pensamiento. Como yo, fue muy influido por sus visitas a Rusia y China, negativamente en el primer caso y positivamente en el segundo. Apoyó de mala gana la Primera Guerra Mundial. Tuvo un papel importante en la investigación sobre la supuesta culpabilidad de Trotski y si, por un lado, estaba convencido de que los cargos eran infundados, por otro creía que el régimen soviético no hubiera tenido un curso satisfactorio si, en vez de Stalin, hubiera sido Trotski sucesor de Lenin. Se persuadió de que la revolución violenta, que lleva a la dictadura, no es el camino para lograr una sociedad buena. Aunque muy liberal en todas las cuestiones económicas, nunca ha sido marxista. Le oí decir una vez que, después de haberse emancipado con alguna dificultad de la tradicional teología ortodoxa, no iba a encadenarse a otra. En todo esto, su punto de vista es casi idéntico al mío.

Desde el punto de vista estrictamente filosófico, la principal importancia de la obra de Dewey radica en su crítica de la noción tradicional de *verdad,* incorporada en la teoría que llama *instrumentalismo.* La verdad, según la conciben la mayoría de los filósofos profesionales, es estática y final, perfecta y eterna; en terminología religiosa, puede ser identificada con los pensamientos de Dios y con aquellos que, como seres racionales, compartimos con Dios. El modelo perfecto de la verdad es la tabla de multiplicar, precisa y cierta, y libre de toda escoria temporal. Desde Pitágoras y todavía más desde Platón, la matemática ha estado ligada a la teología y ha influido profundamente en la teoría del conocimiento de la mayor parte de los filósofos profesionales. La preocupación de Dewey es más biológica que matemática, y concibe el pensamiento como un proceso de evolución. El criterio tradicional admitiría, sin duda, que los hombres llegan gradualmente a saber más, pero cada fragmento de conocimiento, cuando se ha logrado, es considerado como algo final. Hegel, es cierto, no considera de este modo el pensamiento humano. Lo concibe como un todo orgánico, cada una de cuyas partes se desarrolla gradualmente, y ninguna de éstas es perfecta hasta que el todo lo es. Pero aunque la filosofía de Hegel influyó en Dewey en su juventud, ésta tiene todavía su Absoluto y su mundo eterno que es más real que el proceso temporal. Éstos no pueden tener ningún sitio en el pensamiento de Dewey, para quien toda realidad es temporal, y el proceso, aunque no es evolutivo, como para Hegel, el desenvolvimiento de una Idea eterna.

Hasta aquí, estoy de acuerdo con Dewey. Tampoco es éste el final de mi acuerdo. Antes de meterme en la discusión de los puntos en que difiero, diré unas palabras sobre mi punto de vista sobre la *verdad.*

La primera cuestión es: ¿Qué tipo de cosa es eso de verdadero o falso? La respuesta más sencilla sería una frase: «Colón cruzó el océano en 1492» es verdadero; «Colón cruzó el océano en 1776» es falso. Esta respuesta es correcta, pero incompleta. Las frases son verdaderas o falsas, según los casos, porque son significantes y su significación depende del lenguaje usado. Si estuviéramos traduciendo un relato de Colón en árabe, tendríamos que cambiar 1492 por el año correspondiente de la hégira. Frases en diferentes idiomas pueden tener la misma significación y ésta, no las palabras, hace que la frase sea verdadera o falsa. Cuando pronunciamos una frase, expresamos una creencia, que puede traducirse perfectamente en un idioma distinto. La creencia, cualquiera que sea, es lo verdadero o falso o «más o menos verdadero». De este modo nos vemos impulsados a la investigación de la creencia.

Ahora bien, una creencia, siempre que sea suficientemente sencilla, puede existir sin ser expresada en palabras. Sería difícil, sin usar palabras, creer que la razón de la circunferencia respecto al diámetro es aproximadamente 3.14159, o que César, cuando decidió cruzar el Rubicón, marcó el destino de la constitución romana republicana. Pero en casos simples, las creencias no verbalizadas son comunes. Supongamos, por ejemplo, que al descender una escalera nos confundimos, creyendo, sin ser cierto, que hemos llegado al final: damos un paso necesario para pisar en tierra y nos caemos. El resultado es un violento choque de sorpresa. Diremos naturalmente «Pensé que había llegado al final», pero de hecho, no estábamos pensando en la escalera, pues en este caso no nos hubiéramos equivocado. Nuestros músculos estaban preparados para tropezar con el piso cuando todavía no estábamos en él. Fue nuestro cuerpo más que nuestra mente quien cometió la equivocación —al menos, ése sería un modo natural de expresar lo sucedido—. Pero de hecho, la distinción entre mente y cuerpo es dudosa. Será mejor hablar de un *organismo,* dejando la división de sus actividades entre la mente y el cuerpo imprecisa. Podemos decir, entonces: nuestro organismo estaba dispuesto de un modo que hubiera sido adecuado si hubiéramos estado al pie de la escalera, pero de hecho no estaba adecuado. Esta falta de ajuste constituyó un error y se puede decir que abrigábamos una creencia falsa.

La *prueba* del error en el ejemplo anterior es la *sorpresa.* Creo que esto es cierto generalmente de las creencias que pueden ser verificadas. Una creencia *falsa* es la que, en circunstancias adecuadas, motiva que la persona, que la abriga, experimente sorpresa, mientras que una creencia *verdadera* es la que no produce ese efecto. Pero, aunque la sorpresa es un buen criterio, cuando es aplicable, no da el *sentido* de las palabras *verdadero* y *falso,* y no es siempre aplicable. Supongamos que estamos paseando en medio de una tormenta, y nos decimos: «No es nada probable que me caiga un rayo». Al momento siguiente nos cae, pero no experimentamos sorpresa, porque estamos muertos. Si un día hace explosión el Sol, como parece esperar sir James Jeans, pereceremos todos instantáneamente, y, por consiguiente, no nos sorprenderemos, pero, a menos que hayamos esperado la catástrofe, todos habremos estado equivocados. Tales ejemplos sugieren una objetividad en la verdad y en la falsedad: lo que es verdadero (o falso) es un estado del organismo, pero es verdadero (o falso), en general, en virtud de sucesos ocurridos fuera del organismo. A veces son posibles pruebas experimentales para determinar la verdad y la falsedad, pero otras veces no lo son; en este caso, sigue quedando la alternativa, a pesar de todo, y es significativa.

No seguiré desarrollando mi criterio sobre la verdad y la falsedad; examinaré ahora la doctrina de Dewey.

Dewey no aspira a juicios que sean absolutamente *verdaderos,* ni condena a sus contradictorios como absolutamente *falsos.* Según su opinión, hay un proceso llamado *indagación,* que es una forma de ajuste mutuo entre un organismo y su contorno. Si deseara, desde mi punto de vista, acercarme todo lo posible a un acuerdo con Dewey, empezaría por un análisis del *sentido* o *significación.* Supongamos, por ejemplo, que el lector está en el parque zoológico, y que oye por un megáfono una voz que dice: «Se acaba de escapar un león». El lector, en ese caso, obraría como si hubiera visto al león —es decir—, huiría lo más rápidamente posible. La frase «se ha escapado un león» *significa* un suceso determinado, en el sentido de que da motivo a la misma conducta que originaría el hecho si hubiera sido visto por el lector. Generalizando: una frase S *significa* un acontecimiento E si da motivo a la conducta que E hubiera originado. Si, de hecho, no ha habido tal suceso, la frase es falsa. Lo mismo es aplicable a una creencia no expresada en palabras. Podemos decir: una creencia es un estado de un organismo, que promueve la conducta que promovería cierto suceso si estuviera sensiblemente presente; el suceso que promovería esta conducta es la *significación* de la creencia. Esta exposición está indebidamente simplificada, pero puede servir para indicar la teoría que estoy defendiendo. Hasta aquí, no creo que Dewey y yo tengamos mucho desacuerdo. Pero con sus posteriores desarrollos me encuentro en profundo desacuerdo.

Dewey hace de la *indagación* la esencia de la lógica, no la verdad ni el conocimiento. Define la indagación así: «La indagación es la transformación controlada o dirigida de una situación indeterminada en otra tan determinada, en sus distinciones y relaciones constitutivas, que convierte los elementos de la situación original en un todo unificado». Añade que la «indagación se ocupa de las transformaciones objetivas de la cuestión objetiva». Esta definición es claramente inadecuada. Tómese como ejemplo la actitud de un instructor con un grupo de reclutas, o la de un albañil con un montón de ladrillos; esto se acomoda exactamente a la definición que da Dewey de la *indagación.* Como no incluye claramente esto, tiene que haber algún elemento en su noción que se ha olvidado de mencionar en la definición. Intentaré determinar en su momento qué elemento es este. Pero antes consideremos lo que resulta de su definición, tal como aparece.

Está claro que la *indagación,* tal como la concibe Dewey, forma parte del proceso general de intentar hacer al mundo más orgánico. «Todos unificados» tienen que ser el resultado de las *indagaciones.* El amor de Dewey por lo orgánico se debe en parte a la biología, en parte a la influencia posterior de Hegel. A no ser sobre la base de una inconsciente metafísica hegeliana, no veo por qué tengan que resultar de la indagación «todos unificados». Si me dan una baraja en desorden y se me pide que indague sobre su correlación, primero, si sigo la prescripción de Dewey, tengo que ordenarlas, y luego diré que éste era el orden resultante de la indagación. Habrá, es cierto, una «transformación objetiva de una materia objetiva» mientras estoy ordenando las cartas, pero la definición permite esto. Si, al final, me dicen: «Necesitábamos conocer el orden de las cartas cuando se las dieron a usted, no después de que usted las ha vuelto a ordenar», replicaré, si soy discípulo de Dewey: «Sus ideas son demasiado estáticas. Yo soy una persona dinámica, y cuando indago una materia, la altero primero para hacer fácil la indagación». La idea de que tal procedimiento es legítimo, sólo puede estar justificada por una distinción hegeliana de apariencia y realidad: la apariencia puede ser confusa y fragmentaria, pero la realidad es siempre ordenada y orgánica. Por tanto, cuando ordeno las cartas estoy sólo revelando su verdadera naturaleza eterna. Pero esta parte de la doctrina no aparece nunca explícita. La metafísica del organismo subyace en las teorías de Dewey, pero no sé hasta qué punto se da cuenta de este hecho.

Tratemos de hallar ahora el suplemento a la definición de Dewey que se requiere para distinguir la indagación de otras clases de actividad organizadora, tales como la del instructor y la del albañil. Anteriormente se habría dicho que la indagación se distingue por su finalidad, que es averiguar alguna verdad. Pero para Dewey la *verdad ha* de ser definida en términos de *indagación,* no viceversa; cita con aprobación la definición de Pierce: *Verdad* es «la opinión que está destinada a ser últimamente aceptada por todos los que investigan». Esto nos deja completamente a oscuras sobre lo que están haciendo los investigadores, pues no podemos, sin incurrir en círculo vicioso, decir que están esforzándose por averiguar la verdad.

Creo que la teoría del doctor Dewey podría exponerse como sigue: las relaciones de un organismo con su contorno son a veces satisfactorias para el organismo, y otras veces son insatisfactorias. En este último caso, la situación puede mejorarse por ajuste mutuo. Cuando las alteraciones mediante las cuales se mejora la situación provienen principalmente del lado del organismo —nunca provienen *totalmente* de un lado— el proceso implicado es llamado *indagación.* Por ejemplo, durante una batalla estamos interesados principalmente en alterar el contorno, es decir, el enemigo; pero durante el período precedente de reconocimiento, estamos interesados principalmente en adaptar nuestras propias fuerzas a sus disposiciones. Este período previo es un período de *indagación.*

La dificultad de esta teoría, a mi juicio, estriba en el corte de la relación entre una creencia y el hecho o hechos que comúnmente se diría que la *comprueban.* Continuemos examinando el ejemplo de un general que planea una batalla. Sus planes de reconocimiento le indican ciertos preparativos enemigos y él, en consecuencia, hace ciertos contrapreparativos. El sentido común diría que los informes, con arreglo a los cuales actúa, son *verdaderos* si, de hecho, el enemigo ha efectuado los movimientos que aquéllos dicen que ha hecho, y que, en este caso, los informes siguen siendo verdaderos aunque el general pierda luego la batalla. Este criterio es rechazado por Dewey. Él no divide las creencias en *verdaderas* y *falsas,* pero tiene dos clases de creencias, que llamaremos *satisfactorias,* si el general gana, y *no satisfactorias,* si es derrotado. Hasta que haya ocurrido la batalla, no puede decir lo que piensa sobre los informes de sus exploradores.

Generalizando, podemos decir que Dewey, como todos los demás, divide las creencias en dos clases, unas buenas y otras malas. Sostiene, sin embargo, que una creencia puede ser buena una vez y mala otra; esto ocurre con las teorías imperfectas, mejores que sus predecesoras y peores que sus sucesoras. Que una creencia sea buena o mala depende de que las actividades inspiradoras en el organismo que abriga tal creencia, tengan consecuencias satisfactorias para éste o no satisfactorias. Así, una creencia respecto a algún suceso del pasado ha de clasificarse como *buena* o *mala,* no de acuerdo con el hecho de si el suceso aconteció realmente, sino según los efectos futuros de la creencia. Los resultados son curiosos. Supongamos que alguien me dice: «¿Desayunó usted con café esta mañana?». Si soy un hombre corriente, trataré de recordar. Pero si soy un discípulo del doctor Dewey, diré: «Espere un momento; tengo que hacer dos experimentos para poder contestarle». Entonces, me haré creer, primero, que tomé café y observaré las consecuencias, si las hay; luego me haré creer que no tomé café y observaré también las consecuencias, si las hay. Luego compararé las dos series de consecuencias, para ver cuál encuentro más satisfactoria. Si el balance se inclina de un lado, me decidiré por esa respuesta. Si no se inclina por ninguno, tendré que confesar que no puedo contestar a la pregunta.

Pero nuestra preocupación no acaba ahí. ¿Cómo voy a averiguar las consecuencias de creer que desayuné café? Si digo «las consecuencias son tales y tales», esto a su vez tendrá que ser probado por sus consecuencias para poder saber, si lo que he dicho, era una afirmación *buena* o *mala.* Y aun superada esta dificultad, ¿cómo voy a juzgar qué serie de consecuencias es la más satisfactoria? Una decisión respecto a si tomé café, puede producirme contento, la otra puede producirme la determinación de alentar el esfuerzo de guerra. Cada una de éstas puede considerarse buena, pero hasta que haya decidido cuál es mejor, no puedo decir si tomé café como desayuno. Seguramente, esto es absurdo.

La divergencia de Dewey con lo que hasta aquí ha sido considerado como sentido común se debe a su negativa a admitir *hechos* en su metafísica, en el sentido de que los *hechos* son tenaces y no pueden manipularse. En esto puede ocurrir que el sentido común esté cambiando y que el criterio de Dewey no parecerá contrario a lo que el sentido común llegará a ser.

La principal diferencia que existe entre Dewey y yo es que él juzga una creencia por sus efectos, mientras que yo la juzgo por sus causas cuando se trata de un suceso pasado. Yo considero una creencia de este tipo *verdadera,* o tan aproximada a lo *verdadero* como nos es posible, si tiene cierta clase de relación (a veces muy complicada) con sus causas. Dewey sostiene que aquélla posee una «asertabilidad garantizada» —que pone en el lugar de la *verdad*— si tiene ciertas clases de efectos. Esta divergencia se relaciona con una diferencia de actitud ante el mundo. El pasado no puede ser afectado por lo que yo haga y, por lo tanto, si la verdad está determinada por lo que ha sucedido, es independiente de las voliciones presentes o futuras; representa en forma lógica las limitaciones del poder humano. Pero si la verdad, o más bien la «asertabilidad garantizada», depende del futuro, entonces, en la medida en que se halle en nuestro poder alterar el futuro, estará en nuestro poder alterar lo que deba aseverarse. Esto amplía el sentimiento del Poder y de la libertad del hombre. ¿Cruzó César el Rubicón? Yo consideraría una contestación afirmativa como inalterablemente necesaria para un acontecimiento pasado. El doctor Dewey decidiría el sí o el no mediante una apreciación de acontecimientos futuros, y no hay ninguna razón para que estos acontecimientos futuros no puedan ser dispuestos por el Poder humano de un modo que haga más satisfactoria una respuesta negativa. Si encuentro muy desagradable la creencia de que César cruzó el Rubicón, no tengo que desesperarme; puedo, si tengo la habilidad y el poder suficientes, ordenar un medio social en el que la afirmación de que no cruzó el Rubicón tendrá una «asertabilidad garantizada».

En todo este libro he tratado, en lo posible, de relacionar las filosofías con el medio social de los filósofos. Me ha parecido que la creencia en el Poder humano y la resistencia a admitir *hechos irreductibles* estaban relacionadas con la euforia engendrada por la producción mecánica y la manipulación científica de nuestro contorno físico. Este criterio es compartido por muchos de los seguidores de Dewey. Así, George Raymond Geiger, en un elogioso ensayo, dice que el método de Dewey «significaría una revolución en el pensamiento tan de clase media y tan poco espectacular, pero tan estupendo como la revolución industrial de hace un siglo». Yo creía decir lo mismo cuando escribía: «El doctor Dewey tiene un punto de vista que, donde está claro, se halla en armonía con la era del industrialismo y de la empresa colectiva. Es natural que tenga su máxima atracción para los americanos y también que sea casi igualmente apreciado por los elementos progresivos de países como China y México».

Con pesar y sorpresa, esta estimación que yo suponía completamente inofensiva molestó al doctor Dewey, que replicó: «El confirmado hábito de míster Russell de relacionar la teoría pragmática del conocer con aspectos detestables del industrialismo americano..., es tanto como si yo fuera a ligar su filosofía con los intereses de la aristocracia territorial inglesa».

Por mi parte, estoy acostumbrado a que mis opiniones las expliquen (especialmente los comunistas) como debidas a mi relación con la aristocracia británica, y estoy totalmente dispuesto a suponer que mis puntos de vista, como los de otros hombres, están influidos por el medio social. Pero si, en relación con Dewey, estoy en un error respecto a las influencias sociales que obran sobre él, lo lamento. No obstante, veo que no soy solo en hacer tal apreciación. Santayana, por ejemplo, dice: «En Dewey, como en la ciencia y en la ética corriente, hay una penetrante tendencia cuasi-hegeliana a disolver al individuo en sus funciones sociales, lo mismo que todo lo sustancial y real en algo relativo y transitorio».

El mundo de Dewey, a mi juicio, es un mundo en el que los seres humanos ocupan la imaginación; el cosmos de la astronomía, aunque sin duda se reconoce que existe, es ignorado la mayoría de las veces. La suya es una filosofía del Poder, aunque no, como la de Nietzsche, una filosofía del Poder individual; aquí es el Poder de la comunidad el que se estima valioso. Este elemento del Poder social es lo que me parece que hace atractiva la filosofía del instrumentalismo para los que están más impresionados por nuestro dominio sobre las fuerzas naturales que por las limitaciones a que dicho dominio está sujeto todavía.

La actitud del hombre respecto al contorno no humano ha diferido profundamente en los diversos tiempos. Los griegos, con su temor del *hubris* y su creencia en una Necesidad o Hado superior incluso a Zeus, evitaron cuidadosamente lo que les hubiera parecido una insolencia respecto al Universo. La Edad Media llevó la sumisión mucho más allá: la humildad respecto a Dios era el primer deber del cristiano. La iniciativa se vio obstaculizada con esta actitud, y la gran originalidad era apenas posible. El Renacimiento restableció el orgullo humano, pero lo llevó hasta un punto que condujo a la anarquía y al desastre. Su obra fue deshecha en gran parte por la Reforma y por la Contrarreforma. Pero la técnica moderna, sin ser totalmente favorable a la exaltación individual del Renacimiento, ha reanimado el sentimiento del Poder colectivo de las comunidades humanas. El hombre, antes demasiado humilde, empieza a considerarse casi como un Dios. El pragmatista italiano Papini pide la sustitución de la «Imitación de Cristo» por la «Imitación de Dios».

En todo esto veo un grave peligro, el peligro de lo que podría llamarse impiedad cósmica. El concepto de *verdad* como algo dependiente de hechos que se hallan muy lejos del control humano, ha sido uno de los modos con que la filosofía ha inculcado hasta aquí el necesario elemento de humildad. Cuando se elimina este freno del orgullo, se da un paso más en el camino hacia un cierto tipo de locura: la intoxicación de Poder que invadió la filosofía con Fichte y a la que los hombres modernos, sean o no filósofos, se sienten predispuestos. Estoy convencido de que esta intoxicación es el mayor peligro de nuestro tiempo, y que cualquier filosofía que, aun sin intención, contribuya a ello, no hace sino aumentar el peligro de un enorme desastre social.

CAPÍTULO XXXI

LA FILOSOFÍA DEL ANÁLISIS LÓGICO

Desde la época de Pitágoras ha habido siempre en filosofía una oposición entre los hombres cuyo pensamiento ha estado influido principalmente por la matemática y quienes se hallaban más influidos por las ciencias empíricas. Platón, Tomás de Aquino, Spinoza y Kant pertenecen a lo que pudiéramos llamar el partido matemático; Demócrito, Aristóteles y los empiristas modernos, a partir de Locke, pertenecen al partido opuesto. En nuestro tiempo ha surgido una escuela filosófica que se propone eliminar el pitagorismo de los principios de la matemática y combinar el empirismo con el interés por las partes deductivas del conocimiento humano. Los objetivos de esta escuela son menos espectaculares que los de la mayoría de los filósofos del pasado, pero algunas de sus realizaciones son tan sólidas como las de los hombres de ciencia.

El origen de esta filosofía se halla en las realizaciones de los matemáticos que se propusieron limpiar su materia de sofismas y de razonamientos en pantuflos. Los grandes matemáticos del siglo XVII fueron optimistas y anhelaban resultados rápidos; la consecuencia de ello es que dejaron inseguros los cimientos de la geometría analítica y del cálculo infinitesimal. Leibniz creía en los infinitesimales reales, pero aunque su creencia convenía a su metafísica no tenía ninguna sólida base matemática. Weierstrass, poco después de mediados del siglo XIX, mostró la forma de establecer el cálculo sin infinitesimales, y de este modo lo hizo lógicamente seguro. Luego vino Georg Cantor, que desarrolló la teoría de la continuidad y del número infinito. La *continuidad* había sido, hasta que él la definió, una palabra vaga, conveniente para filósofos como Hegel, que deseaba introducir los embrollos metafísicos en la matemática. Cantor dio a la palabra un significado preciso y mostró que la continuidad, según la definía él, era el concepto que necesitaban matemáticos y físicos. De este modo una gran cantidad de misticismo, como el de Bergson, quedó anticuado.

Cantor superó también los acertijos lógicos sobre el número infinito. Tomemos la serie de los números enteros a partir del 1; ¿cuántos hay? Es indudable que el número no es finito. Hasta mil hay mil números; hasta el millón hay un millón. Cualquiera que sea el número finito que mencionemos, hay evidentemente más números que ése, porque, desde 1 hasta el número en cuestión, hay justamente ese número de números y luego hay otros que son más grandes. El número de números enteros finitos tiene que ser, por consiguiente, un número infinito. Pero ahora surge un hecho curioso: el número de números pares tiene que ser el mismo que el número de todos los números enteros. Considérense las dos filas:

1, 2, 3, 4, 5, 6, ...
2, 4, 6, 8, 10, 12, ...

Por cada partida de la fila superior hay una en la inferior; por consiguiente, el número de las dos filas tiene que ser el mismo, aunque la fila de abajo conste de sólo la mitad de los términos de la fila de arriba. Leibniz, que advirtió esto, lo creyó una contradicción y concluyó que, aunque hay colecciones infinitas, no hay números infinitos. Georg Cantor, por el contrario, negó audazmente que esto fuera una contradicción. Tenía razón; es solamente una singularidad.

Georg Cantor definió la colección *infinita,* como aquella que tiene partes que contienen tantos términos como la colección entera. Sobre esta base pudo construir una teoría matemática muy interesante de los números infinitos, llevando así al reino de la lógica exacta toda una región entregada hasta entonces al misticismo y a la confusión.

El siguiente hombre de importancia resultó Frege, quien publicó su primera obra en 1879, y su definición del *número* en 1884;

pero a pesar de que sus descubrimientos pertenecen a la clase de los que hacen época, permaneció en la oscuridad hasta que yo llamé la atención sobre él en 1903. Es notable que, antes de Frege, todas las definiciones del número sugeridas contenían errores lógicos elementales. Era habitual identificar *número* con *pluralidad.* Pero un ejemplo de *número* es un número particular, 3, pongamos por caso, y un ejemplo del 3 es un terno particular. El terno es una pluralidad, pero la clase de todos los ternos —que Frege identificó con el número 3— es una pluralidad de pluralidades y el número en general, del que 3 es un ejemplo, es una pluralidad de pluralidades de pluralidades. El error gramatical elemental de confundir esto con la simple pluralidad de un terno dado, hizo de toda la filosofía del número, antes de Frege, un tejido de desatinos en el sentido más estricto del término *desatino.*

De la obra de Frege se deduce que la aritmética y la matemática pura, en general, no es más que una prolongación de la lógica deductiva. Esto significaba una desaprobación de la teoría kantiana de que las proposiciones aritméticas son *sintéticas* y envuelven una referencia al tiempo. El desarrollo de la matemática pura desde la lógica fue expuesto en detalle por Whitehead y por mí, en *Principios de matemática.*

Gradualmente se ha ido haciendo notorio que una gran parte de la filosofía puede ser reducida a lo que podemos llamar *sintaxis,* aunque la palabra tiene que usarse en un sentido algo más amplio que el hasta ahora habitual. Algunos hombres, especialmente Carnap, han expuesto la teoría de que todos los problemas filosóficos son en realidad sintácticos y que, cuando se evitan los errores en la sintaxis, un problema filosófico, o se resuelve, o muestra su insolubilidad. Creo que esto es una exageración, pero no cabe ninguna duda de que la utilidad de la sintaxis filosófica, en relación con los problemas tradicionales, es muy grande.

Ilustraré su utilidad con una breve explicación de la llamada teoría de las descripciones. Por *descripción* entiendo una frase tal como: «El actual presidente de Estados Unidos», en la que una persona o cosa es designada, no por un nombre, sino por alguna propiedad que se supone o se sabe que le es peculiar. Tales frases han sido causa de muchas complicaciones. Supóngase que digo:

«La montaña dorada no existe», y supóngase que el lector me pregunta: «¿Qué es lo que no existe?». Parecería que si digo «la montaña dorada», estoy atribuyendo una especie de existencia a ésta. Es obvio que no hago la misma aseveración que si dijera «El cuadrado redondo no existe». Esto parecería implicar que la montaña dorada es una cosa y el cuadrado redondo otra, aunque ninguna de las dos existe. La teoría de las descripciones estaba destinada a resolver esta y otras dificultades.

Conforme a esta teoría, cuando una aseveración que contiene una frase de la forma «el tal y tal» es analizada acertadamente, la frase «el tal y tal» desaparece. Por ejemplo, tómese la afirmación «Scott fue el autor de *Waverley*». La teoría interpreta esta aseveración, como queriendo decir:

«Un hombre, y solamente un hombre, escribió *Waverley,* y ese hombre fue Scott». O, más plenamente:

«Hay un ente *c* tal que la aseveración «*x* escribió *Waverley*», es verdadera si *x* es *c,* y falsa en otro caso; además, *c* es Scott». La primera parte de esto, antes de la palabra *además,* se define como queriendo significar: «El autor de *Waverley* existe (o existió o existirá)». Así, «La montaña dorada no existe», significa:

«No hay ningún ente *c* tal que "x dorado y montañoso", sea verdadero cuando *x* es c, pero no de otro modo».

Con esta definición, la perplejidad en cuanto a lo que damos a entender cuando decimos «La montaña dorada no existe», desaparece.

La *existencia,* según esta teoría, sólo puede afirmarse de descripciones. Podemos decir: «El autor de *Waverley* existe», pero decir «Scott existe» es mala gramática, o más bien mala sintaxis. Esto aclara dos milenios de confusión acerca de la *existencia,* que comienza con el *Teetetes* de Platón.

Una consecuencia de la obra que hemos considerado es el destronamiento de las matemáticas del elevado lugar que han ocupado desde Pitágoras y Platón y la destrucción del supuesto contra el empirismo que se derivaba de aquél. Es verdad que el conocimiento matemático no se obtiene por inducción, de la experiencia; no es necesario que nuestra razón, para creer que 2 y 2 son 4, haya visto con frecuencia, por observación, que una pareja junto con otra pareja forman un cuarteto. En este sentido, el conocimiento matemático no es aún empírico. Pero tampoco es un conocimiento *a priori* acerca del mundo. En efecto, se trata de un conocimiento meramente verbal. «3» significa «2 + 1», y «4» significa «3 + 1». De aquí se sigue (aunque la prueba es larga) que «4» significa lo mismo que «2 + 2». De este modo, el conocimiento matemático deja de ser misterioso. Es de la misma naturaleza que la «gran verdad» de que la yarda tiene tres pies.

La física, lo mismo que la matemática pura, ha proporcionado material a la filosofía del análisis lógico. Esto ha ocurrido especialmente por medio de la teoría de la relatividad y de la mecánica cuántica.

Lo importante para el filósofo, en la teoría de la relatividad, es la sustitución del espacio y del tiempo por el espacio-tiempo. El sentido común considera el mundo físico compuesto de *cosas* que persisten durante cierto período de tiempo y se mueven en el espacio. La filosofía y la física desarrollaron la noción de *cosa* en la *sustancia material,* y consideraron la sustancia material consistente en partículas pequeñísimas y que persistían durante todo el tiempo. Einstein sustituyó las partículas por sucesos; cada suceso o acontecimiento tenía respecto a los otros una relación llamada *intervalo,* que podía ser analizada de diversas formas en un elemento-tiempo y un elemento-espacio. La elección entre estas diversas formas era arbitraria, y ninguna de ellas era preferible teóricamente a cualquiera de las demás. Dados dos sucesos A y B, en regiones distintas, podía ocurrir que según una convención fueran simultáneos; según otra, A fuera anterior a B; y, según otra, B fuera anterior a A. Ningún hecho físico corresponde a estas diferentes convenciones.

De todo esto parece deducirse que los sucesos, no las partículas, tienen que ser la «materia o elemento» de la física. Lo que se ha considerado como una partícula debe considerarse como una serie de acontecimientos. La serie de acontecimientos que reemplaza a una partícula tiene ciertas propiedades físicas importantes y, por consiguiente, solicita nuestra atención; pero no tiene más sustancialidad que cualquier otra serie de acontecimientos que pueda reunirse arbitrariamente. Así, la *materia* no forma parte de la materia última del mundo, y es meramente una forma conveniente de coleccionar acontecimientos en haces.

La teoría del cuanto refuerza esta conclusión, pero su principal importancia filosófica estriba en que considera los fenómenos físicos como posiblemente discontinuos. Sugiere que, en un átomo (con la interpretación aludida), persiste durante algún tiempo un cierto estado de cosas y luego, de súbito, es éste reemplazado por un estado de cosas finitamente distinto. La continuidad del movimiento, que siempre se dio por supuesta, parece haber sido un mero prejuicio. La filosofía apropiada a la teoría del cuanto no fue, sin embargo, desarrollada de un modo adecuado. Sospecho que exigirá un abandono de la doctrina tradicional del espacio y del tiempo aún más radical que el que exigió la teoría de la relatividad.

Al mismo tiempo que la física ha venido haciendo a la materia menos material, la psicología ha estado haciendo a la mente menos mental. En un capítulo anterior tuvimos ocasión de comparar la asociación de ideas con el reflejo condicionado. El último, que ha reemplazado a aquélla, es claramente mucho más fisiológico. (Esto es sólo un ejemplo; no quiero exagerar el alcance del reflejo condicionado). Así, desde ambos extremos, la física y la psicología se han ido acercando y haciendo más posible la doctrina del «monismo neutral» sugerida por la crítica de la *conciencia* de William James. La distinción de espíritu y materia vino a la filosofía desde la religión, aunque, durante algún tiempo, pareció tener bases sólidas. Creo que tanto el espíritu como la materia son meramente formas convenientes de agrupar acontecimientos. Algunos de éstos, debo admitirlo, pertenecen sólo a grupos materiales, pero otros pertenecen a ambos grupos a la vez y son, por ende, mentales y materiales a la par. Esta doctrina da motivo a una gran simplificación en nuestra imagen de la estructura del mundo.

La física y la fisiología modernas arrojan nueva luz sobre el viejo problema de la percepción. Si hay algo que pueda llamarse *percepción* tiene que ser en alguna medida un efecto del objeto percibido y ha de parecerse más o menos al objeto, si ha de ser una fuente de conocimiento del objeto. El primer requisito puede llenarse solamente si hay cadenas causales que sean, en grado mayor o menor, independientes del resto del mundo. Según la física, así es. Las ondas luminosas viajan desde el Sol hasta la Tierra, y al hacerlo así, obedecen a sus propias leyes. Esto es verdad sólo a grandes rasgos. Einstein ha mostrado que los rayos luminosos son afectados por la gravitación. Cuando llegan a nuestra atmósfera, sufren una refracción y algunos se esparcen más que otros. Cuando llegan a un ojo humano, ocurre en éste una serie de cosas que no suceden en otras partes, terminando con lo que llamamos «ver el Sol». Pero aunque el Sol de nuestra experiencia visual es muy diferente del Sol del astrónomo, es aún una fuente de conocimiento respecto al segundo, porque el «ver el Sol» difiere del «ver la Luna», en modos que se hallan relacionados de una forma causal con la diferencia que hay entre el Sol del astrónomo y la Luna del astrónomo. Lo que de este modo podemos saber de los objetos físicos se limita, sin embargo, a ciertas propiedades abstractas de la estructura. Podemos saber que el Sol es redondo en un sentido, aunque no es totalmente el sentido en el que vemos que es redondo; pero no tenemos ninguna razón para suponer que es brillante o cálido, porque la física puede explicar que parezca ser de ese modo sin suponer que lo sea. Nuestro conocimiento del mundo físico es, por lo tanto, sólo abstracto y matemático.

El moderno empirismo analítico, del que he dado un bosquejo, difiere del de Locke, Berkeley y Hume por la incorporación de la matemática y el desarrollo de una poderosa técnica lógica. De este modo es capaz, respecto a ciertos problemas, de lograr respuestas definidas, que tienen una calidad científica más que filosófica. Tiene la ventaja, en comparación con las filosofías de los constructores de sistemas, de poder enfrentarse con sus problemas uno a uno, en vez de tener que inventar de golpe toda una maciza teoría del conjunto del Universo. Sus métodos, en este aspecto, se asemejan a los de la ciencia. No me cabe ninguna duda de que, en la medida en que el conocimiento filosófico sea posible, con métodos es como debe buscársele; tampoco me cabe duda de que, con estos métodos, pueden resolverse del todo muchos antiguos problemas.

Queda, no obstante, un vasto campo, tradicionalmente incluido en la filosofía, donde los métodos científicos son inadecuados. Este campo incluye cuestiones últimas de valor; la ciencia sola, por ejemplo, no puede probar que es malo gozar con la aplicación de un tormento. Todo lo que puede conocerse, puede ser conocido por medio de la ciencia; pero las cosas que son legítimamente cuestiones de sentimiento se quedan fuera de su dominio.

La filosofía, a lo largo de su historia, ha constado de dos partes mezcladas inarmónicamente: por un lado, una teoría sobre la naturaleza del mundo; por otro, una doctrina ética o política sobre el mejor modo de vida. El no haber logrado separar las dos con claridad suficiente ha sido el origen de mucho pensamiento confuso. Los filósofos, desde Platón hasta William James, han dejado que sus opiniones sobre la constitución del Universo fueran influidas por el deseo de edificación moral; sabiendo, según ellos suponían, qué creencias harían virtuosos a los hombres, han inventado argumentos, con frecuencia muy sofísticos, para probar que estas creencias eran verdaderas. Por mi parte, repruebo esta tendencia, tanto por razones morales como intelectuales. Moralmente, un filósofo que emplea su competencia profesional para algo que no sea la búsqueda desinteresada de la verdad, es reo de una especie de traición. Y cuando da por supuestas, antes de haberlas indagado, que ciertas creencias, verdaderas o falsas, son capaces de fomentar la buena conducta, está limitando de ese modo el alcance de la especulación filosófica y haciendo filosofía trivial; el verdadero filósofo está dispuesto a examinar *todos* los conceptos previos. Cuando se ponen límites, consciente o inconscientemente, a la búsqueda de la verdad, la filosofía se paraliza por el temor y se prepara el terreno para una censura gubernamental que castigue a los que expresan «pensamientos peligrosos» —de hecho, el filósofo ha establecido ya tal censura sobre sus propias investigaciones.

Intelectualmente, el efecto de las consideraciones morales erróneas sobre la filosofía ha sido el de impedir el progreso en una medida extraordinaria. No creo que la filosofía pueda ni probar ni refutar la verdad de los dogmas religiosos, pero desde Platón la mayoría de los filósofos han estimado como parte de su misión idear *pruebas* de la inmortalidad y de la existencia de Dios. Han hallado defectos en las pruebas de sus antecesores —Santo Tomás rechazó las pruebas de San Anselmo, y Kant las de Descartes—, pero han aportado otras propias. Con el fin de darles la apariencia de validez, han tenido que falsear la lógica, hacer mística la matemática y pretender que prejuicios muy arraigados eran intuiciones bajadas del Cielo.

Todo esto ha sido rechazado por los filósofos que hacen del análisis lógico la principal tarea de la filosofía. Estos confiesan francamente que la inteligencia humana es incapaz de hallar respuestas concluyentes a muchas cuestiones de profunda importancia para la humanidad, pero se niegan a creer que hay algún modo de conocer *más elevado,* por medio del cual se pueden descubrir verdades ocultas a la ciencia y al intelecto. Por esta renuncia se han visto recompensados con el descubrimiento de que muchas preguntas, hasta ahora oscurecidas por la niebla de la metafísica, pueden ser contestadas con precisión, y por medio de métodos objetivos que no introducen nada del temperamento del filósofo, salvo el deseo de comprender. Tómense cuestiones como estas: ¿Qué es número? ¿Qué son el espacio y el tiempo? ¿Qué es espíritu y qué es materia? Yo no digo que podamos, aquí y ahora, dar respuestas definitivas a todas estas viejas cuestiones, pero sí digo que ha sido descubierto un método por medio del cual, lo mismo que en la ciencia, podemos hacer aproximaciones sucesivas a la verdad, donde cada etapa resulta de un perfeccionamiento, no de una negación, de lo hecho anteriormente.

En la agitación de los fanatismos en pugna, una de las pocas fuerzas unificadoras es la veracidad científica, con lo que quiero dar a entender el hábito de basar nuestras creencias en observaciones e inferencias tan impersonales y tan apartadas de todo prejuicio local y temperamental como es posible en los seres humanos. Haber insistido en la introducción de esta virtud en la filosofía y haber inventado un poderoso método mediante el cual puede hacerse fecunda, son los méritos principales de la escuela filosófica a que pertenezco. El hábito de cuidadosa veracidad adquirido en la práctica de este método filosófico puede extenderse a todas las esferas de la actividad humana, produciendo, dondequiera que exista, una disminución del fanatismo y un incremento de la capacidad de simpatía y de entendimiento mutuo. Al abandonar una parte de sus pretensiones dogmáticas, la filosofía no deja de sugerir e inspirar un modo de vida.

ÍNDICE ONOMÁSTICO Y DE OBRAS

AUSTRAL

Impreso en CPI (Barcelona)
c/ Torrebovera, s/n (esquina c/ Sevilla), nave 1
08740 Sant Andreu de la Barca